재닛 옐런

유리 천장을 뚫은 우리 시대의 경제학자

재닛 옐런

존 힐센라스 지음 · 박누리 옮김

마르코폴로

차례

Introduction
10

Chapter 01

Chapter 02

Chapter 03

Chapter 04

Chapter 05

Chapter 06

Yellen Yellen Yellen Yellen
Yellen Yellen Yellen Yellen
Yellen Yellen Yellen Yellen
Yellen Yellen Yellen Yellen
Yellen Yellen Yellen Yellen
Yellen Yellen Yellen Yellen
Yellen Yellen Yellen Yellen
Yellen Yellen Yellen Yellen
Yellen Yellen Yellen Yellen
Yellen Yellen Yellen Yellen
Yellen Yellen Yellen Yellen
Yellen Yellen Yellen Yellen
Yellen Yellen Yellen Yellen
Yellen Yellen Yellen Yellen
Yellen Yellen Yellen Yellen
Yellen Yellen Yellen Yellen

Introduction

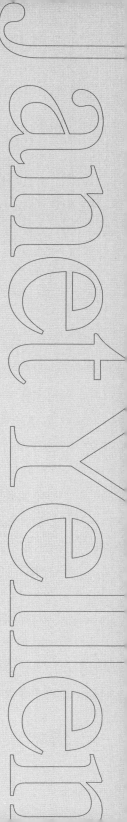

워싱턴 DC로 가는 길, 재닛 옐런은 늘 하던 대로 했다. 꼼꼼하게 짐을 싸고, 일찌감치 샌프란시스코 공항에 도착했다. 옐런은 돌발 상황으로 곤란해지는 것도, 시간에 쫓겨 허둥지둥하는 것도 싫어했기 때문에, 언제나 몇 시간이나 시간 여유를 두고 게이트 앞에 제일 먼저 도착해서 기다리는 타입이었다. 미 동부로 향하는 장거리 비행이 시작될 때까지, 직원들이 준비해준 브리핑 자료를 훑어보거나 폰으로 벽돌 깨기 게임을 했다.

옐런은 투사였고, 체계적으로 움직였다. 인생을 대하는 그녀의 방식은 모든 "만일의 경우"에 대비해 계획하고 준비하는 것이었다. 남자들의 영역에서 헤쳐 나온 여성으로서, 준비는 특히 중요했다. 옐런은 머릿속으로 디테일을 수없이 반복해서 검토하고, 손에 넣을 수 있는 모든 자료를 다 읽고, 시나리오들을 세우고, 다양한 결과가 나올 확률을 계산하고, 최악의 시나리오가 현실이 될 경우 어떻게 대응할 것인가에 대해 전략을 세웠다.

가장 작은 디테일 하나도 놓치지 않고 챙기는 옐런의 성격은 어머니 루스에게서 물려받은 것이었다. 1950년대 브루클린, 옐런이 아직 어린 소녀였던 시절, 루스는 옐런의 오빠인 존에게 길 끝에 있는 가게에 가서 그날의 신문을 사 오라고 시키곤 했다. 존이 신문을 사오면 루스는 소파 위에 다리를 뻗고 앉아서 봉투 뒷면에 가지런한 글씨로 그날의 주식 가격을 꼼꼼하게 적어내려갔다.

숙제를 해라. 예측할 수 있었던 결과에 대비를 소홀히 해서 허를 찔리지 말아라. 근심거리들을 미리 제거해라. 불필요한 리스크를 줄여라. 준비해라. 옐런이 어머니에게 배운 것들이었다.

2009년 12월, 미국은 2년이 넘게 계속되고 있는 충격적인 금융 위기에서 빠져나오기 시작하고 있었다. 경제는 다시 성장하고 있었다. 하지만 재닛 옐런에게는 여전히 걱정거리가 많았다. 아주 많았다.

옐런은 63살의 중앙은행 뱅커였고, 미국 전역의 연방준비은행Federal Reserve bank을 이끄는 열두 명의 총재 중 한 명이었다. 이 중 여성은 단 두 명뿐이었다. 연방준비은행 총재의 역할은 경제와 금융 시스템을 감독하고, 은행의 부실채권이나 인플레이션과 같은 문제들이 발생할 위험이 없는지 주시하고, 막강한 힘을 쥐고 있는 워싱턴DC의 연방준비제도 이사회와 함께 대응책을 마련하는 것이었다. 은행들이 위기에 빠지면 연준이 나서서 사태를 수습한다. 경제가 침체로 기울면 연준은 구원투수로 나선다.

옐런은 샌프란시스코 연방준비은행 총재였다. 샌프란시스코 연방준비은행은 북쪽으로는 오리건 주의 눈 덮인 산악지대부터 남쪽으로는 애리조나 사막의 아메리카 원주민들의 땅까지, 무려 362만㎢가 넘는 거대한 지역 경제를 커버한다. 그 한가운데에는 미국 테크 산업의 상징인 실리콘밸리와 전국에서 가장 불안정한 부동산 시장—로스앤젤레스, 라스베가스, 피닉스를 포함하는—이 존재한다. 면적으로 보면 인도보다 크고 6,900만명의 인구가 거주하며 3,100만 명의 노동자가 일하고 있는, 인구의 5분의 1과 국가 경제의 커다란 부분을 차지하는 거대한 경제권인 것이다.

지난 2년 동안, 대형 금융기관들이 줄줄이 비틀거리거나 무너져내렸다.

공포에 사로잡힌 투자자와 예금 고객들이 안전한 곳을 찾아 탈출하는 동안, 이들 금융기관의 수장들—평소에는 가장 자신감이 충만한 전형적인 남자들인—은 경쟁자들과 연준에 자기들을 살려달라고 애걸하며 기나긴 주말을 보내야만 했다.

길고, 다양하고, 충격적인 사망자 명단에는, 컨트리와이드 파이낸셜, 베어스턴스, 패니 메이, 리먼 브러더스, 메릴린치, 아메리칸 인터내셔널 그룹AIG, 씨티그룹, 제너럴 일렉트릭, 그 외의 수많은 이름들이 올라있었다.

이들의 문제는 모기지부동산담보대출 멜트다운이었다. 저금리와 금융 혁신의 시대, 미국인들은 마구잡이로 부동산 담보 대출을 받아 흥청망청 써댔다. 비정상적인 조건으로 대출을 받아 그 돈으로 다시 주택 가격을 끌어올리고, 자동차를 구입하고 여행을 떠났으며, 때로는 그냥 생활비로 쓰기도 했다. 월스트리트는 이 모기지들을 사들여서 복잡한 금융 상품 패키지로 설계한 뒤 전세계에 판매함으로써 이러한 광풍에 부채질을 했다. 한동안은 영업이익과 임원들의 보너스 금액이 멋지게 상승했다. 그러다 더이상 가계가 채무 부담을 감당하지 못하고 대출금을 연체하거나 아예 상환하지 못하게 되자, 연체율이 치솟았고, 금융 시스템은 자금 부족에 허덕이다 붕괴 직전까지 갔다.

모기지 영업을 가장 공격적으로 한 곳은 옐런의 관할 지역인 서부였다. 이 말은 곧, 옐런이 이 문제가 아직 수면 아래서 꿈틀대고 있을 때부터 알고 있었다는 뜻이다. 하지만 그녀가 알았을 때는 이미 너무 늦었거나, 알았더라도 각종 기능이 전부 분산되어 있는 감독 당국의 시스템 안에서 홀로 무언가 조치를 취할 권한이 없었다는 뜻이기도 하다.

모기지 문제가 최악으로 흘러가고 있는 동안, 은행들은 현금 부족으로 패닉에 빠졌고, 연준은 이 위기가 자칫 재앙으로 흘러가는 것을 막아야 한다는 미친 듯한 위기감에 사로잡혔다. 연준의 치료약은 돈이었다. 어디서도 돈을 구할 수 없는 상황에서, 연준은 은행들에게 필요한 돈을 빌려주었다. 연준은 차근차근 체계적으로 이 상황을 헤쳐나가려고 했다. 하지만 이번 케이스는, 숨 넘어가는 환자들이 발작을 일으키며 병원 문으로 밀려들어 오고 있는 상황에서 약을 주는 거나 마찬가지였다.

옐런은 연준의 동료들보다 한발 앞서 패닉을 예견했고, 위기의 싹을 잘라 버리기 위해서는 신속하게 행동해야 한다고 채근했다. 연준의 대응 덕분에 금융 시스템의 붕괴는 막을 수 있었지만, 미국은 여전히 끔찍한 상처에서 완전히 회복되지 못했다. 힘겨운 2년간의 은행 구제 끝에 남은 것은 월스트리트의 협곡에서 폭포처럼 쏟아져 나와 전국 방방곡곡으로 흘러넘친 경기 침체와, 1500만 명이 넘는 실업자였다.

2009년 12월, 옐런은 고용이 회복되려면 멀었다고 보았다. 그리고 그녀의 눈에, 이것은 또다른 위기였다. 이 모든 것은 너무나 불공평해 보였다. 월스트리트는 구제금융을 받았다. 타당한 이유가 없었던 것은 아니다. 이번 금융 위기로 은행들이 돈을 빌려주지 않으면 경제가 제대로 돌아가지 않는다는 것이 밝혀졌으니 말이다. 하지만 은행들이 구제를 받는 동안 수백만 명의 미국인들은 시간제 계약직으로 일하거나, 정부가 저소득층에게 지급하는 식료품 배급 쿠폰, 장애인 연금 등에 의존해서 산산조각난 일상을 이어가야만 했다. 프린스턴 대학교의 앤 케이스와 앵거스 디튼은 훗날 우울증, 약물 중독, 알코올 중독, 자살 등으로 인한 죽음을 뜻하는 '절망사death of despair'라는 용어를 만들게 된다. 절망사의 추세는 오랫동안 이어지며 엘리트 계급과 비엘리트 계급이 두 개의 서로 다른 트랙으로 나뉘는 국가의 도래를 상징하게 되었다.

그 12월의 어느 저녁나절, 워싱턴 DC에 내린 옐런은 열한 명의 다른 연방 준비은행 총재들과 함께 대공황 시절에 세워진 컨스티튜션 애비뉴의 근엄한 연준 빌딩에서 몇 블록 떨어진 호텔에 모여 비공식적인 식사를 했다. 다음날 이들은 워싱턴 연준 이사 다섯 명, 그리고 박사 학위로 무장한 스태프 군단과 공식 미팅을 가지고 어두운 경제 전망과 그 대응책에 대해서 의논했다. 경제 생산량은 다시 증가하고 있었고, 이는 경기가 회복되기 시작했다는 것을 의미했다. 하지만 실업률은 여전히 10%에 육박하고 있었다.

천정이 두 개 층 높이에 달하는 회의실은 넓고 휑했으며, 높직한 창문에는 얇은 드레이프가 우아하게 드리워져 있었다. 중앙에 놓여있는 거대한 마호가니 탁자에 둘러 앉아 있는 사람들 머리 위로는 어두운 빛깔의 뾰족한 샹들리에가 마치 곧 건물 한복판에 내리꽂혀 폭발을 앞둔 미사일처럼 매달려 있었다.

키가 150센티미터가 될까 말까 한 옐런은 어두운 색상의 눈에 띄지 않는 바지 정장을 입었고, 때때로 좀더 격식을 차리는 자리에서는 실크 스카프를 둘렀다. 연준 의장으로서 회의의 진행을 맡은 이는 대공황에 대한 책을 여러 권 쓴, 내성적이고 사회성이 떨어지는 천재로 불리는 벤 버냉키였다. 아직 젊은 학자 시절, 버냉키는 연준의 미온적인 태도가 대공황을 한층 악화시켰다는 결론을 내렸었다. 말수가 적은 그는 과감한 시각과 연준의 반응을 지휘해야 하는 부담을 함께 짊어지고 있었다. 버냉키는 연준 의장에 취임한 지 4년이 채 되지 않았고, 그의 전임자는 풍요로운 20년 동안 연준을 이끌고 경제에 막 금이 가기 직전 은퇴한 전설적인 뱅커, 앨런 그린스펀이었다.

연준의 스태프들은 회의실 탁자 주위로 벽을 따라 딱딱한 책상 의자를 놓고 앉았다. 이들은 경제 지표들을 추적해서 다음에 무슨 일이 벌어질지를 예측하기 위해 사용한 컴퓨터 모델링 결과를 하나하나 설명했다. 모델 중 하나에는 'Ferbus'라는 웃기는 이름이 붙어 있었다(FRB/US를 소리나는 대로 읽은 것이다). 1990년대, 다양한 가정 하에서 경제가 어떻게 작동하는지를 시뮬레이션 하기 위해 야심차게 개발되었고 내부적으로 큰 환호를 받은 모델이다. 석유 가격을 쭉 올리면 'Ferbus'는 휘발유 가격 상승으로 타격을 받은 소비자들이 자동차 구입이나 외식에 얼마나 돈을 덜 쓰게 될지를 추정해 준다. 주식 시장에 붐을 넣어보면 'Ferbus'는 얼마나 많은 일자리가 더 생기는지를 알려준다. 'Ferbus'에는 한 가지 큰 문제가 있었다. 아무도 경제 시스템 전반이 거의 무너지다시피 했을 때 경제에 미치는 영향을 계산할 수 있도록 프로그래밍을 해놓지 않았던 것이다.

연방준비은행 총재들이 각자 자신이 담당하고 있는 지역에서 보고 느낀 것을 말하는 시간이 되자, 버냉키는 옐런의 말에 귀를 기울였다. 구제금융은 마무리되었고, 담당자들은 경기가 이미 회복되기 시작했다고 믿고 있었다. 그러나 옐런은 경기 회복을 느낄 수 없다고 경고했다. 옐런은 미리 준비해온 원고를 꺼내 신중하게 읽어 내려갔다. 서부의 기업인들은 "최근의 사태들로 인해 실제 전쟁에 필적하는 트라우마에 시달리면서" 계속 사람들을 해고하고 있었다. 경기 전망에 대해 자신이 없다시피 했으므로 당연히 투자나 채용을 고려하고 있지도 않았다. "그들은 확실한 생존에만 집중하고 있습니다."

2년간 금융위기와 싸운 연준 사람들은 지쳐 있었고 확신이 없었다. 경기 침체가 오면 중앙은행은 금융 시스템에 돈을 풀어 금리를 끌어내린다. 돈을 빌리는 비용이 감소하여 경제에 자극이 되고 기업과 가계는 기존 대출을 조정하거나 새 대출로 갈아타서 투자와 소비를 한다. 하지만 연준은 이미 기준금리를 0에 가깝게 내린 상태였다. 여기서 어떻게 더 내릴 수 있지? 깊은 상처를 입은 경제를 위해 우리가 무엇을 더 할 수 있지? 연준은 폭넓은 금리 인하 효과를 위해 모기지 채권이나 미국 국채를 매입하는 프로그램을 비롯한 다른 전략들도 실험해왔다. 하지만 이러한 통상적이지 않은 방법들이 초래하는 비용이나 효과는 아직 미지의 영역이었다. 연준 사람들은 이러한 행보가 또다른 문제들을 야기하기 전에 그만 중단하고 싶어했다.

이런 공식 미팅들에서 옐런은 언제나 신중하고, 공손하고, 절제된 언어로 말했으나, 동료들에게 전달하는 그의 메시지는 강력했다. 옐런은 연준의 임무가 아직 끝나지 않았다고 역설했다. "저는 정책적인 재정 완화를 계속 추진해야 할 납득할 만한 이유들을 여전히 목격하고 있습니다."

심지어 샌프란시스코에 있는 옐런의 동료들은, 절박함과 행동력으로 무장하고 아직 끝나지 않았다고 확신하는 금융 위기와 맞서 싸우는, 더 과감한 재닛 옐런의 부상을 보아왔다. 샌프란시스코 연방준비은행의 한 스태프가 실업 문제에 대해 브리핑을 하고 있을 때 옐런은 주먹으로 테이블을 내려치며 소리쳤다. "XX, 이들도 사람이라고!" 옐런은 그녀에게 보고하는 경제학자들이 높은 실업률을 단순히 통계 숫자로 보는 것을 원하지 않았다. 금융 위기 이후 "사람들"이 감내해야 했던 고통은 어마어마했다. 옐런은 은행을 재건할 때와 같은 수준의 절박함과 목적의식을 가지고 이 문제를 대해야 한다고 믿었다.

금융위기라는 불을 일단 끄고, 무너진 경제의 재건이라는 과업의 무게가 비로소 드러난 바로 이때가, 재닛 옐런이 미국 경제의 역사에서 가장 큰 힘을 지닌 여성으로 떠오른 순간이었다. 옐런은 통상적인 은퇴 연령에서 단 2년을 남겨두고 있었지만, 그녀의 커리어에서 가장 중요한, 그리고 가장 복잡한 임무는 지금부터 시작이었다.

옐런은 이미 1990년대 말 빌 클린턴 정부 시절 백악관 경제자문위원장으로 일한 적이 있었다. 당시 옐런은 격동의 백악관에서 대통령에게 경제 관련 자문을 책임지는 최고위 참모진이었다. 2009년의 옐런은 자신이 미래에 기준금리를 관리하고, 인플레이션을 억제하고, 금융 위기를 진압하는 연준 의장 자리에 오르리라는 것도, 뒤이어 세금 시스템과 연방 정부의 부채와 해외의 적국들을 대상으로 하는 경제 제재를 감독하는 재무부 장관이 되리라는 것도 알지 못했다. 미국 역사 상 백악관 경제자문위원장과 연준 의장, 재무부 장관을 모두 역임한 경우는 단 한 사람도 없었다. 옐런이 각 보직을 맡았던 시기는 모두 선례가 없는 경제적 혼란의 한복판이었다.

미국의 엘리트들—정치 지도자들, 기업 총수들, 존경받는 학자들—은 기술의 진보와 국제 무역의 확대, 월스트리트의 지혜, 그리고 연준의 현자들에 힘입어 그들이 전세계가 풍요를 만끽하는 새로운 시대로 전진하고 있다는 믿음으로 새 밀레니엄을 맞이했었다. 2000년은 재정 흑자와 소득 증가, 그리고 삶을 바꾸는 첨단 기술로 무장한 새로운 경제가 예상되는 해였다. 이 새로운 시대는 또한 평화와 자유를 약속하고 있다고 여겨졌다.

러시아와 동유럽을 지배하던 소비에트 정권은 무너졌다. 중국은 국제 무대에 데뷔한 참이었다. 모두 좋은 징조들이었다.

하지만 현실은 예상과 달랐다. 2009년, 미국은 이미 수년째 가계 소득 정체, 고용 성장 둔화, 불평등 심화, 그리고 경제적 이동성economic mobility 감소를 겪고 있었다. 주식 시장의 거품 붕괴, 9.11 테러, 아프가니스탄과 이라크 전쟁, 그리고 세계 무역에서 괴물로 떠오른 중국의 존재로 인해 미국은 성장 가도에서 밀려나 비틀거리고 있었다. 금융 시장 쇼크는 미국 경제에서 최악의 지각 변동은 아직 오지 않았다는 것을 의미했다. 무역, 기술, 초대형 금융, 그리고 인구 노령화로 인해 고삐 풀린 충격파는 이미 경제 지형을 바꿔놓고 있었다. 금융 위기 이후 길고 느린 회복은 무방비 상태였던 사회와 정부 기관들을 강타한 또다른 충격이었다. 사회적 반발은 극심했고 깊은 분열을 남겼다. 여기에 결정적으로, 정책 입안자들이 오랫동안 진압했다고 믿어 의심치 않았던 적, 인플레이션이 다시 고개를 들었다.

수많은 사람들이 위기의 주범이라고 비난한 바로 그 기관들의 내부에서부터 온갖 쓰레기를 하나하나 치워나가는 것이 거듭 옐런의 일이 되었다. 우선 샌프란시스코에서 워싱턴으로 옮겨 버냉키의 오른팔이 되어, 일각의 심기를 거스르는 것을 불사하는 투지와 집중력으로 연준 스태프들을 놀라게 했다. 그 다음으로는 연준 의장 자리를 놓고 그녀의 옛 제자 중 하나인 로런스 서머스—경제학의 거두이자 노벨경제학상 수상자 두 명의 조카이자, 1990년대 호황의 설계자인—와 맞붙어서 이겼다.

도널드 트럼프는 옐런을 존경하기는 했지만, 대통령이 된 후 2년만에 연준 의장 자리에서 쫓아냈다. 자신의 경제 어젠다에 있어 민주당 지지자인 옐런과 철학적으로 맞지 않는다는 것이 그 이유였다. 옐런은 이제 공인으로서의 삶은 막을 내렸다고 생각했고, 다시 일찍 잠자리에 들 수 있게 되어 기뻐했다. 하지만 조 바이든이 대통령에 당선되었을 무렵 미국은 코로나 팬데믹으로 인해 1년 동안 셧다운을 겪으면서 또다른 경제 위기에 빠져 있었다. 바이든은 옐런에게 워싱턴으로 돌아와서 이번에는 미합중국 재무부 장관을 맡아 자발적 혼수상태에 빠져있는 경제를 되살려주기를 요청했다. 옐런은 처음에는 거절했지만 결국 마음을 바꿨다. 재무부 장관을 맡는 것이 자신의 의무라고 느꼈던 것이다.

또한번 난파된 경제를 안전하게 물가로 견인하는 것이 옐런의 일이 되었다. 그리고 이것은, 옐런의 커리어 전체에서 가장 어려운 일이 될 것이었다. 새로운 시대의 경제에서 이미 오래 전에 정복되었다고 생각했던 인플레이션의 부활이 첫 번째 암초였다. 이전 수십년간 그녀가 배웠던 교훈들이 새로운 위기에는 먹히지 않고 인플레이션이 되살아날 빌미가 되었다는 것이 밝혀졌다. 재무부 장관에 취임한 이듬해에는, 역시 오래 전에 사라졌다고 여겨진 또다른 적을 상대해야 했다. 옐런은 우크라이나를 침략한 러시아를 응징하기 위해 글로벌 제재 프로그램을 주도해야 했다.

재닛 옐런의 영향력이 점점 커진 그 30년 동안, 두 명의 빛나는 괴짜 경제 이론가, 조지 애컬로프와 로버트 실러는 시장에서 일어나고 있는 이상한 일들에 대해 긴 이야기를 나눴다. 두 번의 버블—1990년대의 닷컴 버블과 2000년대의 주택 시장 버블—이 부풀어 올랐다가 터졌다. 두 번 모두 경기 침체로 이어졌다. 두 번째 버블에서는 가계와 지역사회의 경제 기반이라 할 수 있는 주택 시장 전체가 위태롭게 얽히고설킨 비합리적인 기대와 수상쩍은 모기지 대출 상품들, 그리고 노골적인 사기 행각 위에 서 있었고, 결국 무너져 내렸다.

어떻게 이런 일이 일어날 수 있었을까?

많은 경제학자들은 자유 시장에 참여하는 개인과 기관들을 아무런 개입 없이 스스로 알아서 하게 두면 상품과 자본과 인력을 최적의 형태로 배분하여 장기적으로 모두가 풍요로워지는 결과를 얻게 되는 우아한 평형점이 존재하고, 시장은 그 평형을 향해 자력으로 끌려간다고 믿어왔다. 이러한 믿음은 1776년 계몽주의 시대 경제학자 애덤 스미스가 자신의 책 〈국부론〉에서 찬양해 마지않았던 "보이지 않는 손"까지 거슬러 올라간다.

시장의 효능에 대한 근본적인 믿음은 특히 시카고 대학교에서 중요했다. 시카고 학파로 일컬어진 경제학 교수들은 1960년대와 1970년대에 걸쳐 로널드 레이건 대통령과 마가렛 대처 총리의 부상, 그리고 1980년대 경제 호황을 불러일으킨 이론들을 탄생시켰다. 밀턴 프리드먼이라는 이름의 거침없는 이론가가 이끄는 일단의 시카고 경제학자들은 칠레부터 중국까지 전 지구의 사회가 작동하는 방식을 변신시킨 공로로 노벨 경제학상을 휩쓸어갔다. 시장이 독립적으로 기능하게끔 정부는 개입해서는 안 된다는 것이 이들의 믿음이었다. 1980년대 말에서 1990년대 초에 소비에트 제국의 붕괴로 증명되었듯이 대안 경제인 사회주의는 실패했다. 사회주의적 실험은 인간의 자유 의지를 질식시키고 불행을 야기했다.

애컬로프와 실러는 근대 경제학의 정론들에 회의적이었다. 그들은 1960년대와 70년대에 성인이 된 신세대 기술 경제학자들이었다. 이 경제학자들 중 많은 이들이 MIT에서, 그 외에는 하버드, 예일, 프린스턴, 버클리, 그 외의 명문대들에서 공부하고 또 가르쳤다. 심지어 시카고 밖에서도 많은 학자들이 경제란 그 핵심에 시장이 있는 일종의 기계로 간주했고, 수학적 정확성으로 분석하고 계량할 수 있다고 믿었다. 애컬로프와 실러는 시장이 언제나 효율적인 것은 아니며, 현실 세계는 항상 수학 공식이 예측하는 대로 움직이지는 않는다고 생각했다. 인간의 행동은 경제학이 추측할 수 있는 것보다 훨씬 더 복잡했다.

애컬로프는 1970년, "레몬 시장"[1]이라는 13페이지짜리 논문으로 근대 경제학의 반석에 첫 번째 금을 냈다. 애컬로프는 거대한 자동차 시장이 효율적이지 않으며, 특히 중고차 판매가 그러하다고 주장했다. 신문에 광고를

---

1. 레몬 시장: 품질의 불확실성과 시장 매커니즘: The Market for Lemons: Quality Uncertainty and The Market Mechanism

내거나 지저분한 공터에 낡은 자동차를 세워놓고 파는 중고차 판매자들은 보통 그 차들의 실제 상태에 대해서 잠재적 구매자들보다 훨씬 더 많이 알고 있다. 엔진의 플라이휠에 부러진 톱니가 있는지, 푸석푸석해져서 금방이라도 부서져 엔진 전체를 망가뜨릴 수도 있는 벨트가 있는지 등등에 대해서 알고 있는 것은 판매자다. 어쩌면 그들은 차에 뭔가 문제가 있다는 것을 알고서 일부러 처분하는 것일 수도 있다. 구매자는 비싼 돈을 주고 레몬(불량품 또는 저품질을 뜻하는 속어)을 사게 될까 봐 주저하게 된다. 이 때문에 우량 중고차조차 팔리지 않거나 가격이 떨어지고, 구매자들은 신차 구매 쪽으로 마음이 기울게 된다.

경제학자들은 시장에서 효율성을 보았다. 애컬로프는 자동차 후드 밑을 들여다보고, 시장을 비효율적으로 만드는, 그리고 인간 행동의 진정한 속성과 이것이 어떻게 경제 생활에 영향을 미치는지를 보여주는 복잡한 속임수와 의심의 세계를 발견했다. 불신은 경제학자들이 수학 공식에 포함시키는 것을 깜빡한 변수였다.

로버트 실러는 금융 버블이라는 현상에 매료되었다. 금융 버블의 역사는 수 세기 전으로 거슬러 올라가며 1600년대 네덜란드의 튤립 구근 시장, 1800년대 영국과 미국의 내륙 운하, 그리고 가장 최근으로는 인터넷 기업 주식들을 박살 냈다. 경제 호황이 한창이었던 1990년대 중반, 실러는 주가가 이 정도로 높은 수준을 유지할 수 없다고 진단했다. 주가는 계속 올랐지만, 결과적으로 실러의 판단이 옳았던 것으로 판명되었다. 2000년, 테크 버블이 터지면서 2001년 경기 침체를 촉발시켰다. 이 거품 붕괴는 미국의 경제적 성공이 해체되는, 처음에는 사소했지만 이후 이십여 년에 걸쳐 분노와 힘을 끌어당긴 기나긴 과정의 시발점이었다.

애컬로프와 실러가 함께 출간한 책들은 하나의 근본적인 메시지가 공통적으로 깔려 있었다. 경제학에 대해서 우리가 안다고 생각하는 것들의 대부분은 틀렸다. 그 과정에서 애컬로프는 그 다음 퍼즐을 향해 나아갔다. 사회 분열의 본질은 무엇인가? 이것은 다른 이들이 그 밑에 도사리고 있는 위험한 문제들—이 경우 자본주의가 아닌 민주주의에 위협이 되는—을 깨닫기 수십년 전에 이미 먼저 애컬로프가 던졌던 질문이었다.

이 두 학자의 이론들은 한 가지 특별한 사실, 즉 애컬로프가 재닛 옐런의 남편이라는 점을 제외하면 그렇게까지 눈에 띄지 않았을지도 모른다. 애컬로프가 사회 분열에 대한 책을 막 낼 무렵 버락 오바마가 옐런을 연준 부의장으로 임명했다. 옐런이 연준 의장이 되었을 때 애컬로프는 시장 붕괴에 대한 또다른 책을 마무리하고 있었다. 이 무렵 애컬로프는 이미 노벨상 수상자였다. 〈레몬 시장〉은 출판 당시에는 주요 학술지들로부터 외면 받았지만, 결과적으로 경제 활동의 진정한 복잡성을 풀어낸 위대한 업적으로 인정받았다.

2021년 노벨상 수상 연설에서 애컬로프는 "경제란, 사자와 같아서, 거칠고 위험하다"라고 경고했다. 애컬로프는 끊임없이 궤도에서 이탈하려는 경제의 속성이 바로잡아지지 않았다는 사실을 다른 이들보다 훨씬 오래 전에 간파하였다. 대담하고 창의적인 사유가인 애컬로프는, 아내인 옐런과 마찬가지로 다소 투사 본능을 지니고 있었다. 애컬로프가 친구인 실러와 다른 이들과 함께 새로운 이론을 다듬고 있을 때, 옐런은 남편이 오랫동안 조만간 무너지리라고 예견한 바로 그 시스템을 뜯어고치는 임무에 착수했다.

재닛과 조지는 1977년, 연준에서 처음 만났다. 당시 이들은 인생을 바꾼 좌절에서 막 빠져나오고 있던 참이었다. 조지는 UC 버클리 대학에서 정교수직을 거절 당했고, 첫 결혼은 실패로 끝났다. 예일 시절 스승인 제임스 토빈과 함께 경제학 교과서 집필을 기획 중이었던 완벽주의자 옐런은 토빈의 사상이 한물갔다는 평가로 인해 프로젝트를 포기해야 했다. 경제학자라는 직업이 여성이 두각을 드러내기 힘든 분야라는 것도 실감하기 시작했다. 경제학계는 비대한 자아를 소유한 남자들이 상대방의 사상을 마구 저격하는 곳이었고, 가능성으로 빛나는 젊은 여성과 공동 연구를 하고 싶어하는 학자는 거의 없었다. 옐런의 첫 직장은 하버드였지만, 정교수직을 제안받지 못해서 결국 짐을 싸야만 했다.

연준 카페테리아의 간이 탁자에 앉아 강연을 듣고 있었던 1977년 가을, 재닛과 조지는 이미 30대였다. 중앙의 테이블에는 명사들이 빼곡이 앉아 빈자리가 없었다.

재닛은 모든 팩트를 빠짐없이 모은 뒤 디테일을 파고드는 전형적인 모범생이었다. 조지는 종종 어설펐다. 어린 시절 조지의 아버지는 아들이 화학자가 되기를 바랐지만, 조지는 실험 도구에 손을 데었다. 재닛은 어두운 색수트를 즐겨 입었다. 조지는 공식 석상에 하이킹 부츠를 신고 나타났다. 재닛은 교과서를 쓰고 싶어했다. 조지는 교과서는 근본적으로 다 틀렸다는 것을 증명하고 싶어했다.

재닛과 조지는 연준에서 사랑에 빠졌다. 그녀는 그의 독창적인 정신에 끌렸고, 그는 그녀의 차분하고 현실적인 성품과 일에 대한 헌신에 끌렸다. 그들은 연구에 대한 목적의식이라는 공통점도 있었다. 둘이 함께 있을 때면 장난꾸러기가 되었고 소리 내어 웃었다. 인생은 이상하고, 그들 역시 조금 이상했으며, 그들에게는 이 이상함이 즐거웠다. 만난 지 몇 주만에 그들은 결혼을 결심했고, 격동의 시대를 함께 헤쳐나가는 여정에 나섰다.

여행을 떠날 때면 그들은 가방 한 가득 책을 가져갔다. 호텔 베개가 너무 푹신해서 목이 아팠기 때문에 재닛은 자기 베개도 챙겼다. 휴가 중에는 독서와 공부를 위한 시간을 냈다. 운전기사가 딸린 검은 리무진에 타고 경찰의 호위를 즐기는 권력자들로 가득한 워싱턴에서 재닛과 조지는 그들의 오래된 갈색 토요타 자동차를 부릉거리며 다녔다. 운전대를 잡는 것은 주로 재닛이었고, 둘다 키가 작아서 뒤에서 보면 좌석의 머리 받침대 위로 머리가 잘 보이지도 않았다. 결국 나중에는 리무진이 반강제로 떠안겨졌다.

1980년대, 그들은 버클리에서 둘 다 관심을 가지고 있던 주제—직업과 고용—를 놓고 함께 연구했다. 열두 살 소년 시절 조지는 아버지가 이 직장에서 저 직장으로 옮겨다니는 것을 직접 보았고, 사람들이 직장을 잃을 때 사회에 일어날 수 있는 많은 나쁜 일들에 대해 걱정하기 시작했다. 브루클린 출신인 재닛은 소녀 시절 의사였던 아버지와 저녁 식탁에 앉아 고용의 존엄과 급여 소득을 모두 잃게 된 환자들의 불행에 대해 들었다. 두 사람은 유달리 어린 나이부터 경제학에서 고용보다 더 중요한 이슈는 없다고 믿어 왔고, 이에 대해 더 깊이 이해하고자 했다. 두 사람이 만나기도 전부터, 그들은 하나의 담대한 목표를 가지고 있었다. 바로 실업 문제의 해결이었다.

사생활에서 재닛과 조지는 평등한 파트너쉽을 만들어냈다. 그들이 결혼한 것은 가정과 일터에서 여성의 역할이 막 바뀌기 시작할 무렵이었다. 더 많은 여성이 일터로 나가면서 남편과 아내의 역할도 변하고 있었다. 재닛과 조지는 가사를 동등하게 분담했다. 급여에 대한 그들의 연구에는 이들이 어떻게 베이비시터 비용을 지불했는지 그 사례가 등장한다.

외아들 로비의 육아도 공동의 노력이었다. 어린 로비를 학교에서 픽업하는 것은 주로 조지의 몫이었는데, 다른 학부모들은 조지가 실업자일 거라고 생각했다. 그렇지 않고서야 어떻게 젊은 남성이 주중 낮시간에 아들과 밖에 있을 수 있겠는가? 방과 후 하이킹에서 조지와 로비 부자는 역사를 토론하거나 조지의 인도 여행 당시 경험에 대한 이야기를 나누곤 했다. 재닛이 연준과 백악관에서 일하게 되어 워싱턴으로 이주하게 되자 조지는 재닛을 따라갔다. 재닛의 사회적 지위가 올라가면서 조지는 친구들이 자신을 "미스터 재닛 옐런"이라고 부르는 것을 즐거워했다.

두 사람은 대공황 시대를 대표하는 경제학자, 존 메이너드 케인스의 사후에 세상에 나왔다. 재닛과 조지는 정부과 시장 경제의 복잡한 상호작용을 놓고 펼쳐진 기나긴 전쟁에서 케인스의 뒤를 잇는 주요한 학자로 활약했다. 그 후 재닛은 조종간을 직접 손에 쥐고 번영와 혼돈, 개혁, 그리고 좀처럼 손에 잡히지 않는 시장과 정부의 좋은 개입 사이의 우아한 평형점으로 점철된 시대를 가로질러 나라를 이끌어간다.

2009년, 새로운 포스트금융위기 시대가 막을 올렸다. 큰 충격을 겪은 미국은 어디로 가야 할지 방향을 잃은 채 길을 찾으려 애쓰고 있었다. 결국 경제학은 많은 경제학자들이 자신 있게 믿어왔던 것처럼 정확하고 예측가능한 과학이 아니라는 것, 어떤 집단이나 개인, 교과서의 이데올로기에 충실하지도 않다는 것을 모두가 알게 되었다. 경제학도 결국은, 노력이다. 성공한 러브 스토리도 대부분 그렇다.

경제학도 결국은, 노력이다.

성공한 러브 스토리도 대부분 그렇다.

Yellen Yellen Yellen Yellen
Yellen Yellen Yellen Yellen
Ye   ellen
Ye   ellen
Ye   ellen
Ye   ellen
Ye   ellen
Ye   ellen
Ye   ellen

Yellen Yellen Yellen Yellen
Yellen Yellen Yellen Yellen
Yellen Yellen Yellen Yellen
Yellen Yellen Yellen Yellen
Yellen Yellen Yellen Yellen
Yellen Yellen Yellen Yellen

Chapter 01

옐런의 어린 시절

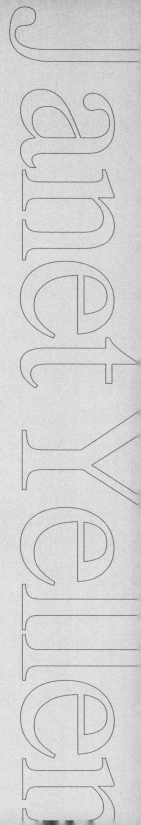

"너희 엄마에게 이를 거야."

1946~1967

재닛 옐런이 갓난아기였을 때, 아버지 줄리어스는 계단에서 굴러떨어지는 사고로 두개골 골절상을 입고 한쪽 눈을 실명했다. 재닛의 어머니 루스는 즉각 모든 것이 제대로 돌아가도록 상황 통제에 나섰다.

줄리어스는 브루클린 노동자 계급 거주 지역의 개업의였다. 이 시절 환자들은 의료비를 현금으로 냈고, 의사들은 왕진을 다녔다. 줄리어스가 계단에서 떨어진 그날 밤, 루스는 재닛과 재닛의 오빠인 존을 깨우지 않았다. 그녀는 남편을 병원으로 데려가 입원 수속을 밟고 안정시켰다.

줄리어스는 회복 후 돌아왔지만 완전히 사고 이전으로 돌아온 것은 아니었다. 훗날 재닛과 존은 아버지가 시력 문제로 현관 문 앞에서 집 열쇠를 찾지 못해 헤매고 있는 모습을 목격했다. 줄리어스는 직접 운전해서 왕진을 다니지도 못했다. 아이들이 태어나기 전 교사였던 루스가 남편의 전속 기사가 되었다. 줄리어스가 그날의 왕진 일정을 소화하는 동안, 루스는 길가에 차를 세워놓고 참을성 있게 남편을 기다리곤 했다.

루스는 가정의 질서 그 자체였다. 줄리어스는 매 주말이면 환자들에게 받은 진료비를 고무줄로 묶은 지폐 다발 채로 아내에게 건네주었다. 루스는 생활비로 쓰고 남은 돈을 저축했는데, 주로 주식이나 예금증서였다. 줄리어스가 수입을 세심하게 관리하지 않는다는 것을 알게 되자, 루스가 수납까지 도맡았다. 줄리어스의 병원은 옐런 가족이 사는 삼층 건물의 지하에 있었다. 루스는 일주일에 한 번씩 청소기로 병원 바닥을 박박 닦고 환자 대기실의 리놀륨 바닥에 직접 왁스칠을 했다.

때는 1940년대 말에서 1950년대, 브루클린이었다.

재닛 옐런은 1946년에 태어났다. 아버지 줄리어스는 폴란드와 유대계 혈통이었고, 맨하탄의 로우어 이스트 사이드에서 자랐다. 줄리어스는 스코틀랜드에 있는 의대에 다녔는데, 당시 미국의 의대들이 유대인 입학생의 수를 제한했기 때문이었다.

훗날 옐런은 "아버지는 대공황 시절 의대를 졸업하고 브루클린 선창에 가까운 위치에 개업할 만한 곳을 찾았다"라고 회상했다. "어퍼 뉴욕 베이에 있는 부시 터미널[2]이 제조운송 허브로 아주 잘 나가던 시절이었으니까요. 여기서 일하는 노조 조합원들도 활기가 넘쳤고요. 아버지는 노동자들이 대부분 자동차가 없다는 것을 알고, 버스 정류장 근처에 있는 건물을 찾았지요."

줄리어스와 루스가 고른 곳은 뉴욕 만에서 몇 블록 떨어진 베이릿지^{Bay Ridge}였다. 스태튼 아일랜드와 자유의 여신상이 보이는 집이었다. 이웃에 살았던 라스무센 씨는 선장이었는데 대서양 횡단 항해에 나가기라도 하면 몇달씩 모습이 보이지 않았다. 또다른 이웃은 용접공이었다. 지미 갤러거라는 이웃은 경찰이 되었다. 안전한 동네였다. 몇몇 주민들은 마피아의 존재 덕분이 아닌가 의심했다. 아무튼 주민들은 알아서 선을 넘지 않도록 조심했다.

옐런 가족은 부자는 아니었지만 넉넉한 삶을 살았다. 이따금 버스나 기차를 타고 플랫부쉬의 이벳츠 필드(Ebbets Field. 1913~1957년에 브루클린

---

2. 역주: 브루클린 남서쪽에 위치한 복합 선적 항구. 허드슨 강이 대서양으로 빠져나가는 뉴욕 만에 면해 있다.

다저스 홈구장)로 야구 경기를 보러 갔다. 재키 로빈슨, 피 위 리즈, 듀크 스나이더 같은 전설들이 필드를 지배하던 시절이었다. 일요일에는 좋은 옷을 입고 브루클린이나 맨해튼의 비싼 레스토랑에서 외식도 했다. 고급 레스토랑에 갈 때면 루스는 재닛에게 하얀 구두와 그에 맞춘 하얀 장갑을 끼게 했다. 휴가 때는 크루즈 여행을 떠나기도 했다. 엘시 존슨이라는 이름의 땅딸막한 흑인 가정부도 있었다. 존슨은 루스가 줄리어스의 왕진을 따라 나간 사이에 아이들을 돌봐주고 집안일을 했다.

애나 루스 블루멘설은 유대인과 독일계 혈통으로 브루클린에서 자랐다. 그녀가 폴란드계 유대인과 결혼한다고 하자 집안에서는 약간의 소동이 벌어졌다. 폴란드인들은 좀 거칠다는 인식이 있었던 것이다. 하지만 루스와 줄리어스는 서로를 사랑했고, 몰래 결혼식을 올렸다. 그들은 평생을 함께하며 서로에게 그리고 아이들에게 헌신적이었다.

줄리어스는 병원 일에도 헌신적이었다. 아침에는 종합병원과 가정으로 환자들을 방문했고, 오후에는 자기 진료실에서 환자를 보았다. 저녁식사는 매일 정확하게 4시 45분이었다. 아이들은 방과 후에 한 시간 남짓 놀거나 공부를 하며 보냈고, 그러고 나면 줄리어스가 진료실에서 올라와서 온 가족이 다 함께 둘러앉아 라디오를 듣거나 줄리어스가 환자들에 대해 이야기하는 것을 들었다.

"아버지는 나와 오빠, 그리고 엄마에게 '일'이 환자들에게 어떤 의미를 갖는지 특히 실직이 무엇을 의미하는지 이야기하곤 했다. 그 환자들은 우리의 친구들, 이웃들이었다. 돈 문제, 가족 문제, 건강 문제, 그리고 자존감과 존엄의 상실. 일의 가치는 언제나 나를 따라다녔다."

재닛은 실직이 곧 음주 폭력이나 정신 질환의 고통으로 이어지기도 한다는 것을 배웠다. 실직은 결혼 관계를 망가뜨린다. 여기에 저녁 식탁에서 대공황 시절 아직 어렸던 루스와 줄리어스의 지인들이 고생했던 이야기들이 더해지면 더욱 깊은 인상을 남겼다.

루스는 좋게 말하면 열정이 넘치고 나쁘게 말하면 오지랖이 넓었다. 그녀는 브레이유 점자법을 배워 시각 장애인을 위해 책을 번역했다. 존의 친구 프랭크가 학교에서 라틴어 때문에 고생한다는 말을 듣자 나서서 과외를 해주었다. 가정부 엘시가 아플 때에는 존과 재닛을 데리고 브루클린 해군창 근처에 있는 엘시의 집으로 병문안을 갔다. 무엇보다도 루스는 집안일이 시계바늘처럼 정확하게 기능하는 데에 모든 신경을 기울였다. 옐런의 집에는 창문 커튼과 소파 커버가 두 세트씩 있어서 여름과 겨울에 한 번씩 교체했다. 맨해튼에서 출발하는 크루즈를 타고 유럽 여행을 갔을 때는, 집에서 그리 멀지 않은 거리임에도 시간에 늦지 않도록 전날 밤을 항구 근처의 호텔에서 보내곤 했다.

어린 재닛과 네살 위인 오빠 존이 계단에서 엘시의 머리 위로 베개를 떨어뜨리는 장난을 치면 엘시는 "너희 엄마에게 이를 거야"라고 대꾸했고, 그 한 마디로 상황은 종료되었다.

엘시는 재닛이 어린시절에 만난 몇 안 되는 흑인 중 한 명이었고, 엘시는 개인사에 대해서는 거의 말하는 법이 없었다. "완전히 백인들 세상이었다"라고 존은 회고했다.

루스는 언제나 옷을 완벽하게 차려입고, 머리는 단정하게 말아올렸다. 저녁 나절이면 존에게 심부름값으로 5센트를 주며 길 끝에 있는 구멍가게에 가서 석간신문 뉴욕 월드-텔레그램 앤 선New York World-Telegram & Sun을 한 부 사오라고 시켰다. 그리고는 소파 위에 발을 올리고 앉아서 빈 봉투 뒷면에 그 날의 주가 흐름을 꼼꼼하게 기록했다.

선의에서 나온 행동이었지만, 루스는 종종 피곤한 사람이기도 했다. 그녀는 때때로 신문 파는 구멍가게가 너저분하다며 주인에게 잔소리를 했다. 한번은 존이 소속된 보이스카우트 미팅에서 같은 대대의 다른 소년이 양말을 정해진 대로 신고 오지 않은 적이 있었다. 대대 리더였던 루스는 그 소년이 행사에 참여하지 못하게 했고, 소년의 부모는 두 번 다시 루스와 말을 하지 않았다. 가족 휴가 때면 재닛은 매일 어디에서 무엇을 했는지 기록하고 그 감상을 적어두었다가, 집에 돌아오면 가족 스크랩북에 그 내용을 옮겨 써야 했다. 루스는 미리 읽고 문법을 틀린 부분을 고치게 했다.

자녀들의 학업으로 말할 것 같으면 루스는 자비가 없었다. 그녀에게 있어 아이들이 무언가를 한다는 것은, 그 일을 잘 해낸다는 것을 의미했다. 숙제는 반드시 완벽하게 해야 했고 실수가 있어서는 안 되었다. 매일 밤 아이들의 학교 공부를 꼼꼼하게 점검했는데, 작문, 문법, 존의 라틴어에 가장 많이 신경을 썼다. 재닛은 엄마가 밤늦게까지 라틴어를 가지고 오빠를 괴롭히는 모습을 경악한 눈으로 지켜보곤 했다. 존이 과제를 제대로 끝내지 않아서 포트 해밀턴 고등학교의 교지校誌 〈더 파일럿〉에서 쫓겨나자 루스는 머리 끝까지 화를 냈다.

존은 1960년 호바트 컬리지에 진학하면서 다시 학교 신문에 글을 쓰기 시작했다. 존이 자랑스럽게 자신이 쓴 기사를 집으로 보내면 루스는 인쇄된 신문에 그대로 실린 문법 오류들을 고쳐서 돌려보내며 왜 편집자가 제대로 교정을 보지 않았는지 물었다. 심지어 가족에게 보내온 개인적인 편지들에서조차 루스는 잘못된 표현들을 잡아냈다. 존의 첫 학기에 루스는 이렇게 적어 보냈다. "조니, 부탁인데 글을 쓸 때에는 제발 철자법에 신경 좀 쓰려무나." "Their는 소유대명사니까 There are에 써서는 안 돼. 그리고 prescription처방전이지 perscription이 아니란다."

다른 편지들에는 방학을 맞아 집에 올 때는 속옷을 얼마나 챙겨야 하는지, 용돈 한 푼 한 푼을 어떻게 써야 하는지를 세심하게 적었다.

줄리어스는 루스의 숨막히는 가정교육 속에서 한 줄기 바람이었다. 그는 재닛과 조니에게 아이스크림을 사먹으라고 용돈을 주곤 했다. 루스가 없을 때면 어린 재닛에게 장난 전화를 거는 법(아무 번호에나 전화를 걸어서 냉장고가 잘 돌아가느냐고 물은 뒤 받은 사람이 그렇다고 대답하면 "그럼 빨리 가서 붙잡는 게 좋겠네요"라고 대답하고 끊는)을 가르쳐주기도 했다. 어머니와의 관계가 유난히 힘들 때면 재닛과 존은 아버지에게 달려갔고, 아버지는 모든 것이 잘 될 거라고 안심시켜주었다.

대학에 진학한 재닛과 존이 방학이 끝나고 학교로 돌아갈 때면 줄리어스는 루스가 상세하게 사용처를 따져서 책정한 용돈 외에 이따금 친구들과 즐길 수 있도록 몇 달러를 몰래 더 쥐어주었다. 재닛 옐런은 극도의 원리원칙과 일상의 평온이 뒤섞인 환경에서 자랐고, 우수한 학생으로 성장했다. 무엇보다 어머니의 잔소리와 괴롭힘 덕분에 그녀는 훌륭한 작문 실력을 갖추게 되었다. 다만 실수해서 혼날까 봐 불안해서 강박에 시달리기는 했다. 재닛의 문장은 명료하지만, 그녀 본인은 글쓰기를 그다지 좋아하지 않았다.

어린 시절 재닛의 친구인 바바라 슈월츠는 미시시피에서 브루클린으로 이사온 작은 유대인 소녀로, 재닛의 학년으로 월반해서 들어왔다. 재닛은 슈월츠를 "슈월치"라 부르며 다정한 쪽지들을 써주면서 그녀가 새로운 환경에 적응하도록 도와주었다. 그 중에는 이런 시도 있었다.

황새가 작은 바바라를 입에 물고
남북으로 날아가네
바바라네 작은 집에 도착해
조그만 땅콩을 떨어뜨렸다네

다른 쪽지에서는 마지막에 "OUQTINVU", "귀염둥이야, 난 네가 부러워
Oh you cutie, I envy you라고 쓰기도 했다.

윌리엄 맥킨지 중학교에 입학할 무렵, 재닛은 이미 월등하게 두각을 드러냈고, 함께 입학한 수백 명의 학생들 중에서 중학교 3년 과정을 2년에 마치는 소위 특별반 스물 네 명 중 한 명으로 선발되었다. 여학생들은 스웨터와 스커트를 맞춰 입고 점심시간에 학교 마당에서 댄스 클래스에 참여했다.

공부를 가장 잘한 남학생들은 맨해튼에 있는 명문 스타이브센트 고등학교로 진학했지만, 스타이브센트는 여학생을 받지 않았다. 우수한 여학생들은 맨해튼에 있는 헌터 고등학교로 갈 수 있었지만 재닛은 매일 긴 통학 시간을 감수해야 하는 것이 마음에 들지 않았다. 결국 재닛은 오빠처럼 동네 학교인 포트 해밀턴 고등학교로 가기로 마음먹었다. 고등학교 1학년 때 영어 교사는 재닛의 작문 실력에 몹시 감탄하여 입학한지 몇달 되지도 않은 재닛을 학교 신문의 막내 기자로 선발했다. 그리 오래지 않아 재닛은 선생님을 도와 같은 반 친구들이 제출한 작문 숙제를 첨삭하게 되었다.

루스는 재닛이 학교 생활에서 좀 지나치게 걱정이 많은 아이라고 눈치 채기 시작했으나, 그 원인이 다름 아닌 루스 자신이라는 것은 깨닫지 못했다. 루스는 대학에 가 있는 조니에게 보내는 편지에서 이렇게 쓰기도 했다. "재닛은 내일 영어 시간에 〈오딧세이〉에 대해서 작문을 해야 한다는데, 끔찍하게 긴장해 있단다. 40분 안에 쓰는 것도 쉽지 않은데 모든 것을 완벽하게 써내야 한다는 생각에 무척 스트레스를 받고 있어."

재닛은 오빠와 다소간의 경쟁을 하기도 했다. 고등학교 졸업반 때는 학교 신문의 최고 편집장이 되었는데, 존이 제대로 과제를 수행하지 않아서 쫓겨난 바로 그 신문이었다. 존은 어렸을 때부터 광석 수집을 했었다(존은 나중에 하버드에서 인류학 박사 학위를 받고 고고인류학자의 길을 걷는다). 재닛은 오빠를 따라 광석 수집을 시작한 것은 물론 여기에 더해 맨해튼의 미국 자연사 박물관에서 열리는 주말 지질학 강의까지 들었다.

재닛은 자신이 편집장을 맡고 있는 학교 신문에서 자신의 형석과 울페나이트(납의 2차광물 중 하나)를 자랑하며 "나는 여덟 살 때부터 광석을 수집했고, 현재 200개가 넘는 표본을 소장하고 있다."라고 썼다. 〈더 파일럿〉은 매년 수석 졸업 예정자를 인터뷰하는 전통이 있었는데, 재닛은 그 해에 편집장이면서 수석 졸업 예정자였기 때문에 자기를 셀프 인터뷰하는 기사를 썼던 것이다. 이 셀프 인터뷰는 그녀가 생각해낸 일종의 장난이었지만, 한편으로는 뛰어난 성적을 받는 것에 자부심을 느꼈던 그녀의 공부 욕심과 경쟁 의식에 대해서도 말해준다.

어머니 루스처럼 재닛도 공부하고, 준비하고, 정리하는 것에 빠져들게 되었다. 고등학교 시절의 재닛을 좌절시킨 몇안되는 사람 중 하나는, 아무때나 무작위 쪽지 시험 내는 것을 좋아하는 영문학 교사였다. "재닛은 미치려고 했어요. 뭘 미리 공부하고 준비해야 하는지 알 수가 없었으니까요." 어린 시절 친구인 수전 그로서트의 증언이다. 하지만 재닛은 어찌됐든 그 수업에서도 A를 거머쥐었다.

재닛은 공부에 대해서는 매우 **빡빡**했지만, 친구들과 있을 때는 느긋하고 까탈스럽지 않은 소녀였으며, 인생에 대한 호기심이 넘쳤다. 그녀는 뱃속에서 우러나는 너털웃음을 터뜨렸고, 눈을 반짝이며 이를 드러내는 동글동글한 미소를 지었다. 그녀는 무엇이든 빨아들이고 싶어했다. 피아노와 브릿지 게임을 배웠으며 맨해튼의 극장들을 탐험하고 링컨 센터에서 음악을 들었다. 뉴욕 타임스를 읽었고, 하루는 친구 수전과 함께 학교를 땡땡이 치고 코니 아일랜드의 유명한 사이클론 롤러코스터를 타러 간 적도 있었다. 며칠 후, 재닛은 포트 해밀튼 고등학교를 수석으로 졸업했다. 어린시절 친구인 바바라 슈월츠는 "재닛은 뭐든지 늘 1등만 하는 것 같았다"라고 말했다.

옐런이 선택한 대학은 브라운 대학교의 펨브로크 컬리지였다. 대학을 고르는 과정은 일종의 소거법이었다. 여대는 별로 재미없을 것 같아서 가고 싶지 않았다. 웰즐리 같은 명문 여대가 여기서 떨어져 나갔다. 프린스턴과 예일은 여학생을 받지 않았다. 하버드는 라틴어 성적을 요구했는데, 옐런은 오빠가 고등학교 시절 날마다 어머니와 라틴어 숙제로 전쟁을 벌이는 것을 보고 질려서 라틴어를 배우지 않았다. 남은 곳은 펨브로크 뿐이었다. 옐런은 몇년 전 오빠를 따라 브라운에 가본 적이 있었고, 캠퍼스를 마음에 들어했다. 오빠가 불합격한 학교에 재닛은 합격했다.

대학에 진학한 1963년, 재닛은 세 가지 큰 교훈을 가슴에 새기고 집을 떠났다. 과제를 제대로 할 것. 정돈된 생활을 할 것. 그리고 무엇이든 세상에 공헌하는 일을 할 것.

당시 우수한 학생들이 몰리던 학문은 수학과 경제학이었다. 숙적 소련과의 냉전에서 승리하려면 가장 중요한 학문이기도 했다. 1951년부터 1970년까지, 미국의 대학에서 경제학 학위를 따려는 학생 수는 두 배 넘게 증가하여 2만 명에 달했다. 1980년 무렵에는 이미 역사학보다 더 인기 높은 전공이 되어있었다.

당대의 수많은 석학들은 수학적 사고에 기반을 두고 있었다. 영국의 수학자로 프린스턴에서 박사 학위를 딴 앨런 튜링은 연산 능력을 발휘하여 2차 대전 당시 독일군의 암호를 해독해냈고, 이후 수학과 컴퓨터는 현대 첩보전의 핵심이 되었다. 아인슈타인의 수학적 업적은 핵 기술의 위력과 위험을 동시에 자유롭게 풀어놓았고, 프린스턴 교수였던 또다른 수학 천재 존 폰 노이만은 이를 맨해튼 프로젝트로 발전시켜 히로시마와 나가사키에 원자폭탄을 떨어뜨리게 했다.

수학의 새로운 영역인 게임 이론은 소련과의 협상을 위한 도구로 발전했고, 경제 전문지 〈포춘〉은 1958년 젊은 게임 이론 학자 존 내쉬에 주목했다. 게임 이론의 창시자라 할 수 있는 폰 노이만은 상호확증파괴 이론을 고안하는데 공헌했다. 이 이론에 따르면 미국과 소련은 양쪽 모두의 궤멸을 무릅쓰지 않는 한 서로를 공격할 수 없다.

이 새로운 첨단 기술 냉전을 둘러싼 모든 공포와는 별개로, 경제학자들은 한 세대 전 대공황 당시 수많은 평범한 이들의 삶을 파괴했던 괴물을 길들이기 위한 도구로서 수학의 가능성을 보았다. 1961년, 존 F. 케네디가 미 합중국 대통령이 되었다. 케네디는 침체라는 괴물을 잡고 번영을 확대하고자 하는 야망으로 가득 찬 젊은 경제학자들을 불러들였다.

재닛 옐런은 펨브로크 대학교 1학년 첫 학기에 사랑에 빠졌다. 그 상대는 경제학이었다. 친구들처럼 그녀도 데이트를 했으나, 친구들과는 달리 서둘러 결혼할 생각은 없었다. 옐런은 결혼하기 위해 남자를 따라다니고 싶어하지 않았다. 옐런의 데이트 라이프는 루스에게는 은근한 골칫거리였다. 루스는 재닛이 빨리 결혼하기를 바랐고, 정기적으로 요즘 누구를 만나는지 딸에게 캐묻곤 했다.

결혼에 대한 지향점이 다르니 친구들과 단절되는 부분이 있었고, 이 때문에 펨브로크에서 옐런은 종종 외로움을 느꼈다.[3] 대신 옐런은 공부에 몰두했다. 경제학은 수학과 과학을 잘했던 그녀의 재능과도 잘 어울렸고, 부모와의 저녁 식탁에서 배운 "사회에 무언가 공헌하고 싶은" 열망과도 맥이 닿아있었다. 경제학은 그녀가 좋아하는 정확성과 질서의 학문이기도 했다.

"재닛은 첫 경제학 수업을 듣고 집에 와서 한 시간 동안이나 경제학이 얼마나 멋진 학문인지에 대해 일장 연설을 늘어놓았어요." 수전 그로서트의 회상이다. "경제학이 그녀의 평생의 열정이 되리라는 것은 그때부터 이미 명확했지요." 함께 산책을 하면서 옐런은 어린시절 친구에게 정부 부채와 가계 부채의 차이에 대해서 설명해주었다.

"첫 경제학 수업 이후, 첫눈에 사랑에 빠졌고, 그 사랑은 평생 갔어요." 옐런도 훗날 인정했다.

대학시절 그녀가 유일하게 반항한 대상은 독일어였다. 외국어는 필수 과목이었는데, 옐런은 외국어를 별로 좋아하지 않았다. 인생을 길게 봤을 때 별로 중요하지도 않은 과목에 시간을 쏟는 것은 합리적이지 않다고 생각했다.[4] 어쩌면 옐런은 그 옛날 오빠 존의 라틴어를 가지고 닦달하던 어머니에게 반항하고 있는지도 몰랐다. 옐런은 독일어 공부를 열심히 하지 않았고 B학점을 받았다. 그녀 인생 전체에서 유일한 B학점이었다. 루스는 당연히 마음에 들어하지 않았다.

---

3. 대학 시절 친구들 중 옐런이 오랫동안 인연을 이어간 유일한 사람은 그녀보다 두 살 많은 경제학도 캐롤 그린월드였다.

4. 그리고 이것은 그녀가 만나서 데이트한 몇몇 남자들에게 똑같이 느낀 감정이기도 했다.

중앙은행의 기능에 대한 강의는 옐런으로 하여금 경제의 오르막과 내리막을 관장하는 연준의 중요한 역할에 처음으로 눈을 뜨게 했고, 독일어보다 훨씬 깊은 인상을 남겼다. 경제학자들은 대공황 당시 연준이 시중 은행들의 돈줄을 끊는 바람에 상황이 급속도로 악화됐고, 결국 대공황 자체도 장기간 지속되었다는 사실을 깨닫기 시작하고 있었다. 이 이론의 선구자 중 한 명은 시카고 대학교의 경제학자 밀턴 프리드먼이었다. 훗날 옐런은 이렇게 회상했다. "나는 강의실에 앉아 '맙소사. 나는 지금까지 연준이 경제의 건강에 얼마나 지대한 영향을 미치는지 모르고 있었어. 만약 내가 공직 쪽으로 나간다면, 연준에서 일하는 것은 상당히 가치 있는 일이 될 거야'라고 생각했다."

당시 경제학은 거창한 아이디어와 그보다 더 거대한 자의식으로 가득한 남자들이 지배하는 세계였다. 이 세계의 꼭대기에는 세 남자가 있었다. 첫 번째는 시카고 대학 교수로 2차 대전 당시 전시 조세 정책을 고안하고 무기 설계 테스트를 위해 통계학을 도입했던 밀턴 프리드먼이었다. 옐런이 경제학과 사랑에 빠질 무렵 프리드먼은 당대 최고의 자유시장경제 옹호자로 명성을 날리고 있었다. 두 번째는 매사추세츠 공대MIT 교수로 경제학 이론을 정확하고 가차없는 수학 공식으로 형상화한 폴 새뮤얼슨이었다. 케네디 대통령의 경제 자문이기도 했던 새뮤얼슨은 경제 부양을 위해 정부가 관여해야 한다고 믿었고, 프리드먼의 라이벌이기도 했다. 또한 수학을 경제학에 접목시킨 선구자였다.

하지만 옐런의 미래에 가장 오래, 깊은 영향을 미친 사람은 세 번째 거인, 또다른 케네디 정권의 경제 자문, 제임스 토빈이었다. 펨브로크를 최우등으로 졸업한 옐런은 경제학 박사 학위를 따야겠다고 결심했고, 눈부신 성적과 수학적 재능 덕분에 내로라 하는 명문대 어디든 갈 수 있었다. 하버드, 시카고, 스탠포드, UC버클리, 미시건, 예일 중에서 옐런은 예일을 선택했다. 졸업을 앞둔 4학년 옐런은 브라운을 방문한 토빈의 강연을 들을 기회가 있었다. "저축과 은퇴 계획에 대한 개인의 선택이 국가 경제 전반에 어떤 영향을 미치는가"라는 복잡한 주제의 세미나에서였다. 원래는 대학원생들만 참석할 수 있었지만, 워낙 뛰어난 학부생이었던 덕분에 옐런도 초대장을 받을 수 있었다. 토빈은 이 주제에 대한 어마어마한 지식과 논리로 이슈들을 하나하나 분석해 보였고, 옐런은 그와 함께 공부하면서 그 사유 방식을 배워야겠다고 결심했다. 세미나 당시에 토빈에게 자기 소개를 하지는 않았지만, 합격 통지서가 날아오자 예일을 선택했다. 예일 학부에 여학생의 입학이 가능해진 것은 그로부터 2년 후의 일이다.

토빈의 또다른 무언가가 옐런을 끌어당겼다. 바로 경제학은 과연 무엇을 위해 존재하는 학문인가라는 질문에 대한 변치 않는 이상이었다. "토빈은 사회 정의에 대한 열정과, 흔들리지 않는 도덕적 나침반을 지니고 있었다."라고 옐런은 회상했다. 그녀는 토빈에게서 수학이란 단순히 더 위대한 무언가를 이루기 위한 도구에 지나지 않는다는 믿음을 발견했다. "경제학이 중요한 이유는 사람들의 삶을 더 낫게 만들 수 있는 힘이 있기 때문이다."

루스는 어린 옐런에게 원칙과 규율을 주었다. 줄리어스는 따뜻한 가슴과 웃음을 주었다. 토빈은 그녀에게 목적의식을 주었다.

1967년, 옐런은 예일에 도착했다. 질서로 쌓아올린 어린 시절을 뒤로 하고, 재닛 옐런은 혼돈의 시대로 한발짝 들어섰다.

Yellen Yellen Yellen Yellen
Yellen Yellen Yellen Yellen
Yellen Yellen Yellen Yellen
Yellen Yellen Yellen Yellen
Yellen Yellen Yellen Yellen
Yellen Yellen Yellen Yellen
Yellen Yellen Yellen Yellen
Yellen Yellen Yellen Yellen
Yellen Yellen Yellen Yellen
Yellen Yellen Yellen Yellen
Yellen Yellen Yellen Yellen
Yellen Yellen Yellen Yellen
Yellen Yellen Yellen Yellen
Yellen Yellen Yellen Yellen
Yellen Yellen Yellen Yellen

Chapter 02

애컬로프의 어린 시절

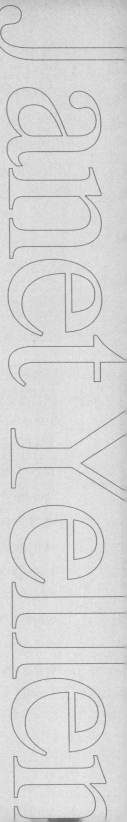

이국적인 털북숭이들

1947~1960

조지 애컬로프는 1940년 코네티컷 주 뉴헤이븐에서 태어났다. 전쟁의 기운이 스멀스멀 다가오고, 미국이 과학의 섬뜩한 잠재력을 현실로 만들기 위해 분주하던 무렵이었다.

애컬로프의 아버지 고스타는 말수 적은 스웨덴인으로, 예일대 교수였고, 미국 정부의 원자폭탄 개발 프로젝트인 맨해튼 프로젝트에 참여한 화학자였다. 반면 외향적인 성격인 어머니 로잘리(결혼 전 성은 허쉬펠더)는 예일대 대학원생 시절 고스타를 만나 결혼했다. 조지의 외삼촌이자 로잘리의 오빠인 조셉 허쉬펠더는 일본의 원폭 투하 순간과 그 이후의 핵폭발에서 기인한 충격파와 불덩어리를 연구한 저명한 화학자 겸 물리학자였다. 조지의 할아버지이자 로잘리의 아버지인 아서 허쉬펠더는 심장질환 치료에 심전도와 약리학을 활용하는 데에 선구적인 역할을 한 화학자 겸 심장 전문의였다. 열세 살에 UC버클리에 입학한 아서는 집 지하실에 자녀들을 위한 화학 실험실을 만들어 주기도 했다.

조지는 어렸을 때부터 화학자의 길이 집안의 가업과도 같다는 것을 깨달

앉지만, 그 자신은 화학에 소질도, 흥미도 없었다. 고스타는 툭하면 이직을[5]
했고, 그에 따라 가족들은 수시로 이사를 다녀야 했다. 예일에서 정교수 승
진에 실패한 뒤 고스타는 맨해튼 프로젝트에 참여하기 위해 가족들을 데리
고 오하이오 주 데이튼으로 이주했다. 고스타가 멜론 산업 연구소로 옮기면[6]
서 애컬로프 가족도 다시 데이튼에서 피츠버그로 이사했지만, 멜론이 고스
타와의 계약을 해지하자 다시 워싱턴 DC 인근 메릴랜드주 인디언헤드에 위
치한 해군 화약 공장으로 자리를 옮겼다. 해군 화약 공장은 선박 추진제와
폭발물을 설계하는 기관으로, 여기서 일하는 동안 고스타는 티타늄 링 활용
을 혁신적으로 발전시켰고, 항공우주, 기계물리학, 플라즈마 물리학 등 자
연 과학 연구를 위해 새 캠퍼스를 막 부설한 참이었던 프린스턴 대학교의
관심을 끌었다. 프린스턴은 고스타를 채용했고, 애컬로프 가족은 또다시 이
사했다. 고스타의 티타늄 링 연구는 그러나 진척이 없었다. 프린스턴은 고
스타와 결별했다. 애컬로프 가족은 프린스턴이 제공했던 웅장한 집에서 나
와 근처에 있는 좀더 조촐한 주택으로 이사했다. 고스타는 동료들의 도움과
정부 연구 보조금을 받아 자신만의 연구실을 설립했다.

열두 살이 될 때까지 조지는 여섯 번이나 이사를 경험했다. 그 모든 과정
에서 조지는 "우리 아버지가 직장을 잃어서 우리 가족이 돈을 쓰지 못하게
되면 다른 아버지도 직장을 잃게 될 것이고, 그 가족도 돈을 쓰지 못하게 되
고, 그러면 또다른 아버지가 직장을 잃을 것이다. 경제는 도미노처럼 무너
질 것이다."라는 생각을 하게 되었다. 그렇게 실업 문제는 어린 조지가 평
생 천착하는 과제가 되었다.

고스타에게 과학이란 평생 걸어갈 길이었고, 자신의 아이들도 그 길을 따
라 걷기를 원했다. 피츠버그에 살 무렵 고스타는 토요일 오전이면 조지와
조지보다 두 살 많은 형 칼을 멜론 연구소에 있는 자신의 실험실에 데리고

---

5. 동료들 사이에서는 "거스"라는 애칭으로 불렸다.

6. Mellon Institute of Industrial Research, 훗날 카네기 멜론 대학으로 흡수됨.

갔다. 조지는 뜨거운 유리 도구를 만지다가 손을 데었다. "나의 멍청함을 드러내고 싶지도 않았지만, 실험실에 또 가고 싶지도 않았다"라고 조지는 훗날 회상했다.

조지는 병약한 아이였고 학교에서도 잘 적응하지 못했다. "유치원에서 쫓겨났는데, 공부를 못해서나 장난을 쳐서가 아니라 학교에서 토해댔기 때문이었다. 우리 형은 아주 뛰어난 학생이었고, 그 덕분에 학교가 나를 좀 봐줬던 것 같다. 1학년 때 다시 입학할 수 있게 해줬기 때문이다. 대신 점심시간에는 다른 아이들에게서 떨어져서 따로 먹으라고 자리를 지정해줬다." 나중에 조지는 칼이 자신보다 IQ가 딱 4포인트 높다는 것을 알게 되었다. 칼은 천체물리학자가 되었다.

조지는 상상력이 풍부한 아이였다. 다섯 살 무렵에는 곰인형에게 오스카라는 이름을 지어주고 곰 세상에서는 곰들이 어떻게 살아갈까 이야기를 지어서 할머니에게 들려주기도 했다. 또 자기가 진실이라고 생각하는 것을 큰소리로 말하곤 했는데, 이 때문에 종종 다른 사람들을 불편하게 만들었다. 조지가 초등학교 저학년이었던 어느 12월, 담임 선생님이 아이들에게 산타할아버지에게 원하는 선물을 받았으면 좋겠다고 말한 적이 있었다. 아버지가 기독교인이었던 조지는 대뜸 산타는 없다고 대꾸했다. 선생님은 수업이 끝난 후 조지를 따로 불러서, 산타가 없다는 사실을 알려주는 것은 다른 아이들의 부모들이 직접 결정할 일이라고 말했다. 조지는 나쁜 뜻으로 한말은 아니었고, 두 번 다시 산타가 없다는 말을 하지 않았다.

조지는 책을 좋아했고, 역사를 좋아했고, 공부벌레 친구들과 자전거를 타고 돌아다니며 우스꽝스러운 짓을 하는 것을 좋아했다. 애컬로프 가족은 프린스턴에서 살았던 집은 앨버트 아인슈타인의 집과 프린스턴 고등연구소[7]에서 그리 멀지 않았다. 아인슈타인과 폰 노이만 덕분에 유명해진 이 연구소에는 세계 최고의 수학자와 이론 물리학자들이 모여 있었고, 이들은 물리학

---

7. Institute for Advanced Study, IAS

뿐 아니라 우주 여행, 컴퓨터, 냉전 전략에도 큰 변화를 가져왔다.

시간이 흘러도 화학에 대한 애정은 생기지 않았지만 대신 조지는 가족의 가치 체계에 대해서는 확실하게 배웠다. 가장 중요한 것은 진실을 찾고, 의미 있는 질문에 대한 답을 찾는 것이다. "무엇이 옳고 무엇이 옳지 않은지 질문해야 했다. 다른 사람들이 어떻게 생각하는지 배워야 했지만, 다른 사람들이 생각하는 대로 생각해야 하는 것은 아니었다."

조지는 아버지가 화학자로서 안정된 일자리를 얻지 못한 이유가 수학에서 뒤처졌기 때문이라는 사실을 깨달았다. 시행착오를 거듭하는 것이 고스타의 방식이었다. 티타늄 링은 한 번은 성공했지만 두 번 다시 성공하지 못했다. 수학을 잘해야 한다는 것이 조지의 또다른 집착이 되었다.

아버지의 고용 불안과 잦은 이사에도 불구하고, 조지의 어린 시절은 아늑하고 행복했다. 애컬로프 가족이 프린스턴에 정착한 후 조지와 친구들은 자전거를 타고 고등연구소까지 달리곤 했다. 고등연구소는 지붕 위에 시계탑이 있고 그 위에 다시 뾰족한 첨탑이 있는 웅장한 벽돌 건물이었는데, 이들은 그 아래 돌계단에 앉아 당시 프린스턴 수학자들 사이에서 유행하던 바둑을 두며 놀았다. 조지는 종종 아인슈타인을 볼 수 있지 않을까 두리번거렸지만 한 번도 만나지는 못했다.

여름이면 로잘리는 아이들을 뉴햄프셔로 데려갔다. 조지는 스쾀호수에서 놀고, 어머니, 할머니와 함께 시장에 가서 어슬렁어슬렁 따라다니고, 이런저런 건축 프로젝트에 몰두한 칼을 도와주려 했다. 고스타는 큰 돌을 옮기는 것을 좋아해서, 야외에 앉을 자리를 만든다든가 하는 프로젝트에 직접 나서곤 했다. 하지만 조지는 돌에는 관심이 없었다. 대신 어린 조지는 비버 패디, 여우 레디, 곰 버스터, 토끼 피터 같은 사랑스러운 동물들이 등장하는 환경보호 운동가 손튼 버지스의 책을 탐독했다.

로런스빌 스쿨에서[8] 조지는 영어, 역사, 수학, 라틴어, 프랑스어에서 두

---

8. 뉴저지 주 로런스빌에 있는 명문 사립 중고등학교

각을 나타내며 스타 학생이 되었지만, 아버지에게 그토록 중요했던 과학 과목들에서는 별로 재능을 드러내지 못했다. 왜소한 체구와 그저 그런 운동 신경 덕분에 체육 과목도 마찬가지였다. 조지의 재능 중 하나—그리고 때때로 골칫거리—는 오랜 시간 동안 한 가지 주제에 완전히 집중할 수 있는 능력이다. 그는 몇 시간 동안 쉬지 않고 솔리테어를 하고, 머릿속에서 학교 과제를 끊임없이 반복하고, 한 자리에 앉아서 몇 권의 책을 읽어 치울 수 있었다.

1958년, 조지는 형을 따라 예일대에 입학했다. 과학에 소질이 없다는 건 이제 명백했기 때문에 부모는 조지가 변호사가 되기를 바랐다. 하지만 조지가 흥미를 보인 학문은 경제학이었다. 어쩌면 어린 시절 걱정거리였던 실업 문제 때문인지도 모른다. 입학 직후에는 학생 신문인 예일 데일리 뉴스에도 관심을 가졌다.

대학 생활 초기, 예일 데일리 뉴스는 조지의 삶을 지배했다. 조지는 예일 데일리 뉴스가 너무 자주 대학 측의 입장을 대변한다고 생각했고, 좀 더 대담한 목소리를 내기를 원했다. 또한 캠퍼스 내 일상적인 사건들뿐 아니라 큰 이벤트도 다루고 싶어했다. 1960년 대통령 선거 유세를 위해 존 F. 케네디가 이 지역을 순회할 때 조지는 직접 선거 유세 버스에 올라탔다.

1학년 봄 방학 때 조지는 친구 먼로 프라이스와 함께 남부로 여행을 떠났고, 싯인 시위와 점점 더 타오르는 흑백간 인종 갈등을 취재했다. 조지아주 메이컨에서 그는 KKK집회에 잠입해 두건을 쓴 스물다섯 명의 남자들이 빕-존스 카운티 경계선에서 십자가를 불태운 사건을 보도했다. 앨라배마주 몽고메리에서는 "히비스커스 꽃이 피고 햇볕이 따스하게 내리쬐고 있다.

---

9. 카드를 일정한 규칙에 따라 정렬하는 1인 게임

10. Sit-In. 1960년대까지 미국 남부의 여러 주는 흑인과 백인이 도서관, 식당, 백화점, 영화관, 대중교통 같은 공공 시설을 함께 사용하는 것을 금지하는 인종 분리(segregation) 정책을 시행하였다. 1960년대 흑인 민권 운동가들은 백인 전용 시설에 흑인과 백인이 함께 앉아서 (sit in) 일어나지 않는 방식으로 비폭력 저항 운동을 하였다.

하지만 도시는 소름끼치게 조용하다. 4천 명의 백인과 1천 명의 흑인이 맞서 남부 인종 위기에서 가장 폭력적인 충돌이 일어난 것이 불과 2주 전의 일이다."라고 썼다.

조지가 언론인으로서 매번 심각한 기사만 쓴 것은 아니다. 조지는 종종 익살스러운 유머 감각도 발휘했다. 기말 고사 열기로 달아오르던 1961년 4월, 조지의 신문사 친구들은 그가 1마일 달리기 시합에서 자기보다 키가 33센티미터나 큰 예일 농구팀 선수 파크스 오덴웰러를 이겼다는 기사를 장난으로 내보냈다. 시합은 실제로 열렸지만 이긴 쪽은 당연히 조지가 아니었다. 결정적으로 그들은 이 거짓 기사를 조지의 바이라인으로 내보냈다.

사흘 뒤 조지는 편집장에게 편지를 보내서 자기 이름으로 나간 기사가 거짓임을 밝히며 "귀 신문이 게재한 그 시합의 결과에 대해서 의구심을 표한다. 이러한 의구심의 관점에서 나는 오덴웰러 군에게 재시합을 요청한다"라고 비꼬았다.

애컬로프는 남부의 인종 갈등을 다룬 기사로 예일이 수여하는 상을 받았다. 그럼에도 불구하고 시니어 기자로 승급하는 데는 실패했는데, 기사에 사소한 오류들을 범하는 부주의 때문이었다.

언론인으로 좌절한 그는 수학과 경제학에 집중하기로 결심했다. 여기에서도 처음에는 실수 연발이었다. 1학년 때 경제학 교수가 칠판에 수요 곡선을 그려보라고 한 적이 있었다. 재화의 가격이 오르면 수요가 줄어드는 반비례 그래프를 그리라는 뜻이었다. 학교 신문에 너무 많은 시간을 쏟은 탓에 공부도 뒤처지고 머릿속도 뒤죽박죽이었던 조지는 칠판으로 가서 정비례 곡선을 그렸다. 교수는 그를 멍청이라고 생각하고 그냥 자리로 돌려보냈다.

수학에서도 초반에 어려움을 겪었다. "나는 현대 대수학을 이해하지 못하고 문자 그대로 낙제점을 받았다"라고 애컬로프는 회상했다. "가족의 개입 덕분에 살아남을 수 있었다. 어머니의 가장 친한 친구의 남편이 프린스턴의 유명한 수학자였던 것이다. 그 분이 한 시간 동안 과외를 해주면서, 나의 문제를 진단하고 어떤 부분을 놓치고 있는지 알려주었다. 그 뒤 나는 수업을 헤쳐나갈 수 있었고 나중에는 기말고사에서 만점을 받았다."

"어머니의 가장 친한 친구의 남편"은 프린스턴의 위대한 수학자 중 한 명인 살로몬 보흐너로[11], 그의 결혼식에서 폰 노이만이 신랑 들러리를 섰다. 조지가 첫 번째 크리스마스 방학을 맞아 집에 왔을 때 보흐너는 조지를 데리고 정원에 산책을 나갔다가 조지가 간단한 대수 증명 방법을 한 번도 배운 적이 없다는 사실을 눈치 챘다. 조지는 이 방법을 배웠고, 기말고사에서 만점을 받고, 예일대 수학 입문 강의를 B학점으로 마무리했다. 수요와 공급 곡선에서 대재앙을 겪기는 했지만 1학년 경제학 과목에서도 우수한 성적을 거두었다.

경제학에서 수학은 곧 모든 것이었다. 조지는 자신이 전공으로 선택한 경제학에서 좋은 성적을 거두려면 누구보다 수학을 많이 알아야 한다고 결심했다. 10년도 더 전에 하버드 박사 과정 학생이었던 폴 새뮤얼슨은 논문을 하나 썼는데, 이 논문은 책으로 출판되었고, 곧 경제학도들에게 필독서가 되었다. 〈경제 분석의 기초Foundations of Economic Analysis〉는 케인스의 경제학적 사유를 공식화하기 위해 수학을 활용하고자 했다. 새뮤얼슨이 보기에 수학 없는 경제학은 체계도 증명도 없는 말과 아이디어에 불과했다. 이 책의 첫 페이지는 엔지니어 조사이아 윌라드 깁스의 "수학은 언어다Mathematics is a language"라는 말을 인용했다.

경제학과 수학으로 관심을 돌린 조지는 예일 도서관에서 사서 보조로 일하기로 했다. 예일 도서관은 예일의 경제학 박사 과정 학생들이 많은 시간을 보내는 곳이었다. 그는 그들과 친구가 되었고, 경제 성장과 기업의 투자 요인에 대한 새로운 연구를 공식화하고 있던 로버트 솔로우라는 전도유망한 젊은 경제학자에 대해 알게 되었다. 조지는 그 연구에 흥미를 느꼈다. 경

---

11. Salomon Bochner, 1899~1982

제 성장과 기업의 투자 요인 같은 것들을 어떻게 분석하는지 알고 싶었다.

1962년, 초반의 어려움을 극복하고 훌륭한 학생으로 성장한 조지 애컬로프는 경제학과로는 미국에서 가장 인기있는 MIT에 진학했다. 당시 MIT를 대표하는 경제학자는 폴 새뮤얼슨이었고, 새뮤얼슨의 제자가 바로 솔로우였다.

애컬로프는 가족이 함께 쓰는 고물차로[12] MIT 캠퍼스에 도착했다. MIT에서는 E52라는 이름으로도 부르는 박스형 콘크리트 슬래브 건물의 휴게실에서 열린 신입생 모임에서 그가 처음 만난 사람이 솔로우였다.

큰 키에 마른 체격, 각진 얼굴의 솔로우는 케네디 대통령의 경제자문위원회 근무를 막 마치고 워싱턴에서 돌아온 참이었다. 그는 미국 최고의 40세 미만 경제학자에게 수여되는 권위 있는 클라크 메달도 수상했다. 이 메달의 수상자들은 대체로 과학 연구 분야 최고의 영예인 노벨상도 수상해왔기 때문에, '아기 노벨상Baby Nobel'이라는 별명으로도 불리는 상이었다.

경제 성장에 관한 솔로우의 연구는 경제를 여러 구성 요소로 쪼개서 세분화했다. 이들 구성 요소에는 노동자, 설비, 그리고 가장 중요한 노동자와 설비의 생산성을 높이는 기술과 노하우가 포함된다. 경제는 호황을 누리고 있었고 솔로우의 성장 모델은 그 호황의 원인과 이를 유지하는 방법을 설명하는 데 도움을 주었다.

휴게실에서 처음 만난 솔로우는 애컬로프에게 무엇을 공부하고 싶은지 물었다. 애컬로프는 위상수학을 배우고 싶다고 말했는데, 이는 다소 기묘한 대답이었다. 위상수학이란, 도형이 늘어나거나 구부러지거나 비틀어질 때, 예를 들어 원이 타원이 되거나 정사각형이 직사각형이 될 때 도형의 특성이 어떻게 변하는지를 연구하는 학문이다. 위상수학은 경제학자들이 일반적으로 공부하는 과목은 아니다. 하지만 애컬로프는 위상수학이 문제를 다른 관점으로 접근하는 데에 도움이 되어, 더 나은 경제학자가 될 수 있을 것이라

---

12. 10년 된 파란색 포드 세단

고 생각했다. 그는 또한 위상수학을 배우기에는 하버드가 MIT보다 낫다고 생각했다. 그래서 애컬로프가 경제학을 공부하기 위해 MIT에 입학하자마자 가장 먼저 한 일은 하버드에 가서 수학을 공부한 것이었다.

솔로우는 사물을 다르게 바라보고 싶어하는 애컬로프의 학문적 관심에 흥미를 느끼고 그를 지지해주었다. 그리고 위상수학에는 조지를 매료시킨 또 다른 무언가가 있었다. 조지는 학생 신문 기자 시절부터 스토리텔링에 재능이 있었을 뿐 아니라 자신의 아이디어에 이미지를 입히는 시각적 사고를 할 줄 알았다. 그가 위상수학에 끌린 것은 너무나 자연스러운 귀결이었다. "조지에게는 언제나 어딘가 독창적인 구석이 있었다"라고 솔로우는 회상했다.

애컬로프는 수학에서 얼마나 뛰어난 학생이 되었는지, 한번은 새뮤얼슨의 미시경제학 수업 중 칠판 앞으로 달려가 새뮤얼슨이 기대하지 않았던 증명을 해보여 당황시킨 적도 있었다. 함께 수업을 듣고 있던 친구들은 조지의 대담함에 즐거워했다.

1960년대 MIT 경제학과는 이 분야에서 가장 뛰어난 경제학자들, 그리고 그들과 함께 공부하고 싶어 하는 젊은 천재들로 북적였다. 이탈리아계 미국인 프랑코 모딜리아니는 피츠버그의 카네기 공과대학^{Carnegie Institute of Tech-}_{nology}을 떠나 MIT 교수로 부임했다. 작은 체격에 사교적이며 운동을 좋아했던 모딜리아니는 기업 재무 분야에서 획기적인 연구는 물론, 사람들이 저축과 소비를 결정하는 방식을 분석하는 새로운 분야를 개척하고 있었다. 훗날 솔로우, 모딜리아니, 새뮤얼슨 모두 노벨 경제학상을 수상한다.

솔로우의 연구실 밖에는 그의 조언을 들으러 온 학생들이 길게 줄을 지어 서있곤 했다. 학생들이 줄을 서는 곳은 또 있었다. MIT 지하실에는 거대한 IBM 메인프레임 컴퓨터가 있었는데, 학생들은 종이 카드에 펀칭으로 작성한 프로그램을 실행해볼 수 있었다. 새뮤얼슨은 학생들에게는 관대했지만, 혼자 있는 것을 좋아하는 타입이었다.

조지의 동료 학생 중 한 명은 인디애나 주 게리에서 온 젊은 몽상가 조지프 스티글리츠$^{Joseph Stiglitz}$였다. 그는 1960년대 사회 정의 운동에 푹 빠져 있었다. 스티글리츠는 MIT 건물에서 멀리 떨어진 시골 집에 세들어 살았고, 그 때문에 연구실에서 자는 날이 많았다. 자유로운 영혼의 소유자로, 건물에 들어올 때는 신발을 벗는 것을 좋아했고 그 신발을 어디에 벗어놓았는지 잊어버리곤 했다. 늦은 밤 스티글리츠가 캠브리지의 추위 속에 양말만 신고 밖에 나가는 불상사가 생기지 않도록 "스티기의 신발이 어디 있지"라고 중얼거리며 E52를 뒤지며 돌아다니는 것이 조지와 그의 친구 밥 홀의 일상이 되었다. 여름이면 조지는 뉴햄프셔 스쾀호숫가에 있는 가족 별장으로 MIT 친구들을 데리고 갔다. 그들은 맨발로 호숫가를 돌아다니며 학기중의 긴장을 풀고 즐겼는데, 아마 동네 주민들 눈에는 세상 쓸모없는 젊은 히피들로 보였을 것이다.

그를 둘러싼 천재들의 존재에도 불구하고, 조지는 그가 공부하고 있는 1960년대 경제학에서 무언가가 잘못되어 있다는 생각이 들었다. 그는 그가 가장 좋아하는 만화가 에드워드 코렌$^{Edward Koren}$을 떠올리게 되었다. 〈뉴요커$^{New Yorker}$〉 지의 카툰 작가이기도 했던 코렌이 즐겨 그린 캐릭터 중에는 복잡하고 놀랍고 때로는 아이러니한 세계에서 살아 숨쉬는 이국적인 털북숭이 생물들이 있었다. 한 만화에서는 마치 개처럼 길쭉한 주둥이를 가진 털이 북실북실한 치과의사가 날카로운 이빨을 지닌 또다른 털북숭이 괴물에게 치실을 더 자주 사용하라고 훈계하고 있다.

애컬로프는 코렌의 만화는 위상수학적으로 다르다고 생각했다. 다른 많은 카툰 캐릭터는 머리는 원이고 몸통과 팔다리는 사각형인 펑퍼짐한 인간들이었다. 코렌의 캐릭터는 더 입체적이고 복합적이었으며 바로 그런 점에서, 전혀 사람처럼 보이지 않음에도 불구하고, 더 인간적이었다.

애컬로프가 바라본 경제의 세계는 MIT에서 배운 펑퍼짐한 전통들보다 코렌의 세계와 더 비슷했다. 그가 배운 많은 경제 이론들은 수학을 기반으로 하고 있었고, 현실의 경제에서 일어나는 복잡한 상황이 언제나 수학적으로 완벽하게 설명되는 것은 아니었다. 경제 모델을 수학적으로 설명하려면 특정한 관계가 항상 일정하게 유지된다는 가정이 전제되어야 했다. 게다가 이러한 모델들은 정교하게 조정된 균형 상태에 안착한 경제라는 개념에 의존하는 경향이 있었다. 애컬로프는 경제학은 이러한 단순한 수학 공식으로 설명할 수 있는 것보다 더 미묘하고, 또 더 취약하다고 생각했다.

1967년, 예일로 향하는 재닛 옐런은 경제학의 질서, 정확성, 사회적 진보 가능성에 매료되어 있었다. 그리고 조지 애컬로프는 이 모든 것을 전부 해체하기로 마음먹었다.

Chapter 03

옐런, 예일과 하버드에서

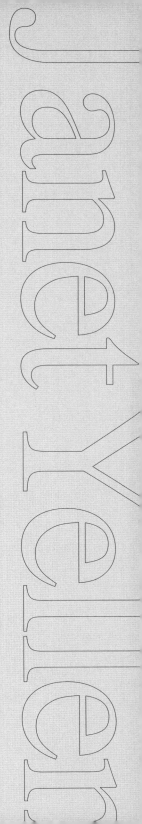

물살을 거슬러

하나의 사건과 한 사람이 재닛 옐런의 교육을 지배했다. 그 사건은 대공황이었다. 그 사람은 존 메이너드 케인스였다.

1918년, 제1차 세계대전에서 미국은 떠오르는 산업 강국으로 부상한 반면, 유럽의 제국들은 고전을 면치 못했다. 1800년대에는 철도, 운하, 금광투기, 혹은 그 밖의 새로운 투자에 기인한 호황과 불황이 반복을 거듭했지만, 그래도 성장의 추세는 계속 전진했다. 중산층이 일어났고, 시카고, 디트로이트, 피츠버그, 클리블랜드, 샌프란시스코 같은 부유한 도시에는 고층빌딩이 솟아올랐다. 이 도시들은 과거의 경제 활동을 혼돈에 빠뜨렸던 호황과 불황의 중심이었던 바로 그 철도와 운하들로 저마다 연결되어 있었다.

미국은 1913년 영란은행과 같은 유럽의 거대 국립은행을 본따 중앙은행인 연방준비제도이사회를 설립하면서 문제를 하나 해결한 것처럼 보였다. 1800년대에 미국 은행들은 쉽게 금융 공황에 노출되었다. 투기 광풍이 한바탕 휩쓸고 지나가면 고객들은 한꺼번에 예금을 인출하러 은행으로 달려갔고, 은행은 현금 고갈로 인해 문을 닫아야 했다. 은행이 파산하면 기업들은 자금난에 시달렸고, 노동자들을 해고했고, 실업률은 치솟았다. 연준의 목적은 공황이 가라앉을 때까지 은행에 자금을 빌려주고, 이를 통해 툭하면 찾아오는 호황과 불황의 반복 주기를 완만하게 만드는 데 도움을 주는 것이었다. 그러나 1930년대의 대공황은 그 누구도 막을 수 없었고, 그 규모 역시 유례가 없었다. 1873년 철도 투기가 촉발한 은행 공황으로 101개 은행이 파산했다. 1893년 공황 때에는 503개의 은행이 파산했다. 연방준비제도이사회의 탄생을 부른 1907년 공황에서는 73개의 은행이 파산했다. 대공황기간에는 약 1만 개의 은행이 도산했다. 이는 앞선 세 번의 공황을 합친 것보다 15배나 많은 수치이다.

경기 침체의 깊이는 비극적이고 혼란스러웠으며 그 기간도 길었다. 1929년부터 1933년 사이에 개인 연평균 소득은 46% 감소했으며, 이는 오늘날의 연평균 소득인 55,000달러가 29,700달러로 하락한 것과 맞먹는다. 4년만에 중산층에서 경제 사다리의 하위 20% 계층으로 떨어졌다고 상상해 보라. 대공황 당시 평균적인 가정이 겪은 일이다. 가계 소득은 반등했지만 다시 하락하여 1941년까지 1929년 수준으로 되돌아가지 못했다.

이 모든 것의 뒤에는 미국의 위대한 일자리 기계가 멈췄다는 현실이 있었다. 주식 시장이 폭락한 1929년부터 1931년까지 실업률은 3.2%에서 15.9%까지 치솟았다. 이는 2020년에 발발한 코로나19 팬데믹으로 미국 경제가 셧다운되었을 때보다 더 심각한 수치이다. 그러나 1930년대 들어 실업률은 더욱 악화되었다. 1933년에는 25%까지 올라갔고 1941년까지 10% 미만으로 떨어지지 않아 12년 동안 두 자릿수 실업률이 지속되었다. 그때까지, 그리고 그 뒤로도 한 번도 일어나지 않은 일이다.

꺾이지 않던 미국의 낙관주의도 타격을 입었다. 1926년 경제 호황기, 맨해튼에서 히트를 친 뮤지컬 〈아메리카나Americana〉는 조지 거쉰의 〈써니 디스포지쉬Sunny Disposish〉와 같은 경쾌한 노래들로 인기가 높았다. 이 노래는 "인생은 즐거울 수 있어요/밝은 마음만 먹는다면"이라고 약속하며 듣는 이에게 "우울한 약"이 되지 말라고 격려했다. 그러나 1932년 〈아메리카나〉가 다시 무대에 올랐을 때, 가장 주목받았던 노래는 〈형제여, 한 푼만 줄 수 있나요?Brother, Can You Spare a Dime?〉의 서글픈 멜로디였다. 가전제품 사업을 하다가 파산한 작사가 입 하버그는 대공황 당시 맨해튼 센트럴파크에서 구걸하던 실업자에게서 영감을 받아 이 노래를 만들었다.

대공황을 헤쳐나온 세대는 저녁 식탁에서 자식 세대들에게 빵과 수프를 받기 위해 무료 급식소 밖에 길게 줄지어 서 있던 사람들과 실업, 빈민가 판자촌, 그리고 몸으로 배운 근검절약 정신에 대해 끊임없이 이야기했다.

대공황 당시 예일에는 당대의 가장 저명한 경제학자 중 한 명인 어빙 피셔가 있었다. 훗날 그는 레밍턴 랜드 사로 성장한 인덱스 카드 사업에 뛰어[13]들어 큰돈을 벌었다. 피셔는 (주로 빌린 돈으로) 직접 주식 투자도 했다.

피셔는 대공황의 원인에 대해, 아마도 그 자신의 경험에서 기인했을 중요한 결론을 이끌어냈다. 그는 근본 원인은 부채라고 보았다. 수익과 소득이 감소하면서 가계와 기업이 빚을 갚기가 점점 어려워졌다. 사람들은 빚을 갚기 위해 집이나 자동차 같은 자산을 판다. 이는 자산 가격을 더 떨어뜨리고, 수익과 소득은 더더욱 쪼그라든다. 결국 이는 소용돌이와도 같은 자발적 악순환을 불러일으키는데, 피셔는 이러한 현상을 부채 디플레이션이라고 불렀다.

피셔의 학문적 통찰력은 그러나 거듭 틀린 예언과 그 자신의 개인적인 불운으로 인해 빛을 보지 못했다. 1920년대 호황에 사로잡혔던 그는 1929년 운명적인 폭락 직전, "주가가 영구적으로 떨어지지 않는 단계에 도달했다"라고 선언했다. 이 예상은 그 자신의 발목을 잡았다. 피셔의 아들은 피셔가 대공황으로 인해 약 천만 달러의 재산을 잃었다고 추측했는데, 화폐 가치를 반영할 경우 2020년 기준 1억 5천만 달러가 넘는 금액이다. 예일대는 그가 쫓겨나지 않도록 피셔의 집을 매입해 재임대해 주었다. 다시 말해서 그는

---

13. 후에 스페리 랜드, 다시 유니시스 주식회사로 사명이 바뀌었다.

자신이 학문적으로 설명한 부채 디플레이션으로 인해 망한 것이다.

반면에 존 메이너드 케인스는 늘 이기는 게임만 하는 것처럼 보였다. 키가 크고 구부정한 체격, 두툼한 입술, 덥수룩한 콧수염을 지닌 그는 영국 캠브리지 엘리트들의 자신감—어떤 이들은 오만함이라고 부르는—으로 모든 것을 체현했다. 1918년, 젊은 케인스는 배와 기차를 갈아타며 독일군의 포격을 받고 있던 프랑스 파리로 향했다. 그는 영국이 프랑스에 내준 대출에 대한 담보로 프랑스 인상파 작품들을 무더기로 확보했다. "수상쩍은 프랑스 채권"보다 귀중한 그림들을 수집하는 것이 낫다는 것이 그의 판단이었다. 이 서른다섯 살의 경제학자는 버지니아 울프, E. M. 포스터 등 영국 화가, 문인들과의 교류를 즐겼던 예술 애호가로, 세잔의 작품을 직접 구입하기도 했다.

전쟁이 끝나자 케인스는 1919년 베르사이유 조약을 "재앙"이라며 격렬하게 비판했다. 베르사이유 조약이 인플레이션을 촉발시키고 유럽 대륙을 갈기갈기 찢어놓을 것이라는 그의 선견지명은 이번에도 적중했다. 베르사이유 조약은 통합과 재건보다는 독일의 전쟁 배상에 초점을 맞추고 있었다. 그 결과 독일은 영토를 포기하고, 무장을 해제하고, 해외의 금융 자산을 넘기고, 상선 선단도 해체해야 했다. 케인스는 머리 끝까지 화가 나서 영국 정부에 사표를 던진 뒤, 이런 식으로 독일을 쥐어짜는 전략은 결국 위험한 보복 욕구로 이어질 것이라고 주장하며 〈평화의 경제적 결과The Economic Consequences of the Peace〉라는 책을 썼다.

어마어마한 부채에 발목이 잡힌 채 경쟁이 격화된 전후 세계에서 우위를 점하기 위해 유럽 국가들은 무역 장벽을 세웠고, 이로 인해 국제 교역이라는 수레바퀴의 속도는 점점 떨어졌다. 독일의 은행들은 파산했고, 마르크화는 폭락했으며, 독일의 중앙은행인 제국은행이 돈을 풀면서 인플레이션에 불이 붙었다. 케인스가 예측한 대로 1차 세계대전 후의 평화는 곧바로 경제적 재앙과 2차 세계대전으로 이어졌다.

케인스는 또 개인적으로 반유대주의를 입에 담는 경향이 있었다. 알베르트 아인슈타인이 시간, 공간, 중력의 관계에 대한 역사적인 논문들을 발표한지 10년도 더 지난 1926년, 케인스는 베를린에서 아인슈타인과 만난 후 이런 감상을 써서 남긴다. "잉크 투성이의 버릇없는 유대인 소년, 즉 불멸을 더 큰 이익으로 승화시키지 못한 상냥하고 부드러운 장난꾸러기, 간신히 꾸려가고 있는 그런 종류의 유대인이다."

케인스가 살던 시대에 이런 발언은 다소 무례하거나 건방지게 들리기는 해도 영국인 특유의 조롱섞인 농담으로 치부될 수도 있고, 듣는 이에 따라 재치 있거나 영리하다고 생각한 사람도 있었을 것이다. 하지만 21세기의 관점에서 보면, 유대인에 대한 적대감 그 자체였다. 특히 "아인슈타인은 재능 있고 괜찮은 사람이지만, 다른 유대인들, 특히 프로이센의 은행가와 정치인들은 '작은 뿔과 쇠스랑, 기름진 꼬리를 가진 악마를 섬기는 자들'이며, 하나의 문명이 돈과 권력과 두뇌를 모두 가진 불순한 유대인들의 못생긴 엄지손가락 아래 있는 것은 결코 좋지 않다."라고 말한 것만 봐도 알 수 있다. 손이 사람의 성격을 들여다볼 수 있는 창이라고 여겼던 케인스에게 못생긴 엄지손가락이라는 언급은 특히 악의적이었다. 그는 만나는 상대방의 손가락 크기를 측정하여 그 사람이 감수성, 수완, 지능 또는 힘을 지녔는지 유추하곤 했다.

히틀러가 저지른 역사적인 범죄들 때문인지 말년의 케인스는 유대인에 대한 악의를 다소 누그러뜨린 것으로 보인다. 1930년대 중반 케인스는 캠브리지의 독일 출신 유대인 난민들을 돕기도 했다. 하지만 여기에서도 사적인 조롱이 빠지지 않았다. 1934년, 케인스는 아내인 발레리나 리디아 로포코바에게 보낸 편지에서 "점심식사에 몇몇 괜찮은 유대인 난민을 불렀지"라고 쓰고 있다.

케인스의 세계관이 주목받는 이유는 경제학에서 그의 발자취를 따라간 이들—개중에는 그의 사상을 강력하게 지지한 이들도, 강력하게 반대한 이들도 있었다—중 상당수가 옐런을 비롯한 유대인이었기 때문이다. 그들이 자신의 종교적 정체성이나 동기에 집착하기보다 케인스의 사상에 더 많은 관심을 가졌다는 사실은, 학문에 대한 그들의 헌신을 말해준다.

케인스의 역사상 위치를 확고하게 한 것은 1936년에 발표한, 1930년 대 서방 세계를 옭아맨 경제 불황에 대한 진단이었다. 〈고용, 이자 및 화폐에 관한 일반 이론The General Theory of Employment, Interest and Money〉은 전 우주의 작동 원리를 설명한 아인슈타인의 일반 상대성 이론(1915)을 다소 오만하게 상기시킨다. 케인스는 자신이 세계 경제의 작동에 대한 통일된 이론을 도출해냈다고 믿었고, 처음부터 책의 성공을 확신했다. 그는 친구인 극작가 조지 버나드 쇼에게 자신의 "일반 이론"이 "지금 당장은 아닐지 몰라도 적어도 향후 10년 동안 세계가 경제 문제에 대해 생각하는 방식에 거대한 혁명을 일으킬 것"이라고 말했다.

케인스도 이번에도 옳았다. 고전적 경제 이론은 근대 자본주의 경제를 자가 수정 엔진 비슷한 무엇으로 보았다. 호황기에는 상품과 서비스 가격이 치솟고 기업들은 새로운 건물과 장비에 과잉 투자한다. 그 결과 공급 과잉이 발생한다. 가격은 떨어지고, 이번에는 더 싼 상품과 서비스에 대한 새로운 수요가 생겨나 새로운 평형점을 만들어, 경제 엔진은 재가동된다. 금리도 같은 방식으로 작동한다. 경기 침체기에는 금리가 하락하여 기업과 가계의 대출, 투자, 소비를 유도하고 경제를 재충전한다. 그런 다음 경제가 활력을 되찾으면 금리가 상승하여 경제 활동이 과열될 때 브레이크 역할을 한다.

케인스는 경제가 불황의 평형에 갇힐 수 있다고 주장했다. 예를 들어, 한 개인에게는 저축이 최선의 결정일 수 있지만, 모두가 동시에 같은 결정을 내릴 경우 아무도 소비하지 않고 절약의 역설이 발생하여 경제는 멈추고 투자 및 고용 유인은 더욱 감소한다. 이럴 때 경제 활동을 재점화하는 것이 정부의 역할이라고 그는 주장했다. 민간 부문이 몸을 사릴 때에도 정부는 저금리로 돈을 빌려 투자하고 소비하여 엔진을 재가동할 수 있다는 것이다.

케인스의 이론은 프랭클린 루스벨트 대통령의 뉴딜 정책의 지적 토대가 되었다. 또한 케인스 본인의 생각으로는 대공황을 초래한 자유방임적 자본주의와, 모든 활동의 중심이 정부인 (그리고 이미 러시아를 장악하고 있던) 칼 마르크스의 사회주의 사상 사이의 중간 지점을 확립한 것이기도 했다.

1944년 7월 케인스는 뉴햄프셔 주 화이트마운틴의 브레튼우즈 리조트에서 열린 회의에서 동맹국들에게 1차 세계대전의 치명적인 실수를 되풀이해서는 안 된다고 주장하며 종전 후 세계 경제의 틀을 잡는 데에 기여했다. 그는 패전국에 대한 배상 강요보다는 재건에, 관세와 환율 조작으로 무역 파트너를 분열시키기보다는 협력을 통해 글로벌 교역의 유대를 강화해야 한다고 역설했다. 그가 설계에 참여한 브레튼우즈 협정은 세계화 시대의 시작을 알렸다.

지성적으로 케인스의 주요 적수는 오스트리아에서 망명한 두 명의 경제학자 요제프 슘페터와 프리드리히 하이에크였다. 이들은 1차 세계대전 이후 사회주의가 잠식해오는 것을 지척에서 목격했고, 이를 좋아하지 않았다. 오스트리아-헝가리 제국은 1차 세계대전으로 산산조각이 났고 비엔나는 전후 혼돈 그 자체였지만, 슘페터와 하이에크는 시장 경제의 자정 능력에 대한 믿음을 잃지 않았다. 하이에크는 1944년 〈노예의 길The Road to Serfdom〉에서 "개인의 자유만이 유일하고 진정한 진보적 정책"이라고 선언했다. 케인스는 하이에크의 주장에 동의했지만, 자신은 중도의 길을 찾았다고 말했다.

이후 50년 동안의 경제학은 하이에크와 슘페터가 선호한 대로 시장에 맡겨야 하는지, 아니면 케인스가 주장한 것처럼 정부가 개입해야 하는지에 대한 논쟁으로 요약된다. 한쪽에서는 수학적 분석을 통해 케인스의 사고의 토대를 구축하려 했고, 다른 쪽에서는 케인스의 사상을 무너뜨리려 했다. 반세기 동안 케인스의 분석은 주류 경제학에서 유행했다가 뒤로 밀려났다가 다시 유행하는 과정을 반복했다. 시장의 자기 교정 속성에 대한 하이에크의 천착과 시장의 '창조적 파괴'를 통한 경제 회복에 대한 슘페터의 믿음으로 대표되는 고전 경제학 역시 비슷한 우여곡절을 겪으며 한 때는 시대를 지배하고 다른 때는 스스로의 한계에 부딪혔다.

이러한 논쟁은 케인스의 가장 열렬한 신봉자 중 한 명인 제임스 토빈을 통해 재닛 옐런에게까지 내려왔다. 토빈은 1918년 일리노이 주 샴페인에서 태어난 '대공황 키즈'였다. 토빈의 어머니는 1930년대 정부 구호 프로그램을 감독한 사회 복지사였다. 그는 "어머니에게서 들은 현장의 이야기로부터 실업과 빈곤으로 인해 인간이 겪는 고통에 대해 배웠다"라고 말했다.

1935년, 하버드는 중서부 지역에서도 재능있는 학생들을 유치하기 위한 시도를 하고 있었다. 토빈의 아버지는 토빈에게 하버드에 들어갈 수 있을지 입학 시험을 보는 게 어떻겠냐고 제안했다. 토빈은 전혀 사전 준비를 하지 않았음에도 시험에서 우수한 성적을 거뒀고 전액 장학금을 받았다. 그의 지도 교수 중 한 명은 슘페터였지만, 슘페터의 사상은 토빈의 마음을 사로잡지 못했다. 대신 2학년 때 케인스의 신간을 읽고 어느 편에 서야 할지가 명확해졌다.

"(케인스에게) 완전히 꽂혔다"라고 토빈은 회상했다. "대공황 당시 자본주의 경제의 비참한 실패는 전 세계적인 사회적, 정치적 재앙의 근본 원인이었다. 대공황은 또, 경제적 현상을 설명하거나 해결책을 제시하지 못하는 기존의 정통 경제 이론에 위기를 불러왔다. 이 위기는 경제 이론의 과학적 발효와 혁명의 풍년기를 촉발했다."

옐런과 마찬가지로 토빈도 자신의 수학적 재능을 활용하고 싶어했다. 또한 옐런과 마찬가지로 그 역시 세상에 공헌하고 싶어했다. 토빈은 진지하고 매우 심각한 스승이어서 많은 학생들이 무서워했다. 그가 감정을 겉으로 드러내는 몇 안 되는 신호 중 하나는 짜증이 나면 때때로 귀가 빨개진다는 것이었다. 몇몇 세미나 수업의 경우 고대 그리스 철학자 소크라테스처럼, 학생들이 읽어온 내용에 대한 질문을 던진 뒤 그들의 대답을 바탕으로 자신의 생각을 향해 학생들을 이끌어가는 방식으로 진행했다. 토빈의 생각은 머릿속에서 완전한 형태를 갖추고 입밖으로 나왔다. 그의 유머 감각은 아이러니하고 종종 다른 사람들이 이해하기에는 너무 미묘했다.

일본이 진주만을 침공하자 토빈은 입대하여 4년 가까이 구축함 USS 커니 호에서 포병 장교와 항해사로 복무했다. 토빈의 해군 예비역 훈련 동료였던 허먼 오우크는 훗날 전쟁 경험을 바탕으로 소설 〈케인 호의 반란Caine Mutiny〉을 집필했다. 오우크는 소설 속에서 토빈을 모델로 한 캐릭터인 토빗을 "조용한 말투와 스펀지 같은 마음을 가진 인물"로 묘사했다.

전쟁이 끝난 후 토빈은 예일에서 강단에 섰고, 백악관 경제자문위원회에서 존 F. 케네디의 브레인 집단에 합류했다. 1962년 경제자문위원회가 발간한 "대통령 경제 보고서"는 정부의 강력한 개입으로 실업률을 낮추고 감세와 지출 프로그램을 통해 경제를 안정시킬 수 있다는 케인스주의의 현실적 구현이었다. 1961년 실업률은 7%를 넘었고, 케인스는 제자들에게 가만히 보고만 있지 말라고 가르쳤으며, 이 교훈은 훗날 토빈을 통해 옐런에게 전수된다. 케네디 경제 보고서는 다음과 같이 천명했다. "자유 기업 경제에서 기업과 소비자 지출의 변동은 당연히 항시 발생한다. 그러나 그로 인해 우리가 호황과 불황의 반복에 시달릴 필요는 없다. 기업의 주기는 달력대로 움직이는 것이 아니다. 정부는 민간 경제의 변동을 상쇄하고 완화하기 위해 재정적 조치의 타이밍을 조정할 수 있다. 우리의 재정 시스템과 예산 정책은 이미 전쟁 이전보다 훨씬 더 큰 수준으로 경제 안정에 기여하고 있다. 그러나 정부가 경제 안정을 위해 더 신속하고, 더 유연하고, 더 강력하게 행동할 수 있게 하는 무기들을 장착할 시기가 무르익었고, 그 필요성은 분명하다."

1967년 9월 옐런이 예일에 도착했을 때 토빈은 캠퍼스로 돌아와 있었다. 케네디는 암살당했지만, 경제는 호황을 누리고 있었다. 케네디는 실업률 4%라는 목표를 세웠었고, 당시 실업률은 3.8%까지 떨어져 3.5%를 눈앞에 두고 있었다. 경제학자들은 낮은 실업률에는 본질적으로 대가가 따른다는 것을 인식하고 있었다. 실업률이 너무 떨어질 경우 인플레이션이 일어나

고 있다는 징조로 보아야 하며, 이는 수요 증가로 인해 경제 자원에 부담이
오고 있다는 뜻이었다. 1967년은 인플레이션이 스멀스멀 올라오고 있기는
했어도 여전히 3% 미만이었다. 베트남 전쟁이 발발하고, 미국 전역의 캠퍼
스에서 시위가 벌어지고 있었지만, 경제는 여전히 잘 돌아가고 있는 것처럼
보였다.

옐런이 브루클린을 떠나 대학에 입학할 때부터 완전히 민주당 지지자였
던 것은 아니다. 그녀가 민주당 지지자가 된 것은 1960년대였다. 옐런 집안
에서 정치는 큰 화두가 아니었다. 저녁 식탁에서 아버지 줄리어스는 주로
환자들 이야기를 많이 했다. 가족이 다 함께 라디오를 들었지만 정치적 정
체성에 대한 고민은 별로 없었다. 루스는 재닛의 오빠 존에게 쓴 편지에서
1960년 대선에서 케네디가 아닌 닉슨에게 투표했다고 썼다. 루스는 아들이
그 선거에서 누구에게 표를 주었는지 몰랐고, 존 역시 아버지가 누구에게
투표했는지 몰랐다. 재닛에 대해서 말할 것 같으면, 루스는 딸이 누구를 대
통령으로 찍었는지 보다 현재 누구와 사귀고 있는지에 더 관심이 많았다.

그러나 재닛 옐런은 토빈의 세계관에 물들어 갔고, 가풍인 선한 오지랖을
토빈의 경제적 목적 의식으로 전환했다. 옐런과 토빈의 경제학에 대한 관심
은 거의 동일했다. 둘 다 비슷한 체계적 성격의 소유자였으며, 수학을 좋아
했고, 경제학은 그러한 장점들을 더 큰 사회적 이익을 위해 활용할 수 있는
수단이라고 생각했다.

다른 많은 사람들이 그랬던 것처럼, 옐런 역시 토빈의 강렬한 개성에 주
눅 들었다. 조용한 중서부 가정에서 자랐기 때문인지, 아니면 어떤 대답을
할 것인지 심사숙고하고 있기 때문인지는 몰라도, 토빈은 다른 사람이 말할
때 조용히 앉아 침묵과 무반응으로 일관하는 습성이 있었다. 이유가 무엇이
든, 그의 침묵은 옐런과 다른 이들이 어떻게든 메워가려 했던 대화에 어색
한 공백을 남겼다. 학생들은 곧 토빈과의 구두 시험에서 자신이 겪은 일을
가리키는 신조어를 만들어냈다. "토빈 나선형Tobin Spiral"은 토빈의 간단한 질

문 하나에 일관성 없는 횡설수설로 빠져드는 현상을 말했다.

동시에 토빈은 옐런을 비롯한 자신의 제자들을 집념을 가지고 가르쳤다. 1960년대 말의 일이다. 토빈이 오른팔이 부러진 채로 수업에 들어온 적이 있었다. 칠판을 긴 방정식과 그래프로 채워야 하는 수업이었다. 토빈은 오른손잡이였다. 학생 중 한 명이었던 로버트 골드파브는 "우리는 토빈이 누군가에게 칠판 판서를 대신해 달라고 부탁할 것으로 예상했다"라고 회상했다. 하지만 토빈은 왼손으로 분필을 잡고 흐트러짐 없이 글씨를 써서 모두를 놀라게 했다. "나중에 알았지만, 토빈은 그 전까지 한 번도 왼손으로 글씨를 써본 적이 없었고, 그때가 처음으로 양손잡이를 시도한 것이었는데 순식간에 마스터한 것이었다. 손이 하나뿐인 경제학자에 대한 해리 트루먼의 농담[14]이 인용된 것을 볼 때마다 나는 항상 이 수업을 떠올리곤 한다."

옐런은 대학원 동기 중에서 유일한 여성이었다. 그녀는 토빈의 친구이자 공동 연구자인 윌리엄 브레이너드의 거시경제학 입문 강의를 들었고, 3학년이 되어서야 토빈의 수업을 듣게 되었다. 베트남 전쟁이 한창이었던 시기였다. 많은 남자 동료 학생들은 징집의 공포에 떨었고, 일부는 아예 입대 연기가 가능한 교사가 되기 위해 중퇴하기도 했다.

옐런은 동기들 가운데 스타 학생이었으며, 남자들이 전쟁터에 끌려갈까 정신이 팔려있지 않아도 마찬가지였을 것이다. 토빈은 옐런을 조교로 뽑았다. 옐런의 일은 후배들이 토빈의 강의를 해독할 수 있도록 도와주는 것이었다.

어머니와 마찬가지로 옐런은 꼼꼼한 필기로 유명했다. 또한 어머니와 마찬가지로 그녀는 정답을 써야 한다는 거의 강박적인 의지가 있었다. 바람이 솔솔 들어오는 뒤쪽 현관으로 열려있는 1층 교실에서, 토빈이 위엄 있게 돌

---

14. 해리 트루먼은 "누가 나에게 팔이 하나뿐인 경제학자를 좀 달라. 경제학자들이 하는 말이란 '한편으로는(on one hand)… 다른 한편으로는(on the other hand)…' 뿐이다." 라고 한 적이 있다.

아다니며 강의를 하는 동안 그녀는 열심히 들으며 필기를 했다. 강의실은 뉴헤이븐 힐하우스 가에 있는 3층짜리 건물에 있었는데, 같은 건물에 코울스 재단[15]이 있었다. 당시 코울스 재단은 저명한 교수들이 모여 그날의 사건(당시에는 주로 전쟁)에 대해 토론하는 모닝 커피로 유명했다. 수업이 끝나면 옐런은 집에 돌아가 필기한 내용을 밤늦게까지 다시 노트로 옮겼다. 손으로 직접 쓴 또박또박한 글자체에 핵심 요점과 문구에 밑줄을 그어가며 정식 프리젠테이션 자료로 만들었다. 또한 토빈의 요점을 설명하기 위해 직접 차트를 그렸는데, 너무 정교해서 마치 눈금자와 제도판으로 그린 건축 도면처럼 보일 정도였다.

모든 페이지의 왼쪽 상단에는 '경제학 100(토빈 교수)', 오른쪽 상단에는 강의 날짜와 페이지 번호가 적혀 있었다. 처음 몇 문장은 항상 바로 전 수업에서 배운 내용을 요약한 것이었다. 그녀는 마침 등장한 신형 복사기로 이노트를 복사해서 학생들에게 나눠주었다. 파란 잉크로 지저분하게 얼룩진 복사본을 뱉어내는 크랭크 등사기를 쓸 필요가 없어서 다행이었다.

학기가 끝날 무렵 옐런의 노트는 거의 5센티 두께에 달했다. 수백 페이지에 달하는 종이는 토빈의 무시무시한 머릿속을 헤쳐나갈 수 있는 로드맵이 되어 주었다. 학생이 실수로 노트를 바닥에 떨어뜨려 종이가 사방으로 흩어져도 옐런이 매겨놓은 페이지 번호 덕분에 순식간에 원래대로 정리할 수 있었다. '옐런 노트'라 불린 이 노트는 옐런이 예일을 떠난 후에도 수 년 동안 후배 박사 과정 학생들 사이에서 전해내려왔다. 어떤 학생들은 책을 제본하거나 상자에 넣어 수십 년 동안 참고 자료 겸 기념품으로 보관하기도 했다. 씨티그룹의 수석 이코노미스트가 된 윌럼 뷔터는 예일대 박사 과정 학생들에게 옐런 노트는 신구약 성경과도 같았다고 말했다. 훗날 예일대 총장이 된 릭 레빈은 옐런 노트 덕분에 토빈의 수업에서 살아남을 수 있었다고 회상했다.

---

15. Cowles Foundation. 예일대의 경제학 연구 기관 중 하나

옐런의 논문 지도교수는 토빈과 또 한 사람, 최근 MIT에서 영입해온 젊은 교수 조지프 스티글리츠였다. 눈부신 두뇌를 자랑하는, 그러나 종종 멍하니 몽상에 빠지는 조지 애컬로프의 활동가 친구 바로 그 스티글리츠였다. 스티글리츠는 옐런이 노동 시장에 관한 논문을 쓰는 것을 도와주었다. 옐런이 논문 작성에 참고한 주요 논문 중 하나는 스티글리츠와 그의 오랜 친구인 조지의 연구였다.

옐런이 박사 과정을 시작한 지 3년 만에 논문 작업을 착수할 무렵, 새로운 여성 운동이 태동했다. 이 운동의 목표물 중 하나는 예일 캠퍼스에서 멀지 않은 곳에 있는 모리스Mory's라는 이름의 프라이빗 클럽이었다. 1849년에 설립된 전통 있는 남성 클럽으로, 아카펠라 그룹 휘펜푸프Whiffenpoofs와 스피즈윙크Spizzwinks가 이 곳에서 정기적으로 공연을 열기도 했다. 예일 교수진은 모리스에서 회의를 했다. 여성은 정문 출입이 허용되지 않았다.

어느 날 토빈의 제자인 하이디 하트만이 모리스 밖에 서 있다가 토빈이 들어가는 것을 목격했다. 그녀는 토빈에게 식당 이용에 대해 남녀 차별을 지지하는지 물었다. 사실 질문이 아니었다. 당황한 토빈은 몇 주 후 그녀에게 장문의 편지를 써서 자신이 남녀 차별을 지지하지 않는 이유를 설명했다. 결국 경제학과는 모리스에서의 교수 회의를 취소했다. 1974년, 주정부가 주류 면허를 박탈하겠다고 위협한 끝에 모리스는 여성을 받아들이기 시작했다. 옐런은 모리스를 여성에게 개방하라고 요구하는 청원서에는 서명했지만 이 운동에 참여하지는 않았다. 대신 그녀는 조교수직을 제안한 하버드로 떠났다.

옐런에게 하버드 시절은 쉽지 않은 시기였다. 그녀는 미혼이었고 하버드는 따뜻한 분위기와는 거리가 멀었다. 조교수는 하버드에서 정년 보장을 받는 정교수로 승진하는 경우가 거의 없었다. 예일과 다른 많은 대학들과 마찬가지로 여성은 종종 2등 시민 취급을 받았고 대학 교수 클럽으로 가기 위해서는 건물 뒷쪽 계단을 이용해야 했다. 경제학과 건물인 웅장한 리타우어 빌딩은 3개 층을 합쳐 여자 화장실이 단 하나밖에 없었고, 교수와 학생들이 공동으로 사용했다.

옐런의 연구실은 리타우어가 아닌 다른 건물에 있었다. 옐런은 가끔 친구들에게 자신이 책상에서 죽으면 며칠 동안 아무도 눈치채지 못할 거라고 농담을 하곤 했다.

경제학계는 스스로 문제가 있다는 것을 인식하기 시작하고 있었다. 경제학을 공부하는 여성은 늘어났지만 경제학을 가르치는 여성은 극소수에 불과했다. 1972년 전미경제학회가 조사한 440개 대학 중 절반 이상이 여성 경제학 교수가 한 명도 없었다. 규모도 가장 크고 미국 최고의 명문대학으로 꼽히는 43개 학교 중에서도 여성 교수가 한 명도 없는 학교가 18곳이나 되었다. 여성 교수가 있다고 해도 주로 하급직이었다. 주요 대학의 여성 교수 73명 중 51명은 조교수 또는 강사였으며 테뉴어(정년 보장)를 받은 정교수는 14명에 불과했다. 전미경제학회는 이러한 불균형을 제고하기 위해 위원회를 구성했다.

시카고 대학 출신의 젊은 경제학 교수 클로디아 골딘은 프린스턴에 출근한 첫날 비서로 오해받았던 일을 생생하게 기억한다. 하버드 출신의 코넬 경제학 교수 프란신 블라우는 한 남학생이 자신의 수업을 "성교육"이라고 불렀던 일을 잊을 수 없다. MIT 출신의 스탠퍼드 교수 마이라 스트로버는 다른 여성들과 대화하고 싶을 때는 백화점에 가서 옷을 입어보곤 했다고 말했다.

하버드에 왔을 무렵 옐런은 건강에 나쁜 습관이 하나 있었다. 골초 흡연자가 된 것이다. 모든 것에 완벽하게 대비하는 그녀의 성향으로 인한 역효과도 컸다. 예일에 있을 때 동기 한 명으로부터 파티에 초대받았는데, 이 파티에서 사람들이 마리화나를 피울 것이라는 말을 들은 적이 있었다. 옐런은 마리화나 경험이 없었기 때문에 파티에 가기 전에 흡연 연습을 하기로 결심했다. 그녀는 담배 한 갑을 사서 흡입을 시도했고 금세 니코틴의 매력에 푹 빠졌다. 마리화나는 그녀에게 별다른 인상을 남기지 못했지만 하버드에 도착했을 때 옐런은 하루에 세 갑씩 담배를 피우고 있었다. 그녀의 재떨이는 몇 시간 만에 가득 차곤 했다.

옐런이 하버드에 왔을 때 경제학과에는 또 한 명의 여성 교수가 있었다. 게일 피어슨은 루이지애나 출신의 트랩 슈팅(불규칙한 방향으로 날아가는 클레이피전을 산탄총으로 쏘아 맞추는 사격 경기의 일종) 전국 챔피언이었으며 수영을 광적으로 좋아했다. 하버드 메인 캠퍼스의 수영장을 사용할 수 없다는 사실을 알게 된 후에는 조정에 입문했다. 당시 수영장은 남자들만 이용할 수 있었고, 남자들은 알몸으로 수영하는 경우가 많았다. 피어슨은 수영 대신 매사추세츠주 캠브리지를 감싸안고 흐르며 1.5마일 떨어진 하버드와 MIT를 이어주는 찰스 강에서 노를 저었다.

피어슨은 항상 움직이는 중이었고 종종 운동복 차림이었다. 두 사람의 첫 만남에서 피어슨은 옐런에게 찰스 강 근처에 로마 콜로세움처럼 서있는 축구 경기장에서 계단을 오르내리는 달리기를 할 생각이 없는지 물어보았다. 옐런은 속으로 "절대 없지"라고 생각했지만 정중하게 거절했다. 두 사람의 관계는 그 이상 발전하지 못했다.

피어슨은 1976년 올림픽에 출전했는데, 올림픽이 정식으로 여성 조정 종목을 개설한 것은 이 대회가 처음이었다. 스포츠 일러스트레이티드 지는 그녀를 "조정의 원더우먼"이라고 묘사했다. 옐런은 몇 년 후 어머니와 함께 유럽 여행을 떠날 때까지 담배를 끊지 않았다. 아버지 줄리어스가 세상을 떠난 지 얼마 안 되었을 때였다. 루스는 비행기에 타기 전에 담배를 버리라고 말했고 재닛은 어머니의 말을 따랐다. 그리고 두 번 다시 담배를 피우지 않았다.

피어슨이 떠난 후 또 다른 여성 교수 레이첼 맥컬록이 하버드에 합류했다. 맥컬록과 옐런은 친구이자 연구 파트너가 되었다. 다른 교수들은 옐런과 함께 논문을 쓰는 데에 관심이 없었다. 옐런이 고립된 이유 중 하나는 리타우어 빌딩에서 몇 블록 떨어져 있는 그녀의 연구실이었다. 또 다른 이유는 그녀가 여성이라는 사실이었겠지만, 그런 말을 대놓고 하는 사람은 없었다.

옐런은 다른 교수들과 교류하는 대신 학생들과 유대감을 쌓아나갔다. 그 중 한 명인 윌리엄 애덤스는 기업이 마케팅과 제품 가격 책정에서 독점력을 어떻게 사용하는지에 관심이 많았다. 옐런은 그가 자신의 생각들을 모든 면에서 짚어보고 하나의 이론으로 형상화하는 데 도움을 주었다. 그가 졸업하고 미시건 대학교에 취직한 뒤, 그녀는 가끔 앤아버로 날아가 그와 함께 연구를 하기도 했다. 애덤스의 아내 바바라는 의사이자 전도유망한 소아의학 교수였는데, 재닛은 윌리엄과 함께 숫자들을 들여다보고 있지 않을 때는 바바라와 함께 요리하는 것을 즐겼다.

옐런과 애덤스는 논문 하나를 함께 완성했지만, 이 논문은 처음에는 경제학계의 대표적인 학술지 〈아메리칸 이코노믹 리뷰〉에서 게재를 거부당했다. 편집자인 조지 보츠는 독점 권력의 폐해에 대한 옐런의 생각이 너무 광범위하다고 판단했다. 이 논문은 다른 저널에 게재되었고, 옐런의 논문 중 가장 자주 인용되는 논문 중 하나가 되었지만, 여전히 그녀가 정말로 관심을 가졌던 주제, 즉 일자리에 관한 것은 아니었다.

옐런의 강의는 느리고 잔잔했다. 학생들의 질문에 대한 그녀의 답변은 항상 상세하고 오랜 고민 끝에 나왔으며 때로는 피곤할 정도로 진지했다. 그녀는 가능한 모든 각도에서 질문을 분석하는 경향이 있었다. 단, 옐런은 토빈과 다른 점이 한 가지 있었다. 토빈이 일관되게 진지했다면, 옐런은 마음 속에서부터 우러나와 상대방을 무장해제시키는 너털웃음을 터뜨리거나 눈물을 흘리거나 자신이 가르치는 대학원생들과 술을 마시며 격론을 벌이는 등 인간적인 면모가 있었다.

그녀의 거시경제학 수업을 듣는 학생 중 한 명은 경제학계의 떠오르는 스타 로런스 서머스였다. 서머스에게는 최근 노벨 경제학상을 수상한 숙부가 두 명—한 명은 하버드 교수인 케네스 애로우였고, 다른 한 명은 폴 새뮤얼슨—이나 있었다. 서머스는 늘 후줄근했고 극도로 자신만만했으며 수학을 아주 잘했다. 그는 MIT 학부를 졸업했고, 그곳에서 토론 대회 대표팀을 이끌었다. 그는 수업 내용을 이미 속속들이 알고 있었고 옐런의 세심하게 준비된 프레젠테이션에서 이의를 제기하거나 질문할 만한 거리가 별로 보이지 않았기 때문인지 수업에서 크게 눈에 띄는 학생은 아니었다. 하지만 옐런의 수업은 명료하고 흥미로웠다고 훗날 서머스는 회상했다. "옐런은 아주 친절하고 사려 깊은 사람이었다. 다가가서 질문을 하면 사려 깊은 대답을 해주었고, 질문에 대한 완전한 답이 되었는지 거꾸로 물어보았다. 그녀는 진심으로 헌신적이고 학생들에게 도움이 되는 스승이 되고 싶어 했다."

서머스는 옐런의 수업에서 뛰어난 점수를 받았다. 하지만 두 사람의 평생에 걸쳐 이어질 복잡한 관계의 시작치고는 다소 평범했는지도 모른다. 옐런을 포함해 모두가 서머스가 성공가도를 질주할 것이라고 예상하고 있는 듯했다. 하지만 결과적으로는 옐런도 옐런대로 성공을 거두게 된다.

하버드 시절 끝 무렵에, 옐런은 또 다른 프로젝트에 참여하게 되었다. 토빈이 자신의 강의 노트를 경제학 교과서로 만드는 일을 도와달라고 부탁한 것이다. 옐런, 그리고 다른 두 명의 동료가 참여하는 공동 작업이었다. 하지만 문제는, 경제가 실제로 어떻게 작동하는지에 대한 토빈의 견해보다 현실의 경제가 더 앞서가고 있다는 사실이었다.

1960년대 중반부터 고개를 들기 시작한 인플레이션은 1970년대에 이르러 완전히 미쳐 날뛰고 있었다. 정부는 인플레이션을 멈출 뾰족한 방법이 없었다. 1974년 인플레이션은 12%에 달했다. 정부가 경제에 개입해야 한다는 생각은 이제 완전히 유행에서 뒤처졌다. 인플레이션의 원인 중 하나는 베트남 전쟁, 그리고 린든 존슨의 '위대한 사회Great Society' 정책으로 인해 1960년대의 호황기에 정부가 시장에 너무 많은 돈을 풀었다는 것이었다. 이 모든 돈은 상품과 서비스에 대한 수요를 자극하여 가격을 상승시켰다. 한마디로 인플레이션을 만들어낸 것이다.

시카고 대학교에서는 새로운 이론에 대한 논의가 활발하게 일어나고 있었다. 인간은 합리적이며 미래에 대비하는 경향이 있기 때문에 경기 사이클에 개입하려는 정부의 수많은 노력을 무력화시킬 수 있다는 것이 그 핵심이었다. 예를 들어, 정부가 더 많은 재정 지출을 통해 경제 성장을 촉진하려고 해도 사람들이 더 많은 돈을 쓸 것이라는 보장이 없다. 늘어나는 재정 적자를 메우기 위해 세금이 오를 것이라고 예상하면 지출 대신 저축으로 정부의 개입을 상쇄할 것이다. 마찬가지로 인플레이션이 상승할 것으로 예상되면 사람들은 더 높은 임금을 요구할 것이고, 이는 인플레이션을 더 상승시키는 악순환을 가져올 것이다.

경제학자들은 이것을 합리적 기대 이론이라고 불렀다. 합리적 기대 이론의 주창자 중 한 사람은 시카고 대학교 경제학 교수인 로버트 루카스였다. 정부의 경제 개입에 대한 회의론은 시대적 흐름과 맞물려 케인스에 대한 시카고 대학의 대답이 되었다. 곧이어 경제 호황과 불황은 기술의 변화에 의해 발생하며 정부는 그 주기에 개입할 필요가 없다고 주장하는 실물경기순환 이론이 등장했다. 합리적 기대라는 개념이 유행하면서 옐런과 토빈의 책은 갈 곳을 잃었다. 케인스의 사상은 한물간 이론 취급을 받았다.

하버드의 조교수들은 보통 몇 년간 강단에서 가르치고 논문을 낸 뒤 테뉴어 심사를 받는 것이 일반적인 진로였다. 대부분의 조교수들과 마찬가지로, 옐런 역시 테뉴어를 받지 못했다. 하버드에서 보낼 시간이 얼마 남지 않았을 때, 연방준비제도이사회에서 연락이 왔다.

1977년이었다. 경제는 엉망진창이었고 연준은 그 중심에 있었다. 전직 예일대 교수였던 한 스태프가 옐런에게 연준의 국제 부서에서 일해보지 않겠느냐고 했다. 쓰려고 했던 책은 쓸 수 없어졌고, 테뉴어를 받을 가능성도 사라진 하버드를 떠나 좀더 사람들 사이에서 어울리고 싶었던 옐런은 이 기회를 놓치지 않았다.

Yellen Yellen Yellen Yellen
Yellen Yellen Yellen Yellen
Yellen Yellen Yellen Yellen
Yellen Yellen Yellen Yellen
Yellen Yellen Yellen Yellen
Yellen Yellen Yellen Yellen
Yellen Yellen Yellen Yellen
Yellen Yellen Yellen Yellen
Yellen Yellen Yellen Yellen
Yellen Yellen Yellen Yellen
Yellen Yellen Yellen Yellen
Yellen Yellen Yellen Yellen
Yellen Yellen Yellen Yellen
Yellen Yellen Yellen Yellen
Yellen Yellen Yellen Yellen

Chapter 04

애컬로프의 초기 항해

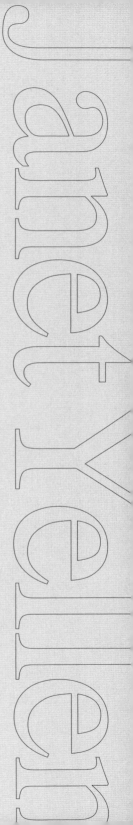

레몬과 올림푸스 언덕

1968~1976

조지 애컬로프가 UC버클리의 조교수가 된 것은 1960년대 한복판의 일이었다. 애컬로프는 MIT에서 "시위의 시대"를 맛본 경험이 있었다. 한번은 친구 스티븐 마글린, 조르지오 라 말파와 함께 베트남전 반대 시위에 참가하고 돌아오던 중 보스턴 기차에서 몇몇 동네 불량배들이 싸움을 건 적이 있었다. 브루클린 출신인 마글린과 이탈리아인 라 말파는 주먹다짐 끝에 녀석들을 쫓아버렸다. 수적으로 몇 명 되지도 않는 괴짜 MIT 경제학도들이 동네 불량배들과 싸워 무승부로 탈출했다는 이야기는 일종의 지역 전설이 되었다. 애컬로프는 함께 기차에 타고 있었지만 아수라장으로부터 몸을 피했다. 이 자그마하고 꼿꼿한 평화주의자는 나중에 "주먹 싸움이라니 나는 상상조차 못했을 일"이라고 회상했다.

1960년대 후반 버클리는 캠퍼스 시위로 불타오르고 있었다. 애컬로프가 부임하기 전, 학생들은 캠퍼스 내 정치 활동의 권리를 요구하며 언론의 자유 운동을 시작했다. 학생들은 종종 캠퍼스 근처의 공원에 모였는데, 이 공원을 '인민 공원'이라 불렀다.

1966년, 휴이 뉴튼과 바비 실은 흑표당$^{Black Panther Party for Self-Defense}$을 결성했다. 이 무장 단체는 경찰을 '돼지'로 묘사하고 공산주의 정부를 지지하여 대중을 분열시키는 한편, 저소득층에게 식사를 제공하고 정부 내 흑인의 대표성 확대를 촉구하였다.

애컬로프가 UC버클리에 합류한 그 해, 주지사 선거에 출마한 로널드 레이건의 공약은 "버클리의 아수라장을 청소하겠다"는 것이었다. 그는 버클리를 "공산주의 동조자, 시위꾼, 성적^{性的} 일탈자의 안식처"라고 불렀다. 레이건은 승리했고, 1969년 5월 인민공원을 철거하라는 명령을 내렸다. 대치가 격화되자 시위대는 경찰에게 병, 돌, 벽돌을 던졌다. 경찰은 최루탄과 산탄총으로 반격했다. 며칠 후 레이건은 주 방위군 헬리콥터가 캠퍼스 상공을 비행하며 최루탄을 광범위하게 살포하도록 명령했다. 사람들은 버클리를 버클리 인민 공화국 또는 버저클리[16]라고 부르기 시작했다. 애컬로프는 때때로 반전 시위에 참여했지만, 그의 시간과 관심을 지배한 것은 경제학 연구였다.

UC 버클리 캠퍼스의 강의동들은 마치 올림푸스 산에 있는 그리스 신들의 안식처처럼 언덕 위에 고요하게 자리 잡고 버클리 시내의 혼돈을 내려다보고 있었다. 이 모든 광란에도 불구하고, UC버클리는 최고의 과학자들이 모여드는 곳이었다.

버클리의 건물 배치에는 일종의 서열이 있다. 가장 존경받는 건물들은 버클리 힐스의 가장 높은 곳에 위치해 있다. 맨 꼭대기에는 1968년까지 8명의 노벨상 수상자를 배출한 물리학 연구소인 로런스 버클리 국립연구소가 있다. 이 곳에는 사이클로트론이라는 기계가 있는데, 이 기계는 하전 입자를 빙글빙글 돌게 하여 나선 모양으로 가속시킨 뒤 목표물을 향해 던져 원자핵을 부수고 우주의 신비를 밝혀내는 데 사용되었다.

만^{灣} 건너편 샌프란시스코의 전경이 한눈에 빨려들어오는 풋볼 스타디움

---

16. Berzerkeley. 버클리와 "광란의"를 뜻하는 속어 berzerk의 합성어

은 버클리 힐스의 로런스 연구소에서 그리 멀지 않다. 1968년 UC 버클리 팀은 7승 3패 1무라는 지난 10년을 통틀어 최고의 성적을 거뒀다. 캐나다인 레이 윌시가 감독을 맡아 극강의 수비를 보여준 끝에 '베어 미니멈'[17]은 4명의 선수를 NFL에 진출시켰다. "캠퍼스가 혼란의 도가니이다 보니 부모들이 자녀를 UC버클리에 보내지 않으려고 했다. 윌시가 그 모든 것을 어떻게 해냈는지 나도 모르겠다." 당시 수비수였던 켄 위데만의 회고이다.

경제학과에도 일종의 서열이 있었다. 애컬로프가 부임했을 당시 UC버클리 경제학과는 1960년대 경제 호황의 결실을 누리며 성장하고 있었고, 전국 각지의 최고 명문 대학에서 경제학 박사 학위를 취득한 반짝반짝 빛나는 젊은 교수들이 집결하고 있었다. 하지만 경제학과는 둘로 나뉘어 있었다. 가장 눈부시고 난해한 연구를 하는 수학적 이론주의자들은 버클리 힐스 중턱에 있는 에반스 홀의 수학과에 남아있었다. 그 중 제라르 드브뢰는 〈가치이론: 경제적 균형의 공리적 분석Theory of Value: An Axiomatic Analysis of Economic Equilibrium〉이라는 제목의 논문에서 정교한 방정식을 사용하여 시장의 '보이지 않는 손'이 효율적이고 균형 잡힌 경제로 이끈다는 아담 스미스의 18세기 전제를 증명했다. 이 연구로 드브뢰는 1983년 노벨 경제학상을 수상했다. 나머지 경제학과는 시위와 폭동이 있을 때면 최루탄 냄새가 진동하는, 시내에서 가까운 배로우스 홀에 모여 있었다.

애컬로프는 여기서도 좀 괴짜였다. 그의 연구실과 수학 책들은 존경받는 수학자들과 함께 에반스에 있었지만, 정작 그는 대부분의 시간을 배로우스에서 다른 경제학자들과 어울리며 보냈다. 수학과 대학원생들이 에반스에 있는 애컬로프 연구실을 차지하고 있었고, 그는 가끔씩 서가에서 책을 꺼내거나 수학 세미나에 참석할 때만 모습을 드러내고 수줍게 자신을 소개하곤 했다.

---

17. Bear Minimum. 최소한의 최소한을 뜻하는 bare minimum 과 UC버클리의 마스코트인 곰 bear를 합성한 애칭

실업에 대한 어린 시절부터의 고민은 애컬로프를 케인스의 사상, 더 나아가 케인스의 처방에 대한 믿음으로 이끌었다. 그런 상황에서 그는 자동차 시장에도 관심을 가졌다. 바야흐로 근육질의 포드 머스탱, 쉐보레 콜벳, 동글동글한 폭스바겐 비틀의 시대였다. 자동차 제조 및 판매업은 미국에서 수많은 일자리의 원천으로, 경기 변동에도 큰 영향을 미쳤다. 전체 노동력의 약 3%에 해당하는 200만 명 이상의 미국인이 자동차 공장, 자동차 도소매, 정비소, 주유소 등에서 일했다. 드라이브 인 영화관과 식당의 시대였다. 자동차 생산의 메카였던 디트로이트는 인구가 100만 명이 넘는 미국 내 5개 뿐인 도시 중 하나였다.

자동차 제조업체들은 과잉 생산으로 재고가 너무 많이 쌓이면 일시적으로 공장을 폐쇄하고 근로자를 해고하곤 했다. 공장이 폐쇄되면 경제도 따라서 침체되고 공장이 재가동되면 경제도 활기를 되찾는 현상이 반복되었다. 애컬로프는 자동차 산업의 이러한 변동성을 더 잘 이해할 수 있다면 일자리 문제를 해결하는 데 도움이 될 수 있을 것이라고 생각했다. 하지만 자동차 산업을 들여다보는 과정에서 그는 보다 추상적인 문제를 발견했다. 자동차 산업의 경제학이 기존의 전통적인 모델이 말하는 방식대로 작동하지 않는다는 것이었다. 일반적으로 경제학은, 제품의 공급과 제품의 수요가 딱 맞아떨어질 때 경제의 균형equilibrium을 이룬다는 생각을 전제로 한다. 핵심은 이러한 균형이 성립할 수 있는 가격을 찾는 것이고, 이 과정은 시장에 의해 작동한다. 수요가 증가하면 가격이 상승하고, 공급이 증가하면 가격이 하락하며, 그 반대의 경우도 마찬가지이다.

간단하게 설명하기 위해 오렌지 시장을 생각해 보자. 사람들이 더 많은 오렌지를 원한다면 가격을 더 높게 부를 것이다. 이는 오렌지 농부에게 더 많은 오렌지를 재배할 인센티브를 제공한다. 오렌지가 너무 많이 생산되면 가격은 하락한다. 시장 가격이라는 단순한 프리즘을 통해 소비자와 생산자는 구매자와 판매자의 필요, 욕망, 능력을 파악하는 지속적이고 역동적인 흥정 프로세스 안에서 수요와 생산의 균형을 찾았다. 이는 애덤 스미스가 그의 저서 〈국부론〉에서 제시한 '보이지 않는 손'의 개념의 정수를 보여주는 우아한 방식이었다.

애컬로프는 자동차 시장이 그렇게 단순하지 않다고 생각하게 되었다. 중고차 구매 예정자는, 판매자가 차량 내부의 문제를 솔직하게 공개한다는 신뢰가 없다면, 좋은 가격을 지불할 의향이 없을 것이다. 심지어 판매자가 중고차를 처분하려고 한다는 사실만으로도 그 차량에 문제가 있다고 추측할 수도 있다. 불량 차량에 대한 두려움 때문에 중고차의 가격은 항상 낮게 책정되고 신차는 계속 과잉 생산된다. 구매자와 판매자가 보유한 정보의 비대칭성, 즉 판매자는 구매자가 모르는 정보를 알고 있고, 구매자는 이를 의심하게 되는 문제가 시장에 만연해 있었다. 이러한 정보 문제와 이와 관련된 불신 문제로 인해 중고차 시장의 자연스러운 경제적 균형이 무너졌다는 것이 애컬로프의 생각이었다.

MIT를 졸업한 직후 애컬로프는 이 새로운 이론에 대한 논문을 발표했다. 동료인 드브뢰와 경제학자들의 광범위한 추정을 정면으로 겨냥한 이 논문은 수학을 최소한으로만 사용했다. 조지는 하버드의 위상수학 수업에서 문제를 핵심으로 요약하고, 주의를 산만하게 만드는 불필요한 요소들은 배제하는 방법을 배웠다. 그는 너무 많은 방정식에 의존하는 논문은 종종 문제의 핵심을 짚지 못한 채 빙빙 돌고, 비현실적인 가정이나 요점의 간과를 정확성으로 위장하는 경우가 많다고 생각했다. 이것을 가르쳐 준 사람은 그의 위상수학 교수인 라울 보트였다.

애컬로프는 몇 가지 간단한 수학 공식을 통해 비대칭 정보의 문제가 자동차 시장은 물론 다른 시장, 예를 들면 의료 보험 시장 등에 어떻게 도사리고 있는지 보여주었다. 잠재적 환자는 보험사가 알지 못하는 질병이 있다는 사실을 알고 있을 수 있으며, 이는 불신의 문제를 야기하여 보험료를 상승시킨다. 특히 사람들이 나이가 들고 건강 문제가 늘어남에 따라 더욱 문제가 커진다. 즉, 보험이 가장 필요한 사람들이 가격을 높게 불러 건강한 사람들을 시장에서 몰아내고, 이로 인해 가격은 더욱 상승하여 결국 외부 개입 없이는 시장이 제대로 작동하지 않는 '역선택'이라는 문제에 무릎을 꿇게 된다.

실업이라는 현실적인 문제를 해결하기 위해 출발한 애컬로프는 훨씬 더 이론적인 무언가로 전진해나갔다. 경제학의 언어가 된 고급 수학의 압축된 버전으로 증명된, "시장이 그냥 작동하지 않을 때도 있다"는 폭발적인 아이디어였다. 그는 과거 학생 기자 시절 헤드라인 뽑던 감각을 발휘하여 이 논문에 〈레몬 시장〉이라는 제목을 붙이고 최고 권위의 학술지들에 원고를 보냈다. 그리고 나서 그는 짐을 싸서, UC버클리를 떠났다.[18]

MIT 시절 친구인 스티븐 마글린은 개발경제학자로, 인도의 댐 프로젝트에서 일하고 있었다. 애컬로프 자신은 개발경제학자는 아니었지만, 그들과 어울리는 것을 즐겼다. 그는 인도에서 뭔가 배울 게 있을 거라 생각했다. 결국 그는 부임한 지 1년 만에 버클리를 휴직하고, 정원에는 포인세티아가 자라고 밤 늦게까지 시간을 보내는 델리의 근사한 동네에서 친구들과 합류했다.

애컬로프는 도시 반대편에 있는 델리 경제대학의 아마르티야 센이라는 총명한 젊은 경제학자와 친구가 되었다. 저녁이면 마글린과 다른 사람들과 함께 모여 위스키와 와인을 마시며 이야기를 나누고 경제학 아이디어에 대해 토론했다. 센은 대학 화학 교사의 박학다식한 아들로, 인도 국민들이 종파간 폭력과 싸우며 국가 정체성을 찾아 헤매던 시기에 자랐다. 인도는 1947년 영국의 식민 통치에서 벗어났지만 평화와 통합은 요원했다. 센이 어렸을 때 한 남자가 등 뒤에서 칼에 찔려 피를 흘리며 비명을 지르면서 학교 근처에 있던 센의 집 대문으로 들어온 적이 있었다. 그는 무슬림 일용직 노동자였는데, 다카의 힌두교 지역에서 일자리를 찾다가 칼에 찔린 것이었다. 센의 아버지는 그를 병원으로 데려가 치료를 받게 했지만 결국 사망했다.

"1940년대 중반 인도에서 10대에 접어들면서 남은 힘겨운 기억 중 일부

---

18. 애컬로프는 향후 10년간 짐싸서 떠나는 행위를 반복하게 된다.

는 분열의 정치에 따른 엄청난 정체성 변화와 관련이 있었다"라고 센은 훗날 회상했다. "인도인, 아시아인 또는 인류의 일원으로서의 정체성이 힌두교, 무슬림 또는 시크교 공동체의 종파적 정체성으로 급격하게 자리를 내주는 것같았다. 1월에 넓은 의미에서 인도인이었던 사람이 3월에는 아주 협소한 의미의 힌두교도 또는 매우 세밀한 분류의 무슬림으로 급속하게 그리고 확고하게 변모했다. 그 후에 일어난 대학살은 비이성적인 무리 행동의 원인이 크다. 이러한 비이성적인 무리 행동으로 인해 사람들은 분열적이고 호전적인 새로운 정체성을 '발견 당하고' 인도 문화를 강력하게 혼합하는 다양성에 주목하지 못했다. 같은 사람들이 갑자기 달라진 것이다."

센은 수학, 물리학, 산스크리트학에 능통한 뛰어난 인재였다. 그는 존 메이너드 케인스의 유산이 여전히 크게 남아 있는 캠브리지로 유학을 떠났다. 캠브리지 교수들이 정부와 시장의 역할에 대해 난상토론을 벌이는 동안 센은 자신의 어린시절에 그림자를 드리웠던 또 하나의 질문에 이끌렸다. 다양한 사람들이 어떻게 스스로를 통치할 수 있을까?

오랜 학문적 연구에 따르면 민주주의적 통치는 현실에서뿐만 아니라 이론적으로도 어렵다는 사실이 밝혀졌다. 이 연구는 니콜라 드 콩도르세라는 프랑스 수학자로 거슬러 올라가는데, 계몽주의 시대, 애덤 스미스가 시장의 보이지 않는 손이라는 개념을 구체화하고 있던 것과 거의 비슷한 시기에 쓰여졌다.

콩도르세는 다음과 같은 추상적 명제를 고안해냈다. 당신은 세 명의 자녀가 있다. 아이들에게 저녁 메뉴로 치킨, 스테이크, 생선 중 하나를 골라 순위를 매기고 투표할 기회를 준다고 가정해 보자. 한 명은 스테이크, 생선, 치킨 순으로, 다른 한 명은 생선, 치킨, 스테이크 순으로, 세 번째는 치킨, 스테이크, 생선 순으로 투표를 한다면, 어느 쪽이 최종 승자가 되든 과반수는 그 결과를 마음에 들어하지 않고 결국 불화가 일어날 것이다.

콩도르세는 군주정의 족쇄를 깬 프랑스 혁명가였다. 그는 스스로의 자치

이론을 증명이라도 하듯 혁명의 격랑에 휘말려 체포되어 감옥에서 자살로 생을 마감했다(암살당했다는 설도 있다).

로런스 서머스의 숙부인 미국 학자 케네스 애로우는 1950년 콩도르세의 분석을 확장하여 어떠한 특정 조건 하에서는 개개인의 선택을 취합하여 보다 큰 규모의 집단적 결정을 도출하는, 즉 투표를 통한 효율적인 다수결 시스템을 구축하는 것이 이론적으로 불가능하다는 것을 증명했다. 이는 공산주의의 탈을 쓴 전체주의적 일당 독재가 동유럽과 중국을 휩쓸고 있던 당시의 민주주의에 대해 불안한 암시를 던졌다.

센은 영국 식민 통치 하에서 독립을 갈망하며 성장했으며, 민주주의 정부와 자유의 미덕에 신념을 가지고 있었다. 하지만 여기에는 어두운 면도 분명 존재했다. 그의 조국에서는 수많은 가난한 소수자들이 정치적으로 제대로 대변받지 못해 굶어 죽고 있었다. 다수의 지배 아래서 어떻게 소수를 보호할 수 있을까?

애컬로프가 애덤 스미스의 보이지 않는 손이 항상 작동하는 것은 아니라는 생각을 공식화했다면, 센은 콩도르세와 애로우가 제기한 민주주의의 난제를 해결할 수 있다는 것을 보여주려 했다. 즉, 1960년대 후반 델리에서 이 두 젊은이는 위협적인 새 시대를 위해 계몽주의를 대표하는 가장 유명한 사상들을 다시 쓰려 하고 있었다.

센과 애컬로프는 금세 친구가 되었다. 센은 애컬로프를 꼬셔 동네 영화관에 데리고 갔고, 델리 경제대 수업에서 초대해 〈레몬〉 논문의 초기 버전을 강의하게 했다. 그 기간 내내 센은 자신의 저서인 〈집단적 선택과 사회 복지 Collective Choice and Social Welfare〉 집필에 몰두했다.

센은 새로 사귄 친구에 대해 "친절하고 호감 가는 사람이었다"라며 "우리는 정통 주류 경제학에 대한 회의적인 시각을 공유했다"라고 회상했다. 그의 제자들은 애컬로프의 강의에 매료되었다. "애컬로프는 언제나 지적인 이야기를 들려주었고, 정말 재미있는 사람이었다."

하지만 고국에서 날아온 소식은 애컬로프에게 그다지 의욕을 불어넣지 못했다. 인도 통계연구소에서 객원 교수로 일하던 동안 애컬로프는 〈레몬〉에 대한 첫 번째 거절 편지를 받았다. 〈아메리칸 이코노믹 리뷰〉의 편집자 존 걸리는 "당신의 논문은 우리가 심사 중인 논문들의 치열한 경쟁 수준을 충족시키지 못한다고 생각합니다. 이 논문보다 더 좋은 논문들이 더 많습니다."라고 썼다. 보통은 게재 거절을 할 경우 동료 경제학자들이 논문을 개선하기 위한 자세한 조언들을 첨부하지만, 걸리는 그런 제안조차 하지 않았다. 그 다음 거절은 〈리뷰 오브 이코노믹 스터디스〉에서 나왔는데, 이들 역시 애컬로프의 연구가 수준 미달이라고 평가했다.

델리에서 작은 사고들도 있었다. 한 번은 시내 버스를 탔는데, 두 가지 문제가 발생했다. 하나는 사람들로 미어터져 탈 수가 없다는 것이었다. 다른 하나는 버스가 정해진 정류장마다 정차하지 않아서 내리기도 어렵다는 것이었다. 애컬로프는 미처 정지하지 않은 버스에서 내리려다 튕겨 나가 찰과상을 입은 뒤 두 번 다시 시내 버스를 타지 않기로 결심했다. 댐 프로젝트 역시 순조롭지 못했다. 마글린은 펀자브 북부의 바크라-낭갈 댐에서 방류되는 물을 당국이 더 잘 관리할 수 있도록 돕고 싶었다. 애컬로프의 임무는 겨울철 댐으로 유입되는 물의 양을 예측하는 것이었는데, 거의 불가능한 일이라는 것을 금방 깨달았다. 이 지역의 날씨가 너무나 예측불허였기 때문이다. 대신 그는 인도의 재정 정책에 관한 논문을 쓰고, 가난한 나라의 정보 문제에 대한 새로운 사례를 더해 〈레몬〉 논문을 보완했다. 인도의 은행은 어떻게 가난한 사람들 가운데서도 대출을 갚을 사람들과 갚지 못할 사람들을 구별할까?[19] 그는 또 시장의 효율에 대한 다음 논문을 준비하기 시작했는데, 인도의 카스트 제도를 예로 들어 문화적, 사회적 관습이 어떻게 다수에게 가장 좋은 경제적 결과를 날려버릴 수 있는지를 보여주고자 했다.

---

19. 답은, 모든 사람들에게 대출을 아예 해주지 않거나 어이없을 정도로 높은 금리로 대출하는 것이었다.

세 번째 저널이 조지의 〈레몬〉 논문을 거부했다. 이번에는 밀턴 프리드먼의 시카고 대학교가 발행하는 가장 명망 있는 학술지인 〈저널 오브 폴리티컬 이코노미〉였다. 편집자들은 최소한 〈레몬〉을 진지하게 읽기는 했다. 그들은 품질 차이 문제는 자동차 시장뿐만이 아니라 다른 시장들—예를 들면 달걀 시장—에서도 발생하지만 이 시장들은 완벽하게 작동한다고 지적하면서 애컬로프의 주장이 틀렸다고 증명하기 위해 상당한 노력을 기울였다. 그들은 조지의 논문이 맞다면 어떤 상품도 거래될 수 없고 경제학 자체가 전부 틀린 거나 마찬가지라고 썼다.

미국 저널들이 계속 〈레몬〉을 거절할 경우 애컬로프의 계획은 센의 제안을 받아들여 인도 경제학 저널에 게재하는 것이었다. 하지만 마침내 3년만에, 〈레몬〉은 〈쿼털리 저널 오브 이코노믹스〉에 실리게 된다. 〈레몬〉은 이 저널의 1970년 8월호에 실렸고, 센은 같은 해에 사회적 선택에 관한 책을 출간했다.[20]

1970년, 애컬로프는 인도에 있는 동안 걸린 크고 작은 질병을 회복하고 버클리로 돌아왔다. 소화기관이 예민했던 그는 인도에서 식사를 준비하는 개인 요리사까지 고용했지만 결국 탈이 나버렸다. 소화기 질환은 대장염으로 발전했고, 대장염을 치료하기 위해 복용한 약은 우울증으로 이어졌다.

회복한 후에도 그는 버클리에 오래 머물지는 않았다. 1973년 조지 애컬로프는 리처드 닉슨의 경제자문위원회에서 일하기로 결심한다. 반전 운동가였던 애컬로프의 과거를 아는 친구들은 충격을 받았지만, 애컬로프는 여기저기 옮겨다니는 자신의 습관이—남들이 보기에는 이상하고 부적절할지 몰라도—유용한 일탈이자 배움의 경험이라고 믿었다. 떠돌아다니는 것만으로도 많은 것을 배울 수 있고, 방황하는 과정에서 세상에 대한 정신적 지도를 그릴 수 있다고 생각했던 것이다.

---

20. 28년 후 센은 기근과 차별 등 민주주의 사회에서 소외되고 있는 소수자들이 겪는 문제에 경제학계가 관심을 가지게 한 공로로 노벨 경제학상을 수상한다.

어느 날 저녁 워싱턴에서 조지는 버클리 시절 친구 주디 그레이브스의 집에 초대를 받았다. 그레이브스는 조지 외에도 친구를 몇 명 더 불렀는데, 그중 하나인 케이 렁은 양손에 와인을 한 병씩 들고 온 애컬로프를 보자마자 한눈에 반했다. 와인 두 병에서 조지의 배려와 관대함을 느꼈기 때문이다. 라틴 아메리카 여행을 마치고 막 돌아온 젊은 건축가 렁과 애컬로프는 데이트를 시작했다. 케이는 곧 조지가 인도 여행이나 경제학 탐구를 통해 얻은 독창적인 이야기와 아이디어로 가득 차 있다는 것을 알게 되었다. 조지 애컬로프와 함께 산책하거나 자전거를 타는 시간은 결코 지루하지 않았다.

워싱턴에서 애컬로프는 자신의 예측 능력을 시험해 보았지만 그 결과는 다소 아쉬웠다. 석유수출국기구OPEC가 미국산 석유 공급에 대한 금수 조치를 취하면서 에너지 시장은 혼란에 빠졌다. 애컬로프는 가정용 난방유 부족을 예측하는 보고서를 작성하고 이에 대응하기 위해 배급제를 제안했다. 하지만 결과적으로 난방유는 과잉 공급되고 연료용 휘발유가 부족해지면서 그의 아이디어는 휴지통으로 들어가고 말았다.

애컬로프가 경제자문위원회에서 일한 기간은 그리 길지 않았고, 케인스주의 경제관도 바뀌지 않았지만, 한 가지 아주 중요한 변화가 애컬로프의 인생에 찾아왔다. 몇 달간의 데이트 끝에 애컬로프는 렁에게 청혼했고, 1974년 두 사람은 렁의 고향인 버클리로 함께 돌아가기로 했다.

그 무렵 조지의 〈레몬〉 논문은 학계에서 큰 반향을 불러일으키고 있었다. 학자들은 〈레몬〉을 시장의 작동 원리와 정보 비대칭 문제에 대한 획기적인 사고로 받아들였다. 〈레몬〉이 지적하고 있는 것은 기술적인 문제였지만, 시간이 흐르면서 경제학에 대한 새로운 관점을 촉구할 수 있는 광범위한 요점을 담고 있었다. 시장은 현대 경제학의 수많은 수학적 모델이 허용하는 것보다 더 복잡하다. 모델 이면에는 감정과 습성에 따라 예측불가능한 행동을 하는 인간이라는 동물 본연의 복잡한 특질들—의심, 기만, 탐욕, 근시안적 사고 등—이 숨어 있었다. 과거의 모델들은 사람들이 자신에게 가장 이익이 되는 행동을 한다고 단순하게 가정했지만, 그 "자신의 이익"이란 에드워드 코렌의 기묘한 만화처럼, 그 자체가 복잡한 세계임이 밝혀졌다.

훗날 애컬로프는 〈레몬〉이 처음에 수없이 거절당했을 때도 크게 좌절하지 않았다고 말했다. 그는 그저 계속 도전했다. 13페이지밖에 되지 않는 분량에, 동료 경제학자들의 눈에는 도발이었고, 그들 중 다수가 거듭 거부했던 〈레몬〉은 이후 역사상 가장 많이 인용된 경제학 논문 중 하나가 되었고, 행동경제학이라는 새로운 연구 분야의 문을 여는 데 기여했다.

인도 카스트 제도의 경제학에 관한 애컬로프의 새 논문은 1976년에 발표되며, 이 논문과 다른 논문들을 한데 모아 1984년 그의 첫 저서 〈한 경제 이론가의 이야기책An Economic Theorist's Book of Tales〉이 출간된다. 그는 케인스가 감정이 경제 활동에 미치는 영향을 설명하기 위해 사용한 '야성적 충동animal spirits'이라는 표현을 연구하고 있었다. 이 책에서 그는 "이 에세이들은 경제 이론의 발전에 대안적 접근법을 제시합니다"라고 썼다. "그 대안적 접근 방식이란 새로운 행동 가정의 결과를 탐구하는 것입니다." 그는 모든 경제 문제는 궁극적으로 인간 행동의 특수성에 근거한다고 생각하게 되었다. 이러한 특수성을 무시한 경제학자들은 스스로를 학문적 위험에 빠뜨리게 될 것이었다.

예일 데일리 뉴스 시절의 경험은 애컬로프에게 재미있는 헤드라인, 기발한 비유, 반직관적인 아이디어에 대한 감각을 길러주었다. 한 논문에서 애컬로프는 인간의 행동을 딱정벌레에 비유하며, 이 작은 생물이 다른 딱정벌레 종의 알을 잡아먹는 경향은 마치 인간의 내집단 편애, 외집단 적대와 유사하다고 주장했다. 예일의 경제학 거장 어빙 피셔의 이름을 제목에 넣은 논문 〈어빙 피셔의 책임Irving Fisher on His Head〉은 경제에서 통화의 역할을 탐구했다. 또 다른 논문에서는 비생산적인 인간의 미루는 경향을 경제학적으로 이해하고자 시도했다.

애컬로프의 길이 언제나 직선으로 쭉 뻗어나갔던 것은 아니다. 일자리와 인플레이션의 상호작용에 대해 쓰려던 책을 포함해 막다른 골목에 부딪힌 프로젝트들도 많았다. 그는 비슷한 시기에 옐런이 하버드에서 겪었던 것과 같은 문제에 직면했다. 당시 시카고 대학에서 인기를 끌던 합리적 기대 이론을 도입하지 않았다는 이유로 그의 연구는 시대에 뒤떨어진 것처럼 보였다. 그는 쓰던 책을 치워버렸고, 이 책은 끝내 세상에 나오지 못했다.

〈레몬〉 덕분에 애컬로프는 UC버클리에서 테뉴어를 받았지만, 진급은 지지부진했다. 경제학과 원로들은 그가 더 많은 급여와 지위를 보장하는 정교수 승진을 보장할 만큼의 성과를 내지 못했다고 결론지었다. 느긋한 성격의 조지조차 자신을 부교수에서 승진시키지 않기로 한 버클리의 결정에는 분개했고, 항의하는 과정에서 지쳐갔다.

렁은 카스트와 그 밖의 인도인의 삶 속에 자리잡은 사회학적 이슈들에 대한 조지의 관심에도 불구하고, 조지 자신도 일종의 특권 카스트로 자랐다는 것을 깨닫게 되었다. 고스타가 사망한 후 샌프란시스코 베이 지역으로 이주한 조지의 어머니는 엘리트 학자들 및 대를 이어 유명 과학자들을 배출한 가문들로 이루어진 세계를 여행했다. 조지의 가족이 정착한 곳은 아인슈타인이 있던 프린스턴이었다. 조지가 학부 시절 기초 수학에 어려움을 겪자 그의 어머니는 폰 노이만의 절친한 친구 중 한 명인 살로몬 보흐너에게 과외를 받게 했다. 자녀가 대통령이나 재벌이 되기를 원하는 어머니들도 있었지만, 애컬로프 집안에서는 최고의 영예는 노벨상이었다.

케이 렁은 자신과 조지가 서로에게 어울리지 않는다는 결론에 도달하고 있었다. 그녀는 자신과 같은 건축가인 다른 교수에게 반했고 아직 신혼인 남편과 헤어졌다. 애컬로프는 다시 떠나기로 결심하고 이번에는 런던 정경대의 교수직을 수락했다. 아마르티야 센이 그를 추천해주었던 것이다. 하지만 런던으로 떠나기 전, 애컬로프는 우선 워싱턴으로 가서 다시 연방준비제도이사회에서 1년을 보내기로 한다.

1977년이었다. 재닛 옐런도 같은 곳으로 향하는 중이었다.

Chapter 05

옐런과 애컬로프의 만남

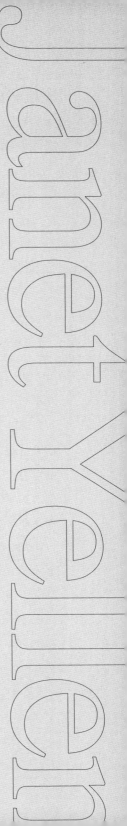

긴 인플레이션, 짧은 로맨스

1977~1978

1977년 가을, 재닛 옐런과 조지 애컬로프가 연준에 도착했을 때, 연준은 한마디로 아수라장이었고, 연준의 수장이었던 아서 번스는 짐을 싸는 중이었다.

1913년 설립 당시 연준의 원래 임무는 비상시에 은행에 자금을 공급하여 금융 공황을 막는 것이었다. 하지만 연준의 역할은 그것만이 아니었다. 연준의 두 번째로 중요한 역할은 금융 시스템에서 유통되는 통화의 양을 관리함으로써 금리, 인플레이션, 경기 확장 및 침체 (그리고 그에 따른 실업률의 상승과 하락) 주기에 영향을 미쳤다.

1970년대에 연준이 왜 그렇게 중요했는지 이해하려면, 경제에서 통화, 즉 돈이 어떻게 작용하는지 살펴보는 것도 도움이 된다.

미국 달러 지폐를 아무거나 한 장 집어들어 살펴보면 앞면 상단에 '연방준비제도 지폐Federal Reserve Note'라고 적혀 있는 것을 볼 수 있다. 연준은 은행의 전자 계좌는 물론 현금을 포함하여 얼마나 많은 돈이 금융 시스템으로 흘러들어갈지를 결정한다.

통화 공급의 관리는 곧 통화 비용에도 영향을 미친다. 돈의 비용은 금리이다. 가계가 주택을 구입하기 위해 돈을 빌리려면, 대출금을 갚을 때 추가로 내야 하는 돈인 이자를 지불해야 한다. 기업이 공장을 짓기 위해 돈을 빌릴 경우에도 가계와 마찬가지로 이자를 지불해야 한다. 현재 현금을 손에 넣기 위해 미래에 추가로 돈을 지불해야 한다는 뜻이다. 금리는 백분율로 표시되며, 가계나 기업이 빌린 돈 1달러당 얼마나 더 갚아야 하는지를 알려준다.

금리는—모든 상품의 가격과 마찬가지로—부분적으로는 화폐 수요, 즉 사람들이 당장 지출 또는 투자하고자 하는 금액의 함수이다. 금리는 또한 통화 공급의 함수이기도 하다. 사람들이 소비나 투자를 원하지 않아 돈에 대한 수요가 줄어들면 금리는 하락하고, 수요가 올라가면 금리도 상승한다. 이 방정식의 다른 편에는 통화 공급을 주도하는 지렛대를 쥐고 있는 연준이 있다. 공급을 형성하는 것은 은행이 얼마나 많은 대출을 내주기를 원하는지와 같은 다른 요인들이지만, 이 모든 것은 연준에서 시작된다. 금리를 결정하는 어마어마한 역할이 연준의 손에 달려 있다는 뜻이다. 금리는 개인과 기업의 대출, 소비, 투자에 차례로 영향을 미치므로 연준은 경제 시스템에서 가장 강력한 단일 기관이라고도 할 수 있다. 미국뿐 아니라 전 세계에서 빌린 모든 달러뿐 아니라 신용 카드, 자동차 대출, 주택담보 대출, 기업 대출, 학자금 대출 등등에는 어떤 식으로든 연준의 지문이 찍혀 있다.

주식 투자자들이 매일 연준의 움직임 하나 말 한 마디에 집착하는 이유가 바로 이것이다.

통화 공급은 인플레이션에도 영향을 미친다. 사람들이 오렌지를 생산하고 소비하는 것 외에는 아무것도 하지 않는 가상의 경제를 상상해보자. 각각의 개인은 하루에 평균 1달러를 벌고 오렌지 1개를 구매한다. 평상시 오렌지의 가격은 1달러 정도이다. 만약 오렌지 생산과 소비는 하루에 1개로 일정하게 유지되는데, 모든 사람의 은행 계좌에 여분의 달러가 생긴다면, 딱 한 가지가 달라진다. 사람들이 그 돈으로 오렌지를 추가로 사려 할 것이고, 그 결과 오렌지 가격이 올라간다는 것이다. 즉, 달러 공급이 증가하면 상품과 서비스의 가격은 상승하고 달러의 구매력은 떨어진다. 인플레이션을 간단하게 설명한 예이다.

1970년대의 문제는 인플레이션의 불길이 전국을 휩쓸고 있다는 것이었다. 아서 번스의 문제는 그가 돈을 찍어내 인플레이션을 일으키는 데 일조했다는 것이었다.

인플레이션은 하루아침에 발생하지 않는다. 1960년대 후반과 1970년대, 인플레이션은 일련의 정책적 실수와 불운을 거치면서 힘을 받았고, 대대수의 미국인의 심리에 깊이 뿌리내려 인플레이션이 끝날 것이라고 생각하는 사람은 거의 없었다.

애컬로프가 반전 시위에 참여하고 있는 동안 또다른 종류의 시위들이 미국의 거리에서 일어나고 있었다. 인플레이션 반대 시위였다. 이 시위의 주동자들은 대부분 자녀를 둔 중산층 여성이었다. 1966년 덴버에서는 여성들이 식료품 가격 상승에 항의하는 피켓 시위를 벌였다. 이 시위는 다른 도시들로 퍼져나갔고, 대중 미디어는 이를 "주부 반란"이라고 불렀다. 타임지는 수퍼마켓 불매 운동이 "지글거리는 철판 위의 버터처럼" 확산되고 있다고 보도했다. 생활비 상승에 지친 여성들은 수퍼마켓 밖에서 가격 인하를 요구하는 행진을 벌였다. 때로는 립스틱으로 글씨를 쓴 플래카드도 등장했다. 이후 10년에 걸쳐 커피, 육류 및 그밖의 생필품 가격에 대한 항의 시위와 불매운동이 쉴 새 없이 일어났다.

린든 존슨과 리처드 닉슨은 연준이 계속 돈을 풀어서 금리를 낮게 유지하도록 압박하는 패턴에 빠졌다. 존슨과 닉슨은 저금리가 성장을 촉진하고 실업률을 낮춰 경제 정책과 선거 전망에 도움이 될 것이라고 믿었다. 연준은 정부가 원하는 대로 따랐고, 그 결과 오히려 물가는 더욱 상승하고 백악관의 인기는 곤두박질쳤다.

이러한 악순환이 처음 나타난 것은 1972년 대선 직전이었다. 1971년 연간 인플레이션은 4%를 넘겼다. 인플레이션이 둔화하고 있는 것처럼 보이기는 했지만, 가계 계좌의 통화 공급과 은행 대출은 여전히 빠르게 증가하고 있었으며, 이는 여전히 인플레이션을 잡기 위한 연준의 조치가 충분하지 않다는 것을 의미했다.

연준은 인플레이션을 억제하기 위해 연초에 금리를 인상했지만, 느닷없이 방향을 바꿔 여름이 끝나갈 무렵부터는 금리를 인하하기 시작했고, 이는 금융 시스템에 더 많은 돈이 쏟아져 들어갔다는 뜻이었다. 왜 갑작스럽게 연준이 입장을 바꿨을까? 정치적 압력이 작용한 것으로 보인다.

닉슨은 재선을 신경쓰고 있었고, 자신이 연준 의장으로 임명한 번즈와도 가까운 사이였다. 닉슨은 경제 성장에 대한 기대감을 분명히 했다.

"내가 이 문제를 이 방 밖에서 이야기하는 일은 없을 거요. 지금은 조금 느리게 움직이고 나중에 치고 올라가서 정말 큰 거 한방이 되게 하자는 게 내 생각이요."

1971년 3월에 녹음된 닉슨과 번즈의 대화이다. 이 만남이 끝난 후 번즈는 일기에 닉슨과의 우정이 자신의 인생에서 가장 중요한 세 가지 중 하나이며, 그 관계를 계속 유지하고 싶다고 적었다.

그해 말 번즈가 금리를 인하하기 전에 닉슨의 측근들은 대통령이 연준을 자신의 지지자들로 채울 것을 고려하고 있다는 내용을 언론에 흘려 번즈를 위협하고, 국가 전체가 고통받고 있는 와중에 번즈가 자기 급여를 올려달라고 요구했다고 거짓으로 비난하기까지 했다.

번즈의 이름에 성공적으로 먹칠을 한 직후 닉슨은 측근들에게 "번즈가 말귀를 알아들었을 것"이라며 "계속 세게 나가라"고 말했다. 그 후 그들은 캠프 데이비드의 선글라스와 재킷 같은 선물 공세로 번즈를 확실하게 자기들편으로 만들었다.

1970년대 경제는 그 밖에도 악재투성이였다. 미국의 이스라엘 정책에 항의하는 아랍 국가들이 석유 공급을 중단하면서 휘발유 가격이 치솟았다. 유가 급등과 함께 외환 시장에도 격변이 일어났다. 제2차 세계대전 이후 다른 글로벌 통화 대비 달러의 가치는 케인스의 브레튼우즈 협상의 유물인 금값에 고정되어 있었다. 이는 곧 다른 나라 중앙은행들이 그들이 보유하고 있는 달러를 연준에 가져와서 고정된 가격의 골드바로 교환할 수 있다는 것을 의미했다. 그러나 독일, 일본 같은 나라들이 경제를 재건하고 벌어들인 달러를 금으로 바꾸면서 미국의 금 보유량은 줄어들고 있었다. 미국의 금이 고갈될 것을 우려한 닉슨은 1971년 8월 달러-금 태환제도를 폐지했고, 달러 환율은 폭락했다. 달러 가치가 하락하자 수입품 가격이 치솟았고, 이는 인플레이션의 악화로 이어졌다.

닉슨은 행정 명령으로 이 문제를 해결하려 했다. 1973년 육류 가격이 치솟자 일부에서는 소비자 불매운동을 보스턴 티 파티에 비유하기까지 했다.[21] 이에 대응하여 정부는 육류에 가격 상한선을 부과했다. 닉슨은 텔레비전으로 중계된 대국민 연설에서 "육류 가격이 더 이상 올라서는 안 된다"라며, "주부와 농부의 도움으로 가격이 내려갈 수 있고 내려가야 한다"라고 말했지만 가격 상한제는 효과가 없었다. 1970년대 육류 가격은 두 배가 넘게 올랐다.

케인스주의자들은 후퇴했다. 정부는 무능하고 그들의 이론 중 일부는 구멍이 있다는 사실을 알게 되었다. 케인스주의자들은 오랫동안 인플레이션과 실업 사이에 트레이드오프 관계가 있다고 믿어왔다.[22] 경제를 약간만 과열 상태로 운영하면 인플레이션이 발생할 수는 있지만 그 대신 실업률이 낮아질 것이라고 생각했다.

이러한 생각은 1800년대 말과 1900년대 초 영국의 데이터를 분석한 결과 임금 인플레이션과 실업률 사이에 반비례 관계가 있음을 발견한 뉴질랜드

---

21. 1773년 12월 16일에 미국의 식민지 보스턴에서 일어난 정치적 항의 사건을 의미하며, 이 사건은 미국 독립 혁명의 중요한 전조로 여겨진다.

22. tradeoff. 어느 것을 얻으려면 반드시 다른 것을 희생해야 하는 경제 관계

경제학자 A. 윌리엄 필립스[A. William Phillips]와 부분적으로 연결되어 있었다. 하지만 이 역의 상관관계는 신뢰할 수 없다는 것이 밝혀졌다. 1960년대 미국의 실업률은 평균 4.8%, 인플레이션율은 평균 2.3%였다. 1970년대에는 실업률이 평균 6.2%, 인플레이션이 7.1%로 두 수치 모두 나빠졌다.

재닛과 조지는 1977년 가을, 연준이 격동의 나날의 한복판에 있을 때 동료의 송별 파티에서 잠깐 마주쳤다. 파티가 열린 워터게이트 빌딩 8층의 연준 사무소는, 연준 본관에서 몇 블록 떨어진 곳이자 1972년 재선을 앞두고 닉슨의 끄나풀들이 침입한 운명의 민주당 전국위원회 본부에서 두 층 위에 있었다.

워터게이트 사무소에서 일하던 연준의 경제학자들은 역사를 바꾼 이 침입에 대해 한 가지 가설을 세운 적이 있었다. 워터게이트 빌딩의 뒷문은 1층의 베이커리와 연결되어 있었다. 일부 연준 연구원들은 정문을 통과하여 길게 돌아가지 않고 빨리 베이커리에 도착할 수 있도록 문이 잠기지 않게 조작해 두었다. 이 잠기지 않는 문이 닉슨의 강도들이 침입한 지점이라는 추정이었다.

재닛을 만난 그 저녁, 조지는 이 행사를 위해 특별히 준비된 바닐라 프로스팅 케이크에 완전히 정신이 팔려 있었다. 손가락에 묻은 케이크를 핥아먹으며 즐거워 하느라 워터게이트 사건, 자신의 연구, 미국을 휩쓸고 있던 인플레이션 문제, 심지어 재닛 본인조차 조지의 주의를 끌지 못했다. 그와 재닛은 별다른 대화 없이 금방 각자의 길을 떠났다.

며칠 후, 두 사람은 연준 본부의 메인 빌딩 두 개 중 하나인 마틴 빌딩의 카페테리아에서 열린 방문 연구원의 강연에서 옆 테이블에 함께 앉게 된다. 카페테리아는 매우 넓었고, 천장부터 바닥까지 이어진 통유리창으로 링컨

기념관과 그 주변의 드넓은 산책로가 내다보였다. 이 카페테리아는 음식은 평범했지만 매일 연준의 일상이 모여드는 중심지 역할을 했다.

이번에는 작은 체구에 검은 단발머리, 환하고 친근하게 웃는 재닛이 조지의 관심을 완전히 사로잡았다. 두 사람은 공통의 친구들이 있다는 것을 깨달았다. 재닛의 논문 지도교수 중 한 명인 조지프 스티글리츠는 MIT 시절부터 조지의 친구였다. 재닛은 자신의 논문에서 참조한 스티글리츠의 논문 공동 저자로 조지의 이름을 알고 있었다. 그녀는 또한 그의 〈레몬〉 논문도 알고 있었다. 두 사람은 케인스의 사상에 대한 확고한 믿음과 실업 문제에 대한 평생의 집착을 가지고 있다는 공통점을 금방 알아차렸다. 두 사람은 데이트를 하기로 했다.

재닛은 유명 셰프이자 대중 문화 명사였던 줄리아 차일드의 학생이었으며, 차일드의 베스트셀러 〈프랑스 요리 예술 정복Mastering the Art of French Cooking〉을 소장하고, 그녀의 텔레비전 쇼 〈더 프렌치 셰프〉를 챙겨 보았다. 재닛은 조지를 자기 집으로 초대했고 진한 체리 소스를 곁들인 어려운 치킨 요리를 준비하느라 몇 시간을 부엌에서 보냈다. 하지만 두 사람의 신호가 엇갈렸다. 재닛이 약속을 잊었다고 생각한 조지는 마지막 순간에 전화를 걸어 재닛을 자신의 집으로 초대했다. 재닛은 소란을 피우고 싶지 않았기 때문에 공들여 준비한 식사를 냉장고에 넣고 조지의 집으로 향했다. 조지의 어질러진 타운 하우스에서 그녀를 맞이한 것은 특색 없는 맛에 모양새도 그저 그런 라이스 요리와 조지가 입양한 유기견이었다. 핏불테리어와 달마시안이 반반씩 섞인 이 개는 사방에 종이를 찢어 발겨놓았다. 조지는 말썽꾸러기 강아지를 "스위티"라고 불렀다.

10월이었다. 재닛과 조지는 순식간에 서로에게 빠져들었다. 두 번째 데이트는 바로 다음날, 깔끔하고 정돈된 재닛의 집에서였다. 조지는 재닛이 이렇게 멋진 치킨과 체리 소스 요리를 이렇게나 짧은 시간 내에 손쉽게 만들어냈다는 것에 감탄했다. 조지는 이미 한 번의 성급한 결혼이 실패로 끝난 경험이 있었음에도 재닛을 만났을 때 망설임이 없었다. 그는 자신과 세계관과 기질이 완벽하게 일치하는 그녀에게서 인생의 짝을 찾았다고 느꼈다. 재닛은 조지에게서 자신과 같은 가치관을 가진 선한 영혼을 만났다고 느꼈고, 흔히 찾아볼 수 없는 창의적이고 파격적인 사고방식이 매력적이라고 생각했다. 게다가 그는 그녀를 끊임없이 웃게 했다.

"나는 어렸을 때부터 옳은 일을 해야 한다고 배웠다. 아마 재닛이 나의 그런 부분을 좋아했던 것 같다."

재닛과 조지는 여러 면에서 정반대였다. 재닛은 절제되고, 균형이 잘 잡혀 있고, 분별있고, 합리적이며, 질서정연한 반면, 조지는 창의적이고, 반항적이며, 비관습적이었다. 조지의 생각은 빠르고 다양한 방향으로 흘러갔지만, 재닛은 문제를 천천히 그리고 선형적으로 파헤쳤다. 두 사람에게는 이러한 정반대들이 서로에게 자연스럽게 맞물렸다.

서로를 알게 된 지 몇 주밖에 되지 않았을 때, 조지는 재닛에게 의사 결정과 결혼에 대해 한 가지 이론이 있다고 말했다. 어떤 결정에 대해 확신이 없을 때, 보통은 시간을 들여 그 이슈 및 발생할 수 있는 기회비용을 충분히 이해하고, 오랫동안 다각도로 선택지를 신중하게 분석한다. 하지만 정말로 확신이 있다면, 결정을 내리는 데 긴 시간이 필요하지 않다. 순식간에 결정을 내릴 수 있다.

재닛은 조지가 말하는 요지를 바로 이해했다. 그리고 재닛 옐런의 인생에서 가장 충동적인 일을 했다. 그 남자와 결혼하기로 한 것이다. 그녀는 서른한 살이었다. 그는 서른일곱 살이었다.

재닛은 11월에 제임스 토빈과 경제 관련 강연을 하기 위해 노르웨이를 방문할 예정이었다. 그녀는 이듬해 조지가 런던 정경대에서 강의하고 있을 즈음 런던에 들러 일자리를 구해보기로 했다. 그리고 두 사람은 웨딩 플랜을 세우기 시작했다.

신혼 부부는 그 후 몇 달 동안 함께 많은 웃음을 나눴다. 때로는 개가 웃음을 가져다주었다. 조지는 스위티를 연준 사무실에 데려오는 것을 좋아했다. 한번은 조지와 재닛이 엘리베이터를 기다리는 동안 스위티가 새 파란색 카펫에 오줌을 쌌다. 그 직후 엘리베이터 문이 열리자 엘리베이터 가득 타고 있던 사람들은 충격과 당혹감을 감추지 못했다. 일터의 질서를 중시하는 연준의 새 의장 윌리엄 밀러가 워터게이트 사무실을 방문했을 때, 조지는 새 상사가 눈치채지 않기만을 바라며 스위티를 엉망으로 어질러놓은 자기 사무실에 가둬놓았다.

이 시기는 재닛에게 힘든 시기이기도 했다. 아버지 줄리어스는 이미 세상을 떠났고 루스는 뇌졸중과 심장마비를 겪었다. 재닛과 오빠 존은 어린 시절 살던 브루클린의 집을 팔고 모든 짐을 싸서 어머니를 메릴랜드에 있는 요양원으로 옮겼다.

재닛과 조지는 그해 7월 워싱턴 엘리트들을 위한 고급 남성 클럽인 코스모스 클럽에서 결혼식을 올렸다. 그들의 친구 스티글리츠를 포함해 50명의 친구와 친척들이 참석했다. 이 클럽은 통상 영업 시간에는 여성이 정문으로 들어오는 것을 허용하지 않았고, 독신 남성이 거주하는 동에도 들어갈 수 없었다. 재닛과 조지는 그 점이 마음에 들지 않았지만, 어쨌든 진행했고, 어찌저찌 워싱턴 사교계에 진입했다.

이듬해 가을, 그들은 런던으로 이사했다. 런던 정경대에서 이미 가르치고 있던 아마르티야 센은 조지 애컬로프의 새 아내에게 감탄해 마지 않았다. "그녀는 매우 똑똑하고, 누구나 좋아할 수밖에 없는 사람이었다. 멋지다는 표현은 충분하지 않다. 그녀는 함께 있으면 상대방을 매혹시키는 사람이었다."

재닛과 조지는 런던 정경대까지 걸어갈 수 있는 거리인 템즈 강 남쪽의 클랩험 지역에 집을 빌렸다. 이 집은 거실에 피아노가 있었는데, 어렸을 때 피아노를 배웠던 재닛에게는 추억의 물건이었다. 그녀는 모차르트가 초보자를 위해 썼다고 알려진 경쾌하고 빠른 피아노 소나타 C장조 악보를 찾아서 꺼냈다. 그녀는 조지에게 "당신도 이 곡을 연주할 수 있을 것 같다"고 말했고, 그는 이 말을 도전으로 받아들이고 곡을 연습하기 시작했다. 마구 틀리면, 새신랑은 새신부에게 처음부터 다시 시작해도 괜찮겠냐고 정중하게 물었다. 그녀는 전혀 개의치 않는다고 정중하게 대답했다.

조지는 몇 시간, 며칠 동안 쉬지 않고 연습을 계속했다. 그러다 며칠이 몇 주가 되었다. 12월에 연말연시를 맞아 가족들을 만나러 미국으로 돌아갈 무렵에도 조지는 여전히 똑같은 곡으로 고군분투하고 있었다. 재닛은 두 손을 들었다. "이제 더는 못참겠어요." 그녀는 남편의 강박적인 새 습관에 분개하며 비명을 질렀다.

사실 그녀는, 계속 참아냈다.

훗날 재닛, 조지, 아들 로비는 키노시타 케이스케 감독의 일본 영화 〈큰 기쁨, 작은 슬픔新·喜びも悲しみも幾歳月〉을 보게 된다. 1970년대와 80년대, 일본 경제가 전쟁의 폐허를 딛고 재기하던 시절을 배경으로 하는 이 영화는 한 등대지기 가족이 일본 전국의 거친 해안을 따라 이곳저곳을 옮겨 다니며 살아가는 이야기를 그렸다. 이들의 삶은 종종 외롭지만, 주인공 부부는 그들 자신보다 더 큰 대의명분, 즉 바다의 배들을 보호해야 한다는 의무감이 서로를 하나로 묶어준다는 사실을 깨닫는다. 그들이 살면서 경험하는 기쁨과 슬픔, 그리고 가족 및 친구들과의 관계는 등대지기로 살기로 함께 선택한 길에서 자라난다.

영화를 보면서 조지와 재닛은 이 영화가 1970년대 말에 닻을 올린 그들의 결혼 생활에 대한 은유라고 생각했다. 그들의 목적은 경제를 이끌고 나가는 더 큰 여정이었다. 그들 자신의 기쁨과 슬픔, 가족과 친구들이 모두 여기서 비롯된 것이었다. 그들은 스스로를 등대지기라고 여겼다.

결혼 초기, 재닛과 조지는 서로를 스위티^{Sweetie}라는 애칭으로 부르기 시작했다. 조지는 가끔 재미삼아 "위티^{Weetie}"라고 줄여서 부르기도 했다.

Yellen Yellen Yellen Yellen
Yellen Yellen Yellen Yellen
Yellen Yellen Yellen Yellen
Yellen Yellen Yellen Yellen
Yellen Yellen Yellen Yellen
Yellen Yellen Yellen Yellen
Yellen Yellen Yellen Yellen
Yellen Yellen Yellen Yellen
Yellen Yellen Yellen Yellen
Yellen Yellen Yellen Yellen
Yellen Yellen Yellen Yellen
Yellen Yellen Yellen Yellen
Yellen Yellen Yellen Yellen
Yellen Yellen Yellen Yellen
Yellen Yellen Yellen Yellen

Chapter 06

케인스의 재정의

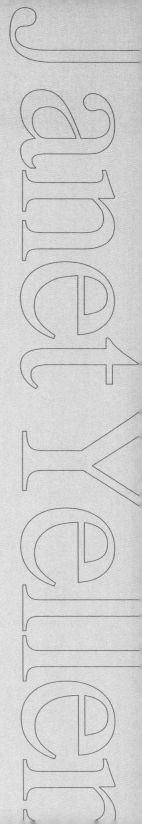

옐런 세대를 만든
이데올로기의 전쟁터에서

1940~1980년대

옐런이 예일에서 대학원을 다니던 시절, 밀턴 프리드먼이 캠퍼스를 방문해 발 디딜 틈 없이 들어찬 청중을 상대로 통화와 경제에 대해 강연을 한 적이 있었다. 강연 마지막에 제임스 토빈이 일어나 프리드먼의 논리에 이의를 제기했다. 옐런은 청중 속, 스승의 옆에 앉아 있었다.

그 순간 옐런은 인생에서 한 번도 경험하지 못했던 감정(정당한 분노)을 느꼈다. 옐런은 정부 지출이 경기 침체기에 경제에 도움이 되지 않는다는 프리드먼의 견해에 동의하지 않았다. 경제학자들 사이에서 서로의 의견에 동의하지 않는 것은 흔한 일이니, 여기에는 별 문제가 없었다. 그러나 옐런을 정말로 분노하게 한 것은 토빈의 반론에 답변하는 프리드먼의 태도였다. 프리드먼은 말장난과 빙빙 돌리는 화법으로 일관했다. 프리드먼은 토빈의 사상의 팩트와 논리에 대해 깊이 있는 토론을 벌이는 대신 스타일로 청중에게 점수를 얻고 싶어 하는 것으로 보였다. 토빈이 프리드먼을 코너로 몰 때마다 프리드먼은 토론의 주제를 다른 방향으로 돌리곤 했다.

2002년 토빈이 사망했을 때 옐런은 다음과 같이 회상했다.

"프리드먼은 통화주의에 대해 청중을 완전히 사로잡는 강연을 했다. 사람들은 강연이 끝날 때까지 숨소리조차 내지 않았다. 짧은 쉬는 시간 후, 우리 모두의 예상과 희망 대로 짐(토빈)이 미끼에 반응했다. 그것은 결투였다. 두 거인 사이에 영원히 끝나지 않을 것 같은 결투였다. 짐은 프리드먼에게 단 한 치도 밀리지 않았고, 짐이 논점 하나하나를 공격하고 또 공격하면서, 프리드먼은 계속 흔들렸다. 하지만 짐은 단 한 번도 흔들린 적이 없었다."

옐런은 토빈에게서 그녀가 "도덕적 열정"이라 부른 무언가를 보았고, 이것은 곧 그녀 자신의 기질 일부가 되었다. 또한 그녀는 이후 몇 년 동안 워싱턴에서 겪게 될 변화 속에서 자신의 중심을 잡기 위해 의지했던 것이기도 하다.

프리드먼의 강연은 옐런을 "경제에서 정부의 역할"에 대한 논쟁의 한복판으로 던져넣었다. 프리드먼은 이 논쟁을 정의했고, 옐런과 애컬로프는 프리드먼이 대변하는 시카고 학파에 대한 반격의 중심이 되었다. 152센티미터 남짓한 키에 동그란 얼굴과 동그란 안경을 쓴 밀턴 프리드먼은 뉴욕에서 약 30킬로미터 떨어진 뉴저지 주 러웨이에서 4남매 중 막내로 태어나 자랐다. 그의 부모인 새라와 제노는 10대에 미국으로 이민을 와서 작은 구멍가게를 운영하며 간신히 생계를 꾸려나갔다. 그들의 아들은 투철한 이민자 정신의 소유자였다. 훗날 밀턴은 "우리 가족의 수입은 적었고 매우 불확실했다. 우리 집에서 재정 위기는 언제나 따라다녔다"라고 회상했다.

프리드먼은 10대 때 아버지를 잃었고, 장학금과 웨이터 같은 온갖 종류의 아르바이트로 대학 학비를 벌었다. 보험 계리사로 안정된 삶을 살 거라고 생각했던 그는 럿거스 대학에서 젊은 조교수 아서 번스를 만난다. 번스는 프리드먼에게 경제학을 계속 공부하도록 설득한다. 번스와 또다른 경제학자 호머 존스의 도움으로 그는 시카고로 가서 공부할 수 있었다. 프리드먼은 보험계리사 대신 경제학자의 길을 선택한 것은 부분적으로는 대공황을 경험하면서 보험보다 당대의 시급한 사회 문제들이 더 의미 있어 보였기 때문이라고 말했다. 즉, 프리드먼과 토빈은 똑같은 동기로 똑같은 목적을 위해 경제학에 뛰어들었지만, 두 사람은 전혀 다른 결론을 도달하게 된다.

학업을 마친 후 프리드먼은 워싱턴에서 일하다가 위스콘신 대학교의 교수직을 얻는다. 나중에 그는 위스콘신 시절을 자신의 커리어 초기에서 "가장 큰 트라우마를 남긴 사건"이라고 평가했다. 프리드먼이 간파했듯, 그가 테뉴어를 받을 자격이 있느냐를 놓고 위스콘신 경제학과 내에서 벌어진 불화는 유대인에 대한 적대감으로 얼룩져 있었다. 프리드먼에 대한 부정적인 기사가 지역 신문에 실렸고, 테뉴어 역시 거부당했다. 프리드먼은 1년 만에 사표를 내고 재무부로 옮겨 전시 세금 정책을 담당하게 되었다.

미래에 작은 정부의 사도이자 반 케인스주의의 선봉장이 되는 밀턴 프리드먼이 전쟁 자금 조달을 위한 계획—정부가 급여에서 세금을 원천 징수하는 것—을 내놓은 것이 바로 이때였다. 연방 세금 원천 징수는 수조 달러에 달하는 세금 인상의 물꼬를 트는 계기가 되었고, 훗날 프리드먼은 이를 개탄해 마지 않는다. 또한 프리드먼은 자신의 통계학 실력을 활용하여 대공장비의 효과와 항공기 터빈의 금속 합금 사용 등을 분석하기도 했다.

전쟁이 끝나고 시카고로 돌아온 뒤 프리드먼은 자유 시장으로 눈을 돌린다. 1946년, 그는 친구인 조지 스티글러와 함께 정부가 주도하는 도시 임대료 제한에 반대하는 논문을 썼다. 그는 임대료 상한제는 높은 임대료 문제에 대한 실질적인 해결책, 즉 더 많은 주택을 건설하는 데 방해가 될 뿐이라고 생각했다. 프리드먼의 눈에 이는 겉으로 보기에는 선한 목적의 정부 간섭이 초래하는 시장 왜곡을 보여주는 명백한 예였다.

1947년 봄, 프리드먼은 프리드리히 하이에크가 주최하는 모임에 참석하기 위해 난생 처음으로 미국 밖으로 여행을 떠난다. 시카고 대학은 하이에크의 인기 저서 〈노예의 길〉을 출판한 바 있었고, 하이에크는 제네바 호수가 내려다보이는 스위스의 몽펠르랭 리조트에서 열흘간 컨퍼런스를 개최했다. 소비에트 패권이 부상하고 사회주의 사상이 유럽으로 확산되는 가운데, 개인의 자유라는 대의를 고취시키는 것이 목적이었다. 하이에크는 38명의 역사학자 및 학자들을 초대했고, 프리드먼은 시카고에서 초청된 소수의 경제학자 중 한 명이었다. 또 다른 경제학자인 독일의 발터 오이켄은 전쟁이 끝난 지 5년이 지나도록 유럽에서 오렌지를 구경조차 하지 못했다.

격렬한 토론은 연일 계속되었고, 참가자들 사이에서도 종종 의견이 일치하지 않았는데, 이는 자유 시장을 가장 열렬히 신봉하는 사람들 사이에서도 경제적 자유가 쉽게 정의되지 않았다는 증거였다. 한 번은 소득 불평등 문제를 해결하기 위한 정부의 역할에 대해 토론하던 중, 참석자 중에서 가장 강력한 자유방임주의자였던 오스트리아 경제학자 루트비히 폰 미제스가 이 자리의 모두가 죄다 사회주의자라고 선언하며 회의장을 박차고 나갔다. 프리드먼 자신은 불평등이 문제라고 인식하기는 했다. 그는 부유층에게는 세금을 인상하고 빈곤층에게는 마이너스 세금, 즉 소득이 가장 낮은 사람들에게 정부 보조금을 지급하는 방향을 지지했다.

수일간의 의견 충돌 끝에 이들은 마침내 합의를 이끌어내고 선언문을 발표했다. "문명의 핵심 가치가 위험에 처해 있다"라고 그들은 결론 내렸다. "지구 표면의 넓은 범위에서 인간의 존엄성과 자유의 필수 조건이 이미 사라졌다. 다른 곳에서는 정책의 현재 방향성에서 기인한 끊임없는 위협을 받고 있다. 개인과 자발적 집단의 지위는 전횡하는 권력의 확장으로 인해 점차 약화되고 있다. 소수자의 지위에 있을 때는 관용의 특권을 주장하면서, 자신의 견해를 제외한 모든 견해를 억압하고 말살하기 위한 지위를 손에 넣는 것만이 목적인, 그러한 신념의 확산이 서구인의 가장 소중한 소유물인 사상과 표현의 자유마저 위협하고 있다."

그들은 스스로를 몽펠르랭 소사이어티라 이름 붙였고, 프리드먼은 이 단체의 가장 성공적인 챔피언이 되었다.

두 명의 여성이 프리드먼의 발전에 중심적인 역할을 했다. 한 명은 뉴욕 출신의 책벌레 경제사학자인 애나 슈월츠로, 럿거스 시절 스승인 아서 번즈의 소개로 알게 되었다. 슈월츠는 남성이 지배하는 분야에서 독보적인 존재였다. 열아홉 살에 컬럼비아 대학에서 석사 학위를 취득하고, 네 아이를 낳아 키우느라 수십 년이 지나서야 박사 학위를 받은 그녀는 1941년 전미경제연구소National Bureau of Economic Research에 입사하여 90대까지 전문 저술 활동을 이어갔다. 슈월츠는 금융 통계에 대한 백과사전 같은 지식을 가지고 있었다. 수년 동안 그녀와 프리드먼은 주로 편지로 연락을 주고받았다. 1963년, 두 사람은 거의 한 세기에 걸쳐 달러화와 은행 예금의 유통량이 어떻게 증가하고 감소했는지, 그리고 이러한 돈의 흐름에 따라 경제의 운명이 어떻게 변했는지를 추적하여 달러화의 역사를 집대성한다.

경제와 금융은 서로 얽혀 있는 두 개의 독립된 시스템으로 생각할 수 있다. 경제는 노동자와 기업이 생산하고 교환하는 실제 재화와 서비스, 예를 들면 자동차와 오렌지를 생산하고 소비하며, 레스토랑의 식사와 의사의 진료를 구매하고 제공한다. 화폐는 상거래의 엔진을 효율적으로 굴러가게 하는 하나의 병렬 시스템이자, 누가 무엇을 얻었는지 추적하는 회계 시스템으로 중세 물물교환의 핵심적인 대안이다. 경제학자 나라야나 코첼라코타는 화폐를 "정교한 형태의 기억"이라고 묘사하기도 했다.

프리드먼과 슈월츠가 도출한 결론은 경제학계를 뒤흔들었다. 프리드먼과 슈월츠는 대공황은 대부분 연준의 잘못으로, 연준이 통화 공급, 나아가 상호 연결된 경제-금융 시스템의 금융 쪽을 제대로 관리하지 못했기 때문에 발생했다고 진단했다. 1930년대 연준이 통화량을 지나치게 제한한 결과, 은행과 기업이 상업의 바퀴를 돌리는 데 필요한 자금이 고갈되었고, 그 결과 은행과 기업은 도산하고 노동자들은 가혹한 실업으로 내몰렸다.

프리드먼과 슈월츠가 함께 쓴 〈미국 통화사A Monetary History of the United States 1867~1960〉는 흥미로운 통계 분석이기도 하지만 매우 인간적인 드라마이기도 하다. 그들은 대공황이라는 경제적 대재앙의 기원을 벤자민 스트롱이라는 한 개인의 불의의 죽음으로 거슬러 올라간다. 스트롱은 강력한 뉴욕 연방준비은행의 수장이자 1913년 연준의 설립을 이끈 1907년 대공황 당시의 베테랑이었다. 스트롱은 결핵을 앓고 있었는데, 1929년 운명의 주식 시장 대폭락이 일어나기 1년 전인 1928년, 55세의 나이에 결핵 합병증으로 사망했다. 그의 죽음으로 1930년대 연준은 조타수를 잃은 배처럼 헤매며 연이어 잘못된 결정들을 내리게 된다.

프리드먼과 슈월츠는 "스트롱은 시스템 안과 밖 모두의 금융 지도자들로부터 그 어떤 이보다도 신뢰와 지지를 받았으며, 자신의 견해를 관철시킬 수 있는 개인적인 카리스마와, 그에 따라 행동할 수 있는 용기가 있었다"라고 썼다. 수십 년 후 벤 버냉키는 새로운 불황의 위협에 맞선 후, 자신의 회고록의 제목을 〈행동하는 용기The Courage to Act〉로 붙이면서 의도하지 않게 이 말을 되새기게 된다. 아무튼 이 책에 깔려 있는 불온한 주제는, 케인스가 주장한 적극적 정부 개입은 대체로 불필요하며, 필요한 것은 유능한 중앙은행이라는 것이었다.

프리드먼의 학문적 중심에 있었던 또 다른 여성은 그의 아내 로즈였다. 슈월츠와 마찬가지로 로즈 디렉터도 대학원 박사과정까지 공부를 계속했으며, 프리드먼은 그녀가 슈월츠처럼 강렬하고 동등한 지성의 소유자라는 것을 알게 되었다. 밀턴과 로즈는 시카고에서 수업 시간에 옆자리에 앉는 바람에 처음 만났는데, F로 시작하는 프리드먼과 D로 시작하는 디렉터가 알파벳 순서대로 나란히 배정되었기 때문이었다.

슈월츠와 달리 디렉터는 프리드먼과 가정을 꾸린 후 박사 학위를 취득하거나 학계 활동을 계속하지는 않았지만, 프리드먼 부부는 훗날 로즈가 밀턴의 모든 경제학 연구에 관여했다고 말했다. 1996년 인터뷰에서 로즈는 "나는 밀턴의 모든 저술을 하나도 빠짐없이 읽고 비평해 주었다"고 말했다. 그녀는 프리드먼의 인기 베스트셀러인 〈선택할 자유Free to Choose〉를 공동 집필했다. 〈미국 통화사〉보다 1년 먼저 출간된 그의 또 다른 베스트셀러 〈자본주의와 자유Capitalism and Freedom〉는 로즈가 일부 집필했다.

재닛과 조지가 등장하기 전까지 밀턴과 로즈는 경제학계의 파워 커플이었다. 하지만 삶의 조건을 개선하는 방법에 대해서 이 두 부부의 사상은 완전히 달랐다. 두 부부는 스타일도 달랐다. 프리드먼 부부는 시끌벅적한 반면, 옐런과 애컬로프는 나서지 않는 성격이었다.

시카고 대학교는 프리드먼의 전투적인 성격을 닮아갔다. 중앙은행이나 기업 규제에 관한 워크숍에서 젊은 연구자들과 방문 학자들은 교수들과 함께 커다란 떡갈나무 테이블에 둘러앉아 작업 중인 연구 논문을 다듬기 위해 마라톤 토론을 벌였다. 이러한 미팅들은 치열하고 종종 위협적인 지적 전쟁터가 되곤 했다. 프리드먼의 중앙은행 관련 워크숍에서 발표자는 자신의 연구 결과를 발표하거나 설명할 시간이 거의 주어지지 않았다. 참석자들은 워크숍 시작 전에 미리 논문을 전부 꼼꼼하게 읽고 와야 했다. 대신 이 워크숍의 목적은 비판이었다. 프리드먼은 발표자들의 논문을 한 장 한 장 넘기며 연구 방법, 논리, 결론, 심지어 문법까지 파헤쳤다.

엘리트 학자들이 때로는 가장 혹독한 대우를 겪었다. 자산 가격과 스톡옵션에 관한 이론으로 월스트리트 혁신의 물결을 일으킨 수학자 피셔 블랙은 1970년대 초, 프리드먼의 화폐와 인플레이션에 관한 생각에 이의를 제기하기 위해 시카고를 방문했다. 프리드먼은 블랙을 소개하며 "그 논문이 틀렸다는 것은 우리 모두 알고 있다. 앞으로 두 시간 동안 왜 틀렸는지 파헤칠 것"이라고 말했다.

프리드먼의 동료 조지 스티글러는 훨씬 더 가혹했다. 전설에 따르면, 코넬대에서 온 한 방문 연구자는 세션 도중 복도로 나가서 울었고, 또 다른 연구자는 프리젠테이션이 시작되기도 전에 대학 내 쿼드랭글 클럽에서 열린 점심 식사 자리에서 퇴장 요청을 받았다. 스티글러가 그의 논문에서 오류를 발견하고 더 이상 진행하는 것은 의미가 없다고 생각했기 때문이었다.

1970년대 시카고 대학에서 경제학과 역사학을 가르친 디어드레 맥클로스키는 훗날 "그들은 무례했다"고 회상했는데, 사실 이것도 매우 절제된 표현이었다. 당시 시카고 대학은 적자생존의 정글이었다. 시카고 대학교 경제학과에는 매년 수십 명의 대학원생이 입학했고, 이 중 대부분은 실패하거나 포기했다.

시카고 학파의 세계관에서 개인의 자유는 그 자체로 미덕인 동시에 경제적 선善의 핵심 메커니즘이었다. 시카고 학자들은 주식, 자동차, 오렌지, 담배, 심지어 배우자까지도 개인이 선택을 하는 시장이라고 보았다. 이들은 개인의 선택이 사회에 가장 효율적인 결과를 가져온다고 믿었으며, 정부가 할 수 있는 최선의 역할은 여기에 끼어들지 않는 것이었다. 개인은 대체로 합리적 선택을 하고, 시장은 이러한 선택들을 사회가 요구하는 재화와 서비스로 전환하는 과정에서 대체로 효율적이라고 생각했다. 사회주의는 답이 아니었고, 케인스주의도 자유시장과 사회주의의 중간지대가 아니었다.

1970년대 프리드먼은 이미 미국인이라면 누구나 아는 유명 인사가 되어 있었다. 1969년 타임지 표지를 장식했고 1976년에는 노벨상을 수상했다. 시카고 동료들도 잇따라 노벨상을 받았다. 합리적 기대 이론의 함의를 연구한 로버트 루카스는 프리드먼의 가장 영향력 있는 동료 중 한 명이었다. 또한 명인 유진 파마는 합리적 행위자 개념을 금융 시장으로 확장하여, 주식과 기타 금융 상품의 가격이 투자자 개개인이 접근할 수 있는 모든 정보의 효율적인 압축이라고 보았다. 파마는 시장을 이길 수 없다는 명언을 남겼으며, 인덱스 뮤추얼 펀드는 그의 아이디어에서 탄생했다.

1970년대에 인플레이션이 치솟으면서 정부의 개입은 무의미하다는 시카고 이론이 모두 사실로 입증되는 듯했다. 로널드 레이건과 마가렛 대처가 프리드먼의 아이디어를 1980년대 작은 정부 정책의 핵심으로 삼기 이전에도, 1970년대 제럴드 포드는 철도 규제를, 지미 카터는 항공과 트럭 운송 규제를 완화했다. 번스와 밀러가 연준에서 실패한 후 카터는 인플레이션과 통화 공급의 폭주를 잡을 연준 의장으로 폴 볼커를 지명함으로서 워싱턴의 물가 통제 시스템이 완전히 실패했다고 암묵적 결론을 내렸다. 프리드먼이 요구한 징병제 폐지와 모병제 도입 역시 곧 입법되었다. 학교 교육을 개인이 선택할 수 있도록 하자는 그의 주장은 바우처 프로그램과 차터 스쿨[23][24] 도입으로 이어졌다. 프리드먼의 제자들은 그의 아이디어를 칠레를 비롯한 라틴 아메리카로 전파했다. 수십 년 동안 계속된 마오쩌둥 체제의 파괴적인 국가 주도 경제에서 벗어나고 있던 중국 공산당 지도자들도 1980년 프리드먼을 초청하여 화폐와 시장에 관한 전국 순회 강연을 진행했다.

프리드먼은 1979년 주간 텔레비전 토크쇼 진행자인 필 도너휴와의 인터뷰에서 "인류 문명의 위대한 업적들은 정부 기관에서 나오지 않았다"라고 말했다. "아인슈타인은 상대성 이론을 구축한 것도, 헨리 포드가 자동차 산업에 혁명을 일으킨 것도, 관료의 명령을 따른 것이 아니다. 인류 역사상 대중이 당신이 말하는 지독한 가난에서 벗어난 유일한 사례는 자본주의와 대체로 자유로운 무역이 가능했던 사회뿐이다. 자본주의와 자유 무역이 가능하지 않은 사회에서 대중은 더 불행하다." 그러나 프리드먼의 명성이 정점을 찍었을 때, 막후에서 경제학계는 모든 사람의 발 아래에서 미묘하게 변화하고 있었다.

토빈은 화폐와 중앙은행에 대한 프리드먼의 견해가 정부 지출과 실업에 대한 견해와 마찬가지로 지나치게 단순화되었다고 믿었으며, 수십 년 동안 프리드먼과 논쟁을 벌였다. "버몬트 주의 한 스키장에서 시즌권을 확인하는 젊은 직원이 내 이름을 보더니 캐나다 프랑스어 억양으로 '토비인, 제임스 토비인, 설마 그 경제학자는 아니겠죠! 프리드먼 교수의 적인 그 경제학자는 아니겠죠!'라고 말했다. 그는 퀘벡에서 경제학을 공부하는 학생이었고, 그날은 그에게 인생 최고의 날이었다. 그는 나를 리프트까지 바로 통과시켜 주었다." 1986년 토빈의 회상이다.

애컬로프의 모교인 MIT는 프리드먼에 반대하는 학자들의 또다른 둥지였

---

23. 학생과 학부모가 선택하는 학교에 정부가 교육 비용을 지급하는 정책. 사립학교나 홈스쿨링에도 공립학교와 똑같이 교육비 지원을 받을 수 있음.

24. 자립형 공립학교. 정부의 재정 지원과 감독을 받지만 교육 내용 등은 자율적으로 운영할 수 있음.

다. 1960년대와 1970년대에 MIT 경제학과는 가장 뛰어난 젊은 연구자들이 모여들였다. 이들의 리더는 폴 새뮤얼슨이었고, 새뮤얼슨의 파트너는 애컬로프의 스승인 로버트 솔로우였다.

새뮤얼슨은 프리드먼보다 약간 큰 키에, 날카롭고 곧은 턱선과 직설적이고 가시 돋친 말투의 소유자였다. 인디애나주 게리에서 태어나 어린 시절 아버지를 잃었고, 그 자신도 오래 살지 못하리라 확신했다. 그 때문에 그는 꽤 조숙한 청년이 되었지만 실제로는 아흔네 살까지 장수했다. 프리드먼과 마찬가지로 새뮤얼슨도 대공황이 한창이던 시절 시카고 대학에서 공부했다. 그의 첫 스승 중 한 명은 러시아 이민자 출신인 애런 디렉터, 바로 로즈 프리드먼의 오빠였다.

새뮤얼슨은 이후 하버드로 옮겨서 활발한 저술 활동을 펼쳤다. 서른두 살의 나이에 전미경제학회가 최고의 40세 미만 경제학자에게 수여하는 클라크 메달을 수상했다. 같은 해에 케인스의 사상을 수학적으로 정밀하게 공식화한 〈경제 분석의 기초Foundations of Economic Analysis〉도 출간했다. 그가 집필에 참여한 경제학 교과서는 장기 베스트셀러가 되었다. 새뮤얼슨은 수학을 배제한 문학적 형식의 경제학은 "기묘하게 타락한 유형의 정신 체조"에 불과하다고 말했다.

이러한 업적에도 불구하고 하버드 경제학과는 새뮤얼슨에게 좋은 자리를 주지 않았다. 그는 케인스의 사상과 유대인을 좋아하지 않았던 해롤드 히칭스 버뱅크 학과장과 충돌했다.

훗날 솔로우는 "나는 당시 하버드 경제학과에는 유대인이면 안 되고, 케인스주의자이면 안 되고, 똑똑하면 안 된다는 세 가지 조건이 있다고 말하곤 했다. 똑똑한 유대인 케인스주의자에게 무슨 기회가 있었겠나"라고 말했다. 새뮤얼슨은 "버뱅크는 바보들은 기꺼이 감수했지만 유대인은 참지 못했다"라고 말했다. 1940년, 새뮤얼슨은 그때까지만 해도 경제학계에서 거의 영향력이 없었던 MIT로 자리를 옮겼다. 솔로우도 얼마 후 합류했다. 그들은 스스로를 지리멸렬한 언더독이라고 여겼다. 새뮤얼슨은 에이비스 렌터카 광고 슬로건을 인용하여 MIT 경제학과의 정신을 한마디로 요약했다. "우리는 더 열심히 노력합니다."

새뮤얼슨은 그리 훌륭한 교사는 아니었다. 그는 강의에서 횡설수설하곤 했고, 한 번은 수업 자료 중 일부를 복사기에 거꾸로 넣은 적도 있었다. 한 학생이 자료가 잘못되었다고 지적하자 그는 거울에 비춰서 읽으라고 대꾸했다. 새뮤얼슨은 괴짜였고, 때때로 오만했다. 노벨 경제학상 수상자들에 대한 책에 자전적 기고를 요청받았을 때, 그는 경력 소개에서 스스로를 3인칭으로 지칭하며 이니셜인 PAS를 썼다.

"열망했던 모든 영예가 그의 것이 되었다. 그것도 이른 나이에." 그가 자기자신에 대해 쓴 글이다. 케인스의 사상을 공식화하여 명성을 얻고, 교과서 판매를 통해 부를 얻었다고도 덧붙였다.

새뮤얼슨과 그의 제자들은 최고의 박사급 인재를 발굴하고 양성하기로 유명했다. 공대인 MIT는 새뮤얼슨, 그리고 솔로우의 리더십 덕분에 세계 최고의 경제 공학자 양성소로 다시 태어났다. 1960년대, 70년대, 80년대에 새뮤얼슨의 경제학과를 거쳐간 최고 정책 입안자 또는 연구자들의 명단에는 벤 버냉키, 로런스 서머스, 폴 크루그먼, 마리오 드라기, 그레고리 맨큐, 크리스티나 로머, 스탠리 피셔, 앨런 블라인더, 조지프 스티글리츠, 로라 타이슨 등등 기라성 같은 이름들이 끝없이 이어진다. 개중에는 같은 기간에 동기생으로 공부했거나 후에 MIT로 돌아와서 강단에 선 이들도 상당수 있다. 이들은 케인스에 동조하는 경향이 있기는 했지만, 하나의 이데올로기에 엄격하게 헌신하기보다는 관찰과 데이터에 더 충성했다. 커리어 후반에 정치 논평에 뛰어들어 정치적 의견을 직설적으로 개진한 폴 크루그먼이 오히려 이단아였을지도 모른다.

새뮤얼슨과 프리드먼의 라이벌 관계는 토빈과 프리드먼의 그것과는 또 달랐다. 새뮤얼슨과 프리드먼은 경제에서 정부의 적절한 역할에 대해 〈뉴스

위크〉지 칼럼에서 공개 논쟁을 벌였지만, 대체로 훈훈한 내용의 개인적 서신도 오랫동안 주고받았다. 사적인 메모에서 새뮤얼슨은 1930년대 시카고 학생 시절 프리드먼이 "신과 같은" 존재였다고 묘사했다. 두 사람은 수십 년 동안 편지를 통해 정중하게 안부를 묻고 건강, 가족, 여름 여행 계획에 대해 묻는 한편, 때때로 학문적으로 투닥거리기도 했다.

새뮤얼슨은 간혹 프리드먼에게 압도당한 것처럼 말할 때도 있었지만, 다른 사람들과 대화할 때는 라이벌에 대한 존경이 별로 느껴지지 않았다. 프리드먼이 사망한 후 새뮤얼슨은 수십 년 동안 공개적으로 존경을 표시해온 프리드먼에 대해 살짝 경멸을 표했다. 새뮤얼슨의 조카 로런스 서머스가 뉴욕타임스 칼럼에서 프리드먼을 20세기 후반의 "가장 영향력 있는 경제학자"라고 칭찬했을 때, 새뮤얼슨은 개인적으로 서머스를 나무랐다. "너에게만 하는 얘기지만 나는 [프리드먼에게] 거시 경제학자로서 낮은 점수를 줄 수밖에 없다. 그는 고집스럽게 시대에 뒤떨어졌다."

토빈, 새뮤얼슨, 솔로우 밑에서 공부한 신세대 젊은 경제학자들 중 많은 이들—옐런과 애컬로프, 그리고 버냉키, 서머스 등등—에게 부여된 과제는 프리드먼의 철학이 지배적이었던 시대에 케인스의 사상을 재정의하는 것이었다. 이들 중 다수는 정부가 경제에서 일정한 역할을 해야 한다고 확신했지만, 정부 역시 불완전한 행위자라는 점 역시 인정해야 했다. 이 모든 것은 1970년대에 명백해진 사실이었다. 또한 인간은 지출, 저축, 고용 및 기타 경제적 행동에 있어 결정을 내릴 때 미래를 고려한다는 시카고 경제학자들의 주장도 완전히 무시할 수 없다는 사실 역시 깨닫게 되었다. 미래에 대한 이러한 기대는 정부 조치의 영향을 형성하거나 왜곡할 수 있으며, 경제학자들이 작성한 공식에도 포함되어야 했다.

옐런을 포함하여 신세대 경제학자들 중 일부는 신케인스주의자로 불리며, 시장 중심적인 시카고 학파가 지배하던 시대의 뒷편에서 새로운 경제 질서의 수호자로 부상한다. 토빈의 제자인 옐런과 새뮤얼슨, 솔로우의 제자인 애컬로프는 이 새로운 흐름의 리더로 성장했다. 많은 신케인스주의자들은 경제가 실제로 어떻게 작동하는지 작은 관찰들을 통해 아이디어를 쌓아갔는데, 애컬로프는 중고차 시장을 지켜보며 이 분야를 개척했다. 그리고 이들 가운데에서 새로운 밀레니엄의 세계 경제의 방향성을 잡아나갈 이들이 등장한다.

1980년 로널드 레이건이 워싱턴에 입성했다. 카터는 이미 농구 선수처럼 큰 키와 큰 손, 거친 목소리를 가진 폴 볼커라는 새로운 리더를 내세워 연준을 뒤흔들어 놓았다. 볼커는 경제 활동을 위축시키는 고금리로 인플레이션을 잡으려 하고 있었다. 옐런과 애컬로프는 짧은 런던 생활을 끝내고, 경기 침체와 실업률 상승의 그림자가 짙게 드리운 레이건 시대가 막을 올리는 미국으로 돌아가는 중이었다.

Yellen Yellen Yellen Yellen
Yellen Yellen Yellen Yellen
Ye   len
Ye   len
Ye   len
Ye   len
Ye   len
Yellen Yellen Yellen Yellen
Yellen Yellen Yellen Yellen
Yellen Yellen Yellen Yellen
Yellen Yellen Yellen Yellen
Yellen Yellen Yellen Yellen
Yellen Yellen Yellen Yellen
Yellen Yellen Yellen Yellen

Chapter 07

버클리에서

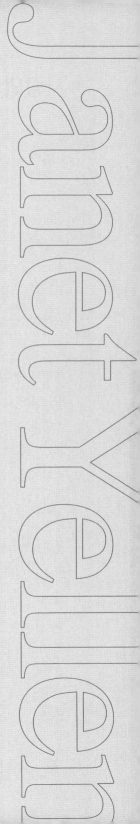

사랑의 노동

1978~1990

옐런과 애컬로프의 런던 시절 초기는 정반대인 두 사람의 성격을 엿볼 수 있는 창이다. 어느 날 아침 애컬로프는 수백 명의 학생들로 가득 찬 런던 정경대의 대형 강의실로 걸어 들어갔다. 그리고는 어리둥절한 학생들이 지켜보는 가운데 몇 분 동안 강의실 안을 조용히, 아무렇게나 거닐었다. 뚜렷한 패턴이나 이유 없이 오른쪽으로 돌았다가 왼쪽으로 돌았다가 뒤로 물러났다가 다시 오른쪽으로 돌고, 계단을 올라갔다가 내려갔다가 왼쪽으로, 뒤로 물러났다가 다시 오른쪽으로 돌았다. 어느 특정일의 주가의 움직임은 예측 불가능하다는 소위 "랜덤 워크 가설random walk theory"을 몸으로 구현해서 보여준 것이라고 설명하기 전까지, 애컬로프의 행동은 다소 정신 나간 짓 같았다.

오후에는 옐런의 강의가 있었다. 그녀는 칠판에 (때로는 애컬로프가 제대로 지우지 않고 남겨놓은 흔적들을 지워가면서) 정확한 그래프를 그려가며 경제학 교과서에 나와있는 내용을 명료하고 간결하게 설명했다.

채점 스타일도 달랐다. 학생의 성적에 대해 의견이 일치하지 않을 경우,

예를 들어 어떤 학생에게 옐런은 C를 주고 싶어하고 애컬로프는 A를 주고 싶어할 경우, 조지는 평균을 적용해서 B를 주고 다음 학생의 성적으로 넘어가기를 원했다. 이것이 효율이었다. 재닛은 왜 두 사람이 같은 학생에게 서로 다른 점수를 주려 하는지 토론하고 누구의 의견이 더 옳은지 알아보고 싶어했다. 이것이 공정이었다. 재닛은 채점 이슈로 너무 열이 받아서 길 가던 중에 조지를 차에서 내쫓은 적도 있었다. 차에서 내린 조지는 한동안 런던 거리를 혼자 걸어야만 했다.

신혼부부는 어떻게 집을 구할 것인가에 대해서도 토론했다. 애컬로프는 T. S. 엘리엇, 조지 오웰, 지그문트 프로이트 등 수많은 지식인과 예술가들이 정착한 것으로 유명한 햄스테드의 낡은 집을 사고 싶어했다. 아인슈타인의 이웃으로 자랐던 프린스턴의 공기 좋은 동네를 떠올리게 했던 것이다. 옐런은 블루칼라 지역인 크리클우드에 있는 더 깨끗한 집을 선호했다. 이곳은 브루클린과 약간 비슷한 느낌이었다. 두 사람이 어디에서 살지 고민하는 동안 집값이 치솟아서 양쪽 집 모두 살 수 없게 되었다.

런던에 사는 데에는 사실 더 큰 문제가 있었다. 옐런은 영국에서 좀처럼 편안함을 느끼지 못했다. 비행기에서 내리자마자 그녀는 아웃사이더가 된 느낌을 받았다. 런던 주민이 된 첫 여름, 애컬로프는 옐런을 데리고 버클리를 방문해서 친구의 아파트에 머물렀다. 그 무렵의 버클리는 1960년대의 혼란스러움이 이미 가라앉아 있었다. 옐런은 도착한 첫날부터 버클리와 사랑에 빠졌다. 일요일이면 뉴욕의 레스토랑에서 가족 식사를 하던 어린 시절부터 옐런은 공들여 만든 음식을 먹고 요리하는 것을 좋아했다. 버클리는 1960년대 운동권이었던 앨리스 워터스가 셰 파니세Chez Panisse라는 레스토랑에서 시작한 현지에서 재배한 재료로 만든 신선하고 창의적인 요리를 강조하는 식생활 운동의 중심지였다. 버클리는 또 나파 밸리의 와인 산지에서 한 시간도 채 걸리지 않았다. 날씨도 브루클린이나 보스턴, 런던보다 좋았다. "와, 이런 곳에서 일하는 사람도 있나요?" 그들이 버클리에 도착했을 때 옐런이 애컬로프에게 물었다.

우울했던 런던 생활을 1년도 채우지 못하고 그들은 대서양을 건너 미국으로 돌아가기로 결정했다. 한 가지 문제는 1년 동안 버클리에서 워싱턴 DC로 다시 런던으로 이동한 애컬로프의 책들이었다. 워싱턴에서는 지게차에서 떨어져 바닥에 산산이 흩어지는 수난까지 겪은 40개 책 상자를 다시 한 번 싸야 했다. 1980년 버클리로 돌아왔을 때, 이 책들은 3년 동안 1만 6천 킬로미터가 넘는 거리를 이동했지만 그 과정에서 한 번도 포장을 푼 적이 없었다.

또 다른 문제는 두 사람이 같은 곳에서 만족스러운 일자리를 얻는 것이었다. 조지 애컬로프가 태어난 집안에는 강한 여성들이 넘쳐났다. 그의 어머니는 학구적인 독일 유대인 집안 출신이었다. 집안의 다른 이들과 마찬가지로 그녀도 대학원에서 화학을 전공했고, 그의 아버지를 처음 만난 곳도 예일이었다. 딸만큼이나 강한 의지의 소유자였던 애컬로프의 외할머니는 여름이면 애컬로프 가족과 함께 스쾀호수에서 시간을 보냈다. 훗날 애컬로프는 "어머니와 할머니는 자신이 그 누구와도 동등하다고 생각했을 것"이라고 회상했다.

강한 여성과의 결혼이 애컬로프에게는 편안했다. 그가 보기에 옐런의 경력은 자신의 경력과 동등한 위치에 서 있었다. "아내가 만족할 만한 직업을 가질 수 없는 곳에는 가지 않는 것이 당연했다. 항상 모든 것이 평등해야 한다고 생각했다."

옐런은 버클리 경영대학원에서 교수직을 제안받았고, 버클리 경제학과는 애컬로프의 복귀를 두팔 벌려 환영했다. 미국으로 돌아온 직후에 테뉴어 심사가 있을 것이라고 들었지만, 보장된 것은 아니었다. 주요 조건은 그녀가 배경 지식이 전혀 없을 뿐 아니라 공식적인 연구도 아직 거의 없는 국제 비즈니스에 관한 수업을 맡아야 한다는 것이었다. 코넬 대학교에서도 비슷한 제안을 해왔지만 버클리가 더 마음에 들었다. 1980년 8월, 두 사람은 미국으로 돌아왔고, 옐런은 국제 비즈니스에 대해 공부하기 시작했다.

점점 더 많은 여성들이 가정 밖에서 일하고 있었고, 미국 사회는 이러한 여성들의 유입에 적응하기 위해 고군분투하고 있었다. 옐런이 브라운 대학에 입학한 1963년부터 옐런과 애컬로프가 함께 버클리에 온 1980년까지, 2천 200만 명의 여성이 추가로 미국 노동시장에 진입했다. 일하는 여성의 수는 거의 두 배인 4,600만 명으로 증가했다. 이미 직업을 가지고 있거나 일자리를 찾는 여성의 비율은 같은 기간 동안 38%에서 52%로 증가했다. 이후 10년 동안 1천 1백만 명의 여성이 추가로 가정 밖에서 직업을 찾아, 여성의 경제활동참가율은 60%에 달하게 된다.

옐런이 그랬듯, 많은 여성들이 결혼과 출산을 미루고 지속적인 커리어를 쌓기 위해 노력했다. 1982년 타임 TIME 지는 커버 스토리에서 "1972년 여성들은 가정과 커리어를 모두 가질 수 있을지, 그리고 어느 쪽도 포기하지 않을 수 있을지에 대해 치열하게 고민했다. 1982년에는 대다수의 여성들—앞에서 언급한 고민을 해야 했던 과거 세대의 딸들을 포함하여—이 이 모든 것을 타고난 권리로 받아들인다."라고 진단했다.

피임과 임신 중단의 합법화는 여성이 일과 가정의 결정들을 통제할 수 있게 해주었다. 전통적인 역할이 변화함에 따라 이러한 결정들은 정치적, 문화적으로 복잡해졌고, 많은 미국인들에게 새로운 사회 분열의 원인이 되었다. 1979년 최고 수익을 올린 영화 〈크레이머 대 크레이머Kramer vs. Kramer〉는 이혼을 겪는 남편, 아내, 아들의 일과 가족의 트라우마를 따라간다. 1978년 존 어빙의 베스트셀러 〈가프가 본 세상The World According to Garp〉은 거침없는 페미니스트 아이콘이자 홀어머니의 아들이 자신의 가정에서 헌신적인 아버지가 되는 법을 배워나가는 이야기를 담았다.

1982년, 타임 지는 여성 운동에 대한 사회적 피로감을 지적했다. 페미니즘에 대해 "오랜 좌절과 새로운 분노의 정치였다"라며, "분노의 화살은 남성들—억압적인 남편, 가정에 소홀한 아버지, 이기적인 섹스 파트너, (여성을) 배제하는 기업인들, 남성 일변도의 시각만을 담아내는 예술가들, 타도해야 할 가부장제의 가해자들—에게 돌아갔다."라고 분석했다. 이 시절에는 셰익스피어조차도 성차별주의자 취급을 받았다. 여성 운동이라는 사회적 반발은 그 자체로 또다른 반발을 불러일으켰다. 레이건 정권은 남성과 여성의 동등한 권리를 명시한 헌법 개정안을 무산시켰고, 할리우드는 페미니즘을 왜곡하는 작품들을 쏟아냈다. 〈크레이머 대 크레이머〉에서 메릴 스트립은 남편을 버리고 떠나는 악역을 맡았다. 섬세한 성격의 레슬링 코치인 가프는 아내의 외도의 피해자였다. 또 다른 히트작 〈위험한 정사Fatal Attraction〉에서 글렌 클로즈는 성공한 커리어 여성에서 미치광이 불륜녀로 폭주한다.

이 모든 사회적 격변 속에서 옐런과 애컬로프는 직장과 가정 모두에서 평등한 삶을 살기 위해 노력했다. 그들의 새로운 삶의 중심에는 미국으로 돌아온 지 10개월 후인 1981년 6월에 태어난 첫아이이자 외아들인 로버트가 있었다. 로비의 이름은 애컬로프의 MIT 지도교수였던 로버트 솔로우의 이름을 따서 지었다.

로비를 낳고 몇 달 후 옐런은 다시 국제 비즈니스 수업으로 돌아갔다. 이듬해 봄, 그녀는 두 개의 강의를 맡았고, 하버드 시절 동료인 레이첼 맥컬록과 함께 테크놀로지에 관한 두 편의 논문을 발표할 예정이었다. 옐런과 애컬로프 둘 다 학자로서 유연한 스케줄에 따라 일할 수 있었던 것이 큰 도움이 되었다. 마찬가지로 애컬로프가 아버지로서의 의무를 다하고자 했던 것도 큰 도움이 되었다.

옐런과 애컬로프는 로비에게 모든 애정을 쏟았다. 당시 버클리에서 노동시장을 연구하고 있었던 애컬로프의 동료 로런스 카츠는 애컬로프가 정장을 입은 모습을 본 것은 로비를 버클리의 명문 유치원에 입학시키기 위해 면접을 볼 때 단 한 번뿐이었다고 회상했다. (옐런과 애컬로프 모두 이 면접에 몹시 신경을 썼다.) 캠퍼스에서 애컬로프는 언제나 카키색 바지에 꾸깃

꾸깃한 파란색 버튼다운 셔츠, 너덜너덜한 스웨터 차림이었다. 그의 캐주얼한 스타일은 옐런에게도 약간 영향을 미쳤고, 그녀도 가끔 같은 차림새로 돌아다니게 되었다.

로비가 아직 어릴 때부터, 재닛은 루스가 그랬듯 흰머리가 돋기 시작했다. 재닛은 염색을 할까도 생각했지만, 로비는 그건 엄마가 아니라며 반대했다. 그녀는 로비의 말에도 일리가 있다고 생각했고, 로비의 기분을 거스르고 싶지 않았기 때문에 염색하지 않고 흰머리를 그냥 두었다. 시간이 흐르면서 머리가 점점 더 하얗게 변할수록 그녀는 자신의 머리를 더 좋아하게 되었다.

재닛의 커리어가 뻗어나가면서, 조지와 로비는 모든 일을 함께 했다. 두 사람은 버클리 캠퍼스 뒤편으로 언덕길을 따라 샌프란시스코 만이 한 눈에 들어오는 틸든 파크의 인스퍼레이션 포인트 같은 곳으로 하이킹을 하곤 했다. 로비는 산책하면서 조지가 머나먼 인도에서 살았던 시절과 영국이 그 방대한 인구를 통치했던 식민지 역사에 대한 이야기를 듣는 것을 좋아했다. 조지의 이야기 결말에는 종종 반란이 터지기도 했다. 조지는 세포이 항쟁 이야기를 가장 좋아했다.

박사 과정 수업에서 애컬로프는 로비가 자기 전에 읽어주는 동화 속 캐릭터를 써먹곤 했다. 경제 방정식 중 하나를 설명할 때는 행위자의 이름으로 〈찰리와 초콜릿 공장〉에 나오는 버켓 부부를 등장시켰다. 그는 종종 로비를 학교에서 픽업해서 치즈 보드 컬렉티브Cheese Board Collective라는 유명한 치즈와 피자 가게로 데려갔다. 가는 길에 그들은 일상 생활에서 발견하는 기묘한 것들에 대한 이론을 생각해 냈다. 예를 들면 정지 신호를 무시하고 지나갈 때 사람들이 주저하고 뜨끔하게 만드는 그 조용하고 이상한 느낌은 무엇일까? 애컬로프가 유명한 학자들을 만나러 갈 때에도 로비는 으레 따라갔다. 애컬로프가 셰 파니세에서 친구인 로버트 실러를 만났을 때 두 교수는 메뉴를 보다가 로비에게 조언을 구했다. 실러는 무화과와 꿀을 곁들인 오리고기에 프리제가 함께 나온다는 요리에 끌렸는데, 프리제[frisée]가 무엇인지 전혀 감이 오지 않았다.

어린 로비는 "이파리가 나풀거리는 상추의 일종"이라고 가르쳐주었고, 실러는 그날 밤 일기에 "로비에게 감탄했다"고 적었다.

아버지와 아들이 항상 붙어다니자 학교의 다른 엄마들은 애컬로프가 실업자가 아닌지 대놓고 궁금해했다. 그렇지 않고서야 어떻게 주중 대낮에 아들을 데리러 올 수 있겠냐는 것이었다. 애컬로프는 이 상황을 즐거워했다. 왜 사람들은 그가 전통적인 아버지 역할을 따라야 한다고 생각하는가? 그는 기존의 육아 관습을 깨고 자신만의 방식을 개척하고 있다는 사실에 흡족해했다. 그 과정에서 로비는 애컬로프의 억양과 웃음소리, 그리고 이론적이고 혁명적인 사고방식을 그대로 닮아갔다.

로비는 삶에 대한 옐런의 꼼꼼한 접근 방식과 요리에 대한 열정, 장인 정신, 그리고 질서에 대한 집착을 물려받았다. 그렇지 않고서야 어린 로비가 프리제(꽃상추의 일종)라는 단어를 어떻게 알고 있었겠는가? 로비와 재닛은 함께 텔레비전 요리 프로그램을 시청하곤 했다. 가족 식사를 준비하든, 버클리의 학자들을 초대하는 저녁 파티를 위해 요리하든, 로비는 언제나 재닛과 함께 부엌에 있었다. 애컬로프는 요리 중인 두 사람에게 방해가 되지 않기 위해 부엌에서 떨어져 있다가 저녁 식사가 끝나면 설거지를 했다.

루스와 존처럼, 옐런도 로비의 보이스카우트 지도자 중 한 명이었다. 그녀의 임무 중 하나는 샌프란시스코 시내의 작은 가게에서 메달과 트로피를 가져오는 일이었다. 그녀는 언제나 새로운 분량을 받아오기 위해 캠퍼스에서 뛰어나가곤 했다.

로비가 보이스카우트 파인우드 더비(스카우트 대원들이 직접 손으로 조각한 벽돌 크기의 나무 자동차 경주)에 출전하자, 옐런이 나서고 애컬로프는 옆으로 빠졌다. 로비는 배트맨 만화에 나오는 배트모빌의 복제품을 만들고 싶어했다. 로비에게는 아버지가 엔지니어인 친구가 있었고, 옐런은 기술도 경험도 더 풍부한 라이벌에게 질 수 없다고 결심했다. 그녀는 전동 공구를 사서 목공 공부를 시작했다. 작업 중에 망치면 궁시렁거리며 처음부터 다시 시작했다.

로비는 디자인 상을 받았고 이듬해에는 한 단계 더 욕심을 냈다. 로비는 부가티(1909년에 설립된 유럽의 럭셔리 경주용 자동차 제조업체)의 앤틱 카 복제품을 만들어 달라고 요청했다. 5백 밀리리터 맥주캔 사이즈의 부가티는 뒷면에 스페어 타이어를 달고 격자무늬 은색 허브캡, 크고 둥근 외부 헤드라이트, 정교한 은색 도어 핸들, 박스형 내부 공간 위에 선루프까지 장착했다. 그들은 엔지니어의 아들을 제치고 최고의 디자인 상을 받았지만, 왠지 자신들의 승리가 불공평하다고 느꼈다. 엔지니어의 차가 더 훌륭하다고 생각한 그들은 엔지니어의 아들도 상을 받아야 한다고 주장했다.

앨런에게는 가정에서 몇몇 규칙과 의식이 있었다. 손님이 오는 날에는 집 안이 반듯하고 깨끗해야, 아니 티끌 하나 없이 완벽해야 했다. 그녀 자신이 직접 청소를 했다. 부엌에는 조리용 접시와 서빙용 접시 두 세트가 있었다. 애컬로프와 로비는 재닛이 브루클린의 친정에서 물려받은 가보를 비롯한 고급 접시들이나 로비가 미술 수업에서 만든 작품들을 조리용으로 쓰는 것을 이상하게 여겼다. 왜 가장 소중히 여기는 그릇을 조리용으로 쓰는지 물으면 재닛은 자신의 논리를 설명하려 애썼다. 로비의 작품을 더 가까이 두고 싶다는 것이었다. 그것만으로는 불충분하다, 게다가 요리하면서 로비의 어린 시절 작품이 변색되고 있다는 불만이 더해지면, 그녀는 어깨를 으쓱하며 일축했다. "가끔은 되는 대로 되는 거지 뭐."

옐런은 스스로에게 엄격하고 집안을 깔끔하게 관리하는 어머니의 습관을 물려받았지만, 루스가 그녀에게 그랬던 것처럼 학교 공부를 가지고 로비를 질식시키지 않으려고 늘 조심했다. 로비는 혼자 잘 해낼 만큼 똑똑하고 의욕이 넘치는 아이였고, 애컬로프는 항상 아들의 상상력을 새로운 아이디어로 채워주었다. 로비가 부엌 근처에서 숙제나 학교 공부를 할 때면 옐런은 참견하지 않았다.

주방에서는 대개 옐런이 아들의 동지였다. 둘은 매콤하고 이국적인 음식에 대한 취향이 비슷했다. 반면 위장이 약하고 마늘 냄새를 질색하는 애컬로프는 담백한 닭고기 요리를 고집했다. 함께 수퍼마켓에 가면 옐런과 애컬로프는 각자 자기 카트를 밀고 다른 길을 갔다.

저녁 식탁의 대화는 윤리, 경제, 역사 및 기타 고차원적인 주제로 흘러갔다. 로비와 애컬로프는 색다른 아이디어로 옐런에게 도전하기를 좋아했고, 옐런은 그들의 주장에서 허점들을 찾아냈다. 애컬로프는 똑똑한 아내와의 논쟁에서 한 번도 이긴 적이 없다고 자랑하며 즐거워했다. 아내가 그의 주장에서 약점을 몇 가지밖에 찾아내지 못하면 그는 자신이 뭔가를 짚어냈다는 사실을 알았다.

부부가 함께 스크래블 게임(알파벳이 적힌 작은 플라스틱 타일들을 늘어놓아 단어를 만드는 보드게임의 일종)을 하면 보통은 아내가 이겼다. 버클리의 경제학 교수 부부였던 친구 데이비드와 크리스티나 로머와 브릿지 게임을 할 때면 옐런이 보기에 애컬로프는 좀 너무 이기려 들었다.

어린 옐런의 가족이 그랬던 것처럼 옐런과 애컬로프 가족도 함께 여행을 떠났다. 옐런은 출발 수 시간 전에 공항에 미리 도착해야 한다고 고집했다. 이들은 보통 여행 가방 네 개로 여행했다. 한 사람당 한 개씩, 그리고 네 번째 가방에는 가져갈 책을 넣었다. 각자 네 번째 여행 가방의 3분의 1을 자기 책으로 채울 수 있었다. 그들은 하와이, 보라보라, 발리 등 휴양지에 앉아 바다를 바라보며 책을 읽는 것을 좋아했다.

옐런과 애컬로프 가족이 가장 좋아하는 여행지는 하와이의 라나이 섬에 있는 고급 리조트인 마닐리 베이 호텔이었다. 그들은 발코니에 앉아 하루 종일 책을 읽고, 바다 전망을 즐기고, 책과 연구 논문을 샅샅이 훑었다. 가끔은 근처 정원을 산책하기도 했다. 라나이는 오랜 세월 동안 돌^{Dole} 가문의 파인애플 사업의 본거지였다. 옐런의 어머니는 수십 년 전에 사둔 돌 주식이 조금 있었고, 어머니가 돌아가시면서 옐런은 주식의 절반을 상속받았다. 돌 사(社)가 주주들에게 마닐리 베이 리조트 할인 혜택을 제공한다고 하자, 옐런과 애컬로프는 가 보기로 마음먹었다. 그들은 리조트의 아름다운 풍경과 편안한 분위기에 반했다.

애컬로프는 카키색 바지, 칼라가 달린 낡은 반소매 셔츠, 긴 흰색 튜브 양말, 오래된 운동화 등 자신만의 리조트 패션이 있었다. 그는 햇볕 아래서도 책을 읽을 수 있도록 돋보기 안경 위에 끼울 수 있는 클립형 선글라스를 가지고 있었다. 클립형 선글라스를 잃어버리자 약국에서 얼굴의 거의 절반을 덮는 커다란 선글라스를 샀다. 저녁 식사 때면 대화는 다시 경제 이야기로 돌아갔다.

훗날 로비는 부모에 대해 이렇게 말하곤 했다. "두 분 모두, 서로 다른 방식으로 미친 분들이죠. 리조트 직원들은 우리를 아주 이상한 사람들이라고 생각했어요."

로비는 경제학이라는 가업의 일원이 되었다. 그리고 옐런과 애컬로프의 외아들로 남았다. 애컬로프는 한번은 친구에게 아이가 한 명이면 민주주의를, 두 명 이상이면 독재를 할 수 있다고 농담을 하기도 했다.

1980년대 애컬로프와 옐런 가족의 가업은 두 가지 이슈가 그 중심이었다. 하나는 현재 월스트리트와 레이건의 워싱턴을 지배하고 있는 시카고 학파의 시장에 대한 무절제한 믿음에 대항하는 광범위한 반격이었다. 다른 하나는 두 사람의 어린 시절부터 관심을 끌었던 문제, 즉 일자리에 대한 연구였다.

커리어 초기, 옐런은 기업의 독점력 사용, 신기술 관리 방식, 국제 무역 등 다양한 주제에 발을 담갔다. 그녀가 겪은 어려움 중 하나는 공통의 관심사를 가진 연구 파트너를 찾는 것이었다. 옐런은 애컬로프와 함께 자신에게 가장 중요한 문제에 집중하여 학자로서의 경력 중 최고의 결과물들을 만들어냈다.

실업 문제가 전면에 등장하고 있었다. 1982년 말 실업률은 대공황 이후 최고 수준인 10%를 뚫고 올라갔고, 거의 1년 가까이 내려올 기미가 보이지 않았다. 하지만 이유가 뭐였을까? 노동 시장은 어떻게 작동했을까? 정부는 이 문제를 해결하려 드는 게 맞는 것일까?

시카고 학파는 시장에서 절묘한 신호 메커니즘을 보았다. 이 메커니즘에서 가격은 경제의 카나리아와도 같다. 자동차나 감자칩의 가격이 상승하면 생산자에게는 수요가 강하고 해당 품목의 공급이 부족하다는 신호이다. 생산자는 높은 가격에서 오는 이득을 보기 위해 공급을 늘리는 방식으로, 소비자는 가격 부담을 느끼고 소비를 줄임으로써 수요를 감소시키는 방식으로 대응한다. 그러면 새로운 균형에 도달한다. 가격이 하락할 때는 그 반대가 일어난다. 공급 과잉이 발생한다. 이 과정은 기업이 실제 수요 이상을 예상하고 생산량을 너무 많이 늘렸기 때문일 수도 있고, 어떤 충격으로 인해 소비자들이 소비를 줄였기 때문일 수도 있다. 가격이 하락하면 소비자들이 다시 돌아오고 생산자들은 생산량을 줄이면서 시장은 새로운 균형을 찾게 된다.

하이에크는 시장 경제의 가격 결정 메커니즘은 정확하고 우아하게 정보의 정수를 추출하고 행위자의 행동을 조정하는 하나의 경이라고 보았다. 그어느 누구—특히 정부 관료—도 이 메커니즘을 인위적으로 설계하거나 관리할 수 없었다. 개인의 자유로운 선택을 통해 군중 속에 숨어있던 지혜가드러나고 조율되는 방법, 즉 인간의 상호작용이 일으키는 기적과도 같은 사고accident였다. 그러나 신케인스주의자들이 보기에 가격 결정 메커니즘은 때때로 실패했고, 이것이 실업의 수수께끼 중 하나였다.

다시 오렌지 시장으로 돌아가 보자. 오렌지 수요가 감소하는 것을 알게되면 생산자는 오렌지 가격을 인하하여 과잉 재고를 정리할 것이다. 생산자는 오렌지를 그냥 쓰레기통에 버리지 않는다. 하지만 고용 시장은 그렇지않다. 비용을 절감해야 하는 경우 기업은 임금을 삭감하는 대신 노동자를 해고한다. 이는 좋은 오렌지를 쓰레기통에 버리는 것과 같으며, 노동자와 사회 모두에게 온갖 종류의 부수적인 피해를 초래한다.

옐런과 애컬로프는 노동 시장이 다른 시장들과 동일한 원리로 작동하지 않는다는 데서 출발했고, 이는 시장의 가격 신호인 노동자 임금을 연구하면서 보다 분명해졌다.

노동 시장이 오렌지 시장과 다른 간단한 이유 중 하나는, 오렌지와 달리 인간은 자신이 받는 임금에 반응한다는 점이다. 오렌지는 자기가 얼마에 팔리는지 가격에 반응하지 않는다. 옐런과 애컬로프는 불공정한 임금을 받고 있다고 느끼는 노동자는 업무에 태만하여 회사의 생산성과 수익에 타격을 준다는 가설을 세웠다. 노동자가 충분한 보수를 받는다고 느끼면 생산성과 신뢰도가 높아진다. 따라서 인간의 감정이란, 임금 즉 가격이 오렌지에서 기대하는 것과 같은 방식으로 시장 청산 균형을 찾지 못한다는 것을 의미했다. 옐런과 애컬로프에 따르면 고용주들은 이러한 감정을 감안하여 이론적으로 더 단순한 시장—예를 들면 오렌지 시장—을 충분히 청산할 수 있는 수준보다 더 높은 임금을 지급하는 경향이 있었다. 이러한 임금 역학 관계 때문에 일정 비율의 노동자는 호황기에도 일자리를 구하지 못해 늘 실업 상태인 경우가 일상적으로 발생한다. 기업들은 더 높은 임금으로 가장 우수한 노동자를 확보하고 나머지는 떨군다. 복잡한 사회학이 지속적인 실업을 설명하는 것을 도와주었다.

옐런과 애컬로프는 지역 신문에 주당 20~40시간의 베이비시터를 구한다는 광고를 낼 때, 가장 신뢰할 수 있는 후보자를 유인하기 위해 "좋은 급여"라는 문구를 넣는 것을 잊지 않았다. 자신들의 이론을 현실에 적용한 것이다. 더 낮은 급여로 고용할 수 있는 베이비시터도 있었지만, 그들은 필요할 때 오지 않을지도 모르는 베이비시터를 고용하고 싶지는 않았다. 다른 부모들도 그들과 같은 행동 양식을 보인다면 일부 베이비시터들은 영영 일자리를 찾지 못할 것이었다.

베이비시터는 노동자 임금의 복잡한 역학 관계를 보여주는 한 가지 예였다. 또다른 예는 옐런 자신이었다. 공립 대학 교수진의 연봉을 알아내는 것은 그리 어렵지 않다. 그녀가 버클리의 경제학 교수 중에서 낮은 임금을 받는다는 것은 누구나 아는 사실이었다. 그 원인이 성차별 때문인지는 단언하기 어렵다. 옐런이 이직할 생각이 전혀 없었던 것이 원인이었을 수도 있다. 실제로 대학에서 연봉을 원하는 만큼 올려 받기 위한 가장 좋은 방법은 경쟁 학교로 떠나겠다고 협박하는 것이었다. 옐런은 버클리를 좋아했고 다른 어떤 곳으로도 갈 마음이 없었다. 그럼에도 더 많은 보상을 받지 못하면 사기가 떨어질 수 있겠다고 느꼈다.

옐런과 애컬로프의 연구는 1980년대에 부상한 효율성 임금 이론Efficiency Wage Theory의 일부가 되었다. 때때로 시장보다 높은 시장 청산 임금이 생산성이 낮은 사람들로 하여금 반복적으로 일자리를 잃게 만든다. 스티글리츠와 로런스 서머스도 같은 주제를 연구한 적이 있다.

이 이론과 관련된 질문 중 하나는 1980년대와 같은 경기 침체기에 실업률이 왜 그렇게 심하게 올라가는가 하는 것이었다. 고전적인 이론에 따르면 경기 침체기에 기업은 노동자를 해고하기보다는 임금을 삭감하지만, 현실에서는 그렇지 않았다.

임금에는 또다른 독특한 특징이 있다는 이론도 있었다. 노동자 임금은 유난히 유연성이 떨어지며, 고착화되어 신속하게 조정되지 않는다. 이는 부분적으로 기업과 노동자가 장기 계약을 맺었기 때문이다. 이로 인해 기업은 경기 침체기에 임금을 삭감하는 대신 노동자를 해고하여 임금을 고정하는 계약을 아예 파기해 버리는 쪽을 택한다. 이렇게 해서 생긴 빈 자리를 훨씬 낮은 임금을 받는 노동자로 채울 수도 있지만, 나중에 경제가 회복되면 비효율적인 노동자의 고용을 계속 유지하는 위험이 뒤따른다. 그래서 차라리 그 자리를 비워놓고 경기 침체가 끝날 때까지 기다리는 게 더 낫다고 판단한다.

애컬로프는 자신의 아이디어에 은유를 붙이는 것을 좋아했다. 노동 시장 이론을 설명하기 위해 그는 1960년대에 댐 프로젝트에 참여하기 위해 인도 편자브 지방을 방문한 경험으로부터 특이한 비유를 이끌어냈다. 한 회사가 마을의 농경지에 물을 공급하기 위해 대형 댐을 건설할 공간을 확보했다고 가정해 보자. 또한 댐을 건설할 경우 경제 또는 기상 조건으로 인해 상당 기간 동안 댐의 활용도가 떨어질 것이라고 가정해 보자. 이 경우 댐을 아예 건설하지 않고 상황이 개선될 때까지 기다리는 것이 비생산적으로 공간을 묶어두는 것보다 낫다. 이 논문에 애컬로프는 〈일자리를 댐 부지라고 생각하기 Jobs as Dam Sites〉라는 제목을 붙였다.

이 연구 뒤에는 더 넓은 함의가 있었다. 시카고 학파가 세상을 바라보는 관점에 따르면 모든 실업은 자발적이다. 충분히 낮은 임금을 기꺼이 받아들이기만 한다면 누구에게나 일자리가 있다. 하지만 이것이 사실이라면 1980년대에 왜 실업률이 다시 크게 상승했을까? 신케인스주의자들은 노동 시장이 효율적으로 작동하고 있지 않다고 반박했다. 그렇다면 추위에 내몰린 노동자들을 위해 정부가 어떤 역할을 할 수 있지 않을까? 임금이 유동적으로 반응하지 않아서 실업률이 상승하고 높은 수준으로 고착화된다면, 정부가 지출이나 감세와 같은 프로그램을 통해 수요를 진작시키거나 실직자를 도울 수 있을까? 연준이 경기 침체기에 금리를 인하함으로서 대출, 지출, 투자의 도움을 줄 수 있을까?

옐런과 애컬로프는 10년 넘게 열 편이 넘는 연구 논문을 공동 집필하여 최고의 학술지들에 게재했다. 그는 그녀를 창의적으로 밀어붙였다. 그녀는 그의 아이디어에 구조와 정밀함을 부여했다. 그는 이미 탄탄한 커리어에 두 번째 바람을 일으켰다. 그녀는 안정적인 연구 파트너를 찾는 데 어려움을 겪던 유망주에서 자신이 가장 중요하게 여기는 경제학 분야의 실력자로 거듭났다. 두 사람은 함께 신케인스주의 운동의 중심 인물이 되었다.

1980년대에 그들은 길고 힘든 싸움을 벌여야 했다. 케인스 학파의 다른 이론들은 결함이 드러났다. 한 가지 눈에 띄는 사례는 실업률과 인플레이션 사이의 역의 상관 관계에 대한 그들의 믿음이었다. 그들은 인플레이션을 아주 살짝 높게 유지하면 실업률을 낮출 수 있다고 믿었다. 물가가 높다는 것은 경제에 더 많은 수요가 있다는 것을 의미하며, 더 많은 수요는 더 많은 노동자를 필요로 하기 때문이다. 1967년 프리드먼은 이것이 잘못된 희망이라고 주장했고, 1970년대는 그의 주장이 옳았다는 것을 증명하는 듯했다. 1980년대에 들어섰을 무렵에는 양키^{Yankee} 하면 자연스럽게 저주^{damned}가 붙듯이^{25} 케인스주의자^{Keynesian} 하면 자연스럽게 "신뢰를 잃은^{discredited}"이 붙게 되었다고, 토빈은 예일대 학생들에게 냉소적인 농담을 던지곤 했다.

신뢰를 잃은 것은 케인스주의만이 아니었다. 연준도 신뢰를 잃었다. 1979년 번스는 베오그라드에서 열린 강연에서 〈중앙은행의 고뇌$^{The Anguish}$ $^{of Central Banking}$〉라는 연설로 사실상 패배를 선언하며 전세계 주요 은행가들을 충격에 빠뜨렸다. 그는 "중앙은행이 현재 산업 민주주의 국가들을 괴롭히는 인플레이션을 종식시킬 수 있다고 기대하는 것은 환상"이라고 말했다. 문제는 중앙은행에게 인플레이션을 잡을 능력이 없다는 것이 아니었다. 진짜 문제는, 정치가 목표 달성을 불가능하게 만드는 것이었다.

1980년대에 실업률이 왜 그렇게 크게 올랐을까? 다시 한 번 연준이 그 중심에 있었다. 볼커는 인플레이션을 뿌리뽑고 연준의 신뢰를 회복하겠다고 작정했다. 베오그라드에서 번스의 연설을 들었던 그는 워싱턴에 돌아와 전임자가 틀렸다는 것을 증명하고자 팔을 걷어부쳤다. 볼커는 인플레이션과 싸우기 위해 금융 시스템에 넘쳐나는 화폐 공급을 억제하는 데 주력했다. 공급을 억제한다는 것은 금리를 인상해서 기업과 가계가 소비와 투자에 쓰는 자금을 고갈시키는 것을 의미했다. 이는 곧 경기 침체를 의미했다. 1981년 주택담보대출 금리는 18% 이상으로 상승했다. 주택 건설업자들은 불만

---

25. 남북 전쟁 당시 남부인들이 북부인들을 가리켜 "저주받은 양키들(damned Yankee)"이라고 부른 것을 풍자한 농담. 양키는 미국 북동부 뉴잉글랜드인들을 가리키는 속어이다.

을 표시하기 위해 사용하지 못한 대량의 목재를 볼커에게 보냈다.

　결국 볼커가 승리했다. 그의 정책은 인플레이션을 끌어내렸고, 금리를 다시 풀자 경제는 활기를 되찾았다. 주식 시장은 급등했고, 레이건 정권이 옹호한 감세 정책이 일단 표면적으로는 효과가 있었다. 레이건의 인기는 하늘을 찔렀다. 시장의 우위가 승리한 것처럼 보였지만, 상아탑에서는 여전히 시카고 학파에 대한 반대 움직임이 힘을 얻고 있었다.

Yellen Yellen Yellen Yellen
Yellen Yellen Yellen Yellen
Yellen Yellen Yellen Yellen
Yellen Yellen Yellen Yellen
Yellen Yellen Yellen Yellen
Yellen Yellen Yellen Yellen
Yellen Yellen Yellen Yellen
Yellen Yellen Yellen Yellen
Yellen Yellen Yellen Yellen
Yellen Yellen Yellen Yellen
Yellen Yellen Yellen Yellen
Yellen Yellen Yellen Yellen
Yellen Yellen Yellen Yellen
Yellen Yellen Yellen Yellen
Yellen Yellen Yellen Yellen

Chapter 08

행동경제학자들

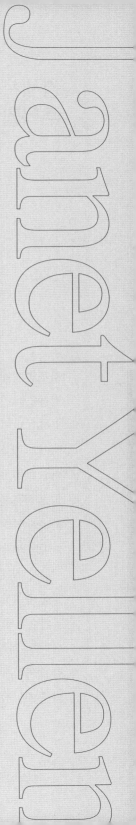

경제사상사에서
주목할 만한 오류들

1980년대와 1990년대

시카고 경제학자들의 또 하나의 흔들리지 않는 믿음은, 인간은 합리적이며 결정을 내리기 전에 현재 상태와 미래 전망을 신중하게 고려하면서 자신의 최선의 이익을 위해 행동한다는 것이었다. 개인(호모 이코노미쿠스)이 논리적이고 예측 가능한 방식으로 행동하기 때문에 시장은 효율적이다. 합리적이고 예측 가능한 인간에 대한 기본 전제가 성립하지 않는다면 경제학의 수학 공식은 제대로 작동할 수 없다. 옐런과 애컬로프를 비롯한 경제학계 안팎의 소수에게 이 전제는 환상에 불과했다. 1980년대에 이들의 연구는 시카고학파의 생각에 반대하는 움직임에 불을 지피는 데 도움이 되었다.

당시 경제학자들은 심리학이나 사회학 같은 사회과학에 깊이 관여하는 것을 좋아하지 않았다. 그들의 눈에 사회과학은 "소프트"한 학문이었다. 새뮤얼슨은 물리학의 근간이 되는 수학을 찬양했다. 1969년 스웨덴 한림원은 물리학, 화학, 의학 등 가장 엄격한 학문들에 더해 "경제 과학"에도 노벨상을 수여하기 시작했다. 애컬로프의 MIT 동기인 로버트 홀은 1985년 월스트리트 저널과의 인터뷰에서, 연구 논문에서 사회학이라는 단어를 발견하면 더 이상 읽지 않는다고 말했다. 같은 기사에서 옐런은 경제 연구에 심리학과 사회학을 도입하는 것은 심각한 사람들로 가득 찬 방에서 "요란한 셔츠를 입는 것"과 비슷하다고 인정했다.

평생 옷차림에 크게 신경 쓰지 않았던 애컬로프에게 심리학과 사회학은 탐구할 만한 완벽하게 논리적인 가치가 있는 분야였다. 경제학계 전반의 저항감은 애컬로프에게 더욱 깊이 파고들 동기를 제공했을 뿐이었다. 그는 시장의 본질을 이해하려면 핵심 행위자의 본질을 이해해야 한다고 생각했다. 1980년대에 그와 옐런이 증명했듯, 공정함을 느끼는 것과 같은 "감정"은 노동 시장의 작동 원리를 형성한다. 또 다른 논문에서 그들은 수학적 모델을 사용하여 시장에 "거의 합리적"인 사람들, 즉 항상 가장 합리적인 선택을 하지는 않는 사람들이 약간만 있어도 경제 전체가 궤도를 이탈하여 시장 작동 방식에 대한 전통적인 생각을 뒤집을 수 있음을 보여주었다.

애컬로프와 옐런이 노동 시장의 "거의 합리적임"과 공정함이라는 개념을 탐구하는 동안 한 명의 심리학자와 한 명의 경제학자가 기발한 인간 행동에 대한 연구를 더욱 진전시키고 있었다.

리투아니아 유대인 출신인 대니얼 카너먼은 1930년대 프랑스에서 자랐다. 나치 독일이 그의 조국을 침략하고 점령하면서 카너먼 가족의 삶은 점점 더 힘들어졌고, 안전을 위해 프랑스 남부로 이주했다. 어린 카너먼은 진정한 선과 진정한 악의 세계에 살고 있었지만, 어렸을 때부터 자신의 기대와 다르게 행동하는 인간 본성의 놀라운 면들에 주목했다. 나치가 점령한 프랑스에서 어느 날, 검은 제복을 입은 무서운 얼굴의 나치 친위대 병사가 통금 시간이 지나도록 밖에 있던 대니를 소리질러 불렀다. 대니는 겁에 질린 채 시키는 대로 독일군 병사에게 다가갔고, 이제 끝장이라고 생각했다. 병사는 대니를 안아올린 뒤 자기 아들의 사진을 보여주고 약간의 돈을 주어서 집으로 돌려보냈다.

카너먼은 심리학 교수가 되었다.

리처드 세일러는 미국의 황금기였던 1940년대 말에서 1950년대에 뉴저지 주 채텀에서 자랐다. 그의 아버지는 보험계리사였고 어머니는 은퇴한 교사였다. 가벼운 난독증, 멍하니 공상에 빠지는 습관에 게으르기까지 했던 그는 스스로를 그저 그런 학생으로 여겼다. 그는 모노폴리 보드 게임이 지루하다고 생각해서 게임 속도를 높이기 위해 규칙을 바꾸자고 주장했다. 그의 아버지는 어린 아들에게 규율을 가르치려고 마크 트웨인의 책 〈톰 소여의 모험〉 첫 두 페이지를 단어 하나하나 그대로 베껴 쓰게 한 적이 있었다. 며칠 동안 애를 썼지만 세일러는 여전히 해내지 못했고, 아버지는 포기했다. 그러나 왠지 모르게 트웨인의 불경스러움이 세일러에게 스며들었다.

그는 경제학 교수가 되었다.

카너먼과 세일러는 전혀 다른 세계에서 자랐지만, 둘 다 관습에 얽매이지 않는 사고방식의 소유자였고, 사람들이 흔하게 내리는 논리, 상식 또는 엄격한 수학적 분석에 반항하는 결정들을 탐구하는 것을 좋아했다. 예를 들면 카너먼은 이런 질문을 던진 적이 있다. 240달러의 100% 확실한 이득과 25%의 확률로 1,000달러의 이득을 얻을 수 있는 선택지가 주어졌을 때, 후자가 수학적으로 더 우월함에도 불구하고 설문조사에 참여한 대부분의 사람들이 전자를 택하는 이유는 무엇일까? 세일러는 또 이런 질문을 던졌다. 잔디 깎는 기계를 가진 친구는 8달러만 주면 잔디를 깎아줄 사람을 고용할 수 있음에도 불구하고 직접 잔디 깎는 것을 고집하고, 20달러를 준다고 해도 이웃집 잔디는 깎지 않으려는 걸까? 각각의 경우에서 선택의 기준은 순전히 돈이 문제가 아니었다.

두 교수는 다양한 관찰을 통해 광범위한 결론을 도출했다. 사람들은 이익과 손실을 다른 관점에서 보고, 선택지를 어떤 프레임으로 보느냐에 따라 의사 결정이 달라지며, 자신이 소유한 재화는 시장의 다른 재화와 다르게―예를 들면 잔디 깎는 기계나 잔디밭처럼―평가한다는 사실이었다.

카너먼과 세일러는 다른 사람들과 함께 일했지만, 때때로 둘이서만 진행한 연구도 있었다. 한번은 경제학 교수 잭 크네치와 함께 공정함에 대한 인식이 경제에 미치는 영향을 측정하는 새로운 방법을 고안했다. 즉 사람들에게 어떻게 생각하는지 그냥 직접 물어보는 것이었다. 많은 경제학자들에게 이것은 신성 모독이었다. 사람들에게 자신의 감정에 대해 이야기하도록 하고 그들이 말한 내용에서 경제 행동에 대한 결론을 도출하는 것은 과학이 아니라 심리테스트였다. 그러거나 말거나 두 교수는 밀고 나갔다. 그렇게 15개월에 걸쳐 토론토와 밴쿠버의 가구를 대상으로 전화 설문조사를 실시한 것이다.

철물점에서 눈 치우는 삽을 15달러에 판매한다고 가정하고 한 가지 질문을 던졌다. 큰 눈보라가 몰아친 다음 날 아침에 삽 가격을 20달러로 올려도 괜찮은가? 응답자의 80% 이상이 불공정하다고 답했다. 다른 질문에서는 세입자가 근처에 새 직장을 구해 이사할 의사가 없다는 사실을 집주인이 알게 되었다고 가정해 보았다. 이 집주인이 세입자의 임대차 계약 갱신 시점에 임대료를 통상적인 경우보다 많이 올리는 것이 공정한가? 90% 이상이 불공정하다고 답했다.

이 연구에서 드러난 근본적인 교훈은 공동체의 규범이 개인과 기업의 거래 행위에 영향을 미칠 수 있고, 그 결과 경제학적 표준 모델이 가장 효율적이라고 예측한 답에서 벗어날 수 있다는 것이었다. 철물점 주인은 눈이 오는 날 삽 가격을 인상하면 수익을 증대시킬 수 있지만, 보통 그런 행동을 하지 않는다. 카너먼과 세일러의 연구에 따르면, 예상치 못한 상황이 발생했을 때 기업이 고객이나 노동자를 이용하는 행위를 사람들은 옳지 않다고 여긴다. 이익을 극대화하는 것은 괜찮지만, 상대방이 곤경에 처했거나 비정상적인 환경에 노출되었을 때에는 아니었다.

애컬로프는 이 논문을 좋아했고, 1986년 자신이 편집자로 참여하고 있던 학술지 〈아메리칸 이코노믹 리뷰〉에 이 논문이 게재될 수 있도록 지지해 주었다. 애컬로프가 자신의 연구를 인정해준 것에 대해서 세일러는 이렇게 회상했다.

"내 인생에서 심판이 나보다 더 내 논문을 좋아해준 것은 그때가 처음이었다. 마치 애컬로프에게 기립 박수를 받은 기분이었다."

이 논문은 세일러의 첫 번째 돌파구 중 하나였다. 오래지 않아 그는 새로 창립된 경제학 학술지인 〈저널 오브 이코노믹 퍼스펙티브즈Journal of Economic Perspectives〉에 칼럼을 기고하게 되었고, 학계에서 인지도를 높여나갔다. 그는 이 칼럼을 "변칙Anomalies"이라고 불렀다.

카너먼은 1960년대에 버클리에서 심리학 박사 학위를 취득하고 공정성 논문을 발표하던 해에 모교로 돌아왔다. 버클리에서 그는 애컬로프와 함께 심리학과 경제학 관련 수업 하나를 맡았다. 애컬로프는 세일러도 버클리로 영입하려 했지만 경제학과에서 그를 원하지 않았다. 대신 세일러는 시카고 대학교 경영대학원으로 자리를 옮겨 자유 시장을 신처럼 섬기는 성전에서 시장의 특수성을 가르쳤다. 그는 시카고 학파의 효율적 시장 가설의 아버지인 유진 파마Eugene F. Fama와 20년 넘게 논쟁하게 된다. 세일러와 파마는 친구였고 교수 클럽에서 함께 테니스를 치기도 했지만, 모두가 이 새로운 이단아를 환영했던 것은 아니었다. 1990년대에 세일러가 시카고 대학에 나타나자, 당시 재무학 교수였던 머튼 밀러Merton H. Miller는 한 기자에게 어느 세대나 그 세대의 실수가 있기 마련이라고 말했다. 대놓고 세일러가 시카고의 실수라고 말한 것이었다. 세일러는 그 말을 잊지 않고 자신의 연구실에 찾아오는 모든 사람에게 상기시키기 위해 방문에 "이 세대의 실수"라고 써 붙여놓았다.

세일러와 카너먼은 인간이 합리적이며 자기 이익의 극대화를 추구하는 행동을 한다는 전통적인 경제학자의 관점에서 어떻게 벗어났는지에 대해 이론과 스토리를 발전시켰다. 당시의 수많은 경제학자들은 "그게 왜 중요하냐?"고 반문했다. 스토리는 스토리, 기발한 변칙일 뿐이었다. 시장 전체는 여전히 제대로 작동하고 있었다.

애컬로프와 옐런의 또다른 친구인 경제학자 로버트 실러는 금융 시장을 현미경으로 들여다봄으로써 이러한 비판의 핵심을 파헤쳤다. 금융 시장은 가장 빠르고 무자비한, 그리고 중요한 시장이다. 전 세계에서 매일 수조 달러가 주식과 채권 시장에서 번개처럼 빠르게 이동한다. 투자자들은 경제적 이익이라는 한 가지 목표만을 염두에 두고 있으며, 전혀 이성적이거나 정리된 사고를 하지 않는다고 실러는 생각했다.

실러는 수줍음이 많고, 온화하고 신중한 성격으로 중서부 특유의 예의 바른 감성의 소유자였다. 하지만 일단 글을 쓰기 시작하면 그의 펜은 불 붙이는 성냥과도 같았다. 1984년 세일러는 주식 시장이 효율적이라는 생각은 "경제학사 역사상 가장 주목해야 하는 오류 중 하나"라고 썼다. 〈아메리칸 이코노믹 리뷰〉에 실린 실러의 또 다른 논문은 가히 폭발적이었는데, 이 논문에서 그는 주가의 변동성은 주식의 가치를 결정하는 펀더멘털, 즉 이익이나 배당으로 설명할 수 있는 것보다 훨씬 더 크다고 주장했다.[26] 많은 사람들에게 주식 투자는 정치나 패션처럼 가십, 과대 광고, 유행에 휩쓸리기 쉬운 사회적 활동이라는 것이 그의 생각이었다.

초등학생 시절 실러는 가만히 앉아있지 못하는 아이였다. 자리에서 일어나 다른 아이들의 자리로 돌아다니며 방해하는 버릇이 있었다. 2학년 때 담임이었던 애쉬다운 선생님은 "바비, 한 번만 더 자리에서 일어나면 널 의자에 묶어 버릴 거야"라고 말하곤 했다. 실러는 '태도' 항목에서 낮은 점수를 받았고, 그의 부모는 이 꼬마 천재가 유급을 할까 봐 걱정했다.

주일학교는 더 심했다. 어린 실러는 조종당하는 것을 전혀 좋아하지 않았다. 주일학교 선생님에게 갈라지는 바다, 불타는 덤불, 그밖에 성경에 나오는 설명할 수 없는 기적에 대한 이야기를 들으면서 그는 바로 그 조종당하

---

26. Robert J. Shiller, "Do Stock Prices Move Too Much to Be Justified by Subsequent Changes in Dividends?" American Economic Review 71, no. 3 (1981): 421 – 36.

는 느낌을 받았다. 실러는 이것은 도덕적으로 잘못되었다고 생각했고 증거와 더 명확한 답변을 요구했다. 실러의 부모는 주일학교 교사들로부터도 푸념을 들어야만 했다.

훗날 예일대 교수가 된 실러는 반려동물 사료 제조업체들이 "미식" 사료를 판매한다는 마케팅을 펼치는 것을 보고 의구심을 품었다. 동물에게 미식이란 무엇일까? 이 명제를 테스트하기 위해 그는 자기 고양이가 먹는 사료를 직접 먹어서 맛을 보았고, 일반 브랜드와 미식 브랜드 사이에 맛의 차이가 없다는 것을 발견하여, 사료 업체가 고급 제품을 판매할 때 거짓말을 하고 있다는 것을 스스로 증명했다.

이상한 사람이라고? 맞다. 하지만 실러의 천재성은 그 누구도 의심할 수 없었다. 10대 때 그는 점, 선, 각도, 도형 등의 기본 정의를 제시하는 유클리드 기하학의 원리를 배우고 싶었다. 이를 위해 실러는 유클리드의 모국어인 고대 그리스어를 배워 원전을 읽어야겠다고 결심했다. 그는 독학으로 고대 그리스어를 공부했다. 멀리 리투아니아에 있는 친척들과 소통하고 가족사를 완성하기 위해 그는 리투아니아어로 직접 편지를 써서 보냈다. 톨스토이의 대작을 읽을 때는 러시아어 원서로 읽었다.

실러의 부모는 아들이 고등학교 졸업 후 미시건 주에 있는 집에서 가까운 칼라마주 대학에 진학하도록 설득했다. 칼라마주에서 1년을 보낸 실러는 미시건 대학교(앤아버)로 전학했다. 대학 시절 그는 몇 시간이고 정처없이 돌아다니는 것을 좋아했다. 도서관에서 다른 시공간으로 데려다주는 책들을 찾아보고, 대학 의료 센터에서는 의사로서의 삶이 어떨지 상상했다. 너무 많이 걸은 나머지 발에 통증이 생겨 병원을 찾은 그에게 의사는 발에 스트레스성 골절이 생겼다는 진단을 내렸다.

자신의 수학 실력으로 사회에 기여하고 싶었던 실러는 1960년대에 경제학자가 되기로 결심했다. 당시 그런 꿈을 가진 사람이 갈 만한 확실한 한 군데가 있다면, MIT였다. 그리고 바로 얼마 전 그 곳을 거쳐간 애컬로프와 마찬가지로, MIT에서 실러는 현대 경제학이 핵심을 놓치고 있다고 믿게 된다.

1980년대, 다른 연구자들도 금융 시장의 심리에 대한 실러의 연구를 따랐다. 예를 들어, 서머스와 그의 하버드 제자 안드레이 슐라이퍼는 기업의 펀더멘털과는 무관한 신념과 감정에 따라 주식 투자를 하는 "노이즈 트레이더"들이 시장을 교란한다는 사실을 발견했다.[27] 그러나 대다수의 경제학자들은 거세게 반발했다. 한 경제학 컨퍼런스에서 실러는 한 동료에게 이 일을 하지 않았으면 좋았을 걸 그랬다고 말하기도 했다. "젊은 경제학자로서 학계의 관행에 어긋나는 연구로 공격받는 것은 상당히 불편했다"라고 실러는 회상했다.

애컬로프는 실러를 지지했다. 두 사람은 1986년 버클리에서 열린 한 경제학 컨퍼런스에서 대화를 나눴고, 2년 후 애컬로프는 그를 버클리 교수로 영입하려고 했다. 실러는 오지 않았지만 둘은 절친한 친구가 되었다.

옐런과 애컬로프 부부를 만난 어느 날, 실러는 관계와 연구에 대해 생각하게 되었다. "아내를 공동 저자로 참여시키는 이들 중에는 최고의 경제학자들이 많다"라고 그는 일기에 적었다. "나는 조지 애컬로프와 그의 아내 재닛 옐런을 생각하고 있다." 밀턴과 로즈 프리드먼 부부 역시 떠올랐다. 실러는 임상 심리학자인 아내 지니와 공동 연구를 시작해야겠다는 생각을 하게 되었다. 버클리 힐스에 있는 옐런과 애컬로프의 튜더 양식 집을 방문한 후 그는 "그 집은 완벽하게 깔끔하다는 인상을 받았다"라고 썼다. 뒷마당에는 계단식 정원이 있었고, 옐런은 나중에 워싱턴으로 이사한 후 이 정원의 꽃 사진을 컴퓨터의 스크린 세이버로 설정했다. 리모델링한 부엌 역시 티 하나 없이 새하얗게 깨끗했다.

1994년 실러와 애컬로프는 전미경제연구국에서 심리학이 경제 전반에

---

27. Andrei Shleifer and Lawrence H Summers. "The Noise Trader Approach to Finance." Journal of Economic Perspectives 4, no. 2 (1990): 19 – 33. https://doi.org/10.1257/jep.4.2.19.

미치는 영향을 조사하는 연구 프로그램을 시작했다. "우리는 함께 일하면서 서로의 상상력을 자극하고, 종종 혼자 있을 때보다 더 깊은 사유에 빠져들곤 했다"라고 실러는 일기장에 기록했다.

이 분야를 강타한 새로운 혁명은 '행동 경제학'이라고 불리는, 시장에서 인간의 행동 방식을 재정의하는 것이었다. 공정성에 대해 연구하면서, 그리고 카너먼, 세일러, 실러와 같은 학자들을 지지하면서 옐런과 애컬로프도 그 최전선에 서게 되었다.

호모 이코노미쿠스는 복잡한 짐승이었다. 인간이 하는 비합리적이고 이상한 행동은 경제라는 배를 예상치 못한, 때로는 위험한 방향으로 이끌 수 있었다. 경제의 엔지니어들은 그 교훈을 너무 늦게 깨달았다.

Yellen Yellen Yellen Yellen
Yellen Yellen Yellen Yellen
Yellen Yellen Yellen Yellen
Yellen Yellen Yellen Yellen
Yellen Yellen Yellen Yellen
Yellen Yellen Yellen Yellen
Yellen Yellen Yellen Yellen
Yellen Yellen Yellen Yellen
Yellen Yellen Yellen Yellen
Yellen Yellen Yellen Yellen
Yellen Yellen Yellen Yellen
Yellen Yellen Yellen Yellen
Yellen Yellen Yellen Yellen
Yellen Yellen Yellen Yellen
Yellen Yellen Yellen Yellen
Yellen Yellen Yellen Yellen

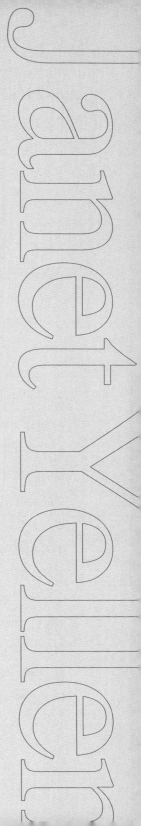

Chapter 09

옐런, 애컬로프, 그리고 사회주의의 실패

그림자 환율

1989~1994

하이에크, 프리드먼, 시카고 학파는 한 가지에 대해서는 의심할 여지 없이
옳았다. 가장 극단적인 형태의 사회주의는 실패했고, 그로 인해 20세기 수
억 명의 사람들에게 재앙을 초래했다는 사실이었다. 1989년, 공산주의는
모든 곳에서 붕괴하고 있었다. 마오쩌둥은 1950년대 대약진운동이라는 전
혀 어울리지 않는 이름의 경제 정책으로 기아와 빈곤을 초래했고, 1960년
대와 1970년대에는 문화대혁명으로 자유 사상을 탄압하고 중국 경제를 파
탄으로 몰고 갔다. 1989년, 중국 공산당은 프리드먼의 지원과 축복 속에 시
장 중심의 개혁을 도입한지 10년이 되어가고 있었지만, 그로 인한 정통성
위기는 결국 천안문 사태로 이어졌다.

1989년 체코슬로바키아에서는 벨벳 혁명이라 불리는 민주화 혁명이 사
회주의 교리를 무너뜨렸다. 소련이 안에서부터 곪아터지면서, 폴란드, 동
독, 헝가리, 그리고 소비에트 블록 소속 국가들이 공산당 통치에서 벗어났
다. 루마니아에서는 국민들이 독재자를 처형했고, 독일에서는 동서를 가르
는 베를린 장벽을 무너뜨림으로써 한 시대에 종언을 고했다. 러시아 역시

불과 몇 년 내에 공산당이 붕괴하게 된다. 유럽의 온건한 사민주의 국가들도 성장 둔화와 높은 실업률에 부담을 느끼는 것처럼 보였다.

바야흐로 인간의 자유, 그리고 시장 경제의 승리에 초월적인 시기였다. 1989년, 서른여섯 살의 정치학자 프랜시스 후쿠야마는 시카고 대학교에서 열린 강연에서 역사 자체가 종말을 맞았다고 선언했다.

"20세기, 자유주의가 처음에는 절대주의의 잔재, 뒤이어 볼셰비즘과 파시즘, 그리고 종국에는 핵전쟁의 파멸을 불러일으킬 수 있는 업데이트된 마르크스주의와 경쟁하면서, 선진 세계는 이데올로기적 폭력의 발작으로 빨려들어갔다. 그러나 서구 자유 민주주의의 궁극적 승리에 대한 자신감으로 가득 차 막을 올렸던 이 세기는 이제 그 출발점으로 완전히 되돌아가고 있는 것 같다. (…) 앞서 예측했던 것처럼 '이데올로기의 종말'이나 자본주의와 사회주의의 융합이 아닌, 경제적, 정치적 자유주의의 부끄럽지 않은 승리로 말이다."

그가 말하는 자유주의^{liberalism}는 미국 정치권에서 말하는 좌파 성향의 사상이 아닌 자유^{liberty} 그 자체를 의미한다.

실패한 구 소비에트 국가들은 미국식 재건을 위해 서방 경제학자들에게 도움을 요청했다. 학자들에게는 골드러시였다. 어떻게 실패한 권위주의 국가의 잿더미 속에서 하룻밤 사이에 시장 경제를 구축할 수 있을까? 이 과제에 가장 먼저 뛰어든 사람 중 한 명은 하버드대 교수이자 옐런의 1970년대 제자였던 제프리 삭스였다. 볼리비아의 국가 개혁을 자문한 그는 곧 폴란드로 건너가 기업 민영화와 인플레이션 억제를 위한 급진적인 조치들을 추진했다. 소위 "충격 요법"이었다. 폴란드에서는 효과가 있는 듯했다. 1990년대 폴란드의 1인당 경제 생산량은 44% 증가했고 세 자릿수 인플레이션도 자취를 감췄다.

러시아는 전혀 다른 방향으로 나아갔다. 경제는 위축되었고 개혁 시도는 오히려 부패의 수렁으로 빠져들었다. 그 과정에서 하버드와 하버드의 또 다른 경제학자 안드레이 슐라이퍼는 값비싼 대가를 치렀다. 1990년대 초, 슐라이퍼는 미국 정부의 자금 지원을 받아 러시아에 현대적인 금융 시장을 구축하는 이른바 '하버드 프로젝트'를 이끌었다. 러시아 태생의 재능 있는 학자였던 슐라이퍼는 자신이 자문을 제공한 기업들에 투자했다는 이해 상충 혐의로 기소되었다. 슐라이퍼는 자신의 혐의를 부인했지만, 결국 몇 년 후 슐라이퍼와 하버드는 법적 합의를 위해 미국 정부에 3,000만 달러를 지불했다. 하버드는 개발 프로그램을 중단했지만, 저명한 금융 경제학자로 서머스와도 가까운 사이였던 슐라이퍼는 교수직은 유지했다.

붕괴한 철의 장막 경제를 재건하고자 하는 러쉬 속에서 1990년 옐런과 애컬로프도 국가 과학 재단의 지원을 받아 베를린으로 향했다. 자본주의 서독과 사회주의 동독의 통일—20세기의 양대 경제 이념이 충돌하는 극단적인 현실 세계판 실험—이 가져올 영향을 평가하는 프로젝트였다.

1년 만에 동독의 생산량은 55% 가까이 감소했고, 산업 부문은 시장 원리의 거센 돌풍에 개방되면서 80만 개 이상의 일자리를 줄였다. 통합이 어떤 모습일지 이해하기 위해서는 동독의 임금과 물가가 서독의 임금과 물가와 어떤 관계인지를 이해해야 했고, 그러기 위해서는 양국 간 환율을 알아야 했다. 문제는 동독의 공식 환율이 수많은 다른 공식 통계와 마찬가지로 조작된 것이어서 의미가 없다는 사실이었다. 실제 환율은 암시장에 존재하거나 동독의 공식 장부 속에 숨겨져 있을지도 몰랐다.

재닛 옐런이 학창 시절을 통틀어 공부를 게을리했던 수업이 딱 하나 있다면, 바로 브라운 대학 시절의 독일어 수업이었다. 그래도 동베를린의 도서관과 통계청을 돌아다니며, 그곳에서 여전히 일하고 있는 관료들과 친해질 만큼은 충분히 배웠던 것 같다. 더 이상 부패한 상사의 눈치를 보지 않아도 되는 많은 관료들이 그녀를 기꺼이 도와주려 했다. 옐런은 그들로부터 산업 통계 숫자들을 얻어냈고, 정부가 대규모 국영 기업들의 수익성을 계산하기 위해 사용한 숨겨진 숫자, 즉 "그림자 환율(Richtungskoeffizient. 직역하면 '방향성 계수'라는 뜻)"의 존재도 알게 되었다.

예일 데일리 뉴스 시절 사건 탐사 기자답게 애컬로프는 숨겨진 숫자를 찾아내러 나섰다. 독일어를 전혀 할 줄 몰랐던 그는 도시 외곽의 한 음울한 회색 건물에 다다랐고, 그 곳에서 숫자들을 잘 아는 정부 관료를 만나게 되었다. 애컬로프의 쾌활한 태도에는 딱딱한 동독인들도 무장해제시키는 무언가가 있었던 모양이다. 그 관료는 애컬로프에게 다시 한 번 오면 숫자들을 가르쳐 주겠다고 말했다.

애컬로프와 옐런은 이 그림자 환율을 사용하여 동독 노동자의 8%만이 경제적으로 생존 가능한 일자리를 가졌다는 결론을 내렸다. "이러한 계산 결과는 사회주의 국가들의 높은 생산성을 예상한 이전의 추정들의 신빙성을 의심스럽게 한다"라고 덧붙였는데, 이는 소비에트 제국의 붕괴로 이미 너무도 분명해진 사실이었다. 워싱턴의 싱크탱크인 브루킹스 연구소에서 이 논문의 발표를 들은 MIT의 경제학 교수 뤼디거 돈부쉬는 "지금까지 나온 동독 경제의 붕괴에 대한 가장 완전한 평가"라고 말했다.

옐런과 애컬로프는 논문의 공저자인 앤드류 K. 로즈, 헬가 헤세니우스와 함께 동독의 상태를 침체가 아닌 불황이라고 판단했다. 그들은 동독 노동자들에게 닥칠 타격을 완화하기 위해 충격 요법 대신 대규모 인프라 지출 프로그램을 제안했다. 헬무트 콜 독일 총리는 그들을 불러 연구 결과를 논의하자고 해놓고, 그 시간 내내 통일의 중요성에 대해 장광설만 늘어놓았다. 하지만 슐라이퍼는 깊은 인상을 받았고, 그들에게 그가 막 이끌기 시작한 러시아 팀에 합류해 달라고 요청했다. 두 사람은 이 제안을 진지하게 고려했고, 준비를 좋아하는 옐런은 러시아어를 공부하기 시작하기까지 했다. 그러나 결국 그들은 언어 장벽이 너무 크다고 판단하고 거절했다. 덕분에 나중에 슐라이퍼의 프로그램이 정부의 감사를 받게 되었을 때, 그들은 확실하게 총알을 피할 수 있었다.

수십 년에 걸친 군사적 갈등과 그 밖의 긴장 끝에 냉전에서 미국이 거둔 결정적인 승리에도 불구하고, 미국 국내에는 피로감이 팽배했다. 사회주의와의 갈등의 잿더미에서 피어오른 새로운 세계 질서에 대한 경계심이었다. 1990년 중반, 미국은 8년 만에 또다시 경기 침체에 들어섰는데, 이전의 경기 침체나 회복과는 전혀 다른 양상을 보였다. 실업률은 처음에는 그다지 높지 않았지만, 기업 활동이 회복된 후에도 계속 상승하다가, 오랜 시간이 지난 후에야 하락세로 돌아섰다. 과거에는 경기 침체기에 실업률이 급증했다가 경기 침체가 끝나면 곧바로 안정화되고 하락하는 경향이 있었다. 하지만 이번은 달랐다.

한 가지 문제는 1980년대와 1990년대 초에 감세와 군비 증강으로 인해 늘어난 정부 부채와 적자에 대해 월스트리트가 경계심이 높아졌다는 것이었다. 금융 거래소에서 소위 채권 자경단이라고 불리던 이들은 정부가 증세와 정부 지출 삭감으로 허리띠를 졸라맬 것을 촉구했다.

조지 H. W. 부시가 월스트리트의 요구를 들어주자 공화당 내 보수파는 부시에게 반기를 들었다. 공화당의 신예 하원의원 뉴트 깅리치가 재정적자 감축 재원 마련을 위한 부유층 증세를 거부하며 하원에서 반란을 주도했다. 1992년 대선이 다가오자 닉슨을 위해 일했던 보수 논객 패트릭 뷰캐넌과 텍사스 출신 사업가 로스 페로가 연이어 예비선거에서 부시에게 도전장을 내밀며 현직 대통령의 입지를 약화시켰다.

공화당의 우파는 증세뿐 아니라 부시가 내세우는 새로운 세계 질서에 대해서도 반기를 들었다. 부시는 레이건의 시장 중심 경제를 기반으로 하되, 레이건의 미국보다는 좀더 완화된 버전, 그가 "천 개의 빛"과 같다고 시적으로 묘사한 시민 공동체가 더 많은 "더 친절하고 온화한 국가"를 만들고자 했다. 그는 또한 멕시코와의 협상을 통해 양국 간 무역 증대를 꾀했다. 페로는 국경 남쪽에서 "빨아먹는 소리"가 들려온다고 경고하고, 멕시코인들이 미국인의 일자리를 빼앗아갈 것이라고 위협하며 부시의 보수층 지지자들을 이탈시켰다. 그 결과 일자리와 강경한 무역 정책에 집중하겠다는 공약을 내세운 민주당 소속의 젊은 아칸소 주지사 빌 클린턴이 대통령에 당선될 수 있는 길을 열어주었다. 클린턴은 레이저 빔처럼 경제에 집중하겠다고 약속했다. "바보야, 문제는 경제야It's the economy, stupid"가 클린턴 캠페인의 구호였다. 클린턴은 부시가 시작한 일들을 이어서 추진해 나갔다. 경제 정책에 있어 중간 지대를 개척하기 위해 신임 대통령은 1970년대와 1980년대에 프리드먼, 새뮤얼슨, 토빈의 논쟁 속에서 훈련받은 다수의 젊은 경제학자들에게 의지했다. 시장의 힘을 잘 알고 있으면서도 시장의 현실적 결함들과 정부의 역할이 여전히 중요하다는 믿음에 뿌리내린 이 젊은 경제학자들은 중간 지대를 원했다. 이들 중에는 MIT, 예일, 하버드, 버클리, 프린스턴 등 해안 근처의 대학에서 수학하고 가르치는 이들이 많았기 때문에 이들을 가리켜 "바닷물saltwater 경제학자"라 부르게 되었다. 반대로 미시건 호숫가에 있는 시카고 대학의 교수들은 "민물freshwater 경제학자"라 불렸다. 클린턴의 정책 팀에는 특히 MIT 출신들이 다수 포진했다.

폴 새뮤얼슨은 "내가 한 나라의 경제학 교과서를 쓸 수 있다면 누가 그 나라의 법을 쓰든 상관하지 않는다"라고 말한 적이 있다. 그는 경제학 교과서를 썼고, 이제 그의 제자들이 법을 만들고 있었다. "거의 마법과도 같은 변신이다." 그는 자신의 제자들에 대해 말했다. "그들은 세상으로부터 뒤로 물러나 기술적이고 때로는 난해한 연구에 헌신한다. 그 기간 동안 그들이 세상에 대해 하는 판단들이 항상 옳은 것은 아니다. 하지만 그들은 사춘기와도 같은 그 시기를 극복해내고 훌륭한 경제학자가 된다. 규칙대로만 살아온 모범생들이 현실적인 문제를 해결하는 데 있어 최고의 위치로 가는 것이다."

새뮤얼슨의 제자들은 시끄럽고 야심만만하며 경쟁의식이 넘치는 사람들이었다. 재무부의 수석 국제 금융 고문 자리에 오른 래리 서머스는 대중의 분노를 불러일으키는 재능으로 일찌감치 명성을 쌓았다. 서머스는 대통령 경제자문위원회 위원장 후보에 올랐지만 환경 문제에 대한 그의 관점을 좋아하지 않았던 앨 고어 부통령이 반대했다.

폴 크루그먼도 후보 중 하나였으나 스스로를 탈락시켰다. 선거 전 리틀락에서 열린 회의에서 클린턴은 일단의 경제학자들에게 제조업 일자리를 다시 미국으로 가져올 수 있는 방법을 물었다. 크루그먼은 대통령 후보에게 그것은 올바른 질문이 아니며, 노동자의 생산성에 초점을 맞춰야 한다고 단호하게 말했다. 훗날 크루그먼은 "오랫동안 어색한 침묵이 흘렀다. 내가 잘못된 대답을 한 것"이라고 회상했다. 또 한 명의 MIT 출신 경제학자 로라 타이슨이 위원장직을 거머쥐자 크루그먼은 그녀를 저격했다. 그는 한 기자에게 "그녀는 훌륭한 경제학자"라면서도 "하지만 수퍼스타 급은 아니"라며 다소 무시하듯 말했다.

타이슨은 강력한 팀을 구성하고 이끄는 데 집중했다. 그녀는 MIT 동문인 스티글리츠와 앨런 블라인더를 경제자문위원회에 영입했다. MIT 교수 스탠리 피셔가 국제통화기금IMF의 수장이 되었다. 심지어 클린턴의 국방부 장관인 레스 애스핀도 MIT 경제학과 출신이었다(애스핀은 애컬로프의 동기였다).

1994년 연준에 두 개의 자리가 비었다. 연준은 의장, 부의장, 그리고 5명의 이사로 구성된다. 부의장직은 블라인더에게로 갔다. 스티글리츠와 타이슨은 옐런을 잘 알고 있었다. 특히 타이슨은 버클리 경영대학원 교수로 재직하며 런던에 있던 옐런과 애컬로프를 버클리로 영입하는 데 힘을 쓴 적이 있었다. 클린턴은 백인 남성 위주의 연준에 다양성을 더하길 원했고, 타이슨은 옐런을 강력하게 밀었다. 백악관이 옐런에게 연락했을 때 옐런은 봄방학을 맞아 애컬로프, 로비와 함께 하와이에서 휴가를 보내고 있었다. 옐런은 남편과 아들에게 워싱턴으로 이사하는 것에 대해 어떻게 생각하는지 물었다. 그들은 옐런에게 빨리 승낙하라고 재촉했다.

옐런은 예일대를 방문하기 위해 시카고에서 경유하는 동안 연준 이사직을 맡게 되었다는 통보를 받았다. 백악관은 옐런에게 여행 계획을 변경해서

즉시 워싱턴으로 오라고 지시했다. 옐런은 언제나 세심하게 여행 계획을 세우는 사람이었지만, 워싱턴은 그런 계획이 항상 가능한 곳이 아니라는 것을 배우게 된다. 옐런은 여행 경로를 변경하여 4월 22일에 워싱턴에 도착, 백악관 집무실에서 클린턴 대통령을 처음으로 만났다. 완전히 은발이 된 머리를 단정하게 단발로 자르고 주름진 긴 스커트에 목까지 단추를 채운 흰색 블라우스, 검은색 블레이저의 보수적인 옷차림이었다.

백악관 직원들이 기자들이 기다린다며 서둘러 그녀를 백악관 브리핑룸으로 안내했을 때, 그녀는 약간 혼란스러운 표정이었다. 그녀는 백악관 기자들에게 "나는 스스로를 이념에 얽매이지 않는 실용주의자라고 생각한다"라고 말했다.

17년 전, 재닛 옐런은 실망스러운 하버드 시절을 마치고 연준에서 경제학자의 커리어를 쌓을 수 있을지도 모른다고 생각하며 워싱턴 생활을 시작했었다. 그러다가 애컬로프를 만났고, 삶이 이끄는 대로 다른 길을 갔었다. 그리고 이제 그녀는 연준의 핵심 인물이 되어 복귀했다.

1994년 8월 옐런은 버클리에 휴직계를 냈다. 애컬로프는 신이 나서 아내를 따라 워싱턴으로 가기로 했다. 그는 옐런과 함께 "그림자 환율" 연구로 깊은 인상을 남긴 바 있는 브루킹스 연구소의 시니어 펠로우 자리를 수락했다. 추가 수입을 원했고, 무엇보다 워싱턴에서 몇 년이나 있게 될지 알 수 없었기 때문에 그는 버클리 교수직을 유지했다. 워싱턴 생활 첫 3년 동안 그는 매년 봄이면 버클리를 오가며 강의를 계속했다. 옐런과 애컬로프 가족은 메릴랜드 주 체비 체이스에 정착했다. 10대가 된 로비는 새로운 모험을 받아들였고, 직접 요리를 하는 시간이 더 많아지기 시작했다.

Yellen Yellen Yellen Yellen
Yellen Yellen Yellen Yellen
Yellen Yellen Yellen Yellen
Yellen Yellen Yellen Yellen
Yellen Yellen Yellen Yellen
Yellen Yellen Yellen Yellen
Yellen Yellen Yellen Yellen
Yellen Yellen Yellen Yellen
Yellen Yellen Yellen Yellen
Yellen Yellen Yellen Yellen
Yellen Yellen Yellen Yellen
Yellen Yellen Yellen Yellen
Yellen Yellen Yellen Yellen
Yellen Yellen Yellen Yellen
Yellen Yellen Yellen Yellen

Chapter 10

연준 이사가 되다

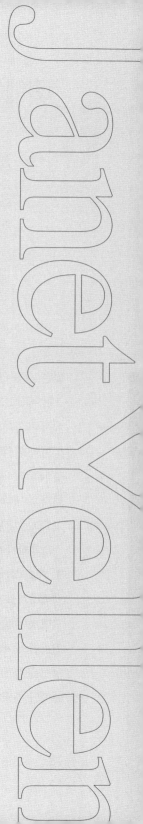

거장에 맞선 나날들

젊은 시절 앨런 그린스펀은 맨해튼의 괴짜 문인 아인 랜드의 친구였다. 랜드는 베스트셀러 〈파운틴헤드〉와 〈아틀라스: 지구를 떠받치기를 거부한 신〉에서 개인의 영혼과 의지의 불굴성, 그리고 인간을 말려죽이는 통제 국가의 영향력을 역설한 소설가이다. 그린스펀을 처음 만났을 때 랜드는 그의 음울한 태도와 구부정한 자세, 칙칙한 옷차림을 두고 "장의사"라고 조롱했다. 그러나 그녀의 동료 내서니엘 브랜든은 그린스펀에게 무언가가 있다고 느끼고 "그는 매우 특이한 두뇌를 가진 정말 흥미로운 사람"이라고 말했다.

경제학자가 되기 전 그린스펀은 클라리넷과 테너 색소폰을 연주하는 전문 재즈 뮤지션이었다. 그는 또 동료 밴드 멤버들의 세금 신고서를 대신 작성해주기도 했다. 1957년에 출간된 〈아틀라스〉를 집필할 당시, 랜드는 미국 산업계의 파워에 대해서 묘사하기 위해 철강 및 철도 산업 통계에 대한 그린스펀의 해박한 지식을 빌렸다. 결국 랜드는 그에게 "잠자는 거인"이라는 별명을 붙여주었다. 월스트리트에서 경력을 쌓은 그는 워싱턴으로 건너가 공화당 행정부에서 일한 뒤, 1987년부터 2006년까지 연준을 이끌었다. 앨런 그린스펀이 은퇴할 무렵 그의 별명은 "마에스트로(거장)"이었다.

그린스펀은 프리드먼, 새뮤얼슨, 그 밖의 다른 학자들 사이의 학문적 논쟁에는 별로 끼어들지 않았다. 그의 관심은 워싱턴에서 경제 권력을 사용하고 휘두르는 데에 있었다. 그 권력의 중심에는 금리를 주무르고 월스트리트를 환희 또는 절망의 발작으로 몰아넣을 수 있는 모호한 기관인 연준이 있었지만, 연준이 실제로 무슨 일을 하는지, 어떻게 하는지, 누가 결정을 내리는지에 대해서는 거의 알려진 바가 없었다.

수십 년 동안 연준이 모호한 자금 시장의 움직임을 면밀히 조사한 뒤 금리에 손을 대면, 그것이 무엇을 의미하는지를 설명해 주는 역할은 연준 의장이 아니라 고액 연봉을 받는 소수의 월스트리트 애널리스트들의 몫이었다. 연준 의장은 연준의 행동을 투자자들이 이해하기 쉽게 해줄 생각이 없었다. 의회 청문회에서 증언을 할 때면 볼커는 종종 자신의 발언 위로 문자 그대로 자욱한 시가 연기를 드리우곤 했다. 질문하는 의원들에게는 실망스럽게도, 그는 뻐끔뻐끔 연기를 내뿜으며 금리에 대한 직접적인 언급을 피했다. 레이건의 재무부 장관이었던 제임스 베이커는 그를 그린스펀으로 교체하고 싶어했는데, 그린스펀은 문장 구사력이 엉망이어서 커튼 뒤의 인물로 완벽하게 어울리는 인물이었다. 1995년, 그린스펀은 "나는 질문을 피해갈 전략을 구상하는 데 상당한 시간을 보낸다. 지나치게 명료한 답을 할까 봐 몹시 걱정한다"라고 농담했다.

그린스펀은 1987년 10월 일요일 텔레비전 토크쇼에 출연하고 며칠 후 주식 시장이 폭락했을 때처럼, 자신이 조금이라도 말을 잘못하면 시장이 흔들리고 비난을 받을 수 있다는 사실을 잘 알고 있었다. 그는 투자자들이 연준이 다음에 어떤 행동을 할지에 대해 계속 촉각을 곤두세우게 하면 자신이 움직일 수 있는 여지가 더 많아진다고 생각하게 되었다. 또한 그는 말을 돌리고 모호하게 하는 것을 재미있어 했다. "연준에서 일하게 된 이후, 나는 일관성이 없는 말을 중얼거리는 법을 배웠다. 내 말이 이상하게 명료하다

싶으면, 내 말을 잘못 이해했다고 생각하면 된다."

　연준은 미로와도 같은 운영 구조로 움직이는데, 그 뿌리는 알렉산더 해밀턴과 토머스 제퍼슨이 중앙은행의 필요성에 대해 논쟁을 벌였던 미국 건국 당시로 거슬러올라간다. 뉴욕의 은행가였던 해밀턴은 신생 국가를 구성하는 서로 다른 주들을 통일된 금융과 상업으로 하나로 묶으려면 공통의 통화를 만들어야 한다고 생각했다. 버지니아의 토지와 노예 소유주였던 제퍼슨은 뉴욕 은행가들을 신뢰하지 않았다.

　제퍼슨을 누르고 조지 워싱턴을 설득시키는 데 성공한 해밀턴은 1791년 미국 최초의 은행을 설립했다. 그러나 42년 후, 국가 통화를 악의 씨앗으로 여긴 캐롤라이나 출신의 포퓰리스트 앤드류 잭슨은 중앙은행의 헌장 갱신에 거부권을 행사했다. (기이하게도, 지폐라는 개념 자체를 경멸했던 잭슨의 얼굴이 오늘날까지 20달러 지폐를 장식하고 있다.) 1800년대 내내 미국은 금융 과잉과 공황의 주기적인 반복으로 인해 민간 은행이 문을 닫고 경제가 불황에 빠지는 사태를 겪어야만 했다. 1907년 또 한 번의 은행 공황이 발생하자 미 의회는 미국과 같은 신흥 산업 강국에는 영란 은행과 같은 중앙은행이 있어야 수시로 발생하는 공황 기간 동안 은행 시스템을 안정시킬 수 있다는 결론을 내렸다.

　연준의 임무는 패닉에 빠진 은행에 돈을 빌려주고 경제에서 돈이 돌도록 관리하는 것이었다. 중앙집권적 권력 구조를 불편해하는 나라에서 상충하는 이해 관계의 균형을 맞추기 위해 의회는 1913년 연방준비제도를 만들었다. 뉴욕, 보스턴, 필라델피아, 리치몬드, 애틀랜타, 클리블랜드, 세인트루이스, 캔자스시티, 시카고, 댈러스, 미니애폴리스, 샌프란시스코 등 전국 각지에 12개의 연방준비은행이 설립되었다. 이 중 뉴욕 연방준비은행이 가장 강력했다. 워싱턴 DC에 있는 이사회가 시스템의 중심 역할을 했다. 7명의 이사로 구성된 워싱턴의 연준 이사회는 대공황 기간 동안 힘이 커졌고, 의장은 이사회 이사들과 12개 연방준비 총재들 사이에서 합의를 이끌어내는 역할을 하는 핵심 의사 결정권자가 되었다.

연준 초창기에는 통화 공급과 금리가 국가의 금 보유량에 모호하게 묶여 있었지만, 대공황을 거쳐 1971년 닉슨이 금본위제를 완전히 폐기하기로 결정하면서 이러한 체제는 역사 속으로 사라졌다. 금본위제가 무너지면서 연준은 금리 결정에 있어 더욱 중요한 역할을 하게 되었다.

연준은 워싱턴 컨스티튜션 애비뷰의 에클스 빌딩 2층에 있는 웅장한 회의실에서 1년에 8번 모였다. 회의실 양쪽으로는 긴 복도를 따라 의장과 워싱턴에서 일하는 6명의 이사들이 널찍한 사무실들이 자리 잡고 있었다. 볼커의 이사들은 반항적인 성향이 강했는데, 한 번은 볼커에 맞서 금리 인하를 주장했다가, 볼커가 사임하겠다고 협박하자 물러나기도 했다.[28]

1994년 재닛 옐런과 앨런 블라인더가 부임했을 때 그린스펀은 다른 이사들을 확실하게 장악하고 있었다. 클린턴의 최측근들은 새 대통령에게 1970년대의 함정을 피하기 위해 연준에 되도록 간섭하지 말라고 강력하게 권고했다. 회의가 열리기 전, 그린스펀은 이사들의 사무실을 돌아다니며 자신이 하려는 일을 설명했고, 조금이라도 반대 의사가 있으면 그 자리에서 말해 주기를 기대했다. 그린스펀의 방식에는 옐런의 심기를 거스르는 무언가가 있었다. 옐런이 그의 계획에 대한 의견을 말하기도 전에 어떻게 할 것인지 말하고 있었기 때문이다. 전략을 세우기 전에 그녀의 의견을 묻지도 않는데, 반대할지 말지를 왜 말해야 하는가?

옐런과 블라인더는 오랫동안 은행가, 관료, 월스트리트 애널리스트가 대부분이었던 연준 이사회에서 새로운 유형의 인물들이었다. 좌파 성향의 학자 출신인 이들은 대부분 경제학 박사인 연준 스태프들과 자연스럽게 친해

---

28. 역주: 볼커가 경기 후퇴를 무릅쓰며 고금리를 유지한 덕분에 1970년대 맹위를 떨쳤던 인플레이션이 어느 정도 잡히자, 레이건 행정부는 경기 부양을 위해 금리 인하를 원했다. 볼커가 움직이지 않자 레이건이 임명한 연준 이사들은 1986년 2월 볼커에 반기를 들고 금리 결정 투표에서 인하 쪽에 투표했다. 투표에서 진 볼커는 한 달 이상 금리 인하 실행을 미루며 버텼고, 당시 서독의 중앙은행이었던 독일연방은행이 금리 인하한 후인 3월에 다시 투표를 실시하여 만장일치로 금리를 인하(7.5% → 7.0%)한다.

졌다. 연준 스태프들은 의장을 보좌하도록 훈련받은 군대와도 같았다. 옐런과 블라인더는 그들에게 관심을 아끼지 않았다. 그들의 연구에 대해 질문하고, 정부가 인플레이션이나 고용에 관한 보고서를 발표할 때면 그들과 함께 이마를 맞대고 경제 상황에 대해 논의했다. 게다가 옐런과 블라인더는 이른바 "클린턴 사람들"이었다. 그들은 1970년대 이후 민주당이 최초로 임명한 연준 이사들이었던 것이다. 옐런과 블라인더는 그린스펀의 결정에 대항할 수 있는 잠재적 연합 전선을 구축했으며, 그린스펀의 임기가 만료되었을 때 블라인더는 연준의 최고 자리를 놓고 경합하게 된다.

1995년 1월, 옐런은 그린스펀에게 18년 이상 연준을 이끄는 동안 공식 투표에서의 유일한 패배를 안겨주었다. 안건은 금리 결정이 아닌 은행 규제였다. 은행 영업을 감독하는 "저축의 진실"이라는 이름의 법Truth in Savings Act은, 그 시행령Regulation DD에 따라 은행이 이자부 저축 계좌를 소유한 예금자들에게 제공하는 수익률을 공개하도록 의무화하고 있었다. 이 규정에는 한 가지 문제가 있었는데, 바로 금융의 기본 개념인 화폐의 시간 가치를 고려하지 않는다는 점이었다. 투자자들에게는 오늘 번 10달러가 100년 후에 번 10달러보다 더 가치가 높은데도 말이다.

수익률을 제대로 설명하려면 지금 시기를 고려한 공식이 필요했는데, 이 공식은 그렇지 못했다. 한마디로 잘못된 수학이었다. 무엇보다도 저축의 진실이라고 불리는 규정이 실제로는 은행이 고객을 오도하도록 부추기고 있었다. 옐런은 이 규칙을 그대로 두는 것은 비도덕적이라고 생각했다. 블라인더와 공화당이 지명한 이사 로런스 린지는 이 규정을 변경해야 한다는 데 동의했지만, 그린스펀은 은행에 새로운 규제 부담을 지우고 싶지 않았다. 은행가인 존 라웨어와 경제학자 수전 필립스도 그린스펀의 편에 섰다. 결국 공은 잘 나서지 않는 성격의 텍사스 사업가 에드워드 켈리에게로 넘어갔다.

옐런은 켈리를 자기 편으로 만들 수 있을지 확신이 없었지만, 공개 투표를 앞두고 켈리가 가벼운 잡담을 나누러 그녀의 사무실에 들르자 대화의 방향을 "저축의 진실" 결정으로 유도했다. 어쩌면 그를 설득할 수 있을지도 몰랐다. 이것이 옐런이 이길 수 있는 유일한 기회였고, 그녀는 이런 원칙적인 문제에서 강력한 연준 의장에게 눌려 물러설 사람이 아니었다.

"이것은 우리 어머니 같은 평범한 사람들을 속이는 거에요." 옐런은 공개 석상에서는 항상 조심스럽고 말을 아꼈지만, 무대 뒤에서는 브루클린 출신 특유의 욕지거리와 다채로운 과장법을 구사할 줄 알았다. "완전 벗겨먹는 거죠."

대화는 끝났고, 옐런은 켈리가 어느 편에 투표할지 전혀 감이 잡히지 않았다. 놀랍게도 그는 옐런, 블라인더, 린지의 편에 서서 그린스펀을 4-3으로 꺾었다. 옐런과 블라인더는 승리의 하이파이브를 했다. 며칠 후 그린스펀은 이사회를 뒤에서 조종하여 개정안 시행 연기를 승인하게 했다.

그 후 3년 동안 그린스펀과 연준 이사들은 경제 회복을 위한 적확한 균형을 찾으려고 노력했다. 부시에게서 정권을 빼앗아간 1990년 경기 침체 이후, 실업률은 조금씩 하락하여 1995년에는 처음으로 6% 아래로 떨어졌다. 문제는 경제가 과열되고 인플레이션이 다시 발생하기 전에 실업률이 얼마나 더 떨어질 수 있느냐는 것이었다. 실업률은 1989년에는 5%였고, 1960년대에는 4%를 밑돌았었다. 금리를 올리면 인플레이션을 막을 수 있지만 실업률 하락을 늦추거나 멈추게 할 위험도 있었다. 연준이 금리를 너무 많이 올리면 또 다른 경기 침체를 일으킬 위험이 있었다.

볼커는 1970년대와 1980년대 초의 두 자릿수 인플레이션을 고금리로 극복했다. 이제 인플레이션은 3% 밑이었다. 연준은 실업률이 어디까지 내려갈 수 있을지 고민하는 한편, 자연히 인플레이션을 얼마나 더 낮춰야 하는지에 대해서도 고려해야 했다. 연준이 금리를 올리면 인플레이션을 더욱 끌어내릴 것이었고, 금리를 너무 낮게 유지하면 인플레이션이 다시 폭등할 수 있었다. 1980년대에 미국은 인플레이션을 잡기 위해 많은 희생을 치렀고, 연준은 신뢰를 되찾기 위해 격렬하게 싸워야 했다. 누구도 그 싸움에서 다시 지고 싶지 않았다.

한 가지 문제는 1970년대와 1980년대의 충격과 전투 이후로 명확한 게임의 룰이 없었다는 것이다. 실업률과 인플레이션 사이에는 예측 가능한 역의 상관 관계가 있다는 기존의 경험 법칙은 1970년대에 인플레이션과 실업률이 모두 상승하면서 무너지고 말았다. 따라서 1990년대에 연준을 이끄는 그린스펀에게는 명확한 이정표가 없었다. 그는 직관, 그리고 데이터를 보는 자신만의 관점에 따라 움직였다. 그는 욕조에서 아픈 허리를 뜨거운 물에 담그고 데이터를 보는 것을 좋아했다.

옐런은 그린스펀의 이러한 판단과 직관에 대해 때때로 이의를 제기했다. 연준 의장에 취임한지 4개월에 접어들 무렵, 그린스펀은 연준의 단기 금리인 연방 기금 금리를 0.75% 포인트(연방 은행 용어로는 75bp) 인상하여 금융 시장을 놀라게 할 생각이었다. 많은 투자자들은 0.5% 포인트, 즉 50bp 인상을 예상하고 있었다. 실업률이 6% 미만이고 경제 생산이 연간 3% 이상의 견고한 속도로 성장하고 있는 상황에서 연준은 경기 호황이 더 높은 인플레이션으로 이어질 것으로 예상했다.

그린스펀은 회의실 테이블에 모인 연준 스태프들에게 "우리가 뒤처지고 있다고 생각한다"라고 말했다. "50bp만 올리는 것에 대해서 우려스러운 부분은, 시장이 우리가 50bp를 올릴 거라고 예상하고 있다는 것이다. 우리의 과거 행동에 근거하여 시장이 우리가 이러이러하게 할 것이라고 예상하는 것과, 시장이 우리가 이러이러하게 해야 한다고 믿는 것은 다르다고 생각한다. 많은 이들이 우리가 50bp로 갈 것이라고 생각하지만, 그보다 더 많은 사람들이 50bp로는 충분치 않다고 생각할 것이다."

옐런은 반박했다. 그녀는 연준이 천천히 갈 여유가 있다고 생각했다. 그린스펀의 깜짝 계획에 대한 우려 중 하나는 투자자들이 이 예기치 못하게 공격적인 움직임에서 연준의 의도를 읽어내지 못하고 잘못 해석할 수 있다는 것이었다.

"75bp는 역효과를 낼 수 있습니다. 우리가 인플레이션을 극도로 경계하고 있다는 점을 고려할 때, 이렇게 큰 폭의 금리 상승은 인플레이션 위험에 대한 시장의 예상치와, 우리가 의도하는 궁극적인 긴축 정도에 대한 기대치를 둘 다 올릴 수 있습니다. 저 개인적으로는 오늘 50bp를 선호합니다."

블라인더는 옐런의 판단이 자기가 할 말을 다 했다고 회상했다.

"한 3분 전까지만 해도 나는 맨 마지막 순서로 발언을 하더라도 뭔가 이전에 나오지 않은 말을 할 수 있을 거라고 생각했다. 하지만 이제는 할 말이 별로 남아있지 않았다."

옐런의 말은 옳았다. 깜짝 인상은 역효과를 냈다. 디즈니랜드의 고향이자 캘리포니아에서 가장 깨끗한 해변이 길게 뻗어 있는 오렌지 카운티의 카운티 재무관 로버트 시트론은 월스트리트 투자은행인 메릴린치와 함께 경찰을 포함한 카운티 공무원들의 퇴직연금 계좌를 위해 74억 달러 규모의 투자 포트폴리오를 구성했다. 이 포트폴리오는 금리 변동에 매우 민감한 금융 상품으로 채워져 있었다.

지방 기금은 고수익을 올릴 수 있는 (즉, 그만큼 리스크가 높은) 주식 보유가 금지되어 있었다. 그 대신 시트론은 포트폴리오를 채우기 위해 보유 채권을 담보로 메릴린치로부터 추가로 자금을 차입하여 그 자금을 이른바 역환매조건부채권²⁹에 투자하기로 했다. 메릴린치의 포트폴리오는 역환매조건부채권과 그 밖의 이색적인 채무 상품으로 가득했다. 차입해서 투자한다는 전략은 시트론이 매입한 채권으로 올린 수익이 차입 비용 전체보다 많을 경우 아무 문제가 없었다. 하지만 1994년 연준이 금리를 인상하면서 수익과 비용간 마진의 여유는 빠르게 줄어들었다.

월스트리트 저널은 오렌지 카운티가 파산 보호를 신청한 12월에 "오렌지 카운티 기금의 명줄을 끊어놓은 마지막 결정타는 11월 15일 연방준비제도의 0.75% 포인트 금리 인상인 것으로 보인다"고 보도했다.

---

29. reverse repurchase agreement. 일명 "역레포"

훗날 시트론은 "이제 와서 생각하면 복잡한 국채에 대해 더 많이 배우고 공부했어야 했다"라고 말했다.

연준 금리 인상의 여파는 멕시코로 확산되었다. 달러는 글로벌 금융 시스템의 기축 통화이기 때문에 연준이 미국 금리를 움직이면 대출 기관과 투자자가 세계의 어느 곳으로 자금을 옮기고 싶어하는지도 바뀌게 된다. 일반적으로 미국의 금리 인상은 자금을 소규모 개발도상국으로부터 미국으로 끌어들인다. 1994년 11월 금리 인상의 경우, 가장 큰 피해자는 멕시코였다. 그린스펀의 금리 인상으로 멕시코에서 자본이 대거 빠져나갔고, 멕시코는 "테킬라 위기"로 알려진 금융 위기에 직면하여 미국에 구제금융을 요청했다. 미국 측을 대표하여 구제금융 프로그램을 주도한 사람은 재무부의 국제국을 이끌고 있던 옐런의 제자, 로런스 서머스였다.

1995년 그린스펀이 한 차례 더 금리를 올리려고 하자 옐런과 블라인더는 뒤에서 그린스펀에게 금리 인상을 중단하라고 압력을 가했다. 그린스펀이 금리 인상 사이클이 끝났다는 신호를 주기로 동의하자, 두 사람은 공개 항명으로 비춰질 수 있는 공식적인 반대의견을 표명하지는 않기로 했다. 그린스펀은 금리 인상을 강행했다가 몇 주 후에 방향을 돌려야 할 때가 올 수도 있음을 인정했다. 1995년 여름, 그는 옐런과 블라인더가 과거에 반대했던 금리 인상 계획 중 일부를 취소했다.

이러한 혼란이 펼쳐지고 있는 동안 애컬로프는 이미 금융 시장에 지속적으로 나타나고 있다고 생각한 악재에 관심을 돌린 참이었다. 1990년대 초, 오피스 빌딩 및 기타 상업용 부동산 시장의 호황과 불황이 반복되면서 주택 및 상업용 부동산 모기지를 제공하던 미국의 저축대부조합들이 파산했다. 그 비용은 고스란히 납세자들이 떠안았다. 정크본드로 알려진 고위험 회사채 시장도 붕괴되었다. 1990년대 호황기에 월스트리트 금융 기관들은 이 채권을 이용해 자금을 조달하여 대기업들을 인수했다. 멀리는 칠레에서도 1980년대 은행 위기 당시 금융 시스템 붕괴를 막기 위해 정부가 적극적으로 개입했다. 애컬로프는 가설을 세웠다. 그는 당시 동료 버클리 교수이자 장래 노벨상 수상자인 폴 로머와 함께 쓴 논문에서 "그 비용을 사회가 부담함에도 불구하고 기업이 이윤을 위해 파산을 택할 유인이 있다면 경제의 지하세계가 살아날 수 있다"라고 주장했다. 그들은 이 논문에 〈약탈: 이윤을 목적으로 하는 파산의 경제적 지하세계Looting: The Economic Underworld of Bankruptcy for Profit〉라는 제목을 붙였다. 호황으로 이익이 급증하면 경영진이나 은행가들이 큰 돈을 벌고, 불황이 닥치면 정부가 그 손실을 떠안는다. 이러한 현상을 경제학자들은 종종 '도덕적 해이'라고 불렀지만, 애컬로프가 보기에는 도둑질 그 이상도 이하도 아니었다. 그는 조잡한 회계 규칙, 느슨한 규제, 위법 행위에 대한 솜방망이 처벌 등등이, 오너와 경영진이 회사가 파산할 위험을 감수면서까지 호황기에 최대한의 보수를 받으려 드는 인센티브를 제공했다고 주장했다.

〈약탈〉 논문 발표 후 그는 옐런의 초청으로 한 저녁 식사에 참석했고, 파생상품 시장을 전문으로 하는 대형 은행의 임원 옆자리에 앉게 되었다. 이 상품들은 평범한 주식이나 채권이 아니었다. 대형 은행이 고객의 특정 요구를 충족하기 위해 특별히 맞춤화한 투자 상품이었다. 예를 들어, 스왑이라는 파생상품을 사용하면 매년 고정액의 이자를 지급하는 대출을 변동 금리 대출로 전환할 수 있다. 금리 스왑을 사용하여 고정 금리에서 변동 금리로, 혹은 그 반대로 전환하면 기업이 사업 주기에 따라 재정적 필요를 조정하는 데에 도움이 될 수 있다.

월스트리트 은행들은 파생상품을 고객이 리스크 관리를 더 잘 할 수 있도록 도와주는 상품으로 마케팅하고 있었다. '그럴 수도 있지'라고 애컬로프는 생각했다. 그러나 그는 옐런의 손님으로 참석한 만찬에서 은행 임원에게 파생 상품은 기업이 은폐하고, 속이고, 훔치는 데에도 이용될 수 있지 않느냐고 물었다. 저축대부조합 위기 당시 일부 기업에서 일어난 일이 바로 그거 아니냐고, 자기 은행의 상품이 어떻게 남용되거나 오용될 수 있는지 생각해

본 적이 있느냐고 질문했다.

그 임원은 화제를 다른 곳으로 돌렸다. "그 사람에게 뭐라고 했다고?" 저녁 식사가 끝난 후 이 이야기를 들은 옐런은 고개를 절레절레 저었다. 애컬로프는 어리둥절했다. 자신의 질문이 합리적이었다고 생각했기 때문이다. 그는 이 논의가 자신의 〈약탈〉 논문의 멋진 좋은 후속작으로 이어질 수 있다고 생각했다. 그는 그저 통찰과 자료를 찾고 있었을 뿐이었다.

불길한 금융 시장 혼란에도 불구하고 그린스펀과 그의 연준은 미국 경제를 안정적으로 이끌었다. 1995년 실업률은 안정세를 보이다가 그린스펀이 금리 인상을 중단하고 다시 금리를 내리기 시작하면서 더 떨어졌다. 연준은 인플레이션이 상승할 것을 우려했지만 오히려 안정된 후에 하락세로 접어들었다.

그린스펀의 명성이 높아지자 클린턴은 그를 재임명했고, 의장 자리를 노리던 블라인더의 희망은 산산조각이 났다. 연준 역시 미국의 경제 문제에서 새로운 주목을 받게 되었다. 시카고 학파의 세계관에 따르면 정부 관료들은 경제를 미세 조정할 수 없지만, 그린스펀은 금리 조정을 통해 바로 그렇게 하고 있었다.

그러나 경제가 급성장하는 동안에도, 연준 내부의 일각에서는 연준의 역할이 실제로 무엇인지에 대한 구체적인 로드맵이 없다고 우려했다. 10년간의 경제 격동기였던 1977년, 미 의회는 연방준비법Federal Reserve Act을 개정하여 연준이 일자리와 인플레이션에 집중하도록 명시했다. 하지만 그 지침은 모호했다. 이 법에 따르면 연준의 임무는 "경제의 장기적인 생산 증가 잠재력에 상응하는 통화 및 신용 총량의 장기적인 성장을 유지하여, 최대 고용, 물가 안정, 적정 수준의 장기 금리라는 목표를 효과적으로 추구하는 것"이었다.

이게 다 무엇을 의미하며, 연준은 이를 달성하기 위해 어떤 노력을 해야 할까? 연방준비법이 제정된 후 20년 동안 이러한 질문을 던진 사람은 거의 없었다. 이제 인플레이션은 가라앉았고, 적어도 인플레이션이 어디까지 낮아지기를 원하는지에 대한 논의가 필요한 시점이었다. 노스캐롤라이나의 스티븐 닐(민주당), 뉴저지의 제임스 색스턴(공화당), 플로리다의 코니 맥 3세(공화당) 등 여러 의원이 나서 연방준비법을 개정하고 연준의 경제적 목표를 보다 명확하게 명시하고 싶어한 것도 상당한 자극이 되었다.

그린스펀은 연준 회의에서 연준의 인플레이션 임무를 어떻게 정의할지를 모색하기 위해 일련의 토론 자리를 마련했다. 토론의 한 편에는 리치몬드 연방준비은행의 총재였던 알 브로더스를 배치했다. 신사다운 퇴역 군인이자 경제학 박사인 브로더스는 남부인 특유의 느릿한 말투와는 달리 인플레이션을 전혀 원하지 않는 "매파"로 널리 알려져 있었다. 뿐만아니라 그는 지나친 경제 과열을 막기 위해 고금리를 선호하는 경향이 있었다. 다른 편에는 버클리 출신의 "비둘기파" 옐런을 배치했다. 옐런은 인플레이션과 실업률의 상충 관계를 인정하고, 인플레이션 대응 방편으로 경제 성장을 둔화시키고 실업률을 상승시키는 공격적인 고금리를 원하지 않았다. 매파는 인플레이션에 단호하게 반대했고, 비둘기파는 인플레이션에 조금 더 관대했다. 옐런을 토론의 중심에 배치한 것은 그녀의 지성에 대한 그린스펀의 경의 표시였다.

뉴질랜드와 캐나다 같은 나라들의 중앙은행처럼 연준이 공식적인 인플레이션 목표를 채택해야 하는지가 쟁점이었다. 공개적으로 목표를 설정하면 금융 시장에서 중앙은행의 신뢰도가 높아지고, 기업과 가계에 1970년대와 같은 상황이 반복되지 않을 것이라는 확신을 심어줄 수 있었다.

1995년 1월, 이 문제에 대한 첫 번째 토론에서 옐런은 연준이 인플레이션과 고용 성장의 안정적 유지라는 두 가지 목표의 균형을 맞춰야 한다고 주장하며 공식 목표치 설정에 반대했다. 연준이 아직 구체적인 목표치를 달성할 준비가 되어있지 않았고, 유연성을 가지고 움직이는 것이 더 낫다는 주장이었다. 목표치 없이도 연준은 잘해내고 있었다.

"저는 그린스펀 연준의 성과에 대해 A에 가까운 점수를 주고 싶습니다."

옐런은 자신의 주장을 확고하게 하기 위해 최고의사결정권자를 향한 약간의 아첨까지 곁들였다. 이어진 토론을 전부 듣고 그린스펀은 "우리는 완전히 반으로 갈라져 있다"는 결론을 내렸다. 그는 스스로의 유연함을 내세우며 대화를 마무리했다. 사실상 공식 인플레이션 목표치라는 개념을 포기한 것이다.

18개월 후, 옐런과 브로더스는 다른 토론에서 이 문제로 다시 맞붙었다. 이전의 논쟁은 연준이 다른 중앙은행들처럼 인플레이션 목표를 공개적으로 명시해야 하는지에 대한 것이었다. 이번에는 질문이 조금 달랐다. 1977년 연방준비법은 연준의 목표 중 하나로 "물가 안정"을 들었다. 연준 내부적으로 "물가 안정"을 어떻게 정의할 수 있을까?

그린스펀은 물가 안정은 제로 인플레이션을 의미한다고 생각한다고 암시했다. 그가 공개적인 인플레이션 목표치를 원하지 않는 이유는 특정 숫자에 휘둘릴 우려가 있었기 때문이었다. 동시에 그는 인플레이션을 가능한 한 제로에 가깝게 만들고 싶어했다.

수많은 연구를 검토한 후, 옐런은 연준이 2% 인플레이션을 추구해야 하며 그보다 더 낮아서는 안 된다고 주장했다. 옐런은 약간의 인플레이션이 경제 활동의 바퀴에 윤활유 역할을 한다고 말했다. 남편과 다른 학자들의 연구는 물론, 인플레이션이 낮은 대신 경제가 거의 성장하지 않고 있는 일본의 사례를 인용하면서, 2%보다 낮은 인플레이션은 경제에 충격이 가해졌을 때 기업과 연준이 대응할 수 있는 여지가 거의 없어 실업률이 불필요하게 높아질 수 있다고 말했다. 테이블에 앉아있던 다른 참석자들도 옐런의 주장에 일리가 있다고 생각했다. 샌프란시스코 연준의 로버트 패리 총재가 끼어들어 옐런의 2% 목표를 비공식적인 기준으로 삼을 것을 제안했다. 이렇게 할 경우 인플레이션이 2%에 도달했을 때 다시 회의를 열어 어떤 조치를 취할지 결정할 수 있다는 것이었다.

"아주 좋은 생각이라고 생각합니다." 브로더스가 말했다. 그는 옐런의 반대편이었지만, 지금은 그녀의 편을 들고 있었다. "우리가 지난 11년 동안 이룬 것보다 더 많은 진전을 의미할 것입니다." 패리는 말했다. 그린스펀을 제외한 그 자리의 모든 사람들이 결론에 도달하고 있었다. 옐런은 거장을 몰아가기로 마음 먹었다. "의장님, 물가 안정을 정의해 주시겠습니까?" 그녀는 예의 바르게 물었다. 그린스펀은 말을 돌렸다. "물가 안정이란 일반적인 물가 수준에서 예상 가능한 변동이 기업이나 가계의 의사 결정에 의미 있는 영향을 미치지 않는 상태입니다."

"거기에 숫자를 붙여 주시겠습니까?"

옐런이 정중하게 밀어붙였고, 회의실에는 긴장된 웃음이 터져 나왔다.

"인플레이션을 제대로 측정할 수 있다면, 그 수치는 0이라고 말하고 싶습니다."

옐런은 그 말을 놓치지 않았다.

"제대로 측정할 수 없다면, 2% 인플레이션으로 향하는 것이 좋은 생각이며, 그 과정에서 어떤 일이 일어나는지 살펴보면서 천천히 갈 수 있다고 생각합니다."

"그 정도로 해둡시다." 그린스펀이 대답했다. "이제 다음으로 넘어가죠." 그리고 나서 다른 사람들의 의견을 물었다.

그러자 이상한 일이 벌어졌다. 그 자리에 있던 수많은 사람들—대통령이 임명한 이사들과 12개 지역 연방준비은행 총재들—이 그린스펀이 아닌 옐런이 제시한 수치에 동의한 것이다. 그린스펀은 2%라는 숫자에 합의가 이루어졌음을 인정했다.

옐런은 이 논쟁에서 승리했다. 공개적으로 명시되지는 않지만 2% 인플레이션은 연준의 비공식적인 목표가 되었다. 그로부터 16년 후, 연준은 1996년 여름에 옐런이 제시했던 여러 이유로 인해 그때는 이미 전 세계의 표준처럼 자리잡은 2% 인플레이션을 공식 목표로 채택하게 된다.

중앙은행의 영역에서 이것은 미묘하지만 중대한 사건이었다. 금리와 통화량에 대한 연준의 많은 결정들—시장을 주도하고 가계와 기업의 차입과 지출 결정을 좌우하는 결정들—이 보다 가시적인 목표에 맞춰진다는 것을 의미했기 때문이다. 시간이 흐르면서 2% 인플레이션 목표는 연준의 등대가 되었다.

연준 이사 임기 2년째에 옐런은 이미 정책 결정자로서의 입지를 탄탄하게 다졌다. 그녀는 실용적이고 정중했다. 상황이 바뀌면 생각을 바꿨다. 싸움에서 물러서지 않았다. 그리고 의견 충돌에 직면했을 때는 항상 철저하게 준비했다.

브로더스는 나중에 "그녀는 숙제를 하고 자신이 옳다고 믿는 바를 따라 강력한 입장을 취한다"라고 회상했다.

Chapter 11

클린턴의 백악관에서

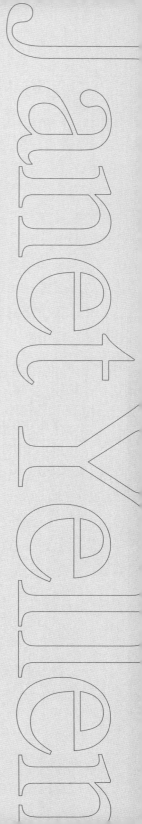

붐의 시대와 남자들의 클럽

1997~1999

1996년이 되자 그린스펀은 경제가 근본적으로 변화하고 있다고 생각하게 되었다. 한층 발전한 컴퓨터와 반도체로 힘을 받은 신기술이, 아직 경제 통계에 반영되지 않고 있는 새로운 방식으로 노동자들의 생산성을 높이고 있다고 믿었다. 더 넓게 보면 산업 시대가 지나가고 정보와 아이디어가 동력이 되는 새로운 시대가 도래하고 있다고 볼 수 있었다. 이는 중앙은행에도 새로운 전략이 필요하다는 것을 의미했다.

1996년, 그린스펀은 "불과 반세기 전만 해도 상품과 서비스 생산에서 컨셉과 아이디어가 물리적 자원과 인간의 힘을 대체할 수 있다는 것은 상상도 할 수 없는 일이었다"라고 말했다. "1948년에 우리는 진공관으로 구동되는 라디오를 들었다. 오늘날의 트랜지스터 라디오는 크기는 훨씬 작지만, 훨씬 더 높은 품질을 제공한다. 광섬유는 엄청난 양의 구리선을 대체했으며, 건축 및 공학 설계의 발전으로 2차 세계대전 직후와 비교하면 훨씬 적은 물리적 자재만 사용하고도 훨씬 더 넓은 면적의 건물을 지을 수 있게 되었다."

그린스펀은 경제가 돌아가는 데에 더이상 예전처럼 거대한 기계가 많이 필요하지 않기 때문에, 물리적으로도 경제가 가벼워지고 있다고 주장하곤 했다. 그는 지식 및 정보 중심 경제로의 전환을 1800년대 철도와 전신, 1900년대 초 전기의 출현처럼, 광범위한 의미들을 지닌, 한 세기에 한 번 있을까 말까 한 발전으로 보았다. 그러한 의미 중 하나는 기계가 일자리를 대체할 위험으로 인해 노동자들의 생산성이 높아졌지만 동시에 고용이 불안정해졌다는 점이었다. 높은 생산성과 불안한 고용의 조합은 1970년대 이후 투자자와 경제학자들을 괴롭히던 인플레이션과 임금 상승을 억제할 수 있을 것이라고 그린스펀은 예상했다. 인플레이션 위험이 줄어들면 연준의 모델에서 예상한 것보다 낮은 금리를 유지할 수 있고, 이는 경제가 더 빨리 성장할 수 있다는 것을 의미했다.

옐런은 그린스펀의 이론에 동조했지만, 1996년에 이르러서는 그린스펀이 너무 많이 나갔다고 생각하게 되었다. 옐런은 인플레이션을 막기 위해 선제적으로 금리를 올리라고 압박했지만, 그린스펀은 이를 무시했다. 옐런이 그린스펀에게 금리 인상을 압박했다는 사실은 좀 묘하다. 그녀는 전통적으로 고금리를 주장하는 연준 매파보다 인플레이션에 대해 좀더 너그러운 편이었기 때문이다. 하지만 옐런은 저금리를 교조처럼 신봉하는 사람은 아니었다. 그녀는 인플레이션이 심각한 문제가 되었던 1970년대와 같은 상황이 반복될 경우 연준이 생각하는 일자리와 인플레이션 사이의 균형을 유지할 수 없다고 믿었다. 1996년 9월, 옐런은 또다른 연준 이사 로런스 마이어와 함께 회의 전에 그린스펀의 사무실로 가서 금리를 인상해서 경제에서 열기를 좀 **빼야** 한다고 촉구했다. 옐런은 비둘기이기도 했지만, 그에 앞서 실용주의자였다. 그녀는 큰 위험을 감수하는 것을 결코 좋아하지 않았다.

그녀는 그 회의에서 "경제가 인플레이션 위험 영역에서 움직이고 있다는 신호들이 보인다"라고 말했지만, 그린스펀이 금리를 그대로 유지하고 싶다고 말하자 공식적으로 반대 의견을 내지는 않았다. 의장을 곤란하게 하고 싶지도 않았고, 인플레이션 우려에도 불구하고 경제가 장기적인 변화를 겪고 있다는 그린스펀의 의견에도 동의했기 때문이다.

그린스펀은 옐런에게 자신의 견해를 요약해서 자료로 만들어 달라고 요청했다. 12페이지 분량의 문서에서 옐런은 사람들이 과거만큼 자주 직장을 그만두지 않는 것 같다는 점을 포착해냈다. 이는 새 일자리를 찾지 못할까 봐 우려한다는 신호일 수 있었다. 반면 그린스펀이 예측한 대로 이러한 우려가 오히려 임금과 인플레이션을 억제하고 있을 수도 있었다.

"집을 지키는 개들 중에서 특정한 한 마리가 전혀 짖지 않는다는 것은, 무언가가 바뀌었다는 소소한 증거로 보인다"라고 그녀는 인정했다. 그린스펀은 나중에 이 자료가 "나에게 매우 유용했다"라고 평가했다. 그는 자신의 주장을 뒷받침하기 위해 다른 연준 관계자들에게 이 연구를 공유했다.

그린스펀이 옳았다. 그해 경제 호황이 시작되었다. 지난 10년 동안 미국에서 생산한 자동차, 제공한 외식과 의료 서비스, 상영한 영화, 수출한 컴퓨터 칩 등 모든 경제 생산량은 인플레이션 조정 후 기준으로 연간 3%씩 증가했다. 국내 총생산GDP이라고 불리는 이 지표는 이제 연간 4%를 향해 속도를 올리고 있었다. 1% 차이는 별것 아니게 들릴지 모르지만 미국 같은 규모의 경제에 있어서는 엄청난 변화였다. 정부 통계학자들은 당시 연간 생산량을 약 8조 달러로 평가하고 있었는데, 이 정도 규모의 경제가 1% 포인트 더 빠른 속도로 성장하면 연간 800억 달러가 추가로 생산되고, 기업과 가계는 그만큼 더 많은 소득을 얻게 된다. 연간 800억 달러는 당시 아일랜드, 칠레, 쿠웨이트, 뉴질랜드 같은 국가의 전체 경제 생산량과 맞먹는 숫자였다.

경제 호황이 채용 붐을 동반하면서 노동자의 고용 불안도 결과적으로는 가라앉았다. 실업률은 1960년대 이후 처음으로 5% 미만으로 떨어져 꾸준히 그 자리에 머물렀고, 그린스펀의 예측대로 인플레이션도 계속 하락했다. 그는 월스트리트의 영웅이자 백악관의 영웅이 되었다. 클린턴은 쉽게 재선에 성공했고 프랭클린 루즈벨트 이후 처음으로 민주당 소속으로 연임한 대통령이 되었다.

클린턴은 부분적으로 시장의 힘과 정부의 경제 개입의 한계에 대한 밀턴 프리드먼의 사상을 받아들임으로써 이를 달성했다. 1996년 1월 연두교서에서 그는 "큰 정부가 모든 답을 가지고 있지는 않다는 것을 알고 있다"라고 말했다.

"우리는 모든 문제에 대응책이 있는 것은 아니라는 사실을 알고 있다. 우리는 미국 국민에게 더 작고 덜 관료적인 연방 정부를 제공하기 위해 노력해 왔다. 그리고 우리는 미국 국민에게 수입에 맞춰서 지출하는 정부를 제공해야 한다. 큰 정부의 시대는 끝났다."

두 번째 임기를 맞이한 클린턴은 옐런에게 스티글리츠의 뒤를 이어 백악관 경제자문위원회 위원장이 되어 달라고 요청했다. 옐런은 수락했다. 하지만 그 자리가 그녀의 커리어에서 가장 불쾌한 경험 중 하나가 되리라는 사실을 그때는 알지 못했다.

그녀를 괴롭힌 것은 경제가 아니었다. 당연했다. 경제학자들은 인플레이션을 일으킬 정도로 뜨겁지도 않고 실업률이 높아질 정도로 차갑지도 않은 이 경제를 골디락스[30] 경제라고 부르기 시작했다. 훗날 옐런은 "정말로 모든 것이 다 좋아지고 있었다"라고 회상했다. 환상적인 실업률 지표가 나오자 백악관의 루즈벨트 룸에서 백악관 보좌관들이 왁자지껄 소리를 지르는 가운데 백악관 고문 진 스펄링과 춤을 추며 발표를 한 적도 있었다.

그녀를 괴롭힌 것은 불편하고 스트레스 덩어리인 정치 게임이었다.

2년여 전 워싱턴에 처음 입성할 때, 옐런은 실용적인 초당파적 인물로 자신을 소개했었다. 1960년대와 1970년대 재앙과도 같은 백악관의 간섭을 겪은 후 정치와 거리를 두려고 노력하고 있던 연준에서 이러한 유형은 잘 먹혔다. 하지만 백악관 내부에서 일하는 것은 완전히 다른 게임이었다. 굳게

---

30. Goldilocks. "금발머리"라는 뜻. 숲에서 길을 잃은 금발 소녀가 우연히 세 마리 곰이 사는 집에 들어갔는데 아빠곰의 죽은 너무 뜨겁고, 엄마곰의 죽은 너무 차갑고, 아기곰의 죽이 딱 먹기 좋았다는 전래 동화에서 유래한 이름

닫힌 철문 뒤에서 이루어지는 의사 결정은 단순히 수학 방정식이나 질서 정연한 내부 토론으로 이루어지는 것이 아니었다. 당파 간의 정책 싸움에서 승리하고, 대통령의 대중적 위상을 높이고, 대통령을 재선시키고, 의회에서 당의 의석을 방어하고 확보하고, 정치적 경쟁에서 승리하는 데에 도움이 되는 프레임으로 야당을 정의하는 것이었다. 의사결정권자들—대통령부터 가장 말단 보좌관까지—은 종종 스스로의 경력 개발과 영역 구축 및 보호가 최우선 순위인, 야심과 자신감으로 가득 찬 사람들이었다. 연준이 고요한 성당이었다면, 백악관은 전시 상황실이었다.

게다가 옐런이 합류했을 때 백악관은 이미 유명 인사들이 너무 많았다. 그 중에는 클린턴의 경제 정책 담당인 스펄링도 있었는데, 그는 클린턴 선거 캠프에서부터 활동한 에너지가 지나치게 넘치는 서른다섯 살의 베테랑이었다. 그는 백악관 웨스트윙에 있는 사무실에서 자고, 운동용 자전거를 타면서도 휴대전화로 일하는 것으로 유명했다. 클린턴이 재선되자 국가경제위원회 위원이 되었고, 나중에는 인기 텔레비전 드라마 〈웨스트 윙〉에 자문을 해주다가 대본 작가 중 한 명과 결혼했다.

서머스는 재무부 차관에 오르며 그의 지능과 워싱턴의 더 높은 자리에 대한 야망을 노골적으로 드러냈다. 그의 상사인 재무부 장관은 보수적인 전 골드만삭스 CEO 로버트 루빈이었다. 루빈은 국가경제위원회 위원장으로 스펄링과, 재무부 장관이 된 후로는 서머스와 긴밀하게 일했다.

세 사람 모두 1988년 마이클 두카키스의 대선 캠페인 실패 이래 수년 동안 정계에서 활동해 왔다. 그들은 처음부터 클린턴과 함께했다. 1992년 클린턴의 선거 구호인 "사람을 최우선으로^{Putting People First}"는 경제 문제를 정치적인 용어로 표현하는 데 능숙한 변호사 출신 스펄링이 2주일 만에 만들었다. 스펄링과 서머스는 테니스 파트너였다.

스펄링은 까다롭고 무뚝뚝했으며 자기만의 시간표대로 일했다. 스펄링이 종종 옐런과의 약속을 잊어버리고 약속 시간이 한참 지나도록 전화 통화를 하는 동안 그녀는 그의 사무실 밖에 앉아서 기다려야 했다. 옐런은 일찍 잠자리에 드는 타입인데 때때로 취침시간을 훨씬 지난 시간에 이야기를 하자고 하기도 했다. 때때로 옐런은 뒤늦게 회의에 초대받아 미리 준비할 시간도 거의 없이 참석해야 했고, 그 때문에 긴장해야 했다. 때때로 그녀는 자신이 등장하기 전에 판이 짜여진 클린턴 조직에서 완전히 배제되고 있다는 것을 실감해야 했다.

1997년 경제는 호황이었고, 정부 재정 적자 폭주에 대한 월스트리트의 우려는 사라졌다. 부시와 클린턴 모두 정부 지출을 억제하고 고소득층에 대한 세금을 인상하는 법안을 의회와 협상해서 입법시켰다. 재정 적자가 줄어든다는 것은 정부가 돈을 빌리기 위해 국채를 많이 팔지 않아도 되고 세수 부족분을 충당할 기금을 마련할 필요가 없다는 것을 의미했다. 클린턴 경제팀의 기대대로, 금리는 하락했다.

냉전이 종식되면서 군사비 지출을 삭감할 수 있는 여지가 생긴 것도 예산 절약에 도움이 되었다. 강력한 경제 성장과 주식 가치 상승으로 소득세와 및 양도소득세 수입이 급증했다. 연방 정부는 1960년대 이후 처음으로 예산 흑자를 기록했다. 이제 공화당과 민주당은 여분의 돈을 어떻게 사용할 것인지를 놓고 싸웠다.

공화당은 감세를 원했다. 또한 사회 보장 세금을 개인 퇴직 연금 계좌 운영 자금으로 돌리기를 원했다. 클린턴은 국가 부채를 상환하는 쪽이 장기적으로 사회 보장 및 메디케어(노년층 의료 보장 제도)와 같은 프로그램을 더 안전하게 만들 것이라 주장했다. 이 과정을 주도한 것은 스펄링이었다. 스펄링은 클린턴의 선거운동 기간 동안 작성했던 "사람을 최우선으로" 문서를 반영한 정치 전략을 수립했고, 새로운 계획에 "사회 보장 유지를 최우선으로Save Social Security First"라는 타이틀을 붙였다.

옐런은 태생적인 불리함을 안고 이 자리에 왔다는 것을 알고 있었다. 그녀는 세계에서 가장 큰 권력을 쥔 인물과 개인적인 친분이 전혀 없었다.

"대통령을 가장 잘 아는 사람들은 선거 운동 초기부터 함께했던 사람들이었다. 나는 그런 친밀감을 쌓을 기회가 없었다"라고 옐런은 회상했다. "나는 그의 첫 임기 때 백악관에 있지도 않았다."

백악관은 연준과는 완전히 다른 느낌이었다. 좁고 숨막히고 매일, 하루종일, 정적들 사이에 수류탄이 날아다니는 벙커 같았다. 옐런이 편안함을 느꼈던, 차분하고 웅장한 중앙은행에서는 찾아볼 수 없는 인간의 허세를 이끌어 내는 곳이었다.

백악관에서는 수면 아래에서 다른 무언가가 꿈틀거리고 있었다. 클린턴은 더 많은 여성을 정부 고위직에 진출시키려고 노력했고, 옐런도 그 노력의 수혜자였지만, 그럼에도 불구하고 백악관은 여전히 땀 냄새 가득한 체육관 라커룸 같았다. 이 곳에서 대통령을 에워싸고 있는 핵심 의사결정권자들은 말을 함부로 하고, 시끄럽고, 야망으로 드글거리는 사내들이었다. 여성들은 종종 그들에게 짓밟힌다고 느꼈다. 이런 분위기를 처음으로 폭로한 사람은 클린턴의 첫 대변인이었던 디디 마이어스였다. 마이어스는 1996년 언론인 제프리 번바움의 책 〈매드하우스^{Madhouse}〉에서 클린턴 백악관은 "백인 남자들의 클럽"이자 "마초들의 비밀 도당"이라 불렀다. 옐런의 재임 기간 동안 클린턴과 백악관 인턴 모니카 르윈스키의 불륜이 세상에 드러나면서 이러한 분위기는 더욱 악화되었다.

옐런은 클린턴의 변덕스러운 면에 어필하여 대통령과 관계를 쌓아갔다. 클린턴은 매주 경제에 대한 옐런의 보고서와 학술 연구를 탐독했고 때때로 추가 자료를 요청하기도 했다. 한 번은 글로벌 금융에 관해 읽은 200페이지 분량의 학술 서적을 "내가 여백에 언급한 내용에 대해 어떻게 생각하나요"라는 메모와 함께 보내기도 했다. 그녀는 매주 대통령과의 회의를 앞두고 수 시간 동안 무슨 말을 할 것인지 정확하게 적었다. 동료인 앨리샤 먼넬이 준비가 됐는지 물으면 옐런은 5분만 더 주면 뭔가 나올 것 같다고 대답하곤 했다. 또다른 하버드 경제학 박사이자 경제자문회의 위원 세 명 중 한 명인 먼넬은 옐런의 강박적인 준비가 그녀의 성격을 들여다볼 수 있는 좋은 창이라고 생각했다. 그녀는 옐런이 아주 똑똑하고 필요한 경우 별다른 준비 없이도 완벽하게 해낼 수 있는 사람이라고 생각했다. 옐런이 회의 전에 그렇게 열심히 준비하는 것은, 마치 학교에서 A학점만 받는 학생처럼, 실패하고 싶지 않았기 때문이었고, 특히 대통령 앞에서는 절대 실패할 마음이 없었다.

한때 먼넬은 경제자문위원회 위원장 자리가 자신에게 오지 않을까 생각했던 적이 있었고, 그래서 옐런이 그 자리에 왔을 때 약간 마음이 상했었다. 하지만 옐런은 사무실 안팎에서 관계를 형성하기 위해 노력을 아끼지 않았고 오래지 않아 먼넬의 충성심을 얻었다. 백악관에서 유난히 길고 힘든 하루를 보낸 어느 날, 옐런은 먼넬에게 이 피로를 풀 수 있는 방법은 딱 하나밖에 없다고 말했고, 두 사람은 밖으로 나가 마티니를 마셨다. 먼넬은 옐런의 웃음이 전염성이 있다는 것, 그리고 옐런이 제대로 긴장을 푸는 법을 알고 있다는 것을 발견했다.

옐런은 매우 분열적인 논쟁에서 아주 눈에 띄는 역할을 하게 된다. 바로 기후 변화였다. 1997년 클린턴과 고어는 교토에서 세계 지도자들과 모여 온실가스 배출량 감축 목표를 설정하기 위한 회의를 준비하고 있었다. 다양한 시나리오의 경제적 비용과 최선의 대응 방법을 측정하는 것이 옐런의 일이었다. "경제자문위원회의 가장 중요한 역할은 나쁜 아이디어를 격추시키는 것"이라고 훗날 옐런은 말했다.

휘발유 세금, 대형 석탄 화력 발전소의 배출량 상한선, 태양 에너지나 풍력 발전소와 같은 신기술에 대한 투자, 신차에 대한 효율성 의무화, 탄소를 흡수하는 나무 심기, 메탄 감축 의무 등등 너무나 많은 선택지가 있었고, 그 선택지들이 각각 경제에 어떤 영향을 미칠지 해독하는 것은 아주 복잡한 작업이었다. 정부가 목표에 도달하는 방법을 설명하지 않고 목표만 설정할 수는 없었다. 백악관은 태스크 포스를 구성하여 추정치를 제시했지만, 여러

기관의 상반된 견해로 인해 수렁에 빠지고 말았다. 이 과정이 실패하자 옐런이 직접 나서서 문제를 해결해야 했다.

경제학에는 '외부성externality'이라는 용어가 있다. 경제 활동으로 인해 외부인에게 피해를 주는 결과를 가리키는 말이다. 강변에 있는 한 공장에서 화학 폐기물을 강으로 방류한다고 가정해보자. 또 그 화학 폐기물이 하류의 식수를 오염시키고 지역 사회의 식량이 되는 물고기들을 폐사시킨다고 가정해보자. 시카고학파와 케인스주의자들 모두 이것이 문제라는 데에는 동의했다. 시카고 학파는 피해자와 오염원이 협상을 통해 사적 합의를 도출하여 피해자에게 보상하거나 오염을 중단하고 원상복구를 시켜야 한다고 생각했다. 이들의 견해에 따르면 이러한 종류의 분쟁은 개인의 재산권 행사에 관한 것이었다.

그러나 많은 경우 외부성 문제는 복잡하다. 오염원과 피해자가 명확하게 정의되지 않거나, 각자의 권리가 명확하게 규정되지 않거나, 피해를 쉽게 측정할 수 없는 경우가 많기 때문이다. 이러한 경우 정부가 개입해야 하는지, 개입한다면 어떤 도구를 사용할 것인지에 대한 문제가 종종 발생한다. 시카고 경제학자들은 일반적으로 세금을 싫어하지만, 어떤 경우에는 오염 물질에 대한 세금을 부과하는 것이 다른 사람에게 피해를 주는 행동을 자제하게 하는 가장 효율적인 방법이라고 믿었다.

기후 변화는 전 세계가 지금까지 직면했던 그 어떤 문제와도 비교할 수 없는 규모의 외부성 문제였다. 이 문제를 평가하고 해결책을 찾는 것은 결코 쉬운 일이 아니었다. 대기 중 온실가스 축적으로 인한 잠재적 피해에 대한 과학의 설명은 불확실하고 계속 발전하고 있었으며 미래에 일어날 지도 모르는 일에 초점을 맞추는 경향이 있었다. 게다가 문제의 원인을 일으키는 주체는 수도 없이 많았고 피해자는 누구인지도 불확실했다. 20세기 세계 산업 강국이었던 미국은 이미 대기 중에 배출된 대량의 탄소와 메탄에 대한 책임을 져야 했다. 그러나 개발도상국에서는 산업화를 통해 빈곤에서 벗어나기 위해 질주하면서 배출량이 급격히 증가하고 있었다. 따라서 그들도 문제의 원인 중 일부가 되어 가고 있었다. 미국인들은 세금을 혐오했고, 특히 세금을 올리면 가장 큰 타격을 받는 계층은 저소득층이었다. 클린턴은 1993년 예산 적자를 줄이고 기후 변화에 대응하기 위해 에너지세를 제안했지만 거센 반대에 부딪혔다. 클린턴 바로 전 대통령인 부시는 세금을 올리지 않겠다는 약속을 번복한 것이 재선에 뼈아픈 부담이 되었다.

미래에 어떤 결과를 초래할지 확실하지 않은 문제를 막기 위해 국가는 어느 정도의 경제적 고통을 감내할 준비가 되어 있어야 할까? 누가 가장 큰 부담을 져야 할까? 클린턴은 광범위하고 초점이 사방으로 분산된 문제에 대한 조치를 어떻게 조율할 수 있을까?

옐런은 "경제를 죽이지 않고도 할 수 있는 방법이 있는지가 문제의 핵심이 되었다."라고 회상했다. 그녀는 특히 중국에 집중했다. 중국의 산업은 매우 비효율적이어서 온실가스 문제를 해결하는 효과적인 방법 중 하나는 중국 기업과 가정에게 공해 저감 비용을 지원하는 것이었다. 경제학자들에게는 논리적인 해결책이었지만, 일부 환경운동가들에게는 부도덕한 방법이었고, 미국이 자국의 책임을 인정하지 않고 다른 나라에 떠넘기는 것으로 보였다.

무대 뒤에서 옐런과 서머스는 앨 고어 부통령의 팀에 합류하여, 너무 야심 찬 단기 목표를 가지고 탄소 배출량을 줄이기 위해 지나치게 공격적으로 움직이지 말라고 주장했다. 이런 방식은 경제에 피해를 줄 수 있었고, 장기적인 관점에 초점을 맞추고 유연한 목표를 설정해야 한다는 것이 그들의 조언이었다. 이 문제의 뒤에 있는 과학은 진화하고 있었고 경제는 복잡했다. 미국은 그 과정에서 배워나가야 했다.

고어는 기술 발전이 비용을 낮출 수 있다고 믿었다. 행정부의 환경 운동가들은 경제학자들이 비용에 대한 암울한 경고로 야심 찬 의제를 방해하고 있다고 생각했다. 내부 토론에서 그들은 경제학자들에게 "실제로 할 의지도 없으면서 뭔가 하는 척 말만 많다"라며 그들의 경고를 비꼬았다.

내부적으로 비용을 측정하는 것 외에도 경제적 피해에 대한 경각심을 불러일으켜 행정부의 의제를 죽이지 않고 의회와 대중에게 홍보하는 것도 옐런의 일이 되었다. 그녀는 동료들에게 솔직히 말해서 자신이 방어할 수 없는 주장을 해야 할 것 같다고 걱정을 털어놓았다. 1997년 7월, 옐런은 의회 위원회에서 "이렇게 요약할 수 있습니다. 멍청하게 하면 비용이 많이 들지만 영리하게 하면 비용도 훨씬 적게 들고 장기적으로는 순이익을 낼 수 있다는 결론에 도달하게 됩니다."라고 말했다.

그러나 옐런의 발언에서 언론 헤드라인을 장식한 것은 이 문장이 아니었다. 대신 바로 그 청문회에서 이 문제는 너무 복잡해서 경제적 교환에 대한 정확한 모델을 구축하는 것이 사실상 불가능하다고 말했다가 집중 포화를 받았다. 기후 위기 관련 운동에 반대하는 사람들은 행정부가 나라를 어떤 방향으로 몰고 가고 있는지 전혀 모른다고 주장하기 위해 그녀의 말꼬리를 잡았다. 기후 위기 관련 운동을 지지하는 사람들은 옐런이 그들의 주장을 약화시켰다는 사실에 분노했다. 진실은, 행정부조차도 어떤 정책을 입안해서 시행할지 구체적으로 그린 바가 없었기 때문에 명확한 발언을 할 수가 없었던 것이다.

그해 7월 상원은 개발도상국들이 동의하지 않는 한 탄소 배출량 감축을 위한 어떠한 협정에도 서명하지 말 것을 촉구하는 결의안을 통과시켰다. 중국과 인도가 배출량을 늘리는데 왜 미국만 배출량을 줄여야 하나? 그 누구도 탄탄한 경제를 망치고 싶어하지 않았다. 대표적인 석탄 생산지인 웨스트 버지니아 주의 민주당 의원 로버트 버드와 네브래스카 주의 공화당 의원 척 헤이글이 발의한 이 결의안은 95대 0으로 통과되어 행정부가 일본에서 어떤 합의도 하기 전에 수갑을 채워버렸다.

옐런과 서머스는 유연하고 시장 지향적이며 천천히 접근해야 한다고 대통령과 부통령에게 제언했었다. 그리고 그들은 논의에서 졌다.

12월에 고어가 교토를 방문해 2010년까지 탄소배출량을 1990년 수준으로 되돌리기로 합의하는 의정서에 서명하자, 옐런은 곤경에 처했다. 너무 공격적이고 구체화되지도 않은 정책을 방어해야 했기 때문이다. 반대론자들은 의정서를 이행하는 데 드는 비용이 얼마인지 내놓으라고 요구했지만 옐런은 이미 정확하게 알기 어렵다고 답한 바 있었다. 그녀는 클린턴의 의제를 지지하고 싶었지만 정치적 이득을 위해 진실을 가리고 싶지도 않았다. 옐런은 이 문제로 몹시 고뇌했고, 자신이 믿는 경제학적 논리에 대해 거짓말을 해야 한다면 사임을 고려하는 수밖에 없겠다고 생각했다.

1998년 3월, 옐런은 미국이 시장 친화적인 정책을 채택할 경우 교토 의정서 이행 비용이 그렇게 크지 않을 수 있다는 추정치를 발표했다. 의원들은 이쪽 저쪽 할 것 없이 그녀를 찢어발겼는데, 한쪽은 그녀의 추정이 신뢰할 수 없다고 주장했고, 다른 쪽은 그녀가 비용을 언급한 것 자체에 분노했다.

옐런은 적은 비용으로도 교토 의정서 이행은 가능하지만, 탄소세를 부과하고, 중국과 같은 국가들을 글로벌 거래 시스템에 참여시켜 가난한 국가들에게 배출량을 억제하는 대가로 경제적 이득을 얻을 수 있는 기회를 제공하는 등 행정부 내 라이벌들이 반대하는 조건 하에서만 달성할 수 있다고 전제를 달았다.

옐런은 많은 중국 가정이 난방을 위해 연탄을 때는 것을 보았다. 옐런은 이들이 더 효율적인 에너지원으로 전환하도록 지원함으로써 미국이 적은 비용으로 전 세계 배출량을 줄일 수 있다고 믿었다. 또한 가정용 휘발유세는 정부 규제보다 훨씬 효율적이기 때문에 경제적으로는 매력적이지만, 가계의 주머니 사정에 타격을 주기 때문에 정치적으로는 위험했다.

그해 3월 청문회를 앞두고 옐런은 피할 수 없는 역풍에 대비하기 위해 답변 연습을 했다. 경제자문위원회 스태프들이 번갈아가며 가상 문답을 도와주었다. 청문회는 4시간 동안 진행되었고, 옐런은 한 번도 경험해 보지 못한 비판에 직면했다.

그녀를 가장 맹렬하게 몰아붙인 사람 중 한 명은 미시건 주 하원의원 존 딘겔(민주당)이었다. 딘겔은 워싱턴 정가에서 영향력이 셌으며, 자동차 산업을 규제로부터 보호하려는 목적이 확고했다. 옐런은 지난 여름에도 그의 위원회 앞에서 증언한 적이 있었다. 이제 옐런과 딘겔의 2차전이었다.

"옐런 박사님, 박사님은 지난 번 증언에서 교토 의정서 이행에 필요한 비용의 분석과 평가가 소용없는 것으로 판명되었고, 더이상 진행하지 않을 것이라고 말했었습니다. 이제 박사님이 제시하는 새로운 분석이, 정부가 이미 사전에 협상을 끝내놓은 정책을 사후에 합리화하는 것이 아니라고 대중을 설득할 수 있을까요?"

옐런은 이 문제에 대해 최대한 말을 빙빙 돌렸다. "저는 이 위원회에서 증언하면서 소용없다는 단어를 사용하기는 했지만, 모든 경제 분석이나 모든 모델링이 소용없다고 말한 적은 없습니다. 저는 오늘 결정적인 분석을 제시하고자 한 적도 없습니다. 실제로 제 증언은 상당히 명확합니다. 가계에 미치는 일반적인 영향을 살펴보는 숫자는 어디까지나 예시적인 숫자로, 모델링 결과가 유연성 조건—어디서, 무엇을, 언제—을 성공적으로 구현할 경우, 비용이 그리 크지 않을 것이라는 저의 실질적인 결론과 일치한다는 것을 보여줍니다."

"당신의 증언에는 다소 영웅적인 가정이 포함되어 있군요." 딘겔이 되받아쳤다.

옐런은 중국 경제를 총괄하는 총리 주룽지朱鎔基에게 자신의 논리를 이해시키려 했다. 그녀는 중국이 전 세계 탄소 배출량을 줄이기 위한 협약에 서명하기를 원했다. 미국이 도움을 줄 수는 있었지만 쉽지 않은 일이었다. 중국은 여전히 가난한 나라였고, 지구를 망가뜨리고 있는 대기 중의 탄소는 가난한 나라가 아닌 부자 나라들이 배출한 것이었다. 중국이 아직 가난할 때 미국과 같은 부자 나라들이 시작한 재난에 대해 왜 중국이 함께 책임을 져야 하겠는가.

클린턴의 국빈 방문 때 딘겔과 옐런은 대규모 수행단의 일원으로 함께 중국을 방문했다. 베이징 외곽의 만리장성 관광 일정 중에 딘겔은 옐런과 친해졌다. 딘겔은 옐런에게 그녀를 좋아한다고 말하면서 자신의 공격은 그저 정치일 뿐, 너무 개인적으로 받아들이지 말라고 말했다. 몇 년 후, 경제자문위원회에서 스태프로 일했던 경제학자 조셉 앨디가 오찬 자리에서 딘겔에게 다가갔다. 키가 큰 딘겔은 앨디의 어깨에 팔을 두르고 "교토 의정서로 난리였을 때, 그들은 옐런에게 닭똥으로 치킨 샐러드를 만들어 달라고 한 셈"이라고 말했다. 그는 옐런이 경제를 위해 일을 매우 훌륭하게 해냈다고 말한 뒤 그 자리를 떴다.

클린턴은 상원 비준을 통과하지 못할 것이 명백한 교토 의정서 법안을 아예 제출조차 하지 않았다. 훗날 조지 W. 부시 대통령은 교토 의정서가 사망했다고 공식 선언한다. 교토 의정서는 옐런에게 워싱턴 정계의 험난함과 정직한 분석으로 뒷받침할 수 없는 발언을 해야 하는 불편함에 대해 잊을 수 없는 기억을 남겼다. 실제로 미국의 탄소 배출량은 향후 20년 동안 계속 증가하다가 크게 감소하여 교토 의정서에 명시된 1990년 수준 이하로 떨어지게 되지만, 이는 미국이 이를 실현하기 위한 정책을 시행했기 때문이 아니다. 1997년, 미국 경제에 아무도 예상하지 못했던 쇼크가 강타했고, 그 충격으로 인해 경기 침체에 빠지면서 탄소 배출량이 자연스럽게 감소했기 때문이다. 아무도 예상하지 못했던 또 하나의 변화도 미국의 탄소 배출량을 떨어뜨렸다. 수압 파쇄법의 등장으로 텍사스에서 셰일가스 붐이 일어나며 시추업체들이 값싼 천연가스에 접근할 수 있게 되었고, 이로 인해 미국 발전소들이 수익성이 낮은 석탄을 천연가스로 대체하기 시작한 것이다.

그 사이에 중국은 산업 강국이 되었다. 1990년대 중국의 탄소 배출량은 모든 예상치를 훨씬 뛰어넘는 수준으로 급증했다. 2020년이 되자 전 세계 탄소 배출량에서 중국이 차지하는 비중이 모든 선진국의 배출량을 합친 것보다 더 커졌다. 아무도 예상하지 못했던 놀라운 경제 성장을 이룩하고 나서야 중국은 탄소 배출량 감축에 동의했다.

"재닛이 연준에 있을 때 나는 집안일을 도맡는 방법으로 그녀를 최대한 지원했다." 애컬로프의 회상이다. "하지만 백악관 시절에는 매일 정치적 폭풍 속에서 심리적으로 지지해주는 것이 훨씬 중요한 역할이 되었다."

옐런과 애컬로프 부부는 워싱턴과 메릴랜드 주 경계에서 가까운 부유한 주택가 체비 체이스에 있는 붉은 벽돌집에서 살았다. 비행기로 여행할 때에는 이코노미석을 탔다. 애컬로프는 출발 두세 시간 전에 게이트에 도착하고 싶어 하는 옐런의 성향과 완벽하게 맞았다. 애컬로프 역시 옐런처럼 리스크를 감수하지 않는 타입이었다. 비행기에서 내리면 눈에 띄지 않게 다른 사람들처럼 줄을 서서 택시를 탔다. 옐런이 직장에서 입는 옷은 여성 기성복 체인인 탤버츠Talbots에서 산 정장이었다. 조금 더 옷차림에 신경을 써야 하는 날에는 에르메스의 실크 스카프로 포인트를 주었다. 애컬로프의 유니폼은 언제나 카키색 바지와 발이 아파도 편하게 신을 수 있는 하이킹화였다.

부부가 돈을 아끼지 않은 분야는 로비의 교육이었다. 로비는 워싱턴 내셔널 대성당의 우뚝 솟은 탑 바로 옆에 있는 세인트 앨번스 고등학교에 입학했다. 세인트 앨번스는 남학교로, 정당과 정파를 막론하고 워싱턴 엘리트들과 그들의 아들들이 다닌 학교였다. 앨 고어 부통령도 이 곳에서 공부했고, 고등학교 때부터 친구였던 빌 오클리와 조쉬 웨인스타인은 텔레비전 쇼 〈심슨〉을 함께 썼다. 조지 H. W. 부시 대통령과 바바라 부시의 아들인 닐과 마빈 부시, 제시 잭슨의 장남인 제시 잭슨 주니어의 모교이기도 했다.

아침에는 애컬로프와 옐런이 번갈아 가며 로비를 학교에 데려다주었고, 오후에는 로비 혼자 택시를 타고 하교했다. 옐런은 일찍 일어나 커피를 마시며 조용히 하루를 준비했다. 보통 6시반 전에는 일어났고, 저녁 8시 30분이면 잠자리에 드는 것을 좋아했지만 백악관에서 일하면서 그런 생활은 끝났다. 로비는 종종 부모님을 위해 저녁 식사를 준비하곤 했다. 가끔은 아버지와 아들 둘이서 스시를 먹으러 나갔고, 돌아오는 길에는 야근하는 옐런을 위해 로스트 치킨을 사오기도 했다. 로비는 여름 방학에 어머니가 있는 경제자문 위원회에서 인턴으로 일했다. 1999년, 로비는 그의 부모가 그랬듯 전과목에서 A를 받는 학생이었다. 로비는 부모의 모교인 예일대에 진학했고, 부모처럼 수학과 경제학을 전공했다.

워싱턴 시절 동안 애컬로프 자신의 이론은 새로운 방향으로 갈라져 뻗어 나가게 되었다. "약탈" 이슈로부터 사회학과 한몸이라고도 할 수 있는 훨씬 더 추상적인 주제로 진화했다. 애컬로프의 버클리 박사 과정 제자 중 한 명인 레이첼 크랜튼은 메릴랜드 대학교의 조교수가 되어 같은 동네에 살고 있었다. 애컬로프와 크랜튼은 친했고, 옐런과 애컬로프가 처음 워싱턴으로 이사 왔을 때 크랜튼은 그들의 고양이 첼시를 돌봐주기도 했다.

1995년, 애컬로프와 크랜튼은 사람들이 직장, 학교, 정치 등과 같은 분야에서 어떤 선택을 하는지에 대해 대화를 나누기 시작했다. 왜 여성은 간호사나 초등학교 교사 같은 특정 직종에 몰리는 반면, 남성은 의학이나 대학 교수 같은 직종에 몰리는 것일까? 능력이 비슷비슷한데도 여성과 남성은 스스로를 특정 그룹으로 소속시키는 경향이 있었다. 그리고 왜 어떤 학생들은 공부를 잘하기 위해서 서로를 돕고, 어떤 집단은 좋은 성적을 받기 위해 친구를 배제할까? 학교 교육에 대한 경제적 인센티브는 동일했지만, 아이들은 사회적 지위에 따라 다르게 반응했다. 또 하나, 무엇이 어떤 사람들로 하여금 열성적으로 특정 정당이나 운동을 따르게 하는 반면 특정 집단은 배척하게 만들까?

크랜튼은 애컬로프에게 흥미로운 이론을 제시했다. 그녀는 사람들이 자신이 속해 있는 집단을 중심으로 자신의 정체성을 정의하고, 이러한 집단에 대한 정체성과 애착에 큰 비중을 둔다고 믿었다. 이러한 애착은 개개인의 의사 결정으로 이어진다. 이 이론은 개인이 단순히 경제적 지위를 향상시키기 위해 선택을 한다는 기존의 경제학적 사고에 반기를 드는 것이었다.

두 사람은 5년 동안 주제를 함께 연구했다. 애컬로프의 차는 로비가 여기저기 기운 아버지의 스웨터와 비슷하다고 생각하는 낡은 갈색 토요타였다. 애컬로프는 금요일 아침마다 체비 체이스에 있는 크랜튼의 집으로 데리러 가서 브루킹스 연구소에 있는 사무실에서 하루 종일 함께 연구를 했다. 오후에는 도중에 로비를 학교에서 태워서 함께 크랜튼을 집에 데려다주었다. 로비는 뒷좌석에 앉아 두 사람이 개척하고자 하는 새로운 분야, "정체성 경제학"에 대해서 경청하곤 했다. 백악관에서의 긴 하루를 끝내고 집에 돌아온 옐런은 저녁 식사 자리에서 이 이야기를 들었다.

오랫동안 많은 경제학자들이 애컬로프와 크랜튼의 연구에 관심을 보이지 않았지만, 결국 상황이 바뀐다. 1999년, 아시아와 러시아에서 금융 위기가 터지자 타임 지는 표지에 자신감 넘치는 그린스펀, 서머스, 루빈의 사진과 함께 "세계를 구하기 위한 위원회"라는 제목을 달았다. 금융 위기는 경제적으로 빠르게 성장한 수많은 아시아 국가들을 집어삼켰다. 중국만이 예외였다. 가장 큰 타격을 입은 한국, 태국, 인도네시아는 모두 부동산 시장에서 은행이 공격적으로 대출을 내주던 시기를 겪었다. 많은 대출이 부실화되자 은행이 흔들리고 경제는 불황에 빠졌다. 러시아도 부실 대출로 휘청거렸다. 클린턴 경제팀의 임무는 아시아발 금융 위기의 여파로부터 미국을 격리시키고 국제통화기금IMF의 차관을 통해 흔들리는 국가들을 지원하는 것이었다.

이 접근 방식은 효과가 있는 듯했다. 미국 경제의 호황은 계속되었고 실업률은 계속 하락했다. 타임 지는 그린스펀, 루빈, 서머스를 가리켜, 시장의 격동을 헤쳐나가며 경제를 강하고 안전하게 이끈 최고의 정책 입안자, 일명 "시장의 삼총사Three Marketeers"라고 불렀다. 이 기사에 옐런은 등장하지 않았다. 하지만 아시아 금융 위기를 다룬 월스트리트 저널 기사에 그녀의 이름이 등장한다. 애컬로프가 월스트리트 저널 기자 데이비드 웨셀에게 미국, 일본, 유럽 등 세계 경제 대국들이 총 7,000억 달러를 공동으로 차관해서 가난한 나라들에게 직접 빌려주자고 제안했기 때문이다. 가난한 나라들은 이 돈으로 경제를 부양하고, 경제가 회복되면 상환한다.

옐런은 남편의 아이디어에 대해 미쳤다고 말했다.

Yellen Yellen Yellen Yellen
Yellen Yellen Yellen Yellen
Yellen Yellen Yellen Yellen
Yellen Yellen Yellen Yellen
Yellen Yellen Yellen Yellen
Yellen Yellen Yellen Yellen
Yellen Yellen Yellen Yellen
Yellen Yellen Yellen Yellen
Yellen Yellen Yellen Yellen
Yellen Yellen Yellen Yellen
Yellen Yellen Yellen Yellen
Yellen Yellen Yellen Yellen
Yellen Yellen Yellen Yellen
Yellen Yellen Yellen Yellen
Yellen Yellen Yellen Yellen

Chapter 12

황금기의 황혼에서

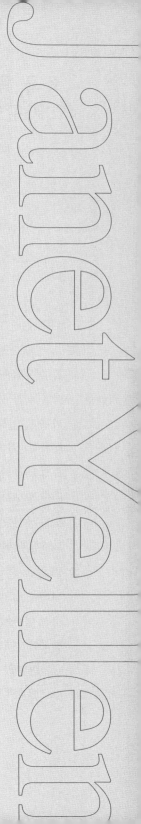

중국, 멕시코,
리카도의 비교 우위론

1993~2001

폴 새뮤얼슨은 하버드 대학원생 시절 스타니슬라프 울람이라는 위대한 수학자와 친구가 되었다. 울람은 훗날 맨해튼 프로젝트에 참여하여 원자폭탄과 컴퓨터 시뮬레이션 개발에 기여하게 되는 물리학자이기도 했다. 울람은 새뮤얼슨을 곧잘 놀려대곤 했는데, 어느 날은 새뮤얼슨에게 "매우 중요하고 증명 가능한 사실이지만, 사람들이 잘 인지하지 못하는 경제학 개념 한 가지를 말해보라"고 했다. 새뮤얼슨은 처음에는 당황했지만, 곧 "자유무역이 모든 국가에 유리하다는 생각"이라고 답했다.

자유 무역에 대한 이 오래된 생각은, 옐런의 첫 번째 워싱턴 시절의 처음과 끝을 장식했을 뿐 아니라 먼 훗날 그녀가 다시 이어받게 되는 분열적인 세계를 정의한, 두 가지 중요한 경제 논쟁의 핵심이었다. 둘 다 무역 협정 추진 여부에 대한 논쟁이었다. 첫 번째 논쟁의 상대국은 멕시코, 두 번째는 중국이었다.

클린턴은 옐런이 백악관에 부임하기 전에 멕시코와의 이미 무역 협상을 완료했지만, 이후 이 정책을 옹호하는 업무는 옐런에게 떨어졌다. 1999년 로비가 대학에 진학한 후 중국 무역 논쟁이 뜨거워졌고, 옐런과 애컬로프는 버클리로 돌아가기로 결정했다. 워싱턴을 떠나기 전에 옐런은 중국과의 무역 관계를 강화하기로 한 클린턴의 결정을 지지했으며, 나중에 이 정책을 지지하는 경제학자들의 서한에도 서명했다.

모든 경제학 분야를 통틀어 무역만큼 의견의 합의가 이루어진 이슈도 드물다. 옐런은 대체로 그 합의를 수용했지만 애컬로프는 의구심을 품었다. 무역에 대한 논쟁은 18세기 말에서 19세기 초에 살았던 경제학자 데이비드 리카도에게까지 거슬러 올라간다. 때는 바야흐로 경제와 정치에 대한 인간의 지성이 성숙하고 있던 계몽주의 시대였다. 애덤 스미스와 콩도르세 후작을 넘어, 존 스튜어트 밀과 제레미 벤담은 인간사의 통치에 있어 개인 자유의 우위, 그리고 개인의 행위에 있어 행복의 위치에 대한 사상을 구축해 나갔다.

그리고 여기에 리카도와 그의 가장 친한 친구이자 가장 치열한 지적 라이벌이었던 토머스 맬서스도 있었다. 두 사람은 유럽의 증가하는 인구를 어떻게 먹여 살릴 것인가라는 단순한 질문을 놓고 입씨름을 벌였다. 맬서스는 유럽인들을 먹일 식량이 부족해서 유럽 인구가 증가하는 데 어려움이 있을 것이라고 주장했다. 리카도는 정부가 개입하지 않으면 더 많은 식량을 생산하고 소비할 수 있다고 생각했다. 그는 수입을 제한하여 부유한 영국 지주들을 보호하는 영국의 곡물법Corn Laws을 혐오했다. 리카도는 곡물법이 폐지되면 식량 공급이 확대될 것이라고 주장했다.

리카도의 비교우위 이론은 맬서스와의 논쟁을 거듭하는 와중에 발전했다. 리카도의 전제는 간단했다. 각 국가는 자국이 잘하는 것을 집중적으로 생산하고, 나머지는 서로 교역을 통해 사고팔 때 모두가 더 잘 살 수 있다는 것이었다. 리카도는 곡물 수입을 제한하여 자유 경쟁을 방해하는 법으로 지주를 보호할 이유가 없다고 생각했다. 그는 수입을 제한하는 대신 포용하는 것이 더 많은 사람들에게 이익이라고 생각했다.

리카도는 와인과 양모를 예로 들었다. 영국은 양모 생산을 가장 잘하고, 포르투갈은 와인 생산에 가장 적합하다고 가정해 보자. 가장 효율적으로 생산할 수 있는 것을 생산하고 나머지는 서로 교역하는 것이 양국의 이익에 부합한다. 양쪽 모두 소비할 수 있는 총량이 늘어나 와인과 양모를 각자 생산하고 서로 교역하지 않을 때보다 더 큰 이익을 볼 수 있다.

산술적으로 생각해보면 이 논리를 좀더 쉽게 이해할 수 있다. 영국 노동자 100명이 양모 바지 200벌 또는 와인 100병을 만들 수 있다고 가정해 보자. 반면 포르투갈 노동자 100명이 양모 바지 100벌을 만들거나 와인 200병을 만들 수 있다고 가정해 보자. 와인 한 병과 바지 한 벌의 가치는 같다. 영국은 바지 200벌을 만들어서 남은 100벌을 포트투갈에 수출하고, 포르투갈은 와인 200병을 생산해서 100병을 영국에게 수출한다. 결과적으로 두 나라 모두 자체적으로 생산할 수 있는 것보다 더 많은 바지와 와인(바지 100벌, 와인 100병)을 갖게 된다. 무역이 없다면 영국은 100명의 노동자를 나누어 최대 100벌의 바지와 50병의 와인밖에 생산할 수밖에 없기 때문이다. 한편 포르투갈의 노동자 100명은 최대 100병의 와인과 50벌의 바지밖에 만들 수 없다.

리카도는 한 국가가 다른 국가보다 와인과 바지 두 제품 모두 생산성이 더 높더라도 한 제품만을 전문적으로 생산하고 다른 제품은 수입하는 방식이 효과적이라는 것을 보여주었다. 승자독식 세계의 경쟁의 인식에 반하는 복잡한 개념이었다. 간단한 수학을 통해 전문화와 무역이 모든 사람의 생산과 소비를 극대화한다는 것을 알게 되었다.

제2차 세계대전이 끝난 후, 두 명의 경제학자가 100년 전 리카도의 아이디어를 확장했다. 한 명은 폴 새뮤얼슨이었다. 그는 리카도의 개념을 수학적으로 형상화하고 다양한 조건에서 이 개념을 검토했다. 만약 노동자들이 한 국가 또는 다른 국가로 이동한다면 어떻게 될까? 두 가지 이상의 제품이 관련되면 어떻게 될까? 가격이나 환율이 변하면 어떻게 될까? 그는 기본적으로 무역이 원원이라는 것을 확인했지만 한 가지 중요한 주의 사항이 있었다. 두 나라가 무역을 통해 모두 더 잘 살게 될 수도 있지만, 영국의 해고된 와인 생산자나 포르투갈의 해고된 바지 생산자처럼 그 나라 안에서 뒤처지는 사람들이 생길 수 있다. 새뮤얼슨은 자유 무역으로 뒤처진 사람들을 도울 사회의 책임을 정하는 것이 한 가지 과제라고 지적했다. 정부의 역할은 무엇일까? 무역으로 인해 산업이 타격을 입었을 때 그로 인해 뒤처지는 사람들이 정부의 도움 없이 스스로 어디까지 적응해야 할까?

두 번째 주자는 폴 크루그먼이었다. 롱아일랜드 교외에서 공상 과학 소설에 푹 빠져 자란 그는 MIT에 입학했을 무렵에는 조용하고 확신에 찬 경제학도였다. 십대 시절 그는 아이작 아시모프의 〈파운데이션〉 시리즈의 팬이었다. 이 소설들은 수학을 이용해 인간의 활동을 해독하고 은하계의 재앙을 막는 "정신사학자psychohistorian"라고 불리는 과학자들이 야만적인 사회를 길들이는 이야기를 담고 있다. 크루그먼에게 인간 행동에 대한 과학적 예측을 통해 인류를 구해야 한다는 명제는 경제학자가 되겠다는 결심으로 이어졌고, MIT에서 박사 과정을 밟게 되었다.

크루그먼은 무역의 유익함을 입증할 새로운 방법을 찾아냈다. 두 나라가 동일한 상품—예를 들면 고급 승용차—을 전문으로 생산하더라도, 소비자에게 다양한 상품을 제공함으로써 무역의 혜택을 누릴 수 있다는 것이었다. 무역을 통해 소비자들은 미국산 캐딜락, 독일산 BMW, 스웨덴산 볼보 등 다양한 고급 자동차의 선택지를 누릴 수 있다. 또한, 글로벌 시장에 수출함으로써 기업은 거대한 공장을 짓고 대량 생산할 동기가 생겨 효율성이 높아진다. 산업 시대에 많은 노동자가 집중된 기업들의 존재는 도시가 부상하는 배경이 되었다.

크루그먼은 무역 이론을 현대화하면서, 어떻게 경제가 사람들이 어디에 사는지를 결정하게 되었는지에 대한 새로운 연구의 물결에 박차를 가했다. 그는 또한 리카도와 새뮤얼슨이 가장 좋아했던 개념을 방어하기 위한 새로운 무기를 학계에 제공했다. 무역에 대한 논문들 덕분에 그는 경제학계에서 가장 존경받는 학자들의 강연 써클에 끼게 되었다. 이 세계에 대해 그는 한 에세이에서 이렇게 표현했다.

"현대의 학계는, 어떤 분야이든―그게 국제 금융이든, 제인 오스틴이든, 내분비학이든― 일종의 '써킷'이 있다. 학술회의에 초청받아 강연을 하고, 그들의 이름이 곧 그 학계를 대표하는 특정 인물들을 말한다. 나는 국제 경제학의 써킷을 가리켜 '불법 주사위 놀이판[31]'이라고 부르곤 했다. 써킷에 진입하기가 너무 어렵기 때문이다. 아주 좋은 논문을 적어도 두 편은 써야 한다. 첫 번째는 학계의 주목을 받는데 필요하고, 두 번째는 첫 번째가 우연이 아니었을 입증하는 용도이다. 하지만 일단 써킷에 진입하고 나면 끊임없이 학회에 초대받고, 논문 공동 저자 요청을 받기 때문에 계속 그 안에 머물러 있기는 퍽 쉽다."

그는 주최 측 비용으로 이국적인 장소의 저예산 호텔에서 열리는 학회에 참석해서 목소리를 내곤 했다. '써킷'은 진실하고 놀랄 만큼 소박한 엘리트들이었다.

1993년 클린턴은 부시 행정부가 추진하던 캐나다 및 멕시코와의 북미자유무역협정(NAFTA)을 계승했다. 이 협정은 정치적 분열을 일으켰고, 리버럴 소비자 보호론자인 랄프 네이더와 국수주의 보수 논객 패트릭 뷰캐넌이 똑같은 주장을 하는 진풍경을 낳았다. 가난한 나라에 무역을 개방함으로써 미국인들이 일자리와 소득을 잃게 될 것이라는 주장이었다. 하지만 경제학자들은 이를 당연한 선택이라고 생각했고 신임 대통령을 설득하는 데 성공했다. 1993년 미국을 대표하는 경제학자들은 클린턴에게 보낸 공개 서한에서

---

31. 원문은 floating crap game. 크랩(craps)은 한 쌍의 주사위를 던져 나오는 눈금을 맞추는 도박으로, 1930년대 미국에서는 당국의 단속을 피해 이동용 테이블을 가지고 다니며 아무 데서나 펼쳐놓고 판을 벌였다. 크루그먼은 학계의 최고 석학들에게 인정받는 "서킷"에 진입하는 것이 일정한 장소 없이 여기저기서 열리는 도박판에 단골 노름꾼으로 끼어드는 것만큼 힘들다고 비유하고 있다.

"NAFTA로 인해 미국 일자리가 멕시코로 빠져나갈 것이라는 주장은 근거가 없으며, 이 협정은 미국에 순이익이 될 것"이라고 주장했다.

시카고 학파와 케인스주의자들은 수십 년 동안 시장, 세금, 정부 지출, 실업, 인플레이션, 주식, 중앙은행 등에 관한 방대한 분야에서 서로 논쟁을 벌여왔다. 그러나 리카도의 아이디어에는 학파와 라이벌 구도를 떠나 그 누구도 이견이 없었다. 새뮤얼슨도, 프리드먼도 NAFTA 서한에 서명했다. 토빈과 솔로우도 서명했고, 애나 슈월츠와 로버트 루카스도 서명했다.

당시 아직 학계에 있었던 옐런도 이 서한에 서명했다. 애컬로프는 서명 요청을 받지도 않았고, 서명도 하지 않았다. 학계가 아닌 집에서도 애컬로프와 옐런은 의견이 달랐다. 경제학자들은 항상 무역의 이점이 비용보다 훨씬 크다고 말했지만, 애컬로프는 그 비용이 경제학자들이 인정하는 것보다 더 크거나 더 심각할 수 있다고 생각했다. 그는 아내와 의견이 일치하지 않는 유일한 문제가 무역이라고 말하는 것을 즐거워했는데, 애컬로프만의 유머이기는 했지만, 역시 다른 사람들이 이해하기에는 좀 어려운 농담이었다.

당선 1년 후 클린턴은 공화당으로부터는 강력한 지지를, 민주당으로부터는 지지와 반대가 뒤섞인 가운데 의회에서 NAFTA를 통과시켰다.

"우리는 세계의 변화를 막을 수 없습니다. 우리는 어디에나 존재하는 국가 간의 경제적 경쟁을 없애지 못합니다. 그 에너지를 우리에게 유리하게 활용할 수 있을 뿐입니다. 이제 우리는 부유한 국가가 더 부유해질 수 있는 유일한 길은 수출을 통해 그 나라가 만드는 제품과 서비스를 구매할 새로운 고객을 찾는 것임을 인식해야 합니다."

1980년대에서 1990년대 초, 자유 무역 옹호론자들의 주장이 옳다는 것이 증명되는 듯했다. 이 10년은 일본의 부상, 그리고 전자제품 및 자동차 등의 산업에서 미국을 위협하는 일본 기업들에 대한 두려움 속에서 시작되었다. 혼다, 토요타, 닛산 자동차가 미국의 도로를 점령하면서 미국 자동차 제조업체들은 휘청거렸다. 일본 투자자들은 캘리포니아 해안의 페블비치 골프

장과 맨해튼 록펠러 센터와 같은 미국의 상징적인 랜드마크를 사들이며 미국인들의 상처에 소금을 뿌렸다. 하지만 일본 경제는 어느 날 갑자기 무너져 내렸다. 일본 은행들은 적자 기업에 대출을 내준 뒤 부실 대출을 떠안게 되었고, 신규 대출을 꺼리게 되었다. 1990년 도쿄 주식 시장은 폭락했고 10년 동안 추락을 거듭했다.

그 사이 미국 경제는 NAFTA와 일본과의 무역 전쟁 이후 다시 활기를 되찾았다. 테크 섹터의 호황으로 제조업 고용이 증가했고, 정보통신IT 분야에서 완전히 새로운 산업이 등장했다. 슘페터는 자유 경제가 낡은 산업이 사라진 자리에 새로운 산업을 심는 이른바 "창조적 파괴"의 미덕을 찬양했다. 미국이 자유 시장의 이미지로 구 공산권 국가들을 재창조하고 세계 유일의 초강대국으로 자리 잡으면서 슘페터의 믿음은 사실로 입증되는 듯했다.

옐런은 1998년 클린턴의 대통령 경제 보고서를 작성하면서, 무역의 이점에 대해 한 장을 할애한 반면 멕시코로부터의 수입이 미치는 영향에 대해서는 대수롭지 않게 언급했다. 한 가지 우려는 해외 저임금 노동자들과의 경쟁으로 인해 미국 내 노동자의 임금이 하락할 가능성이었다. 이 보고서는 미국의 임금 성장이 실제로 둔화되었음을 인정했지만 멕시코와 같은 곳의 저임금 근로자와의 경쟁 때문은 아닌 것으로 보인다고 말했다. 그보다는 미국 노동자들의 생산성이 의아할 정도로 둔화한 것이 임금 성장의 둔화의 원인이라고 주장했다. 임금을 더 빨리 올리려면 미국 노동자들이 제품을 만드는 속도를 올려야 했다. 이전 수십 년 동안 생산성이 하락했고, 이로 인해 임금 상승도 둔화되었지만, 좋은 소식은 생산성이 이제 증가세로 돌아서고 있으며 임금도 상승하기 시작할 것이라는 전망이었다. 그리고 멕시코와 같은 국가와의 경쟁이 미국 일자리를 죽인다는 주장이 있었다. 실업률이 하락하고 있었기 때문에 이러한 주장은 방어하기 어려웠다. 게다가 정부는 일자리를 잃은 노동자의 재취업을 돕기 위한 프로그램들을 도입했다. 요약하면, 1990년대 중반 미국인들은 세계 경제의 격동에 적응하며 승승장구하고 있는 것처럼 보였다. 이 보고서의 결론은 리카도, 새뮤얼슨, 크루그먼이 제시한 합의, 특히 무역이 소비에 미치는 영향에 초점을 맞춘 합의를 많은 부분 반영했다. "개방 경제의 소비자는 외국 업체와의 경쟁을 반대하는 경제의 소비자보다 더 다양한 상품을 더 낮은 가격에 구매할 수 있는 이익을 누린다. 경제 전체는 부족한 자원을 상대적으로 더 효율적인 경제 활동에 더 많이 투입할 수 있게 되는 이익을 얻는다." 저가 수입품이 넘쳐나는 월마트 매장을 한 번만 걸어보면 이 말이 사실임을 알 수 있었다.

애컬로프는 자신의 전문 분야가 아니었기 때문에 무역 회의론에 대해 대놓고 말하지 않았지만, 자유 무역 지상주의에 의구심을 제기한 다른 사람들은 무역 친화적인 학계의 합의에 제압당했다. 크루그먼은 개인적으로는 수줍음이 많고 좀 어설펐지만, 그의 글은 날카롭고 선명하며 흔들림이 없었다. 그는 노동부 장관 로버트 라이시를 비롯해 무역에 회의적이고 저가 수입품의 쇄도에 맥을 못추는 산업들을 보호하는 데 동조하는 이들을 "포퓰리즘 국제주의자"라고 부르며 맹렬히 비난했다. 로스 페로와 패트릭 뷰캐넌 같은 우파 보호주의자들로 말할 것 같으면 노골적으로 야만인 취급을 했다.

명석한 회의론자인 하버드 경제학 교수 대니 로드릭은 무역 찬성론자들에게 난타를 당한 이들 중 한 명이었다. 경제학자들은 무역이 승자와 패자를 만든다는 것을 알고 있었다. 각국이 무역 장벽을 철폐하면 전체 경제 파이는 커질 수 있지만, 일부 계층은 어려움을 겪을 수밖에 없다는 것을 알고 있었다. 로드릭은 프랑스와 한국의 노동 파업, 러시아와 동유럽의 공산주의 부활, 미국의 뷰캐넌과 페로 같은 보호주의자의 등장 등 전 세계적으로 고용이 불안정해지면서 사회적 긴장이 고조되는 징후들을 감지했다. 로드릭은 자신의 저서 〈세계화는 너무 멀리 왔나?Has Globalization Gone Too Far?〉에서 이러한 반발을 무시해서는 안 된다고 주장했다. 그는 "사회 붕괴는 관중 스포츠가 아니며, 구경꾼도 경기장에서 날아오는 진흙탕을 뒤집어쓸 수 있다"라고 경고했다.

"궁극적으로 사회 분열의 심화는 모두에게 해악을 끼칠 수 있다."

로드릭은 크루그먼에게 〈세계화는 너무 멀리 왔나?〉를 한 부 보냈다. 추천사를 써주기를 기대했으나 크루그먼은 거절했다. 크루그먼은 로드릭의 경제 분석에 동의하지 않는 것은 아니지만, 이 책은 야만인들에게 힘을 실어줄 뿐이며, 자신은 그런 일에 동참하고 싶지 않다고 말했다. 로드릭은 경제학자들이 특정인의 편을 들어서는 안 된다고 믿었다. 그는 훗날 "경제학자들이 분석가가 아닌 운동가가 되어 버렸다"라고 말했다.

옐런은 중국을 세계무역기구WTO에 가입시키려는 클린턴 행정부의 노력을 지지했다. 1998년 경제 보고서에서 그녀는 이 협상이 중국이 보호하고 있는 자국 시장을 미국 기업들에게 개방할 기회라고 설명했다. 소위 무역 조정 프로그램은 수입으로 인해 특정 산업이 타격을 입었을 때 해당 산업 종사자들이 적응할 수 있도록 돕는 것이 목적이었다. 해고된 노동자들에게 실업 수당을 지급하고, 다른 산업으로 이직할 수 있도록 재교육을 지원했다.

1999년 클린턴이 중국과의 무역 협상을 마무리할 무렵, 옐런과 애컬로프는 백악관에서 옐런이 할일이 끝났다고 생각하고 버클리로 돌아갔다. 애컬로프는 떠나기 전에 자신의 낡은 토요타를 체비 체이스에서 노선 버스를 운전하는 기사에게 선물했다.

클린턴 시대는 화려하게 막을 내렸다. 클린턴 대통령은 무하마드 알리, 보노, 엘리자베스 테일러, 로버트 드니로, 소피아 로렌, 윌 스미스 등 유명 스타들이 참석한 백악관 새해맞이 파티에서 새천년의 시작을 알리는 종을 울렸다. 그린스펀과 진 스펄링도 참석했다. 기업 스폰서들은 유명 인사들과 어울리기 위해 수백만 달러를 지불했다.

5일 후 대통령은 그린스펀을 연준 의장으로 재지명했다. 그린스펀의 4연임이었다. 주식 시장이 급등하자 클린턴은 기뻐하며 Alan.com이라는 웹사이트를 만들어 상장하면 "2015년이 되기도 전에 아마 모든 부채를 상환할수 있을 것"이라고 농담을 던졌다.

클린턴은 그린스펀이 은퇴를 원했다면 반대하지 않았겠지만, 그린스펀은 연준 의장을 한 번 더 할 생각에 즐거워했다고 회고했다. 그린스펀은 연준 의장 자리가 "땅콩 까먹기와 같다"며 한 번 더 하고, 한 번 더 하고, 또 한 번 더 해도 결코 지치지 않는다고 말했다. 클린턴의 두 번째 임기가 시작했을 때는, 사전에 정한 대로 1999년에 루빈의 후임으로 임명된 로런스 서머스 신임 재무장관이 그들의 곁에 있었다.

2000년 9월, 상원은 클린턴의 설득을 받아들여 83대 15로 중국과의 정상적인 무역 관계를 허용하고 중국의 세계무역기구 가입을 위한 길을 열었다. 미국은 이미 수년 전부터 중국에 매년 한시적으로 저관세 혜택을 부여했었다. 무역 관계 정상화는 매년 관세 정책 갱신에 따른 불확실성을 제거했다. 클린턴은 중국이 국제 질서 속의 무역 상대 국가들과 공식적으로 협력하기를 바랐다. 또한 10억 명의 새로운 고객을 갈망하는 미국 기업들에게 세계에서 가장 인구가 많은 국가의 시장을 개방하는 데에 도움이 되기를 바랐다. 그는 개방된 중국이 더 민주적인 중국, 다른 국가들에 덜 위협적인 중국이 되기를 바랐다. 베이징에는 개혁파들이 권력을 쥐고 있었고, 클린턴은 그들에게 힘을 실어주고 싶어했다.

NAFTA 서한에 서명한 기라성 같은 학자들 전원을 포함한 149명의 경제학자들이 다시 한 번 힘을 합쳐 이러한 움직임을 지지했다. 클린턴은 상원 투표 후 "우리의 경제적 이기심보다 훨씬 더 많은 것이 걸려 있다."라고 말했다. 그는 이번 결정이 "더 많은 사람들이 그 어느 때보다 더 많은 자유를 누리고, 스스로 삶을 통제할 수 있는 더 많은 권한을 누리고, 다른 사람들과 더 많이 접촉하는 세상을 만들기 위한 것"이라고 말했다.

미국은 도무지 잘못될 일이 없을 것 같았다. 실업률은 4% 아래로 떨어졌다. 멕시코와 다른 국가들과의 경쟁이 치열해졌음에도 불구하고 임금은 다시 상승하고 있었는데, 그 이유 중 하나는 실업률이 너무 낮았기 때문이었다. 일손을 구하기 어려워진 기업들은 임금을 올려서 노동자를 유인했다.

경제학자 제임스 스톡과 마크 왓슨은 이 시기를 설명하기 위해 "대안정기 Great Moderation"라는 신조어를 만들어냈다. 실업률과 인플레이션이 오르락내리락하는 호황과 불황의 사이클을 수십 년 겪은 후, 경제학자들은 시장 개방 개혁, 그리고 연준의 금리 정책을 중심으로 하는 작지만 똑똑한 정부 개입의 조합으로 경기 사이클을 정복한 듯했다. 오렌지 카운티, 멕시코, 아시아의 "호랑이 경제(한국, 대만, 홍콩, 싱가포르)", 러시아 등지에서 때때로 금융 위기가 발생하기는 했지만 모두 관리 가능한 수준으로 보였다.

케인스와 프리드먼의 사상을 둘러싼 20세기의 위대한 논쟁 역시 끝난 것처럼 보였다. 시장이 대체로 승리했고, 월스트리트 저널은 자본주의가 "승리에 도취되어 있다"라고 선언했다. 그러나 클린턴과 그의 젊은 경제학자들은 때때로 격동하는 시장의 거친 모서리를 부드럽게 갈아내는 데에는 가볍고 민첩한 정부의 역할이 여전히 중요하다고 생각했고, 그 방법을 알아냈다고 믿었다. 2000년 4월 백악관에서 열린 한 경제 관련 컨퍼런스에서 클린턴은 "새로운 경제의 힘을 활용하여 모든 사람들이 그들의 꿈을 이루도록 도울 수 있다고 믿습니다"라고 말했다. 같은 컨퍼런스에서 그린스펀도 연설했다. 그의 연설은 "최근 몇 년 동안 전형적인 전후 경기 사이클과 크게 다른 무언가가 나타났습니다. 미국이 인플레이션을 낮게 유지하고 무역, 예산, 교육 정책을 구축해나간다면, 우리가 크게 잘못될 일은 없다고 생각합니다."라는 말로 시작했다.

그린스펀은 틀렸다. 아주 많은 것이 잘못되려던 참이었다.

Yellen Yellen Yellen Yellen
Yellen Yellen Yellen Yellen
Yell  llen
Yell len
Yell len
Yell len
Yell llen
Yellen Yellen Yellen llen
Yellen Yellen Yellen Yellen
Yellen Yellen Yellen Yellen
Yellen Yellen Yellen Yellen
Yellen Yellen Yellen Yellen
Yellen Yellen Yellen Yellen
Yellen Yellen Yellen Yellen
Yellen Yellen Yellen Yellen
Yellen Yellen Yellen Yellen

Chapter 13

애컬로프, 노벨상 수상

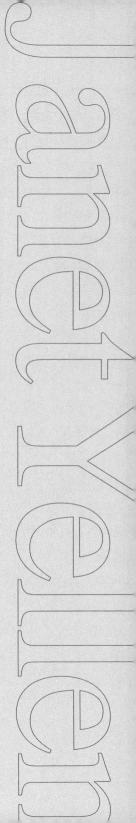

옐런은 다시 연준으로,
금융 버블의 교훈,
그리고 고용 없는 회복

2000~2004

2001년 가을의 어느 이른 아침, 캘리포니아 버클리에 있는 집에서 코를 골며 자고 있던 애컬로프는 한 통의 전화를 받았다. 스웨덴 한림원이 노벨 경제학상 수상자를 발표하는 10월이었다. 전화벨이 울렸을 때 애컬로프는 잠옷 차림이었고 옐런은 다른 방에 있었다. 애컬로프는 아마도 친구인 조지프 스티글리츠가 수상했고, 여기에 대해 한 마디 소감을 묻기 위해 기자가 전화를 걸어온 것이라고 생각했다. 그의 예상은 부분적으로 맞았다. 애컬로프, 스티글리츠, 그리고 또다른 경제학자인 마이클 스펜스가 그 해의 노벨 경제학상 공동수상자였다.

시간이 흐르면서 애컬로프의 〈레몬〉 논문은 현대 경제학의 걸작으로 꼽히게 되었다. 이 논문은 구매자와 판매자가 동일한 정보에 접근할 수 없을 때 발생하는 시장 왜곡을 설명하며 경제학의 새로운 분야를 개척했다. 또한 경제학자들이 소규모 산업과 시장에 집중함으로써 배울 수 있는 큰 교훈을 보여주었다. 발표 직후 수없이 게재를 거절당했던 이 논문은 애컬로프의 인내심과 창의적 사고의 증거였다. 하지만 노벨상까지는 예상하지 못했다. 노벨상을 받기에는 자신의 이론이 너무 파격적이라고 생각해왔기 때문이다. 애컬로프는 기자와의 전화 인터뷰에서 "이런 일은 다른 사람들에게나 일어나는 일인 줄 알았다. 사실 지금 이 말을 하고 있는 게 나라는 것도 믿겨지지 않는다"라고 말했다.

그해 12월, 조지, 재닛, 로비는 스톡홀름으로 떠났다. 공식 행사에는 스웨덴 국왕의 연설, 별이 빛나는 하늘 아래에서 검은 턱시도와 드레스를 입은 지식인들이 참석하는 호화로운 만찬 등이 포함되어 있었다. 옐런은 바닥까지 끌리는, 화려한 메탈릭 장식이 달린 세인트존 니트 드레스를 입었다. 경제학자 친구인 로머 부부가 함께 참석했다.

그 해는 노벨상 제정 100주년이기도 했다. 스웨덴 왕궁이 내려다보이는 해안가에 위치한 스톡홀름의 그랜드 호텔은 한 세기에 걸친 수상자들로 붐볐다. DNA의 이중 나선 구조를 발견한 미국 생물학자 제임스 왓슨과, 고향 단치히에서 나치즘의 발흥을 추적한 소설 〈양철북〉을 쓴 독일 작가 귄터 그라스가 크리스탈 샹들리에 아래를 거닐고 있었다. 폴 새뮤얼슨과 밀턴 프리드먼도 참석했는데, 저녁 만찬 자리에서 다른 사람들이 듣는 가운데 큰 소리로 토론을 벌였다.

짙은 색 정장과 넥타이 차림의 애컬로프는 스톡홀름까지 몸소 행차한 전 세계의 귀빈들을 대상으로 강연을 했다. 현대 경제학의 공통 언어인 화려한 차트나 그리스 문자들을 동원한 복잡한 수학 공식 대신, 아들 로비가 어렸을 때 읽어 주던 동화책, 리처드 스캐리의 〈부릉부릉 자동차가 좋아^{Cars and Trucks and Things That Go}〉에 나오는 표지 그림으로 시작했다. 동물들이 타고 있는 소방차, 택시, 중장비 등 색색깔의 차량 행렬은, 중고차를 다룬 〈레몬〉 논문을 장난스럽게 언급한 애컬로프 특유의 유머였다. 하지만 그가 하고자 하는 이야기는 보다 심각한 주제였다. 경제학자들이 현실을 파악하기 위해 창의적이고 새로운 수단들을 사용해야 한다는 것이었다.

애컬로프는 어지러운 시대의 전통적인 가치관에 반기를 들고 있었다. 그는 현실 세계의 경제가 대안정기에 등장한 섬세한 균형점을 항상 찾아내는 것은 아니라고 말했다. 그는 고용 시장의 복잡한 행태에 대한 옐런과의 공동 연구를 인용했다. 또한 주식 시장의 내재적 불안정성에 대한 로버트 실러, 리처드 세일러, 로런스 서머스의 연구도 인용했다. 행동경제학자들은 이론을 넘어 시장의 작동에서 인간의 어리석음이 실제로 어떤 역할을 하는지를 목격했다고 애컬로프는 주장했다. 애컬로프는 케인스가 종종 시장 실패를 심리적 성향과 비합리성 탓으로 돌렸다고 지적했다.

"경제학계는 케인스 경제학을 길들였습니다. 그들은 케인스 경제학을 고전 경제학의 '매끄러운' 수학이라고 말하며 집에서 키우는 애완동물처럼 길들였습니다. 하지만 경제는 사자처럼 거칠고 위험합니다. 현대 행동경제학은 거시경제 행태의 야생적인 면을 재발견했습니다."

애컬로프가 말한 대로 금융 거품은 이미 터지기 시작하고 있었고, 아찔했던 시대는 막을 내리며 취기에서 깨어나는 중이었다.

1990년대의 테크 주식 붐은 건물, 컴퓨터, 광섬유 케이블 및 인터넷 혁명에 불을 지핀 기타 장비에 대한 미국 기업들의 투자 붐으로 이어졌다. 경제는 오랫동안 이러한 투자 급증의 덕을 보았지만, 이제 그 비용을 치러야할 시기가 온 것이었다. 2000년 기술주 주가가 폭락하자 기업 투자도 급감했다. 미국은 경기 침체에 빠졌고, 10년 동안 지속되던 기록적인 경제 성장도 끝났다. 투자자, 언론인, 규제 당국은 기업들의 회계 사기가 어떻게 호황을 떠받쳤는지 밝혀냈다. 경영진이 기업의 실적과 연동된 주식 인센티브를 현금화하기 위해 장부를 조작해왔던 것이다. 이는 애컬로프와 폴 로머가 1993년 논문에서 묘사한 "약탈"과도 유사한 점이 있었다. 가장 대표적인 사례는 가스 회사인 엔론 코퍼레이션이었다. 이 회사의 주차장은 페라리, 마세라티, 벤틀리로 가득했고, 일부 직원들은 주차장의 임원 구역을 "보너스 베이비 (운동선수가 생애 첫 프로계약을 할 때 받는 거액의 보너스) 구역"이라고 불렀다. 2000년에 엔론의 시가총액은 700억 달러로, 미국에서 일곱 번째로 큰 기업이었다. 매출은 1,000억 달러가 넘었는데, 그 중 일부는 복잡한 분식 회계로 쌓은 것이었다. 2001년 8월, CEO 제프리 스킬링이 사임하고 12월에 파산하기까지, 회사가 무너지는 데에는 5개월밖에 걸리지 않았다. 엔론의 은행 채권자 명단은 54페이지에 달했다. 사기 행각을 파악한 대출 기관들은 구제 금융을 선택했다. 운영 자금으로 쓸 현금이 없었던 엔론은 사망 선고를 받았다.

끔찍한 한 해였지만 그 중에서도 최악의 순간은 뉴욕과 워싱턴 DC의 온화한 늦여름 어느 날에 찾아왔다. 2001년 9월 11일, 알카에다 테러리스트 19명이 비행기 4대를 납치하여 그 중 2대는 맨해튼의 세계무역센터로, 1대는 펜타곤으로 돌진했다. 승객들이 탈환한 네 번째 비행기는 펜실베이니아의 한 들판에 추락했다. 수천 명의 미국인이 목숨을 잃었다. 닷컴 버블이 터지면서 이미 점점 수면 위로 떠오르고 있던 경기 침체가 이 충격으로 인해 확실해졌다. 미국의 자신감이 흔들리고 있었다.

경제 문제의 징후들은 이미 나타나고 있었다. 애컬로프는 노벨상 연설에서 역사를 읽기만 해도 이러한 징후를 파악할 수 있다고 말했다. 애컬로프는 1978년 MIT 경제학 교수 찰스 킨들버거가 저서 〈광기, 패닉, 붕괴: 금융 위기의 역사^{Manias, Panics and Crashes: A History of Financial Crises}〉에서 추적한 과거의 버블들을 예로 들었다. 킨들버거는 경제학을 연구할 때 수학책이 아닌 역사책을 읽었으며, 사건들에서 패턴을 발견했다. 그 가치를 정확하게 평가하기는 어려운 혁신이, 잡기만 하면 큰 돈을 벌 매력적인 기회를 만들어내는 순간, 버블이 시작되기 마련이라고 킨들버거는 꿰뚫어보았다. 이러한 버블들은 긴 역사를 가지고 있는데, 암스테르담 사람들이 멋진 줄무늬와 점박이 무늬의 새로운 튤립 품종들에 거침없이 투기를 하던 1636년까지 거슬러 올라간다. 소위 튤립 광풍의 시대, 비스로이 종 구근 하나면 밀 두 다발과 호밀 네 다발, 돼지 여덟 마리, 양 열두 마리, 포도주 두 통, 버터 4톤, 치즈 450킬로그램, 침대 하나, 옷 몇 벌, 그리고 은으로 만든 컵도 하나 살 수 있었다는 전설이 전해내려오고 있다.

혁신에 매혹당한 이들은 투기에 빠져든다. 때로는 투자자들에게 막대한 돈을 빌려준 은행들이 투기를 부추기기도 했다. 그리 오래지 않아 투기는 현실과 동떨어진 광기로 변하고, 망상, 탐욕, 기회를 놓치는 것에 대한 두려움으로 이성을 잃고 폭주하게 된다. 일확천금을 노리는 사기꾼들이 이 판에 뛰어들고, 지키지 못할 약속을 남발하며 사기를 친다. 마침내 현실을 마주할 시간이 오면, 투자자들은 지나치게 공격적으로 투자했던 자산을 갑자기 회수하고 시장은 폭락한다. 킨들버거는 이것을 "혐오revulsion" 단계라고 불렀다. 호황기에 대출을 해준 은행들은 돈을 갚지 못하는 고객과 휴지조각이나 다름없는 담보를 떠안게 된다. 이 붕괴로 피해를 입은 사람들은 당국에 금융 위기를 해결하고 사기꾼을 처벌해 달라고 요청한다.

〈광기, 패닉, 붕괴: 금융 위기의 역사〉에는 이밖에도 전설적인 사기꾼들의 이야기가 실려있다. 예를 들면 로버트 나이트는 1700년대 초반 남아메리카 식민지에서 노예 무역을 하겠다는 거창한 계획만 있고 실제로는 전혀 돈을 벌지 못했던 영국 기업 남해회사South Sea Company의 장부 조작에 가담했다. 이 회사의 주가는 4개월 만에 다섯 배 이상 치솟았지만, 유사한 회사들이 우후죽순처럼 생겨나고 내부자들은 더 늦기 전에 주식을 팔아치우면서 결국 붕괴하고 말았다. 나이트는 영국을 탈출했고, 결국 붙잡혀 안트베르펀 감옥에 갇혔지만, 다시 탈옥했다.

1996년에 출간된 〈광기, 패닉, 붕괴: 금융 위기의 역사〉 3판 서문에서 킨들버거는 "기술주에 거품이 낀 것으로 의심된다"라고 경고했다. 책 표지에서 새뮤얼슨은 독자들에게 "향후 5년 안에 이 책을 읽고 읽고 또 읽지 않은 것을 자책하게 될 것"이라고 충고했다.

이 시기의 인터넷 붐은 18세기와 19세기 유럽과 미국의 철도 및 운하 투자와 관련된 호황과 불황을 닮았다. 철도와 수로를 통한 운송의 효율성 향상은, 이전에는 한 번도 연결될 수 없었던 사람들을 연결하며, 미국과 유럽 경제를 완전히 변화시켰다. 그러자 투기꾼들은 나가도 너무 나갔다.

1825년에 완공된 이리Erie 운하는 앨바니와 버팔로를 연결하고, 허드슨 강에서 시작하는 동부 대서양 해안으로부터 이리 호수를 통해 미국 중서부에 이르는 상업 루트를 열었다. 새 운하 덕분에 두 도시 간 이동 시간이 2주에서 5일로 단축되었고 화물 운송 비용도 크게 감소했다. 그 결과 허드슨 강을 따라 맨해튼까지, 오대호를 건너 시카고까지 운하로 인한 수혜가 확산되면서 상업의 르네상스가 막을 올렸다. 투기의 광기가 불타오르는 가운데 중서부 전역에서 운하 건설 붐이 일었다. 하지만 더 효율적인 철도가 등장하면서 수많은 수로 건설이 중단되었고, 호황은 곧 파산으로 이어졌다.

교통 혁신으로 촉발된 투기 열기는 비슷한 붕괴 위험을 안고 있는 다른 시장으로 번졌다. 예를 들어, 이리 운하는 시카고 부동산의 호황을 이끌었다. 1830년에서 1836년 사이에 시카고의 토지 가격은 에이커당 (2012년 화폐 가치 기준) 800달러에서 327,000달러까지 상승했다가 1841년에는 38,000달러로 폭락했다. 일리노이 은행은 1842년에 파산했다.

운하와 철도가 이전에 그랬던 것처럼 인터넷도 미국 경제를 변화시켰다. 그러나 초기 단계에서는 승자와 패자를 가리는 것이 불가능했기 때문에 투자자들은 종목을 가리지 않고 전방위 베팅을 했다. 1998년 8월부터 2000년 2월까지 18개월 동안 기술주 중심의 나스닥 종합주가지수는 거의 세 배 가까이 상승하며 최후의 광란의 도약을 보여주었다. 연준 내부에서는 이건 지속 가능하지 않다는 경고가 흔한 농담이 되었다.

2000년, 투자자들의 열광은 혐오로 바뀌었고 그 여파는 광범위했다. 예를 들어, 펫츠닷컴Pets.com은 2000년 2월 기업 공개를 통해 8,250만 달러를 조달하며, 아마존이 책 시장을 변화시킨 것처럼 각 가정이 반려동물 사료와 장난감을 구매하는 방식을 변화시킬 것이라고 장담했다. 하지만 타이밍이 좋지 않았다. 매출은 일어나지 않고 자본 시장은 말라가는 상황에서 펫츠닷컴은 금세 현금이 바닥났다. 펫츠닷컴은 결국 그해 11월 파산을 선언했다.

킨들버거가 연구한 역사적인 버블들과 현대 경제학의 경직된 수학 공식들 사이의 연결고리는 1980년대와 1990년대에 애컬로프가 지지한 행동경제학자 그룹이었다. 오랫동안 수많은 동료 경제학자들은 시장의 합리성은 신화에 불과하다는 그들의 경고를 무시해 왔다. 이제 행동경제학자들은 반박하기 어려운 동시대적 증거를 확보한 셈이었다.

로버트 실러는 1990년대 중반부터 주가가 기업 실적 전망과 맞아떨어지지 않는다고 경고해 왔다. 1996년 12월에 열린 한 비공개 회의에서 그는 그린스펀에게 경고벨을 울려야 할 때라고 촉구했다. 그린스펀 역시 고평가된 주식에 대해 우려하고 있던 참이었다. 그는 욕조 안에 앉아 금융 시장의 '비이성적 과열'에 대하여 우려를 표하는 내용의 연설을 준비했다. 그는 옐런에게 먼저 연설문을 보여주었는데, 옐런은 이 문구가 연설 마지막 부분에 나오기 때문에 크게 주목받지 못할 것이라고 생각했다. 그녀는 틀렸다. 그린스펀의 경고 이후 시장은 폭락했다. 그리고는 바로 반등했다.

결국 실러가 옳았다는 것이 증명되었다. 그의 저서 〈비이성적 과열 Irrational Exuberance〉은 베스트셀러가 되었다. 도대체 정신이 어디에 가 있는지 알 수 없었던—그가 이론을 테스트하겠답시고 고양이 사료를 직접 먹어보았다는 것을 기억할 것—교수였지만, 실러는 이후 몇 년 동안 바클레이즈와 스탠더드앤드푸어스 같은 회사에 주식 가치와 주택 가격을 평가하는 새로운 방법론을 판매하여 책 인세보다 더 큰 돈을 벌었다. 그는 수백만 달러의 몸값을 자랑하는 당대의 가장 부유한 경제학자 중 한 명이 되었다.

한편 리처드 세일러는 비합리적인 시장을 지나칠 정도로 생생하게 보여주는 시장 이상 현상에 대한 글을 써서 유명해졌다. 2000년 3월, 컴퓨터 네트워크 시스템을 제조하는 3Com은 휴대용 기기를 만드는 팜Palm사의 지분을 일부 매각했다. 매각 후에도 3Com은 Palm 주식의 95%를 계속 보유했다. 매각된 팜의 지분은 인기 주식이 되어 주가가 치솟았다. 어느 정도였냐 하면 3Com이 매각한 팜의 지분 5%의 가치가, 95%의 팜 주식을 여전히 보유하고 있는 3Com의 전체 기업 가치보다 더 높았다. 세일러는 "시장이 덧셈 뺄셈을 제대로 할 수는 있는가?"라고 물었다.

이 시기, 로런스 서머스는 과거에도 여러번 그랬듯, 복잡한 인물임이 드러났다. 그는 시장 실패의 위험을 잘 알고 있었다. 서머스와 안드레이 슐라이퍼는 1980년대에 이미 비합리적인 믿음을 가진 '노이즈 트레이더'가 투자 트렌드를 주도할 수 있으며, 시장이 이러한 왜곡된 충동을 자연적으로 바로잡지 못한다고 경고한 바 있었다. 애컬로프는 그의 연구에 찬사를 아끼지 않았다. 그 후 정책 입안자로서 서머스는 은행과 은행이 사용하는 새로운 상품들에 대한 규제 완화를 주장했다. 서머스에 비판적인 이들의 눈에는 그가 특정 이슈에서 양쪽 편을 모두 들고 있는 것처럼 보였지만, 서머스 자신은 스스로 자유 시장과 정부 개입 사이에서 더 나은 균형을 유지하고 있다고 생각했다. 1999년 재무부 장관이었던 그는 "우리는 최근 몇 년 동안 여러 면에서 공공 정책의 새로운 패러다임으로 전환했다"라며 "시장 대체가 아닌 시장 지원을 기반으로 하는 패러다임이며, 어떤 의미에서는 보이지 않는 손도 강력한 손도 아닌 '도와주는' 손에 기반을 둔 패러다임"이라고 말했다.

결과적으로 규제 당국은 월스트리트 호황의 주역이었던 은행들에 대한 규제에 나섰다. 씨티그룹, 모건 스탠리, 메릴린치와 그 밖의 금융 기관들은 수익성이 없는 기업의 상장에 대해 과장된 리서치 보고서를 내서 거품을 부풀린 혐의로 당국에 14억 달러의 합의금을 지불했다. 금융 회사들은 또한 투자자들의 집단 소송에서도 69억 달러의 합의금을 추가로 지불했다. 메릴랜드 주 상원의원 폴 사베인스와 오하이오 주 하원의원 마이크 옥슬리의 주도로 기업 공시를 더 엄격하게 감독하는 새로운 증권법이 입안되었다. 법무부는 사기 혐의로 유죄 판결을 받은 후 항소심 선고를 앞두고 콜로라도 주 아스펜 인근에서 휴가를 즐기던 중 사망한 켄 레이 전 엔론 회장을 비롯해, 각종 금융 범죄 혐의자들을 추적했다.

그러나 이러한 형사 기소와 정부 개입 사례들은 이야기의 절반에 불과하다. 여러 측면에서 금융 시스템은 기술 거품이 터진 후에도 예상치 못한 회복력을 보여주었다. 이러한 회복력은 일부 규제 담당자들에게 시장 감독에 손을 살짝만 대도 실제로 효과가 있다는 사실을 재확인시켜 주었다.

엔론 등 파산한 기업에 대출을 해준 일부 은행은 새로운 금융 상품을 이용해 손실을 헷지했다. 이러한 금융 상품 중 하나는 신용 부도 스왑credit default swap, CDS으로, 은행이 대출 손실로부터 스스로를 보호하는 것이 목적이었다.

신용 부도 스왑 계약은 간단한 보험 상품과 유사하다. 집을 화재 보험에 가입하고 화재가 나면 보험사가 보험금을 지급하고, 화재가 나지 않으면 보험사는 미래의 재해에 대비해 고객이 지불한 돈을 보관한다. 신용 부도 스왑을 통해 은행은 투자자와 보험사로부터 대출에 대한 보장을 구입했다. 대출이 부실화되면 은행은 신용 부도 스왑 상품을 판매한 투자자와 보험사로부터 대금을 지급받는다. 대출이 부실화되지 않으면 보장을 약속하고 받은 수수료는 투자자와 보험사의 것이 된다. 많은 월스트리트 금융 기관들이 투자자와 은행 사이에서 중개인 역할을 하며, 서로 다른 당사자 간의 채무불이행 위험 스왑 계약을 주선했다.

닷컴 버블의 붕괴 이후 대형 은행에 대한 규제 당국의 신뢰는 더 커졌으면 커졌지 줄어들지 않았다. 그린스펀은 신용 파생 상품이 엔론과 다른 대기업들의 채무불이행으로 인한 손실을 "효과적으로 분산시킨 것으로 보인다"라며, 금융 시스템과 경제가 심각한 혼란에 빠지지 않도록 완충 역할을 했다고 말했다. 로저 퍼거슨 주니어 연준 부의장은 "이 기간 동안 은행 산업과 관련하여 가장 주목할 만한 사실은 회복력과 기초체력 유지"라고 말했다. 금융 산업의 복잡한 신상품은 위험을 분산시켜 전체 시스템을 안정시키고 보호한 것처럼 보였다. 월스트리트는 자체적으로 안전망을 구축한 듯했다.

연준은 금리를 인하해 닷컴 버블 붕괴로 경제가 입은 타격을 완화하는 데 도움을 주었다. 2000년에 이르러 연준은 더이상 금융 버블이 감지되지 않으며, 1929년에 그랬던 것처럼 버블을 터뜨려서 파괴적인 결과를 초래해서는 안 된다는 견해를 정했다. 대신 신용 비용을 낮춤으로써 금융 버블이 터질 때 발생하는 혼란을 정리하는 전략을 택했다. 2000년 말부터 2003년 중반까지 그린스펀은 9/11 테러 이후 가장 공격적으로 단기 금리 인하를 단행했다. 금리는 6.5%에서 1%까지 떨어졌다. 채무자들은 주택담보대출 및 기업 대출에서 더 낮은 금리로 갈아타며 이자 비용을 절감할 수 있었다. 또한 저금리는 신규 대출을 촉진하여 투자 침체에서 회복 중인 경제를 지탱했다.

그린스펀이 다시 한번 마법을 부린 것 같았다. 실업률은 1982년 경기 침체기에 10.8%, 1992년에는 7.8%에 달했으나, 이번에는 2003년에 잠깐 6%를 넘었을 뿐이었다. 그린스펀이 엄청난 충격 이후 경제를 연착륙시키는 데 성공한 듯했다.

그러나 겉으로 보기에는 평온한 경제의 수면 아래에서 기묘한 힘들이 거품을 일으키고 있었다. 2002년, 경제 생산량은 증가하기 시작했지만 이상하게도 고용 시장은 회복되지 않았다. 실업률은 2003년 중반까지 계속 상승하다가 서서히 하락하기 시작했다.

일반적으로 경기 침체 이후에는 고용이 급증하지만, 이제 분석가들은 "고용 없는 회복"을 이야기하기 시작했다. 이전에는 기업들이 경기 침체 시에는 일부 노동자를 일시적으로 해고했다가 경기가 회복되면 재고용했다. 하지만 이번에는 기업들이 대대적인 구조조정 프로그램의 일환으로 근로자를 영구적으로 해고했다. 다운사이징이 당대의 화두가 되었다. 사람들은 해고되면 완전히 새로운 일자리를 찾아야 했기 때문에 실업 기간이 더 길어질 수밖에 없었다.

2004년에는 실업자 5명 중 1명 이상이 6개월 이상 실업 상태였다. 1950년대, 1960년대, 1970년대, 1980년대의 경기 확장기에는 전체 실업자 대비 장기 실업자 비율이 10명 중 1명, 심지어 20명 중 1명에 가까웠다. 정리해고는 공장이 몇 주 동안 문을 닫았다가 다시 열면 저절로 해결되는 일시적인 현상이 아니라 삶을 송두리째 뒤집는 사건이 되었다.

경제는 변화하고, 노동자들은 힘과 유연함을 잃고 있었다. 기업은 생산기지를 중국으로 이전하거나 기존 노동자의 생산성을 높이는 기술을 도입하여 비용을 절감했다. 블루칼라 노동자들은 힘을 잃은 반면, 고소득 경영진과 투자자들은 새천년의 첫 번째 경기 회복에서 큰 돈을 벌었다. 럭셔리 호텔과 고급 체인 호텔의 매출은 급증한 반면, 저가 호텔의 매출은 거의 변동이 없었다. 불가리 매장에서는 골드와 다이아몬드를 겹겹이 매치한 5천달러짜리 "아스트랄레 칵테일 반지"가 매진되고 고급 백화점인 니만 마커스에서는 5백달러짜리 마놀로 블라닉 구두 판매가 급증한 반면, 월마트와 페이리스 신발 매장의 판매는 주춤했다. 월스트리트와 기업 경영진의 보수도 다시 치솟았다.

1980년대 이래 빈곤층, 중산층, 부유층 가구 간의 소득 및 부의 격차는 점점 더 벌어지고 있었다. 1980년에는 미국 전체 가구의 소득 상위 5%가 미국 전체 소득의 16.5%를 벌어들였으나, 2004년에는 21.8%로 그 숫자가 더 커졌다. 불평등은 공화당과 민주당 정부 모두에서 증가했다. 불평등은 당파를 가리지 않았고, 지속적이었으며, 2000년대 첫 번째 경제 확장기에 더욱 두드러졌다.

미국에서 양극화가 심해지는 동안, 중국은 미국이 이전에 경험해보지 못한 무역 호황을 누렸다. 한 가지 참고할 만한 사항은, 중국보다 먼저 찾아왔던 일본의 무역 위협이었다. 1985년과 1990년 사이 일본의 대미 수출은 인플레이션 조정 후 기준으로 240억 달러 증가했다. 이에 비해 2000년부터 2005년까지 중국의 대미 수출은 1,430억 달러 증가했다. 이것은 마치 미국에게 6개의 일본이 갑자기 생긴 것과 마찬가지였다. 심지어 중국은 외부 세계로 빗장을 풀면서 생산성이 빠르게 상승하고 있는 저임금 노동자를 비롯하여, 일본이 갖지 못했던 장점들을 가지고 있었다. 결과적으로 일본의 우위는 사그라들었고, 중국의 부상은 이제 시작에 불과했다.

중국이 신발, 가구, 전자제품을 미국으로 수출하는 동안 미국의 대중국 수출은 특이한 품목에서 증가했다. 미국의 금액 기준으로는 세 번째, 용적량 기준으로는 가장 큰 수출 품목은 쓰레기였다. 다시 말하자면 미국 가정과 기업에서 버리는 재활용 종이, 플라스틱, 금속 등의 폐기물이었다. 이 폐기물은 대형 컨테이너에 실려 중국으로 향했고, 그 곳에서 골판지 상자와 플라스틱 포장재로 재탄생했다. 중국은 여기에 새 상품을 채워 다시 미국으로 보냈다. 캘리포니아 주 포모나에 본사를 둔 아메리카 청남이라는 회사는 매년 미군 항공모함 17척과 맞먹는 양의 쓰레기를 미국에서 중국으로 보냈다. 워싱턴에 본사를 둔 금속 폐기물 재활용 산업 연구소의 상품 연구 책임자 로버트 가리노는 "우리는 고철의 사우디아라비아"라고 말했다.

차이나 붐은 중국의 세계무역기구 가입 이전부터 시작되었고, 가입 이후에는 더욱 가속화되었다. 일자리 없는 회복과 닷컴 버블 붕괴 여파는 재닛 옐런이 몇 년 후 물려받게 될 세계를 재편했다. 더 많은 미국 기업들이 공장을 폐쇄하고 더 저렴한 국가로 생산지를 옮겼다. 미국의 제조업 고용은 수십 년 동안 감소해 왔지만, 중국이 성장하면서 감소세는 더욱 심화되었다. 어떤 사람들은 일자리를 잃었지만 어떤 사람들은 이익을 보았다. 데이비드 리카도의 이론이 예측한 대로, 값싼 수입품이 미국으로 쏟아져 들어와 많은 미국 가정의 생활비를 끌어내렸다. 2000년부터 2004년까지 미국 소매 시장에서 식기 세트 가격은 평균 9%, 남성용 신발 가격은 8.3%, 가전제품 가격은 7.3% 하락했다.

수출 공룡으로 성장하는 과정에서 중국은 대미 수출을 통해 막대한 달러를 쌓아올렸고, 이 돈으로 국채와 모기지 채권을 포함한 미국 증권을 매입했다. 이 모든 것이 미국의 낮은 인플레이션과 미국 증권에 대한 해외 수요 급증에 더해져, 미국에서 돈을 빌리는 비용을 낮추는 효과를 추가적으로 불러왔다. 새로운 금융 호황을 위한 완벽한 공식이었다. 돈값은 쌌고, 다시 대담해진 월스트리트는 활기를 되찾고 돈을 쓰고 싶어 했다.

그린스펀은 2001년 닷컴 버블 붕괴 이후 투자자들이 교훈을 얻었을 것이고, 또 다른 버블의 위험은 멀리 있다고 생각했다. 매사추세츠의 한 요양원에서 하루의 대부분을 혼자 지내던 킨들버거의 생각은 달랐다. 아흔한 살이 되던 2002년, 킨들버거는 매일 신문 스크랩을 하고 있었다. 그는 닷컴 버블 붕괴의 여파로 주택 거품이 형성되고 있다고 믿었고, 그 증거를 찾는 중이었다. 킨들버거의 눈에 가장 위험해 보이는 곳은 서부 해안 지역이었다. 그는 특히 미국 정부가 설립한 두 개의 대형 민간 모기지 회사, 패니 메이와 프레디 맥에 의심의 눈길을 보내고 있었다. 이 야심찬 회사들은 정부의 허가를 받아 은행으로부터 주택담보대출을 매입하고 있었다. 킨들버거는 이들의 활동을 경계했다. "은행은 주택담보대출을 내준 뒤 그들에게 팔 것이다. 이는 은행이 기꺼이 더더더 많은 대출을 내줄 것이라는 뜻이다. 내 생각에는 위험하다."

킨들버거는 자신이 서른 살만 더 젊었다면 이 주제로 책을 또 썼을 것이라고 말했다. 그는 이듬해에 세상을 떠났다.

애컬로프가 노벨상을 수상한 후, 옐런은 정부 경력은 끝났다고 생각하며 버클리의 평화로운 삶에 정착했다. 밤 9시 전에는 잠자리에 들고 아침 5시 전에 일어나 커피를 마시며 두어 시간 동안 신문을 읽는 것을 좋아했다. 그녀는 여전히 활동적이었다. 워싱턴에서 5년을 보낸 후, 그녀는 세계 경제를 관찰하는 학자 및 중앙은행 전문가들의 강연 "서킷"에 고정 멤버로 참여하게 되었다. 크루그먼이 묘사한, 장소를 옮겨다니는 주사위 놀이판과 비슷했다.

그녀는 또 앨런 블라인더와 함께 1990년대 호황의 교훈에 관한 책 〈멋진 10년The Fabulous Decade〉을 쓰기도 했다. 책에서 언급한 교훈 중 하나는 1990

년대 초에 재정 적자 억제가 성과를 거두었다는 것이었다. 정부가 재정 적자를 억제했기 때문에 많은 돈을 빌릴 필요가 없었고, 이로 인해 금리가 낮아져 경제가 과열되기 전에 민간 부문의 투자 붐이 일어나 경제 성장을 촉진하고 일자리를 창출할 수 있는 여력이 생겼다.

2001년과 2003년에는 연준의 초청을 받아 와이오밍 주 잭슨홀에서 열린 연례 심포지엄에서 연설했다. 매년 8월이면 전 세계 중앙은행 총재들이 이곳에 모여 학자, 언론인, 월스트리트 애널리스트들과 함께 산을 오르거나 칵테일을 마시며 얼굴을 익히고 어울리며 친해진다. 그들은 언제나 곰이나 무스 사슴이 나오지 않을까 경계를 늦추지 않았다. 옐런은 등산은 별로 좋아하지 않았지만, 오전 시간은 새로운 경제 연구에 대한 공식 강연으로 가득 차 있었으며, 이 강연들에서 그녀는 중심인물이 되었다.

2001년에는 테크 붐에 대한 이틀간의 토론에서 가장 주목받는 마지막 발언을 맡았다. 로런스 서머스도 그녀보다 먼저 발언했다. 옐런은 테크 붐의 함정에 초점을 맞췄다.

"기술 혁신의 어두운 면은 국가 간뿐만 아니라 국가 내에서도 임금 불평등이 심해지는 경향이 있다는 것입니다. 사례 연구와 개별 기업 및 업계의 고용 패턴을 보면 컴퓨터 기반 기술의 도입으로 숙련 노동자에게 유리한 방향으로 수요가 이동하는 것이 분명해 보입니다."

이로 인해 이미 저임금을 받고 있는 비숙련 근로자들이 더욱 더 열악한 처우에 내몰리게 되었다. 승자독식 경제가 되어가는 상황에서, 정부가 이에 대해 어떤 조치를 취해야 하는지가 옐런이 던진 질문이었다.

그녀는 또한 월스트리트 은행들이 규제 당국이 생각하는 것만큼 안정적이지 않을 수 있다고 경고했다.

"현재 은행과 기타 금융 기관이 익스포저를 모니터링하고 관리하기 위해 일반적으로 사용하는 정교한 리스크 관리 전략이 금융 시장을 불안정하게 만들 잠재적 가능성이 있다고 우려됩니다."

그녀는 대다수의 금융 기관들이 최대예상손실액value-at-risk, VaR 프로그램이라는 동일한 리스크 관리 시스템을 사용하고 있다고 지적했다. 이 모델들은 모두 시장 작동 방식에 대해 비슷한 가정 위에서 움직인다. 모두가 동일한 리스크 관리 시스템을 사용한다면 의도치 않게 보이지 않는 동일한 위험에 노출될 수 있다. 게다가 이러한 시스템은 문제가 발생하면 위험 자산의 매도를 요구한다. 위험 자산에 대한 시장 심리가 예상치 못하게 악화되면 연쇄 매도가 발생할 수 있다. "저는 이것이 중앙은행과 다른 금융 규제 당국의 중요한 정책적 관심사가 되어야 한다고 생각합니다"라고 옐런은 말했다. 당시에는 거의 주목받지 못했지만, 이는 불길한 경고였다.

2년 후인 2003년, 옐런의 연설의 핵심은 중앙은행가들이 시대의 변화에 민첩하게 대응하고 적응해야 한다는 것이었다. 금리나 인플레이션에 대한 오랜 경험 법칙은 상황이 변화함에 따라 더 이상 유효하지 않을 수 있었다. 옐런은 중앙은행을 잘 운영한다는 것은 좋은 탐정이 되는 것과 같다고 결론 내렸다. 좋은 탐정과 마찬가지로, 언제나 사실이 이끄는 방향으로 가야 한다.

옐런의 선견지명은 당시에 대다수가 간과했던 또 다른 경고로 이어졌다. 방청석에 앉아있던 그녀의 옛 제자 서머스가 향후 10년 또는 20년 동안 무엇이 잘못될 수 있을지 질문했다. 옐런은 자신과 서머스가 경제를 이끌었던 클린턴 시대에 사라졌던 대규모 재정 적자가 다시 발생할 가능성이 있다고 생각한다고 말했다.

이 모든 것은 전환하는 경제라는 큰 이야기 뒤의 작은 단서들, 훗날 돌이켜보니 그 순간 당장 경각심을 불러일으키기에는 너무 작은 단서들이었다.

2004년 샌프란시스코 연방준비은행의 로버트 패리 총재가 18년간의 공직 생활 끝에 은퇴를 앞두고 있었다. 샌프란시스코 연준 이사회는 후임자로 옐런을 낙점했다. 클린턴의 전 경제자문위원장이었던 로라 타이슨도 후보에 올랐지만 그녀는 런던 비즈니스 스쿨의 학장이 되어 영국으로 이주할 예정이었기 때문에 후보에서 제외되었다. 옐런은 타이슨과 마찬가지로 샌프란시스코 베이 지역에 뿌리를 둔 존경받는 워싱턴 베테랑으로, 남성 위주의 연준에 다양성을 더할 수 있는 여성이었다. 그린스펀은 옐런의 임명을 열렬히 반기며 승인했다. 6월이 되자 옐런은 연준 회의에 복귀해 있었다. 광활한 미국 서해안의 새 둥지에서 경제를 모니터링하며, 연준의 가장 큰 지역 은행을 운영하고 있었다.

그녀의 첫 번째 과제 중 하나는 자신의 기관을 축소하는 것이었다. 기술 발전으로 은행의 수표 업무가 사라졌고, 연준은 은행 수표 발행을 중단했다. 사업이 축소됨에 따라 지역을 순회하며 중앙은행 직원들을 해고하는 것이 옐런의 첫 번째 임무가 되었다.

패리는 연준을 떠난 직후 새로운 자리를 맡았다. 미국 최대 모기지 대출 기관 중 한 곳의 이사회에서 감사 및 윤리 위원회 위원직을 제안받았던 것이다. 2006년까지 그는 감사 보수로 53만 8,824달러의 수입을 올렸다. 이 회사의 이름은 컨트리와이드 파이낸셜, 본사는 로스앤젤레스에 있었다. CEO는 안젤로 모질로라고 했다.

이 회사와 CEO는 곧 옐런의 다음 도전이 될 것이었다.

Yellen Yellen Yellen Yellen
Yellen Yellen Yellen Yellen
Yellen Yellen Yellen Yellen
Yellen Yellen Yellen Yellen
Yellen Yellen Yellen Yellen
Yellen Yellen Yellen Yellen
Yellen Yellen Yellen Yellen
Yellen Yellen Yellen Yellen
Yellen Yellen Yellen Yellen
Yellen Yellen Yellen Yellen
Yellen Yellen Yellen Yellen
Yellen Yellen Yellen Yellen
Yellen Yellen Yellen Yellen
Yellen Yellen Yellen Yellen
Yellen Yellen Yellen Yellen

Chapter 14

감독자가 된 옐런

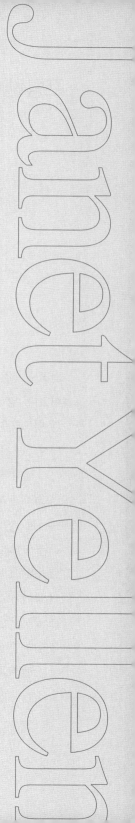

프랑켄슈타인 금융 개론

2004~2006

안젤로 모질로의 아버지는 이탈리아계 이민 1세대로 브롱스의 정육점 주인이었다. 열 살 때부터 정육점 일을 돕기 시작한 모질로는 열네 살에는 맨해튼 미드타운에 있는 소규모 모기지 회사의 서류 배달원으로 취직했다. 이 회사가 다른 회사와 합병하면서 새로 합류한 고위 임원 데이비드 로브는 자신감 넘치고 엉뚱한 이 소년이 마음에 들었다.

1969년 모질로와 로브는 뉴욕에 모기지 회사를 차렸다. 당시 모질로는 서른한 살이었고, 포덤 대학에서 공부를 마쳤다. 두 사람은 50만 달러의 자본금—거의 로브의 돈이었다—을 투자했고, 그들의 작은 신생회사를 "컨트리와이드Countrywide, 전국적이라는 뜻"라고 부를 정도로 포부가 컸다. 그 후 35년 동안 모질로와 로브는 컨트리와이드를 미국 최대의 모기지 대출 기관으로 성장시켰고, 가장 뜨겁고 격동적인 부동산 시장인 캘리포니아로 본사를 옮겼다. 현란한 패션을 뽐내며 태닝과 헤어스타일로 유명해진 뒤에도 모질로는 맨주먹 하나로 성공한 언더독의 정체성을 결코 잊지 않았다. 월스트리트의 대형 은행들은 항상 그를 과소평가했을지 모르지만, 그는 전혀 개의치 않았다. 그는 종종 "내가 먼지를 일으키지 않으면 다른 놈이 일으킨 먼지를 먹어야 한다"라며 "나는 먼지를 먹는 것을 좋아하지 않는다"라고 말했다.

2004년 샌프란시스코 연준에 도착한 옐런의 과제 중 하나는 모질로의 야망을 가늠하는 것이었다. 다른 하나는 모질로를 감독하는 역할을 해야 하는 은행 규제 시스템을 탐색하는 것이었다.

닷컴 버블이 붕괴한 후 그린스펀은 은행들이 회복 탄력성을 지니고 있으며 은행 스스로 리스크를 관리하도록 하는 것이 최선이라는 결론을 내렸다. 시장이 자력 규제를 하는 모습을 보여주었고 그린스펀은 되도록 정부의 직접 규제와 거리를 두고 싶어했다.

그린스펀의 세계관은 클린턴 정권 말기에 통과된 은행 규제 개편으로 더욱 강화되었다. 1999년 클린턴 대통령이 서명한 그램-리치-블라일리 법에 따라, 일반 가계로부터 예금을 받아 주택담보대출 같은 평범한 고정금리 대출 상품을 취급하는 전통적인 은행과, 채권과 주식, 훨씬 더 복잡한 새로운 금융 상품을 한 번에 수십억 달러씩 사고파는 증권사 간의 구분이 모호해졌다. 개편의 일환으로 의회는 규제 당국이 다양한 금융 기관을 대하는 방식을 바꾸었다. 이 법의 '간소한 연준Fed lite' 조항은, 증권거래위원회SEC 같은 다른 규제 기관이 이미 특정 은행 또는 그 자회사를 감독하고 있을 경우 연준이 해당 기관을 감독하는 것을 제한하는 내용이었다. '간소한 연준'은 2004년 옐런이 연준으로 복귀했을 무렵, 연준 혹은 적어도 연준의 최고위층이 규제 기관으로서 스스로의 역할을 어떻게 인식하고 있는지를 제대로 보여주었다.

동시에 저금리는 주택담보대출 붐을 일으키는 데 일조했다. 1999년부터 2005년까지 미국 가계는 4조 5,000억 달러의 주택담보대출 부채를 추가로 일으켰다. 1999년까지의 모든 부채를 누적한 것보다 더 많은 부채가 그 6년 사이에 쌓였다. 2006년 주택 가격이 하락하기 시작했다. 대출 기반의 주택 구입 경쟁이 한계에 도달했다는 신호였다. 하지만 그해 최후의 대출 광풍이 불면서 가계는 1조 달러의 주택담보대출 부채를 추가로 쌓아올렸다.

은행 업계와 고객들은 비전통적인 주택담보대출 상품에 완전히 빠져들었다. 은행은 달콤한 냄새를 풍기는 도넛 가게의 진열대처럼 다양한 맛을 제공했다. 고객들은 상환 초기에는 저금리로 돈을 빌리고 시간이 지나면서 더 높은 금리를 적용하는 하이브리드 변동 금리 상품을 이용할 수 있었다. 또는 처음에는 이자만 내고 원금 상환은 연기할 수 있는 상품도 있었다. 그런가 하면 옵션 변동 금리 저당 대출(옵션 ARM)이라는 상품도 있었다. 처음에 얼마를 상환할 것인지를 선택하고, 덜 지불한 이자를 만기가 되었을 때 대출 금액에 추가하는 마이너스 상각 대출이었다.

개개인의 고유한 필요에 맞도록 대출 상품을 설계하는 것도 의미가 없지는 않았다. 문제는 많은 대출이 신용도가 불분명한 이들에게 나갔다는 것이었다. 소득이나 신용 기록으로 볼 때 다른 고객보다 대출을 갚지 못할 위험이 높을 것으로 예상되는 이들은 '서브프라임subprime' 등급으로 분류되었다.

이는 마치 당뇨병 환자에게 설탕과 스프링클을 추가로 끼얹은 도넛을 파는 것과 같았다. 이 붐의 중심에는 2004년부터 2007년까지 미국 최대의 주택담보대출 기관이었던 컨트리와이드가 있었다. 컨트리와이드의 대출상품은 정교한 월스트리트 증권 공장에 공급되었다. 월스트리트는 컨트리와이드가 고객에게 내준 대출을 사들여 증권으로 포장한 뒤 전 세계 투자자에게 판매했다. 컨트리와이드의 대출을 사들인 고객 중에는 킨들버거가 그토록 걱정했던 워싱턴의 두 회사, 패니 메이와 프레디맥도 있었다.

경제지 〈포춘〉은 2003년 9월 기사에서 지난 20년 동안 최고의 실적을 낸 금융 회사로 컨트리와이드를 꼽으며 "23,000% 주식"이라고 불렀다. 모질로는 버크셔 해서웨이의 전설 워런 버핏마저 능가하는 성과를 거두었고, 컨트리와이드의 이익은 맥도날드와 월트 디즈니를 곧 뛰어넘을 것이었다. 모질로는 자신이 고귀한 (그리고 수익성도 높은) 대의에 동참하고 있다고 믿었다. 내집마련은 아메리칸 드림의 상징이었다. 그는 혁신적인 대출 상품을 통해 이전에는 내집마련을 꿈도 꿀 수 없었고, 실제로 오랫동안 대출 기관들로부터 차별을 받았던 사람들에게 그 꿈에 접근할 수 있는 기회를 제공한다고 믿었다. 사실 1977년 지역사회 재투자법Community Reinvestment Act of 1977 같은 법률은 은행들이 바로 이 역할을 하도록 장려하고 있었다. 컨트리와이드는 연방예금보험공사가 보증하는 예금을 받지 않았기 때문에, 이 법의 적용도 받지 않았다. 그럼에도 불구하고 모질로는 자신만의 방법으로 사회 정의라는 대의를 실현하고 있다고 믿어 의심치 않았다. "컨트리와이드는 미국 역사상 가장 위대한 기업 중 하나"라고 그는 말했다.

그 과정에서 모질로는 높은 자리에 있는 친구들을 많이 사귀었다. "안젤로의 친구들"로 알려진 컨트리와이드의 VIP 대출 프로그램은 우대 고객에게 매력적인 금리로 담보 대출을 제공했다. 이 대출을 받은 이들 중에는 코네티컷 주의 크리스토퍼 도드 상원의원과 노스다코타 주의 켄트 콘래드 상원의원, 패니 메이의 전직 CEO 두 명도 포함되어 있었다.

모질로는 시장 지배를 원했다. 다른 산업들은, 예를 들면 월마트가 소매업을 주도하는 것처럼, 거대 기업이 지배하고 있었다. 브롱스 출신의 이 자신만만한 청년은 주택담보대출 업계를 지배하는 기업이 되고 싶었다. 그리고 이를 위해 주택담보대출 시장의 점유율을 더더욱 끌어올리고, 경쟁자들을 압박하고자 했다. 2004년, 모질로는 2008년까지 주택담보대출 시장의 30%를 장악하겠다는 목표를 선언했다. 이때 컨트리와이드는 이미 연간 3,500억 달러 이상의 신규 대출을 내주고 있었는데, 이는 미국 내 다른 어떤 금융 기관보다 큰 규모였다. 컨트리와이드의 시장점유율은 13%에 달했지만, 모질로는 더 할 수 있다고 확신했다.

목표를 달성하기 위해 컨트리와이드는 대출 기준을 낮추고 더 많은 사람들이 대출을 받을 수 있도록 상품을 확대했다. 상환 능력이 거의 없다시피한 이들이 컨트리와이드의 신용 대출을 집어삼켰다. 모질로가 말했던 아메리칸 드림으로 통하는 길은 이제 감당하기 불가능한 짐이 되었다.

모질로가 이 문제를 몰랐던 것은 아니었다. 그는 사적인 이메일에서 컨트리와이드가 내준 대출 중 일부가 악성이 되어가고 있다는 사실을 인정했다. 또 다른 이메일에서는 회사가 방향키를 잃고 감에 의존해서 대출을 내주고 있다고도 말했다. 하지만 그는 계속 밀어붙였다.

2004년 샌프란시스코 연준 총재가 된 옐런이 처음에 걱정한 것은 주거용 주택이 아닌 빌딩과 오피스 타워 같은 상업용 부동산 시장이었다. 캘리포니아는 1993년 애컬로프가 〈약탈〉 논문에서 진단한 바 있는, 상업용 부동산에 무리하게 투자한 길고 고통스러운 역사를 자랑했다. 저축대부조합 위기가 그 대표적인 예였다. 이 거품이 꺼진 뒤 캘리포니아 경제가 회복하는 데에 수년이 걸렸다. 2004년 무렵 캘리포니아의 상업용 부동산 대출은 다시 뜨겁게 달아오르고 있었다. 옐런은 은행 심사관들에게 이 부분을 면밀히 들여다보도록 지시하고, 지역 은행들이 또다시 과거와 같은 위험에 너무 많이 노출될 수 있다고 공개적으로 경고했다.

1년이 채 못되어 옐런은 문제가 다른 곳에 있을 수도 있다는 것을 깨달았다. 이미 수년 동안 연준 관계자들 사이에서는 주택 시장의 거품 리스크가 토론 주제였다. 대다수의 다른 이들과 마찬가지로 옐런 역시 처음에는 문제의 복잡도와 심각성을 제대로 파악하지 못했다. 옐런은 취임 1년을 맞은 연설에서 주택 가격이 비정상적으로 높으며 이는 연준에 "심각한 문제"라고 말했다. 그러나 그녀는 집값 상승을 막기 위해 연준이 더 적극적인 조치들을 취하도록 요구하지는 않았다. 대신 그녀는 연준의 표준적인 견해를 받아들였다. 즉, 거품이 존재하고, 그 거품이 터질 경우, 과거 닷컴 버블 붕괴 후에 그랬듯이, 연준이 금리 인하를 통한 경기 부양에 나서 그 여파를 통제할 수 있다는 것이었다. 한편, 그녀는 연준이 버블을 관리하는 가장 좋은 방법은 규제 권한을 사용하여 은행이 마구잡이 대출을 중단하게 하는 것이라고 말했다. 하지만 그린스펀은 그럴 생각이 없었고, 설사 그럴 생각이 있었다 하더라도 그가 관할하는 규제 시스템이 그만한 책임을 감당할 준비가 되어 있지 않았다는 것이 그녀의 주장의 맹점이었다.

2005년 8월에 열린 연준의 잭슨홀 미팅은 그린스펀의 유산에 축배를 드는 분위기였다. 국제통화기금IMF의 수석 이코노미스트 라구람 라잔은 이 자리에 참석한 중앙은행가들에게 금융 혁신이 은행 시스템을 더 위험하게 만들 수 있다고 경고했다. 청중의 반응은 그다지 우호적이지 않았다. 서머스는 라잔의 전제가 반기술적인 오판이라고까지 했다.

워싱턴의 최고 규제 당국은 단속에 관심이 없었다. 하지만 집으로 돌아온 옐런의 저녁 식탁에 함께 앉은 동지들은 관심이 아주 많았다.

2005년에 모질로는 옐런과 애컬로프 가정의 단골 대화 주제였다. 조지와 로비는 모질로에 대한 자료들을 읽기 시작했고, 멋진 수트와 화려한 손수건, 커다란 골드 커프스링크, 짙은 태닝 등등에 대해서도 알게 되었다. 그들은 모질로가 좀 수상한 인물이라고 생각했다. 어느 날 캘리포니아의 와이너리 지역으로 가족 여행을 하는 동안 모두 함께 모질로에 대해 긴 이야기를 나누었고, 조지와 로비는 저녁 식사 때마다 그에 대한 이야기를 자주 꺼냈다. 무엇이 브롱스 정육점 주인의 아들을 그토록 사치에 빠져들게 한 것일까? 그가 금융계를 지배하는 1인자가 되겠다는 결의에 사로잡힌 이유는 무엇일까? 인정과 지배 욕구는 위험했다. 더욱이 그 욕구가 컨트리와이드의 기업 문화로 자리잡은 것 같았다.

조지와 로비는 이 남자의 심리와 컨트리와이드의 기업 문화에 완전히 빠져들었다. 아버지와 아들은 위험을 감지했고, 그를 단속해야 한다고 옐런을 괴롭히기 시작했다. 급기야 옐런은 그들의 말을 듣는 것이 지겨운 지경에 이르렀다.

"정말이지, 수트 얘기 좀 그만하라구요." 남자들이 그녀에게 집요하게 잔소리를 할 때면 옐런은 쏘아붙이곤 했다. 단순히 골드 커프스링크를 하고 다니는 싸움꾼이라는 이유로 모질로를 단속할 수는 없었다. 그녀에게는 따라야 할 절차가 있었다. 하지만 그들의 말에 일리가 있다는 것을 모르지는 않았다. 옐런과 그녀의 심사관들도 걱정하고 있는 것은 마찬가지였다.

워싱턴과 샌프란시스코의 연준 심사관들이 할 수 있는 일에는 한계가 있었지만, 뒤에서는 컨트리와이드의 탐욕을 길들이기 위해 노력했다. 2005년 9월, 연준은 모질로에게 컨트리와이드의 성장 계획과 회사가 감당할 수 있는 리스크에 한도를 설정해야 한다는 공식 서한을 보냈다. 규제 당국은 컨트리와이드의 이색적인 상품들도 불안했고, 리스크를 신중하게 관리하고 있는지도 마음이 놓이지 않았다. 그들은 컨트리와이드를 증시 종목 코드인 "CFC"로 불렀다.

"CFC의 성장 프로파일은 포괄적인 리스크 관리 프레임워크가 필수적이다. 그리고 주택담보대출 업계의 선두주자로서 CFC는 최고 수준으로 전사적 차원의 리스크 관리를 할 의무가 있다."

연준은 컨트리와이드가 잠재적 손실에 대비해 더 많은 돈을 확보해 둘 계획도 없이 공격적인 성장 전략을 펼치고 있다는 사실에 경종을 울렸다. 컨트리와이드의 대출이 더 위험해지면서 자본이라는 이름의 완충 장치가 점점 그 기능을 상실하고 있었던 것이다.

연준 감독관들은 또한 컨트리와이드가 내주고 있는 이색적인 대출 상품들에 대해서도 압박을 가했다. 시장 상황이 바뀌면 이러한 대출들은 어떻게 될까? 아무도 이에 대한 경험이 많지 않았다. 컨트리와이드 임원 존 맥머레이는 훗날 조사관들과의 인터뷰에서 "연준이 우리 상품 중 일부를 마음에 들어하지 않았다"라고 말했다. 이 점이 모질로를 불편하게 했다. 비전통적인 대출 상품은 그가 포기하고 싶지 않은 회사의 성장 영역이었다. 시장을 지배하기 위해서는 혁신을 해야만 했다.

옐런은 은행들에 대한 감독을 강화하기 위해 샌프란시스코 연준의 조직을 대대적으로 개편했다. 옐런이 2004년 샌프란시스코 연준에 합류했을 당시 은행 감독 책임자였던 테리 슈와코프는 연준의 대외 홍보 관리 등 다른 직책을 맡았다. 2004년 슈와코프의 프로젝트 중 하나는 초등학생들을 대상으로 돈에 대해 가르치는 웹사이트 "페드빌^{FedVille}"을 출시하는 것이었다. 워싱턴 연준은 샌프란시스코 연준의 은행 감독 운영 현황을 검토한 후 이걸로는 부족하다고 판단했다. 슈와코프는 이 직무를 내려놓았고, 옐런은 그린스펀이 "가벼운 감독" 노선을 수용하기 전인 1970년대부터 은행 감독 분야에서 잔뼈가 굵은 스티븐 M. 호프먼 주니어를 영입했다.

하지만 옐런이 할 수 있는 일에는 한계가 있었다. 연준은 중앙집권화된 규제 기관이었다. 옐런이나 샌프란시스코 연준이 아닌 워싱턴의 연준 감독관들이 은행 감독 책임자였다. 워싱턴 연준에서도 많은 감독관들이 옐런의 우려를 공유했지만, 2006년 초까지 최고의사결정권였던 그린스펀은 시장이 스스로를 감독할 수 있다는 견해를 고수했다.

그린스펀은 담보대출 붐의 고삐를 당기기 위해 한 가지 조치를 취하기는 했다. 닷컴 버블 붕괴 이후 수년간 동결했던 금리를 2004년부터 인상하기 시작한 것이다. 주택시장이 계속 달아오르자 연준도 금리를 조금씩, 그러나 지속적으로 올렸다.

다양한 규제 기관이 금융 회사 규제 권한과 수수료를 놓고 경쟁했다. 통화감독국^{OCC}은 은행을 규제했다. 저축기관감독청^{OTS}은 은행과 비슷하지만 은행보다는 대출 범위가 좁고 주로 주택담보대출을 중심으로 하는 저축 및 대출 기관들을 감독했다. 증권거래위원회^{SEC}는 증권회사들을 감시했다. 연방예금보험공사는 무너진 은행의 폐쇄와 뒷수습을 담당했다. 상품선물거래위원회^{CFTC}는 파생상품들을 관리했다. 최소한 이들은 조율하고 협력해야 할 의무가 있었지만, 일부 기관들은 더 큰 영향력을 행사하려 들었다.

옐런과 모질로는 분기에 한 번씩 샌프란시스코 연준 회의실에서 만났다. 샌프란시스코 연준 감독관들은 물론 워싱턴 연준에서 온 감독관이 다 함께 모질로에게 성장 전략에 대해 정중하게 질문하는, 사업 미팅 같은 분위기였다.

"내가 만난 샌프란시스코 감독관들은 컨트리와이드의 대출 심사 관행에 대해 걱정이 컸고 나에게 계속 경고음을 보내고 있었다. 그들은 증빙 서류를 아예 받지 않거나 최소한의 증빙만을 받는 대출 상품에 대해서 알려 주었다. 이른바 닌자 대출, 즉 무소득/무직/무자산형 대출이 늘어나고 있었다." 옐런의 회상이다. "샌프란시스코 연준은 무슨 일이 일어나고 있는지 상당히 우려가 컸다. 우리는 더 엄격한 리스크 관리를 주장하고자 했다."

이 시기 컨트리와이드는 모질로의 후계자 자리를 놓고 권력 투쟁이 벌어지고 있었고, 이 와중에 연준의 감독은 내부적으로 긴장을 초래했다. 유력한 후계자로 거론되던 사장 스탠퍼드 컬랜드는 나서지 않는 타입으로, 규제 당국의 우려에 동조하는 입장이었다. 최고 운영 책임자(COO)인 데이비드 삼볼은 규제 당국을 성가신 존재로 여겼다. 모질로와 컬랜드는 결국 이 문제로 사이가 틀어졌다. 모질로는 연준이 자신의 성장 계획에 방해물이라고 생각했다.

"연준은 우리 조직을 이해하지 못했다"라고 모질로는 훗날 법정 증인석에서 말했다. 결국 컬랜드는 사직했다.

당시 컨트리와이드는 또다른 워싱턴 규제 당국의 구애를 받고 있었다. 저축기관감독청(OTS)이 컨트리와이드로부터 거액의 금융회사 감독 수수료를 받을 수 있는 기회를 포착한 것이다. OTS 감독관들은 수수료 수입에 따라 보수를 받는 것은 아니었지만, 수수료 수입이 늘어나면 영향력이 커진다는 점을 놓치지 않았다.

이론적으로 컨트리와이드는 기업 체제를 변경하여 전통적인 은행보다 주택담보대출에 더 집중하는 저축은행 지주회사로 전환할 수 있었다. 그렇게 하면 OTS의 감독 하로 들어가고 연준의 감시의 눈초리를 벗어난다.

2006년 여름, 모질로의 특공대는 OTS 관계자들과의 회의를 앞두고 69페이지 분량의 메모를 준비했다. 모질로는 자사의 공격적인 성장 계획과 파격적인 대출 상품이 성공 가도를 달릴 것이라는 확신을 얻고 싶었던 듯하다. 이 메모에는 "OTS의 지주회사 규제는 연방준비제도의 규제만큼 방해가 되지 않는다"라는 컨트리와이드 변호사들의 의견이 포함되어 있었다. 또한 OTS 국장 존 라이히가 그 해 2월에 한 공개 연설도 강조했는데, 라이히는 OTS가 금융회사들을 위한 "규제 대안"이라고 홍보하고, 비전통적 대출 상품에 대한 유연한 태도를 강조했다. "이와 같은 대출 상품은 저축은행 업계에서는 이미 오랫동안 판매해 온 것"이라고도 했다.

훗날 모질로는 "우리가 앞으로 나아갈 수 있는 유일한 방법은 OTS로 가는 것뿐이었다."고 말했다.

2006년 11월, 모질로는 회사 전용기를 타고 샌프란시스코로 날아가 옐런에게 이 소식을 알렸다. 그 자리에는 옐런의 새 감독 책임자인 스티븐 호프먼도 동석했다. 모질로는 컨트리와이드의 회사 체제를 바꾸기로 결정했고, 따라서 더이상 연준은 컨트리와이드의 규제 기관이 아니라고 말했다.

"어느 날 안젤로와 분기 정례 회의를 하고 있었는데, 그가 갑자기 말했다. '재닛, 이 말은 꼭 해야겠어요. 당신에게 감독 받는 것은 진짜 멋졌습니다. 여러분은 정말로 최고의 실력자들이며, 우리는 여러분이 주신 모든 귀중한 조언에 정말 감사하고 있습니다. 하지만 우리는 꼭 은행 지주회사일 필요는 없다는 것을 깨달았어요. 저축은행 지주회사가 되는 것도 괜찮다는 것을 알게 되었죠. 그래서 우리는 지금 인가를 변경 중에 있습니다.'"

옐런과 호프먼은 어안이 벙벙해졌다. 규제 시스템 상, 모질로는 입맛에 맞는 규제 당국을 쇼핑하고, 마음에 들지 않는 말을 들으면 다른 당국으로 갈아타는 것이 가능했던 것이다. 이제 그는 OTS의 관할이었고, 그들이 할 수 있는 일은 별로 없었다.

컨트리와이드의 운명은 모질로가 연준과 결별을 선언하기 전에 이미 정해져 있었을지도 모른다. 2002년부터 2006년까지 전체 대출에서 비표준 대출이 차지하는 비중은 25%에서 45%로 증가했다. 이는 더 많은 리스크를 의미했다. 게다가 월스트리트에 자사의 대출을 판매하여 리스크를 분산시키는 대신 대부분을 자체적으로 떠안고 있었다. 2002년부터 2006년까지 컨트리와이드의 자체 대출 보유액은 60억 달러에서 780억 달러로 증가했다.

대출을 내주려면 돈이 필요하다. 그런데 그 자금은 어디에서 나왔을까? 빌렸다. 4년 만에 컨트리와이드의 차입금은 198억 달러에서 715억 달러로 급증했다. 이 차입금의 대부분은 매우 짧은 주기—예를 들면 몇 개월—로 정기적으로 상환해야 했다.

엔진을 계속 돌리기 위해 컨트리와이드는 정기적으로 기존 단기 대출을 상환하고 이를 대체할 새로운 대출을 받았다. 하지만 이 전략은 또 다른 문제를 야기했다. 주택 소유주에게 내준 대출이 부실화해도 컨트리와이드는 계속 돈을 빌릴 수 있을까? 이 질문에 대한 답은 안젤로 모질로에게 매우 심각한 문제가 될 것이었다.

Chapter 15

등대에서 몰려오는 폭풍우를 보다

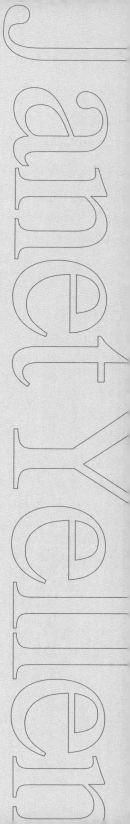

아픈 경제와 로비 보살피기

컨트리와이드 내부에서 금융 위기가 조용히 끓어오르고 있는 동안, 옐런과 애컬로프는 그들대로 집안의 위기에 직면했다. 2003년 예일대를 졸업한 로비는 부모처럼 경제학자가 되기로 결정했다. 하버드 대학원 3년 차, 대부분의 학생들이 강의 수강을 마치고 논문을 쓰고 있을 때, 로비의 왼쪽 다리부터 발까지 신경통이 내려왔다.

의사들은 로비의 요추에서 추간판 탈출증(일명 디스크)을 발견했다. 로비는 달리기를 좋아했고 오랫동안 가벼운 척추 측만증이 있었는데, 이것이 원인이 되었을 수도 있었다. 의사는 몇 달 지나면 증상이 저절로 사라지는 경우가 많으니 그냥 조심하면서 지내라고만 했다. 하지만 6개월이 지나자 로비의 증상은 더욱 악화되었다. 한 번에 15분 이상 앉아있을 수 없었기 때문에 세미나에도 참석하지 못했고 학교 친구들의 시야에서 사라져갔다. 2006년 12월이 되자 할 만큼 했다고 생각한 로비는 수술을 받기로 결심했다. 수술 결과는 좋지 않았고, 통증은 더욱 심해졌으며, 결국 걸을 수 없는 지경에 이르렀다.

애컬로프는 아들을 직접 보살피기 위해 동부로 날아갔다. 몇 달 동안 로비의 작은 아파트의 소파 침대에서 잠을 자고 피자와 중국 음식을 테이크아웃했다. 그 해 케임브리지에서는 노벨 경제학상 수상자가 아들의 빨래 뭉치를 들고 지하실로 내려가 코인 세탁기에 25센트짜리 동전을 집어넣는 모습을 종종 볼 수 있었다. 로비는 꼼짝도 못하고 누워 지내야만 했지만, 아버지와 아들은 함께 책을 읽고, 영화를 보고, 경제학 대화를 나누었다. 로비는 통증을 완화하기 위해 코르티손 주사를 맞았고, 오랫동안 공부를 중단해야 했다. 당장 아픈 아들을 돌보는 일은 우선 애컬로프가 전담하고, 옐런은 나중에 뉴욕에서 남편, 아들과 합류했다.

로비가 건강을 회복할 때까지 애컬로프가 곁을 지키는 동안, 옐런은 모질로의 창조물이 점점 더 깊은 나락으로 빠져드는 것을 보고 있었다. 2007년에는 대출금의 월 상환을 연체하거나 건너뛰는 가구가 점점 더 많아졌다. 이러한 대출금 상환 연체를 숫자로 나타내는 채무불이행률delinquency rate은 2006년 중반 전국 기준 전체 주택담보대출의 1.6%에서 2007년 중반에는 2.7%로 상승했다. 별것 아닌 것처럼 들릴 수도 있지만, 당시 10조 달러가 넘는 주택담보대출 부채를 안고 있던 미국에서는 연체율이 1% 포인트 증가할 때마다 약 1,000억 달러의 추가 채무불이행 리스크가 발생한다는 의미였다. 채무불이행률은 2010년에 11%을 넘기며 정점을 찍었다.

컨트리와이드의 주택담보대출 상황은 다른 은행들보다 더 심각했다. 2007년 6월 30일에는 컨트리와이드가 실행한 전체 대출 중 약 5%가 채무불이행 상태였는데, 이는 불과 6개월 전의 4% 미만에서 크게 증가한 수치였다. 2007년 1월부터 2007년 7월까지 컨트리와이드의 주가는 3분의 1 이상 급락했다.

컨트리와이드가 비틀거리는 가운데 옐런은 연준의 정책 회의에서 점점 커지는 우려를 표명했다. 연준 관계자들은 1년에 8번 공식적으로 모여 경제 상황을 논의하고 인플레이션과 실업률의 균형을 유지하기 위한 금리 정책을 수립한다. 12개 지역 연준 은행 총재들과 워싱턴 연준의 이사들과 스태프들이 함께 연준 이사회 회의실에 모여, 의장의 주재 아래 하루이틀 동안 토론과 논쟁을 벌인다. 워싱턴 연준 이사들, 뉴욕 연준 총재가 최종 결정을 위해 투표할 때 지역 은행 총재들도 순번을 정해 돌아가며 투표에 참여한다. 이 투표인단을 연방공개시장위원회Federal Open Market Committee, FOMC라고 부른다.

이렇게 많은 인원들 사이에서 합의를 도출하는 것은 연준 의장에게 항상 어려운 숙제였다. 그린스펀은 은퇴할 당시 연준을 완전히 장악하고 있었다. 하지만 2006년 초에 그린스펀의 자리를 물려받은 벤 버냉키는 아직 새로운 직책에 적응 중이었다.

연준 회의는 마치 NFL(미국 프로풋볼 리그)의 일요일과 같았다. 며칠 동안 밤 늦게까지 준비하고 막후에서 전략 논의를 거듭한 끝에 마침내 찾아오는 경기 당일이었다. 회의가 끝나면 연준은 그 내용을 요약하고 금리의 방향성에 변동이 있을 경우 이를 발표하는 성명을 냈다. 이 성명서는 의회로부터 연준의 투명성 강화 압력을 받던 1990년대에 그린스펀이 도입한 혁신이었다. 이 성명서에 금리에 대해 연준이 무언가 방향을 바꿀 만한 아주 조그만 힌트만 등장해도 주식이나 채권 시장이 경련을 일으키며 전세계에 그 여파가 미칠 수 있었다.

옐런은 샌프란시스코 연준 경제팀이 워싱턴 회의를 준비하는 방식을 바꿨다. 전임자인 패리 총재 아래에서 경제팀은 워싱턴 연준의 경제학자들이 내놓는 전망을 그대로 반영하는 경우가 많았다. 옐런은 샌프란시스코 팀에게 "그건 나도 이미 알고 있어요"라고 말했다. 그녀는 경제학자들에게 워싱턴에서 열리는 매우 중대한 논의들에 새로운 분석과 새로운 아이디어를 제시할 수 있는 자료를 내놓으라고 채근했다.

샌프란시스코 연준 팀은 새롭게 수행한 연구들을 바탕으로 몇 시간 동안 브리핑을 했고, 옐런이 워싱턴으로 떠날 때면 수백 장의 브리핑 자료는 그녀의 무기가 되었다. 발표할 차례가 되면 옐런은 준비해 온 원고를 꺼내 천천히, 다소 무미건조한 톤으로 읽어 내려갔다. 그녀의 프리젠테이션은 언제나 주제가 있었고, 방대한 양의 연구 자료로 뒷받침되었다. 버냉키는 옐런의 발표에 대해 "옐런이 입을 열면 방 전체가 조용해졌다"라고 말했다.

옐런은 때때로 그 진지한 얼굴로 표정 하나 바꾸지 않고 캘리포니아스러운 기발한 일화를 곁들였는데, 그때마다 좌중에는 웃음이 터져 나왔다. 사모펀드 업계에 있는 그녀의 지인들은 호황기에 지나치게 흥분한 투자자들이 무조건 돈을 떠안기는 행태에 질렸다고 했다. 금융 위기가 깊어지는 동안 나파밸리의 와인들은 저렴한 상품들만 잘 팔리고 값비싼 와인은 고전을 면치 못했다. 샌브란시스코 베이 동부의 성형외과 의사들은 현금이 부족해진 부자들이 옵션 시술을 취소하고 있다고 보고해왔다. 회원가입비가 25만 달러에 보통 7, 8년을 대기자 명단에서 기다려야 하는 실리콘밸리 컨트리 클럽의 대기자 명단은 단 13명으로 줄어들었다.

정기적으로 연준 정책 회의에 참여하면서, 옐런에게는 새로운 습관이 생겼다. 공항 라운지에서 몇 시간씩 앉아 있는 동안, 옐런은 블랙베리 휴대폰의 벽돌 깨기 게임에 약간 중독되었다. 이 게임은 34레벨까지 있었고, 상위 레벨로 갈수록 깨는 것이 점점 더 어려워졌다. 옐런의 게임 실력은 일취월장해서 결국 전 레벨을 깰 수 있었다. 하지만 2007년 중반이 되자 한가롭게 게임을 할 수 있는 시절도 끝났다.

옐런은 2007년 6월 연방공개시장위원회에서 "여전히 거대한 고릴라가 방 안에 있다고 느낀다"라고 말했다. "바로 주택 부문입니다. 주택 가격이 하락하고 주택담보대출의 채무불이행이 급증하는 등 주택 시장이 더 크게 악화될 위험이 있어 불안한 마음이 큽니다." 그녀는 샌프란시스코 경제팀의 분석을 보여주었다. 전국적으로 주택 가격이 하락하고 있었고, 주택담보대출의 채무불이행률도 상승하고 있었다. 이는 꼬리에 꼬리를 물며 악순환을 초래할 가능성이 있었다.

많은 가구가 대출을 받아 주택을 구입할 때 아주 소액의 선금만 지불했기 때문이었다. 주택 가격이 하락하면, 잃을 것이 그만큼 적기 때문에, 즉 집에 들어간 자기 돈이 얼마되지 않기 때문에, 대출금 잔액을 상환할 유인이 줄어든다.[32] 옐런은 "서브프라임(비우량) 대출자, 특히 주택 구입시 자기자본비율이 매우 낮은 대출자들은 주택이 더 이상 매력적인 투자처로 보이지 않는 상황에서 대출금을 계속 상환할 유인이 적다"라고 말했다. 이와 관련된 또 한 가지 문제는, 사람들이 대출금을 계속 갚기 위해 더 낮은 금리의 대환 대출에 의존한다는 것이었다. 주택 가격 하락이 심각해지자 은행은 많은 대출자들의 구명줄이었던 리파이낸싱 놀이를 중단했다. "이러한 결과는 서브프라임의 채무불이행 증가가 주택담보대출 시장의 다른 섹터로 확산될 수 있는 잠재적 위험을 뚜렷하게 보여준다. 또한 주택 가격이 더 내려가면 압류가 늘어나고, 이로 인해 가격을 더더욱 끌어내리는 악순환을 촉발할 수 있음을 보여준다." 즉, 주택 문제의 악순환이 심해지면 은행들이 위태로워질 수 있었다.

8월에는 패닉이 확산되었다.

시작은 아무도 예상하지 못한 곳에서 찾아왔다. 독일 뒤셀도르프, 라인강 근처에 위치한 IKB 독일 산업은행IKB Deutsche Industriebank AG이었다. 아는 사람도 별로 없는 이 작은 은행은 1924년부터 오랫동안 친분 관계가 있는 독일 국내 중소기업들에게 자금 대출을 해왔다. 그러다 2002년에 포트폴리오를 확장하기로 하고, 미국 서브프라임 관련 증권에 투자하기 시작했다.

독일의 작은 은행이 어떻게 그런 위험한 도약을 감행할 수 있었을까?

---

32. 역주: 미국의 주택담보대출은 한국과 달리, 대출금을 상환하지 못할 경우 은행이 담보로 제공한 주택을 압류하는 것으로 채무가 종결되는 상품(non-recourse loan)이 있다. 따라서 주택만 포기하면 추가적인 채무 이행의 의무가 없으므로, 가격이 계속 하락하는 주택을 유지하기 위해 은행에 계속 원리금을 상환할 유인이 줄어든다. 이는 은행 부실로 이어질 위험이 있다. 반면 한국은 은행이 담보인 주택을 차압한 후에도 가격 하락으로 인한 대출 원금의 차액이 여전히 채무로 남는다. 이는 대출자로 하여금 원리금을 상환을 계속하게 하는 유인이 되기도 하지만, 이미 주택을 압류 당한 상태에서 대출자의 재정 상태에 추가 부담을 부여하게 되고, 이로 인해 가계 부채 문제가 더욱 커진다는 문제가 있다.

거대한 배관 시스템을 상상해 보자. 월스트리트는 미국 주택담보대출 시장을, 대출받은 돈이 마치 물처럼 흐르는 시스템으로 만들었다. 주택담보대출 유동화 증권 시장은, 은행들이 다양한 투자자의 취향과 요구에 맞춰 매우 안전한 투자 상품과 더 위험한 투자 상품을 만들어내도록 설계되었다.

이 시스템은 투자 은행들이 다양한 위험도의 주택담보대출 수천, 수만 개를 한데 모으는 것으로 시작되었다. 가계라는 물탱크가 매달 이자와 원금을 상환하면 정기적으로 현금이 흘러나온다. 이 현금은 수도꼭지로 흘러들어가 여러 개의 거대한 욕조를 채운다. 은행은 물탱크에 투자하는 투자자가 감수할 수 있는 위험과 기대하는 수익률에 따라 이 욕조에 들어가는 자금의 흐름을 짜맞춘다. 일부 투자자는 높은 수익률을 얻지만, 자금 흐름이 마르면 그들의 욕조로 물이 흘러들어가는 수도꼭지가 제일 먼저 잠긴다. 최악의 상황에서도 계속 물이 들어오는 욕조를 원하는 투자자들은 그 대신 낮은 수익률을 감수해야 한다.

무디스나 스탠더드&푸어스 같은 신용평가사는 마지막까지 물이 들어오는 욕조의 경우 AAA 등급의 미국 국채만큼이나 안전하다고 단언했다.

IKB는 그들을 믿었다. 한 가지 문제는 주택담보대출의 채무불이행이 상상을 초월하는 수준으로 증가하면 이 배관 시스템이 아예 작동을 멈춘다는 것이었다. 이 경우 물이 완전히 말라버려, 마지막까지 물이 들어오게 되어 있는 욕조에 베팅한 투자자들도 돈을 잃을 위험에 처한다. IKB의 문제는 그것만이 아니었다. IKB 자체도 많은 돈을 빌리고 있었기 때문에 대출 기관이 언제든 빚을 갚으라고 요구할 수 있었다. IKB는 금융 회사들이 한 번에 3개월, 6개월, 9개월 등 단기간 서로에게 돈을 빌려주는 2조 달러 규모의 글로벌 기업어음 시장을 통해 투자 자금을 조달했다. 어음 만기가 몇 달마다 돌아오면 IKB와 같은 차입기관은 일반적으로 다시 대출을 받아 기존 대출을 상환하고 새로운 단기 대출로 대체했다.

2007년 여름, 월스트리트의 금융기관들은 IKB가 투자한 주택담보대출 증권이 채무불이행으로 치닫고 있어 다음번 차입금을 상환 받지 못할 것을 우려하여, 기업어음 시장에서 IKB에게 돈을 빌려주지 않았다. 돈을 빌리지 못해 만기가 도래한 어음 결제에 실패한 IKB는 하룻밤 사이에 파산에 직면했다. 결국 독일 규제 당국이 나서 겨우 구제 금융을 받을 수 있었다.

IKB의 붕괴는 여러 가지 측면에서 위기의 신호탄이었다. 첫 번째로, 미국 주택담보대출 붐의 글로벌한 성격을 보여주었다. 피닉스와 라스베가스의 대출 부도 건수가 늘어나자, 미국의 주택담보대출 시장에 대해 잘 알지도 못하는 라인 강의 조그만 은행이 갑자기 리스크에 고스란히 노출되었다. 두 번째로, 금융 위기의 주요 요인 하나를 드러냈다. IKB는 수년 동안 수익을 내지 못하는 자산에 투자하면서, 그 투자 자금은 불과 몇 달마다 상환해야 하는 대출을 받아서 마련했다. 기업어음 돌려막기가 불가능해지는 순간, 파산을 피할 수 없었다.

IKB가 구제 금융을 받고 3일 후인 8월 2일, 안젤로 모질로는 자신에게 똑같은 문제가 있다는 사실을 깨달았다. 컨트리와이드의 기업어음과 기타 단기 차입금의 상환 연장이 불가능해진 것이다. 컨트리와이드의 전체 부채 780억 달러 중 3분의 1 이상이 130억 달러 이상의 기업어음을 포함한 단기 차입금이었다. 모질로는 마치 테러리스트의 공격을 받는 것 같은 기분이었다. 수년 전 컨트리와이드의 이사로 재직했던 전 연준 이사 라일 그램리에게 보낸 메일에서 그는 "신용 시장의 공포가 이제 공황으로 치닫고 있다."라고 말했다. 그램리는 이미 버냉키의 사무실에 연락해서 연준에게 이 문제를 경고해둔 상태였다.

8월 14일 컨트리와이드는 자사의 주택담보대출 포트폴리오에 대한 압류와 채무불이행이 증가하고 있으며, 컨트리와이드가 금융 시장에서 전례 없는 혼란에 직면해 있다고 보고했다. 8월 16일 로스앤젤레스 근교의 소도시 칼라바사스의 한 컨트리와이드 지점에서는 예금자들이 줄을 서서 돈을 인출하는 대공황 당시의 장면이 재현되었다. 정부의 지원 없이는 컨트리와이드가 파산할지도 모른다는 공포가 그 배경이었다.

9개월 전, 컨트리와이드의 감독 권한을 따냈던 저축기관감독청 국장 존 라이히에게 컨트리와이드의 전망은 장밋빛이었다. 그는 걱정하는 연준 관계자들에게 컨트리와이드의 경쟁력이 사라지고 있다고 말했다. 장기적인 전망은 나쁘지 않았다. 하지만 전 세계 곳곳에서 공포가 튀어나오고 있었다. 프랑스 은행 BNP파리바는 투자자들이 미국 서브프라임 증권에 투자한 펀드에서 돈을 인출하는 것을 금지했다. 투자자들의 이탈이 계속되고 있었지만, 더 이상 투자 자산의 가치를 산정하는 것조차 불가능했기 때문이다. 서브프라임 증권에 노출된 베어스턴스 헤지펀드 두 개는 이미 무너졌다.

버냉키는 8월 휴가 계획을 취소했다.

모질로는 연준에 도움을 요청했다. 이런 패닉에 빠진 은행에 긴급 대출을 제공하는 것이 연준의 역할이라고는 하나, 모질로는 몇 달 전에 더이상 연준의 감독을 받지 않겠다고 걷어차 놓고 이러한 대출을 받기를 원한 것이다. 당시 뉴욕 연방준비은행을 이끌며 이 요청을 검토했던 티모시 가이트너는 "모질로는 당황한 기색이 역력했고 무슨 일이 벌어지고 있는지 확실히 모르는 것 같았다"라고 회상했다. "위기 동안 내가 만났던 다른 절박한 CEO들과 마찬가지로, 모질로의 주된 관심사는 정부가 그의 회사를 돕기 위해 무엇을 할 수 있는지, 그리고 시장이 컨트리와이드에 대해서 불안해하지 않도록 우리가 무엇을 말해줄 것인지였다."

샌프란시스코에 있는 옐런의 측근들은 연준이 컨트리와이드를 도울 방법이 없다고 생각했다. 옐런에게는 그렇게 간단한 문제가 아니었다. 컨트리와이드가 무너지면 다른 은행들도 무너져 경제 전반으로 확산될 수 있기 때문이었다. 동시에 옐런은 모질로가 컨트리와이드가 절망적인 상태라는 사실을 인정하지 않고 있다고 믿었다. 그녀는 연준 부의장 도널드 콘에게, 최선의 해결책은 컨트리와이드의 문제를 해결할 수 있는 다른 회사에 매각하는 것이라고 말했다. 연준은 모질로의 구조 요청을 거절했다. 대신 모질로는 자신이 보유한 20억 달러에 달하는 컨트리와이드 지분을 뱅크 오브 아메리카에 매각하여 자금을 조달해서 회사에 수혈하는 데에 동의했다.

컨트리와이드가 녹아내리고 있는 동안, 옐런, 조지, 로비는 뉴욕에 모여 맨해튼의 특수 수술 병원에서 로비의 척추 수술을 준비했다. 2년 동안 로비와 조지는 컨트리와이드 문제로 옐런을 들들 볶았다. 이제 그들 모두 금융 시장의 문제가 일개 회사보다 훨씬 더 크다는 것을 깨달았다. 주택 시장, 담보대출 시장, 경제, 은행……. 모든 것이 위험한 방식으로 서로서로 묶여 있었다. 그들은 경제 전체를 마비시킬 수 있는, 시스템 전반에 걸친 심각한 충격의 시작을 목격하고 있었다.

애컬로프는 이미지와 스토리—코렌의 만화 속 생물들, 중고차 시장, 고용 시장에 대한 은유로서의 댐 현장, 노벨상 연설에 등장한 리처드 스캐리의 그림책 비유 등—로 사고하는 경향이 있었다. 그 모든 지난 시간 동안 그는 학술 세미나에 앉아 연구자들이 칠판에 딱딱한 수학적 증명을 늘어놓는 것을 보면서, 이 공식들이 어떻게 더 크고 생생한 이야기 또는 그가 머릿속에서 그리고 있는 더 큰 풍경 지도에 맞아떨어질 수 있을지 궁리하곤 했다.

지금 그의 머릿속에 떠오른 이미지는 끔찍한 폭풍이었다. 1990년대에 그는 〈약탈〉 논문에서 파산을 향해 질주하는 기업으로부터 단기적인 이익을 얻기 위해 개인들이 어떻게 허술한 규제와 회계를 이용하여 사회를 약탈했는지를 연구했다. 애컬로프는 월스트리트의 새로운 금융 상품들이 문제를 증폭시키고 있다고 의심했다. 위험을 분산하기 위한 수단으로 고안된 금융상품이 오히려 위험을 키우고 숨기는 데 이용되고 있었다. 그동안 그는 등대에서 멀찍이 떨어져 지평선 위의 구름만 지켜보았다. 이제 폭풍이 바로 그의 머리 위까지 다가와 위협적인 모습으로 번져 나가고 있었다.

그의 아내 재닛 옐런이 등대지기 중 한 명이었다. 꼬리를 물고 이어지는 격렬한 폭풍을 다스리는 것이 그녀의 임무였다. 옐런이 눈길을 돌리는 거의 모든 곳에서 이전에는 들어본 적도 없는 복잡한 금융 상품들이 엉망진창으로 엉켜 있었고, 부실 대출이 문제를 일으키고 있었다. 이 상품들에 붙은 이름은 뒤죽박죽이었지만, 금융 시스템의 많은 부분을 드러내는 공통된 요소를 가지고 있었다.

은행들은 구조화 투자 회사structured investment vehicle, SIV라는 것을 만들어 주택담보대출에 투자하고, 돈을 빌려서 투자 금액을 늘렸다. 또한 위험한 부채를 꽉꽉 채워넣은 거대한 주택담보대출 증권 보따리나 다름없는 부채담보부증권collateralized debt obligation, CDO을 만들어 투자자에게 판매하거나 은행이 직접 보유하기도 했다. 비교적 안전한 머니마켓펀드money market fund, MMF조차, 원래는 가계가 저축한 돈을 예치하고, 많지는 않아도 안전한 수익을 기대하는 투자 상품임에도 불구하고, 의심스러운 주택담보대출 투자로 채운 자산담보부 기업어음asset-backed commercial paper, ABCP이 가득했다.

성장과 그에 따른 거액의 보너스 패키지에 눈이 먼 경영진이 운영하는 금융 회사들에 휘둘린 미국 가계는 지나치게 많은 빚을 지고 무리하게 대출을 늘렸다. 이제 금융 회사들은 격랑에 휩쓸린 손상된 배처럼 부러지고 있었다. 경영진은 구명보트를 원했다.

옐런은 이들의 구조 요청에서 더 큰 문제를 발견했다. 금융 시스템이 무너지면 경제에 돈이 마르고, 경기 침체와 실업을 초래할 수 있었다. 컨트리와이드가 비틀거리고 있던 지난 8월, 연준 관계자들과의 컨퍼런스콜에서 옐런은 "이 시장에서 유동성이 빠르게 회복되지 않으면 신용 경색이 발생할 수 있습니다."라고 경고했었다. "징후는 도처에 있습니다. 컨트리와이드만 해도 시장의 20%를 차지하고 있으며, 대출 기준을 강화하겠다고 발표했었습니다. 프라임(우량) 등급 점보 모기지[33]에 돈을 넣으려다가 자금을 조달할 수 없다는 이야기, 은행들이 대출 기준을 강화하고 있다는 소식을 매일 듣고 있습니다. 이러한 금융 여건의 변화가 경제 성장에 영향을 미치고 있다

---

33. 연방 주택 금융 감독청(Federal Housing Finance Agency)이 정하는 주택 담보 인정 비율을 초과하는 대출

는 데이터는 아직 보지 못했지만, 앞질러서 판단한다면 영향을 미칠 수밖에 없다고 생각합니다."

연준은 복잡한 상황에 처해 있었다. 인플레이션은 8월 금융업계가 대혼란에 빠지기 몇 달 전부터 상승하기 시작했다. 지구 반대편에 있는 중국의 산업들은 점점 더 강해지고 있었다. 수년 동안 중국이 값싼 노동력으로 생산한 수출품이 글로벌 인플레이션을 억제해왔다. 이제 중국은 그들의 거대한 공장들이 필요로 하는 철강, 목재, 석탄, 석유 등과 같은 원자재를 빨아들이고 있었고, 이는 인플레이션에 역효과를 내고 있었다. 하지만 옐런은 금융 위기가 인플레이션 문제를 빠르게 반전시킬 것이라고 생각했다. 연준의 일각에서 원하는 것처럼 인플레이션에 맞서기 위해 금리를 올릴 필요가 없었다. 그녀는 피할 수 없는 경기 침체에 대비하기 위해 금리를 내려야 한다고 결론 내렸다.

옐런의 일부 동료들은 그녀가 너무 앞질러 가는 것 아니냐고 생각했지만, 옐런은 경제가 어디로 향하고 있는지, 그리고 연준이 어떻게 대응해야 하는지에 대해 선견지명을 발휘하는 능력을 쌓아가고 있었다. 시장의 단순한 분류에 따르면, 옐런은 경제 활동을 촉진하고 실업률을 낮추기 위해 저금리를 선호하는 '비둘기파'라고 보아야 했다. 하지만 그녀가 변화하는 경제를 어떻게 바라보는지, 또는 전통적인 경제학이 변화하는 상황에서 여전히 유효한지를 판단할 때 전혀 독단적이지 않다는 사실은 간과하기 쉬웠다. '비둘기'는 너무 편협한 정의였다. 그녀는 거품이 터지면 함께 무너질 수 있는 취약한 금융 구조 위에 주택 경기 호황이 쌓아올려졌다는 사실을 깨달았다. 연준의 최고 의사 결정권자는 그녀가 아닌 버냉키였지만, 이제 사람들은 그녀의 목소리에 주목하기 시작했다.

버냉키의 뉴욕 연준 총재였던 티모시 가이트너는 "그녀는 내부 논쟁에서 옳은 편에 섰다"라고 말했다. "그녀는 항상 상황이 더 나빠질까 봐 걱정했고, 사태 초기부터 강력한 조치를 취할 것을 지지했다."

9월 공개시장위원회에서 연준은 기준금리를 0.5% 포인트 인하했다. 옐런은 주택담보대출 시장이 "완전히 황폐해졌다"라고 표현하며 금융 시스템이 빠른 시일 내에 정상으로 돌아오지 않을 것이라고 경고했다. 그녀가 보기에 지금은 관망할 때가 아니었다. 더 많은 금리 인하가 필요했다. "느리게 움직이는 것은 잘못된 방향이며 너무 위험합니다. 예상되는 피해를 막기 위해 제때 행동할 기회를 박탈하는 것이기 때문입니다."

12월, 연준은 재차 금리를 인하했지만 옐런은 또 한 번 추가 인하를 촉구했다.

"지난번 회의 당시 저는 금융 혼란이 점차 진정되고 경제가 심각한 피해 없이 벗어날 수 있을 것이라는 희망을 여전히 놓지 않고 있었습니다. 이후 전개된 상황은 그 믿음을 심각하게 흔들었습니다."

신용 경색이 악화되고 있었다. 경기 침체의 위험은 이제 "너무도 현실적"이었다. 훗날 전미경제연구소는 바로 그 달에 경기 침체가 시작되었다고 판단했다. 12월 회의에서 연준이 단기 금리를 0.25% 포인트 인하했을 때 옐런은 그것만으로는 충분하지 않으며 다음번 공식 회의 전에 다시 만나야 할 수도 있다고 말했다. 비공식 회의는, 규칙 그 자체인 연준으로서는 이례적인 조치이자 비상 상황의 신호였다.

몇 주 후, 금융 시장이 요동을 치고 고용 시장이 둔화되고 있다는 새로운 징후가 나타나자 연준은 정기 회의 전에 금리 인하를 단행했다. 버냉키는 긴급 컨퍼런스콜에서 동료들에게 "상황이 너무 빨리 진행되어 기다릴 수 없을 때도 있다"라고 말했다.

옐런은 그를 지지했다. "심각한 경기 침체와 신용 위기의 리스크가 감당할 수 없을 정도로 높습니다. 우리는 강력한 조치가 필요합니다."

연준이 점점 심해지는 폭풍을 따라잡기 위해 분주히 움직이는 동안, 모질로는 두 번째로 구명줄을 구하러 뛰어들었다. 2008년 1월 연준이 긴급 금리 인하를 단행하기 며칠 전, 그는 컨트리와이드의 나머지 지분을 전부 뱅크오브아메리카에 매각했다. 그 후 10년 동안 뱅크오브아메리카는 컨트리와이드와 함께 떠안은 부실 대출과 관련된 수십억 달러의 손실과 법적 소송을 헤쳐나가야 했다. 컨트리와이드에 처음 투자했을 때 뱅크오브아메리카의 주가는 51달러를 넘었다. 그로부터 14년이 지난 지금까지도 뱅크오브아메리카는 그때 떨어진 주가를 회복하지 못하고 있다.

모질로는 이 상황에 대해 부분적으로 연준을 탓했다. 2006년 당시 연준은 그린스펀이 시작한 금리 인상 사이클의 한복판이었고, 그해 버냉키가 의장이 된 후에도 몇 달 더 금리 인상 기조를 이어갔다. 모질로는 연준이 금리를 너무 많이 올리는 바람에, 변동 금리 대출의 비용이 늘어나 가계의 원리금 상환을 어렵게 만들었다고 생각했다.

그는 2007년 컨퍼런스콜에서 월스트리트 애널리스트들에게 말했다. "연준은 2003년, 2004년, 2005년, 2006년에 이루어진 대출의 50%, 60%, 70% 이상이 연방기금 금리와 어떤 식으로든 연동되는 변동금리 대출이라는 사실을 알면서도 금리를 17번, 무려 17번 연속 인상했다. 시장에 나와 있는 대부분의 상품이 변동금리 상품이었다."

그는 금리 인상이 채무불이행 사태를 촉발했다고 믿었다.

"금리 인상이 언제 멈출지 알 수 없었다. 하지만 연준이 계속 금리를 올렸다는 사실은, 사람들이 금리를 갈아타거나 구매 행위를 할 때 감당할 수 있는 비용에 중대한 영향을 미쳤다. 이것은 큰, 아주 큰 영향이었다."

많은 시간이 흐른 뒤, 옐런에 대한 소회를 묻는 연락을 받았을 때 모질로는 옐런과는 아무런 문제가 없었지만, 자신을 나쁜 놈으로 만들려 들었던 언론인들과는 문제가 있었다고 말했다.

"그녀는 멋진 여성이었고 훌륭한 감독자였다"라고 그는 말했다. "그녀는 나와 컨트리와이드에 정말로 많은 도움을 주었다."

옐런은 위기를 조사하기 위해 설립된 연방 기관인 금융위기조사위원회에 자신의 의견을 제시했다. 그녀의 증언을 들으면서 조사관들은, 옐런이 다른 많은 사람들보다 먼저 무슨 일이 일어날지 알아차린 것 같았다고 적었다. 사실, 그녀는 위기를 막을 만큼 퍼즐 조각을 충분히 빨리 맞추지 못했다고 말했다.

"유감입니다. 그럴 수 있었기를 바라지만, 그러지 못했습니다."

Yellen Yellen Yellen Yellen
Yellen Yellen Yellen Yellen
Yellen Yellen Yellen Yellen
Yellen Yellen Yellen Yellen
Yellen Yellen Yellen Yellen
Yellen Yellen Yellen Yellen
Yellen Yellen Yellen Yellen
Yellen Yellen Yellen Yellen
Yellen Yellen Yellen Yellen
Yellen Yellen Yellen Yellen
Yellen Yellen Yellen Yellen
Yellen Yellen Yellen Yellen
Yellen Yellen Yellen Yellen
Yellen Yellen Yellen Yellen
Yellen Yellen Yellen Yellen

Chapter 16

금융 공황

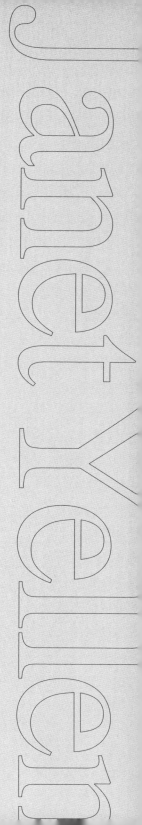

버냉키의 충성스러운
야전 사령관

2008

한 가지 상상을 해 보자. 당신은 남북전쟁을 연구하는 역사학자로 안정적인 직업도 있다. 당신은 전장에서 오고 간 편지들을 읽고 장군들의 머릿속에서 무슨 일이 일어났는지 알고 있다. 버지니아 챈슬러스빌과 펜실베이니아 게 티스버그 같은 곳에서 그들이 보여준 눈부신 전술과 치명적인 실수들을 알 고 있다. 그들 중 일부를 파멸시킨 공포, 그럼에도 또다른 일부는 기어코 버 텨내게 한 대담함과 근성을 알고 있다. 당신은 전장의 지형을 잘 알고 있으 며, 북군이 진격하는 남군을 언덕 아래로 밀어내기 위해 육탄전을 불사하며 돌격했던 게티스버그 리틀 라운드 탑의 경사도 잘 알고 있다. 탁 트인 들판 에서 적군을 사살하는 데 사용된 포병기가 어떻게 작동했는지, 빗속에서 원 뿔 모양의 미니에탄이 얼마나 멀리 날아갔는지, 대포를 준비하고 발사하는 데 얼마나 많은 인원이 필요했는지 등을 알고 있다. 워싱턴의 정치인들이 군대와 지휘관들을 어떻게 배치했는지, 정치적 계산이 전쟁의 계절을 어떻 게 이끌었는지 전부 알고 있다.

그런 다음 당신이 미국 국방부의 고문으로 취직했다고 상상해 보자. 일이 잘 풀려나간다. 당신의 상상력, 그리고 역사를 현재는 물론 전세계에서 일어나는 사건들과 연결짓는 능력은 다른 사람들에게 깊은 인상을 심어준다. 그때그때 실시간 뉴스만으로 세상을 바라보는 사람들 사이에서 당신은 차분하고 냉정해 보인다. 모든 일이 너무나도 순조롭게 진행되어 마침내 당신은 국방부 장관이 된다.

그런데 아무도 예상하지 못했던 새로운 내전이 일어난다. 하룻밤 사이에 일어난 일이나 다름없고, 당신은 군의 최고 지휘자이다. 이제 당신은 소총과 대포가 아닌 드론과 레이저 유도 미사일로 전쟁을 치러야 한다. 상황이 너무나 빠르게 바뀌고 한치 앞을 예상할 수 없는 현대의 위기에 과거의 교훈을 적용시키는 당신의 능력에 한 국가의 운명이 달려 있다.

이것이 바로 벤 버냉키에게 일어난 일이었다. 그의 전쟁터는 금융이었다.

버냉키가 워싱턴에 다다른 경위는 옐런과 비슷했다. 그 역시 옐런과 마찬가지로 그 역시 크게 부유하지는 않아도 안락한 유대인 중산층 가정에서 자랐다. 그 역시 옐런과 마찬가지로 어린 시절 대공황에 대한 이야기를 들으며 경제학자가 되겠다고 결심했다.

버냉키의 아버지는 사우스캐롤라이나 주의 작은 마을 딜런에서 약국을 운영했다. 어린 시절 벤은 노스캐롤라이나 주 샬럿에 사는 할머니 마샤의 집에 놀러가서 할머니의 대공황 시절 경험담을 들으며 역사에 대한 관심을 갖게 되었다. 버냉키는 야구를 좋아했고, 그 결과 통계학을 사랑하게 되었다. 연간 4,600달러에 달하는 학비는 버냉키의 가족에게는 부담스러웠고, 마지못해 그를 하버드에 보내주었다. 하버드의 한 지도 교수가 버냉키에게 MIT에 진학하여 공부를 계속하라고 권했다. MIT에서 그는 밀턴 프리드먼과 애나 슈월츠의 〈미국 통화사〉를 읽고 연방준비제도에 관심을 갖게 되었다. 로버트 솔로우와 폴 새뮤얼슨이 그의 스승이었고, 폴 크루그먼과 MIT 경제학과의 황금기를 장식한 젊은 수학의 달인들이 그의 학업 동료들이었다.

버냉키는 이 주제에 대해 쓴 에세이집에서 "어떤 사람들이 남북전쟁 덕후인 것처럼 나는 대공황 마니아였다."라고 말한 적이 있다. "대공황은 증시 폭락, 기나긴 식량 배급 줄, 뱅크런, 통화 투기 광풍, 그리고 그 뒤로는 전쟁의 먹구름이 내내 불길하게 드리워져 있던, 믿을 수 없을 정도로 드라마틱한 시대였다. 이 시기는 흥미로운, 그리고 종종 비극적인 인물들이 흘러넘친다. 지금 일어나고 있는 일들에 어떻게든 대처해보려는, 그러나 그의 경험으로는 할 수 있는 일이 별로 없는 불운한 정책 입안자부터, 경제 대공황이라는 재앙 속에서 영웅적으로 투쟁한 평범한 사람들에 이르기까지, 이만큼 흥미로운 인간사로 가득 찬 시기도 드물 것이다."

버냉키는 학자로 경력을 시작했고, 스탠퍼드와 프린스턴에서 교수로 두각을 드러냈다. 옐런과 마찬가지로 버냉키도 일년에 한 번씩 열리는 잭슨홀 미팅에서 연준 관계자들에게 연설하도록 초대받았다. 그러다가 2002년 조지 W. 부시 정부에서 당시 그린스펀이 이끌던 연준의 이사로 지명되었다. 1990년대에 연준이 학자들을 영입하기 시작하는 것을 옐런이 도왔는데, 버냉키는 2000년대 이러한 트렌드의 수혜자 중 한 명이었다.

그린스펀 연준의 이사회에서 일하던 시절 버냉키의 글은 영리하고 도발적이었으며, 이해하기 쉽고 대담했다. 그는 명료하고 일관성 있는 방식으로 설명했는데, 이는 그린스펀이 때때로 공개 발표에서 의도적으로 애매모호한 표현을 사용하여 혼란을 야기하는 것과는 대조적이었다.

버냉키는 일본이 장기간의 경기 침체를 극복하려면 중앙은행인 일본은행이 창의적인 금리 정책으로 더 공격적인 대응을 해야 한다고 촉구했다. 또 다른 연설에서는 중국의 경제적 부상이 어떻게 전세계적으로 거대한 저축의 바다를 만들어 모든 국가의 금리를 하락시켰는지 설명했다. 중국과 다른 개발도상국들이 부유해지면서, 이들 국가의 국민들은 더 많은 소득을 저축할 수 있게 되었다. 저축 계좌에 돈이 넘치자 미국 국채를 비롯한 투자에 대한 수요가 증가했고, 이는 금리를 낮추는 요인이 되었다. 2000년대 그린스펀을 당혹스럽게 했던 수수께끼, 즉 금리는 일반적으로 함께 오르내리는데,

왜 연준이 기준금리를 인상해도 다른 금리들은 하락하는가의 의문이 풀린 것이다.

옐런과 마찬가지로 버냉키 역시 연준 이사 자리에서 물러난 후 대통령에게 경제 정책을 자문하는 백악관 경제자문위원회 위원장을 맡았다. 부시 대통령은 집무실에서 짙은 색 수트에 어울리지 않는 황갈색 양말을 신은 버냉키의 패션 센스를 놀리곤 했다. 스탠퍼드와 프린스턴 시절에도 버냉키는 옷을 못 입기로 유명했다.

2006년, 그린스펀이 79세의 나이로 은퇴하자, 부시는 버냉키를 세계 경제에서 가장 큰 힘을 휘두르는 자리인 연방준비제도이사회 의장으로 지명했다.

버냉키가 의장이 되었을 때 가장 큰 의문은 그린스펀이 20년 동안 군림해왔던 자리를 다른 사람이 감당할 수 있겠느냐는 것이었다. 투자자와 정치인들은 그린스펀을 존경했다. 존 매케인 상원의원은 그린스펀이 죽으면 누군가가 그를 의자에 앉혀놓고 연준을 계속 지휘하는 척하게 해야 한다는 농담을 여러 번 했었다.

버냉키는 조용한 사람이었다. MIT에서 그의 동기생이었던 모리스 옵스트펠드는 1970년대 대학원생 시절 버냉키와 연구실을 함께 사용했을 때 서로를 좋아하고 존경했음에도 일 년 내내 거의 말 한마디 주고받지 않았다고 회상했다. 연준 이사, 이후 의장이 되고 나서 다른 연준 관계자들이 그의 사무실을 방문할 때도 버냉키는 분위기를 부드럽게 하기 위한 일상적인 대화를 별로 즐기지 않았다. 버냉키의 과묵함 때문에 그를 무서워하는 사람도 있었고, 그의 지적인 사고방식이 아예 다른 이들과는 다르다고 생각하는 사람도 있었다. 버냉키는 의회 증언 중에 입술이 떨리는 모습을 보이기도 했는데, 무슨 말을 해야 할지 몰라서가 아니라 공개적으로 말하는 것을 불편해했기 때문이었다. 특히 그들의 정치적 동기로 인해 아예 다른 종족인 것처럼 보이는 의회 의원들 앞에서는 더더욱 그랬다.

새 연준 의장은 때때로 나름 사교적이 되려고 억지로 노력하기도 했다. 점심시간이면 그는 연준의 메인 빌딩 두 개를 연결하는 C 스트리트 아래의 지하 터널을 지나 엘리베이터를 타고 수년 전 옐런과 애컬로프가 처음 만났던 구내식당으로 올라갔다. 연준 직원들은 카페테리아로 가는 엘리베이터 앞에 줄을 서서 내리는 사람들이 먼저 내리도록 예의 바르게 줄을 서 있곤 했다. 버냉키도 그들과 함께 줄을 섰다. 구내식당에서 그는 두 손에 식판을 들고 돌아다니며 직원들에게 함께 앉아도 괜찮은지 물어보기도 했다. 그는 종종 그들이 요즘 어떤 일을 하고 있는지 물어보는 것으로 대화를 시작했다.

버냉키는 남다른 집중력의 소유자였다. 그는 1분에 한 페이지 속도로 책을 읽으면서 몇 시간 동안 집중력이 흐트러지지 않고 정보를 흡수할 수 있었다. 덕분에 그는 재미로 읽는 책이든 업무 때문에 읽는 책이든 일주일에 여러 권을 완독할 수 있었다. 2007년 8월, 금융 시장 혼란으로 인해 여름휴가를 취소하기 전, 그는 사우스캐롤라이나의 해변에서 천 페이지가 넘는 〈빌 제임스의 야구 역사 개요The New Bill James Historical Baseball Abstract〉를 읽을 계획이었다.

그는 또 약간 시니컬한 유머 감각을 지니고 있었다. 버지니아의 작은 은행장 출신으로 연준 이사가 된 엘리자베스 듀크가 의논할 것이 있어 그의 사무실에 들렀을 때, 그녀는 자신이 그 자리에서 진짜 벤 버냉키와 대화를 나누고 있다는 사실이 믿기지 않는다고 말했다. 버냉키는 단조로운 목소리로 대답했다. "진짜 버냉키와 이야기하는 것에 곧 익숙해지실 겁니다. 나도 익숙해졌으니까요."

한번은 "자녀를 직장에 데려가는 날"에 직원 자녀들에게 어떻게 그렇게 높은 자리에 오를 수 있었는지 질문을 받자 "잘못된 시간에 잘못된 장소에 있어야 한다"라고 농담을 던지기도 했다.

주택담보대출 시장이 붕괴하기 시작했을 무렵, 버냉키는 글루텐 알레르기와 싸우느라 식욕을 잃고 있었다. 연준 동료들은 심각한 체중 감소로 그의 바지가 흘러내려 바짓단이 땅바닥까지 끌리는 것을 목격했다. 그는 전자레인지에 데워 먹던 치즈가 듬뿍 들어간 냉동 샌드위치를 포기하고 아내 애나의 도움을 받아 글루텐 프리 식단을 시작했다.

끝이 보이지 않게 이어지는 위기를 관리하기 위해, 이 내성적인 장군은 연준의 모든 병력은 물론 자기 자신의 지성과 의지도 전부 끌어다 써야만 했다. 임기를 시작할 때 버냉키는 말년의 그린스펀처럼 독단적인 리더가 될 생각이 전혀 없었지만, 곧 자신만의 조용한 의지로 연준을 움직여야 한다는 사실을 깨달았다.

연준은 평상시와 위기 상황에 서로 다른 두 가지 역할을 수행한다. 평상시에는 인플레이션을 낮게 유지하고 일자리 성장을 안정적으로 유지하기 위해 금리를 올리거나 내리는 것이 주요 임무였다. 위기 상황에서는 은행 공황을 막는, 어쩌면 더 중요한 역할을 추가로 수행한다. 이러한 역할이 바로 1913년 연준이 만들어진 이유였다.

은행은 돈을 모아 필요한 사람에게 빌려줌으로써 사회의 자원을 예금자에게서 투자자로, 여윳돈을 가지고 있는 곳에서 생산적인 일에 돈을 쓸 수 있다고 믿는 곳으로 이동시키는 중요한 역할을 한다. 은행은 돈을 맡긴 예금자에게 지급하는 이자보다 더 많은 이자를 대출자에게 받아서 수익을 창출한다.

하지만 여기에는 항상 위험이 따른다. 은행의 건전성은 언제든 원할 때 돈을 돌려받을 수 있다는 예금자의 신뢰에 달려 있다. 1800년대에는 예금자들이 돈을 맡긴 은행이 흔들리는 조짐이 보이면 돈을 돌려받지 못할까 봐 걱정하는 일이 다반사였다. 철도나 운하에 내준 은행 대출이 부실해지거나 사기가 있었다는 소문이 돌면 예금자들은 공포에 사로잡혔다. 예금자들이 한꺼번에 몰려와 돈을 인출하려 하는데, 그 돈이 장기 대출이나 투자에 묶여 있으면 은행은 뱅크런이라는 문제에 직면한다. 예금을 찾으려고 줄을 선 사람들에게 돈을 내주지 못하면 은행은 파산 위기에 처한다.

이러한 위기의 반복이 무려 한 세기 동안 이어진 끝에 1907년 공황이 발생했고, 1913년 의회는 뱅크런을 방지하기 위한 보루로 연방준비제도를 만들었다. 연준은 할인 창구discount window라는 것을 만들었다. 예금자들이 한꺼번에 돈을 요구하는데, 은행이 이러한 예상치 못한 수요를 충족시킬 충분한 현금이 없으면, 연준의 할인 창구에 가서 도움을 요청할 수 있게 되었다. 지역 연준 은행은 실제로 물리적 창구를 설치해서 이 업무를 수행했다. 은행들은 대출을 담보로 제공하고 연준으로부터 현금을 받아 예금자들에게 돌려주어 공포를 진정시킨다. 공황이 진정되면 빌린 돈을 연준에 상환한다. 연준은 금융 시스템의 마지막 보루로 알려지게 되었다.

대공황 당시 연준의 행보에 대한 버냉키의 비판 중 하나는, 연준이 너무 많은 은행들을 도산시켰다는 것이었다. 1930년대에만 1만 개가 넘는 은행이 문을 닫았다. 2002년 시카고에서 열린 밀턴 프리드먼의 90세 생일 파티에서 버냉키는 〈미국 통화사〉에서 대공황의 원인이 연준에게 있다고 비판한 프리드먼에게 "맞습니다, 우리가 그랬죠. 정말 유감스럽습니다. 하지만 교수님 덕분에 앞으로 다시는 그러지 않을 겁니다."라고 말했다.

2008년 벤 버냉키에게는 현대판 뱅크런을 막아야 하는 임무가 떨어졌다. 이번에는 문제가 은행 내부에 있는 것은 아니었다. 적어도 처음에는 말이다. 이상한 신규 주택담보대출 채권을 취급하는 증권사, 보험사, 머니마켓 펀드, 헤지펀드, 그 외의 온갖 기관 등 금융 시스템 전반에 퍼져 있었다. 이러한 상품들은 일반적으로 장기적으로 수익을 냈고 금융 회사는 단기 차입으로 돈을 마련해서 이 상품들을 매입했다. 연준에서는 이것을 섀도우 뱅킹 시스템이라고 불렀다.

연준의 문제 중 하나는 공황이 닥쳤을 때 붕괴를 막을 수 있는 인프라가 없다는 것이었다. 확산되는 위기의 한복판에서 버냉키는 인프라를 구축하는 동시에 연준의 지원으로 살아남을 기업과 지원 없이 도산할 기업을 결정해야 했다.

이 과정은 지저분하고 정치적으로 험난할 수밖에 없었다.

역사는 버냉키가 1930년대의 실수를 되풀이하지 않으려면 과감하게 행동해야 한다는 것을 가르쳐주었다. 그는 "아무리 말도 안 되는 생각이라도 일단 이야기해보라"를 입에 달고 살게 되었다. 아무리 비정통적인 방식이라도 처음부터 배제할 수 없었다.

2008년 3월, 증권사 베어스턴스가 몇 달 전 컨트리와이드가 겪었던 것과 같은 소용돌이에 빠졌다. 증권사는 연준의 규제를 받지 않기 때문에 베어스턴스는 연준의 할인 창구를 이용할 수 없었다. 하지만 베어스턴스는 마치 은행처럼—머니마켓펀드, 기업어음 대출 기관, 헤지펀드와의 대출 계약을 통해 단기 자금을 조달하고, 이 돈을 부동산 상품에 투자하는 등 복잡한 방식으로—사업을 해왔다. 베어스턴스에 돈을 빌려준 기관들은 불안이 커지자 자금을 회수해버렸다.

버냉키는 담보를 제공하는 증권사에게 자금을 공급하는 프로그램을 마련했지만 베어스턴스에게는 이미 너무 늦었고 금액도 너무 적었다. 연준은 베어스턴스의 부도를 막기 위해 JP모건에게 대신 자금을 빌려줬고, JP모건은 연준의 동의 하에 베어스턴스의 주택담보대출 관련 채무 중 일부를 직접 떠안음으로써 리스크를 일부 분담하는 조건으로 베어스턴스를 인수했다.

뉴욕 연준의 시장 현황을 담당했던 윌리엄 더들리는 베어스턴스가 무너진 후 관계자들이 모인 자리에서 "베어스턴스의 몰락을 초래한 주범은 구식 뱅크런"이라고 말했다. "이 경우에는 돈을 인출하려고 줄을 선 예금자들이 아니라 다른 곳으로 사업을 옮겨버린 고객들이 뱅크런의 주역"이라는 것이었다.

버냉키는 워싱턴과 뉴욕에 있는 핵심 측근들로 소규모 자문단을 구성했다. 더들리, 뉴욕 연준 총재 티모시 가이트너, 그리고 소수의 워싱턴 연준의 시니어 스태프들과 직원들이 포함되었다.

옐런은 포함되지 않았는데, 그 이유 중 하나는 중요한 의사 결정은 되도록 소수의 사람들 사이에서 이루어지는 것이 더 효율적이었기 때문이다. 샌프란시스코에 있는 옐런은 월스트리트에서 벌어지는 격동의 중심에서 멀리 떨어져 있었다. 그곳은 가이트너의 영역이었다. 연준의 베어스턴스 구제금융에 대해 좀더 알아보기 위해 옐런은 워싱턴 연준이 기자들에게 상황을 브리핑하는 컨퍼런스콜에 들어가서 조용히 경청만 했다. 버냉키와 그 주위 사람들은 이미 위기 대응에 진력하느라 어마어마한 업무와 스트레스에 시달리고 있었으므로 버냉키에게 따로 전화를 걸어 성가시게 하고 싶지 않았던 것이다.

그 해 3월, 샌프란시스코 연준보다 더 멀리서 사태를 지켜보고 있는 외부인이 또 한 사람 있었다. 당시 상원의원으로 그해 3월, 민주당 대통령 후보 지명을 받기 위해 힐러리 클린턴과 경쟁 중이던 버락 오바마였다. 베어스턴스의 구제 금융 직후 오바마 선거 캠프의 고문인 오스틴 굴스비가 상황 파악을 위해 오바마와 옐런의 통화를 주선했다. 약 30분 동안의 전화 통화에서 옐런은 현대판 뱅크런과 같은 상황이 금융 시장에 들불처럼 번지고 있다고 설명했다. 간결하고 조리있는 옐런의 설명은 미래의 대통령에게 깊은 인상을 남겼다.

버냉키는 곧 자신이 취한 조치들에 대한 저항에 부딪혔다. 켄터키 주의 공화당 상원의원 짐 버닝은 연준이 베어스턴스 파산을 막는 과정에서 금융 시장의 승자와 패자를 마음대로 골라가며 사회주의로 치닫고 있다고 말했다. 인기 높은 전 연준 의장이자 민주당원인 폴 볼커조차 중앙은행이 법적 권한의 "가장자리"를 아슬아슬하게 넘나들고 있다고 말했다. 베어스턴스를 구제하면서 연준은 "비정상적이고 긴급한 상황에 한해" 광범위하게 대출을 허용하는 대공황 시대의 법률에 의존했다. 연준은 이후 수 개월 동안 이 조항을 반복해서 인용해야만 했다.

연준 내부에서조차 저항이 없지 않았다. 버냉키의 동료들 일부는 연준이 이 이상 긴급 대출을 해주는 것을 마음에 들어하지 않았다. 어디서 멈추는 것이 맞을까? 그들은 구제금융이 기업들로 하여금 점점 더 많은 위험을 감수하도록 부추긴다고 비판했다. 경제학에서 '도덕적 해이'라고 부르는 개념으로, 이는 앞으로 더욱 큰 문제를 야기할 수 있다는 것이 이들의 주장이었다. 일부 연준 관계자들도 인플레이션이 여전히 높은 상황에서 연준이 금리를 인하하는 것을 좋아하지 않았다. 그들은 금리 인하가 인플레이션을 치솟게 해서 1970년대의 실수 이후 연준이 쌓아온 신뢰를 무너뜨릴 위험이 있다고 믿었다.

리치몬드 연준 총재 제프리 래커는, 연준이 대출 프로그램을 확대하고 있던 3월 10일 연방공개시장위원회 컨퍼런스콜에서 "연준의 개입을 정당화할 만한 시장 실패 사례를 아직 보지 못했다"라고 발언했다. 베어스턴스 구제 금융을 단행한 직후인 3월 18일에 연준이 침몰하는 경제를 부양하기 위해 재차 금리를 인하했을 때, 래커는 "앞으로는 훨씬 덜 공격적으로 완화하는 전략을 채택해야 한다고 생각한다"라고 말했다.

버냉키는 자신이 리스크를 감수하며 밀어붙이고 있는 조치들을 위해서는 옐런의 지지가 중요하다는 것을 알게 되었다. 다른 많은 사람들이 의구심을 입 밖에 내는 동안, 옐런은 버냉키와 같은 시각으로 문제를 바라보았다. 돌이켜 보면 심지어 때때로 옐런이 버냉키보다 한 발 앞서 나간 적도 있었다. 3월 10일 컨퍼런스콜에서 버냉키는 자금이 필요한 기업에 더 광범위하게 구제금융을 제공하겠다는 계획을 납득시키고자 했다. 옐런은 래커의 발언에 반박하며 전체 금융 시스템에 대한 위험이 클 뿐만 아니라 빠르게 증가하고 있다고 말했다. "위험한 역학관계가 자리잡고 있습니다."

옐런은 종종 어떤 결정을 내릴 때, 그 행동이 가져올 이익과 비용 사이의 균형으로 사안을 판단했다. 이것은 그녀가 수 년 전 백악관에서 교토 의정서를 둘러싼 격렬한 논쟁을 헤쳐나간 방식이기도 했다. 중요한 선택이 간단한 경우는 거의 없었다. 중요한 선택일수록 그 결과의 가중치를 고려해야 했다. 그래서 그녀는 수시로 주변의 세상을 측정했다. 이 경우, 그녀는 도덕적 해이의 위험보다 금융 시스템 붕괴를 방지하는 이익이 크다고 계산했다.

버냉키가 베어스턴스 구제금융 이후 금리를 인하하려 했을 때에도 그녀는 동의했다. 높은 인플레이션이 발목을 잡아서는 안 된다고 그녀는 말했다. 경제가 이렇게 백척간두에 놓인 상황에서는 인플레이션이 크게 떨어질 수밖에 없다고 주장했다. 아직 그런 일이 일어나지는 않았지만 곧 일어날 가능성이 높았다. 버냉키와 마찬가지로 옐런도 위기의 순간에는 과감하게 행동해야 한다고 믿었다. 3월 18일 회의에서 그녀는 "지금과 같은 상황에서는 점진주의를 믿지 않습니다."라고 말했다. "우리가 할 수 있는 것은 다 하는 것이 중요하다고 생각합니다."

옐런에게는 변혁의 시기였다. 버냉키와 마찬가지로 옐런도 대공황에 대한 이야기를 들으며 경제학에 매료되었다. 이제 옐런은 대공황이 재현될 가능성을 주시하고 있었고, 이를 막을 수 있는 특별한 위치에 있는 소수의 사람들 중 한 명이었다. 대공황이 닥쳐오는 것을 예견하지는 못했지만 피해를 최소화하기에는 아직 너무 늦지 않았다. 그녀는 그 순간 최대한의 노력과 역사의 교훈을 중요시하는 태도가 필요하다고 생각했다.

베어스턴스 구제금융으로 시장은 잠시 안정되었지만 오래가지는 못했다. 그 후 몇 달 동안 금융 시스템은 마치 전쟁터의 야전병원과도 같았다. 쇼크 상태에 빠진 부상자들이 처치대 위에 널부러져 경련을 일으키다가 진정되었다가 다시 경련을 일으키곤 했다. 급변하는 현대의 멜트다운을 관리하기에는 단편적이고 케케묵은 시스템만 갖춘 채, 규제 당국은 어떤 금융회사를 살릴지, 살리지 않기로 했거나 살릴 수 없는 금융회사들은 어떻게 처리할지 즉석에서 결정을 내려야 했다. 이 결정을 위한 계산에서 중요한 고려 요인 중 하나는 한 회사가 무너지면 얼마나 많은 다른 회사가 함께 무너질 것인가였다.

다음 차례는 옐런의 뒷마당에 있는 또 다른 캘리포니아 주택담보대출 기관인 인디맥^{IndyMac}이었다. 이 회사도 컨트리와이드와 마찬가지로 연준이 아닌 저축기관감독청의 규제를 받았다. 그리고 역시 컨트리와이드와 마찬가지로 위기에 처하자 연준에 도움을 요청했다.

연준의 대출 프로그램 확대에 따라 인디맥은 연준으로부터 대출을 받을 자격이 있었으나, 샌프란시스코 연준의 감독관들은 인디맥이 대출을 상환할 수 있는 자원이 없을 것이라고 우려했다. 연준은 대출 대상을 확장할 수는 있었지만, 어디까지나 해당 기업이 가치 있는 담보를 보유한 경우로 제한되었다. 옐런도 모르는 사이에 저축기관감독청은 연준에 알리지도 않고 인디맥의 재무 건전성 등급을 하향 조정한 상태였다. 또한 옐런은 연방예금보험공사가 인디맥을 청산하려 하고 있다는 사실도 알지 못했다. 옐런의 팀은 대출 조건을 강화했고 연준은 부실기관에 대출을 내주는 상황을 피할 수 있게 되었다. (그해 여름 옐런은 회의 중에 동료들에게 인디맥을 두고 연준이 "운이 좋았다"고 언급했다.) "위기에 빠진 은행들은 매우 빠르게 신용등급이 하락하고 파산할 수 있다"라고 옐런은 경고했다. 기업들에게 긴급 대출을 내주는 것은 연준인데, 그 재무건전성을 평가하는 것은 연준이 아닌 다른 정부 기관들일 경우, 어떤 기업들을 지원할지 결정하는 것은 훨씬 더 어려웠다.

인디맥은 연준에 도움을 요청한 지 2주 만에 규제 당국에 의해 문을 닫았다. 버냉키는 회의에서 옐런에게 "샌프란시스코는 어려운 상황에서 정말 잘해냈다"라고 말했다.

옐런은 "인디맥이 마지막 파산 은행이 될 것이라고 생각하지 않는다"라고 말했다. 그녀는 여름 내내 동료들에게 이 말을 반복했다. 상황은 점점 더 악화될 것이 분명했다.

워싱턴에서는 패니메이와 프레디맥이 더욱 큰 문제였다. 패니메이는 1938년 대공황 당시 주택 시장이 무너지지 않도록 의회가 설립한 기업이다. 정부의 지원을 받아 연방 주택청^{Federal Housing Administration}이 보증해주는 주택담보대출을 매입했다. 1968년, 패니메이가 연방 정부의 재무제표에 끝없이 부채를 쌓고 있는 상황이 마음에 들지 않았던 의회와 존슨 행정부는, 패니메이를 연방 정부의 회계에서는 떨어져 나가지만 미국 납세자들의 암묵적인 지원이라는 특혜를 받는 하이브리드 기업으로 전환시켰다. 이제 패니메이는 민간 주주와 고액 연봉을 받는 임원들이 있는 사기업이 되었다. 정부와의 밀접한 관계 덕분에 일반 민간 기업보다 낮은 금리로 대출을 받을 수 있다는 엄청난 이점도 있었다. 의회는 또 주택담보대출을 매입하여 증권으로 설계할 수 있는 권한까지 주었다. 2년 후 비슷한 역할을 하는 프레디맥이 설립되었다.

이 두 거대 주택담보대출업체는 금융 위기 당시 총 5조 달러가 넘는 대출을 보유하거나 보증하고 있었다. 이들은 안젤로 모질로의 최고 고객 중 하나이기도 했다. 2000년대 민간 업체들이 대거 주택담보대출 시장에 뛰어들자 이들과의 경쟁에 위협을 느낀 두 회사는 더 위험한 대출 상품으로 사업을 확장했고, 그 과정에서 경영진은 막대한 돈을 챙겼다. 패니메이의 CEO 대니얼 머드는 2000년부터 2008년까지 약 6,500만 달러를 벌었다. 이 기간 내내 패니와 프레디는 규제 당국의 감독을 피하기 위해 의원들에게 로비를 벌였다. 실제로 1999년부터 2008년까지 지출한 로비 비용만 6,400만 달러에 달했다. 또한 주택담보대출을 늘리기 위해 막대한 금액의 차입을 가능하게 해달라고 요구했다. 2007년 말에는 대출금 75달러당 약 74달러의 부채를 지고 있었으며, 이는 미국 내 금융 기관 중에서도 최고 수준의 부채 비율이었다. 패니의 감독관 중 한 명이었던 존 커는 패니가 자신의 은행 규제 경력을 통틀어 "최악의 경영 상태를 보여주는 금융 기관"이라고 말했다. 또 다른 규제 당국 관계자는 대출 관리를 위한 패니의 내부 프로세스를 그릇에 가득 담긴 스파게티에 비유하기도 했다.

하지만 패니와 프레디는 파산하도록 두기에는 너무 큰 회사들이었다. 두 회사의 포트폴리오가 미국 전체 주택담보대출의 약 절반을 차지하고 있었다. 둘 중 하나라도 무너지면 금융 시스템 전체가 함께 무너질 수 있었다. 탈출구를 찾기 위해 몇달을 노력한 끝에 9월 7일, 행크 폴슨 재무부 장관은 불가피한 결정을 발표했다. 연방 정부가 패니메이와 프레디맥을 둘 다 통째로 인수하기로 한 것이다. 폴슨은 재무부의 노골적인 지원으로 주택담보대출 시장의 바닥이 확고하게 다져졌다는 것을 보여줌으로써 투자자들을 진정시키려는 의도였다. 하지만 결과는 정반대였다. 패니와 프레디마저 무너질 수 있다면 그 다음은 누구일지가 시장의 관심사였다.

9월 8일, 모두의 눈길이 리먼 브라더스로 향했다.

연준은 여름 내내 투자 은행을 강타할 폭풍에 대비해 계획을 세우고 있었다. 가이트너는 리먼 브라더스의 추락 가능성에 대해 "활주로에 거품 뿌리기," 즉 다른 금융 기관들이 줄줄이 타격을 받는 것을 막기 위한 프로그램을 끊임없이 이야기했지만, 쉬운 일이 아니었다. 리먼은 신용부도스왑과 같은 복잡한 금융 상품 시장의 큰손이었고, 이러한 상품들은 헤지펀드와 다른 금융 기관들을 잠재적 부실 위험에 노출시켰다. 리먼이 붕괴하거나 채무불이행에 빠지면 이들은 돈을 돌려받을 수 없었다. 리먼 역시 단기 자금을 외부 대출 기관에 의존하고 있었기 때문이다. 또 다른 문제는 리먼이 540억 달러 상당의 부동산 자산을 보유하고 있다고 밝혔지만, 그 자산들이 540억 달러는커녕 그와 비슷한 수준의 가치라도 될 거라고 믿는 사람은 드물었다. 한마디로 담보 가치를 상실했다는 뜻이었다.

재무부는 구제금융에 지쳐 있었다. 폴슨의 수석 보좌관인 짐 윌킨슨은 패니와 프레디의 구제금융이 있은지 며칠 후 언론 담당 보좌관에게 보낸 메시지에 "리먼 구제 금융은 재무부 여력으로는 도저히 감당이 안된다"라고 썼다. 폴슨은 뱅크오브아메리카의 최고 경영자인 켄 루이스에게 "상상력"을 발휘해 리먼을 자체적으로 인수할 방법을 찾아보라고 요청했지만, 루이스는 정부 지원 없이는 인수도 없다고 딱 잘랐다. 리먼의 최고 경영자인 리처드 풀드가 인수 이야기를 꺼내려고 루이스에게 전화했을 때, 전화를 받은 것은 루이스의 아내였다. 그녀는 남편이 전화를 받지 않을 거라며 제발 더 이상 전화하지 말아 달라고 말했다.

폴슨은 금요일에 리먼 문제를 해결하기 위해 월스트리트의 대형 은행 수장들을 뉴욕 연준으로 불러 모았고, 재무부는 "한 푼도 못내놓는다"며 리먼 구제금융에 참여하지 않을 것이라고 말했다.

루이스는 리먼 다음으로 파산 가능성이 높은 메릴린치로 관심을 돌렸다. 그 주말에 그는 1년 전 가치의 3분의 2 수준인 500억 달러에 메릴린치를 인수했다. 또 다른 잠재적 인수자였던 영국의 바클레이즈는 영국 금융 당국이 승인하지 않자 리먼 구제금융에서 발을 뺐다.

패니메이가 연방 정부에 인수된 지 며칠 후인 월요일 이른 아침, 리먼 브라더스는 파산 보호를 신청했다. 몇 시간 만에 머니마켓펀드인 리저브 펀드, 보험사 AIG, 제너럴 일렉트릭을 비롯한 산업체들, 모건 스탠리, 와코비아, 워싱턴 뮤추얼을 비롯한 은행들 등 믿을 수 없을 정도로 많은 회사가 돈을 인출하려는 고객과 대출 기관의 압박에 직면하게 되었다.

벤 버냉키에게 리먼 붕괴는, 말하자면 장장 4년간 계속된 남북전쟁 기간 동안 미국이 겪어야 했던 최악의 혈투인 앤티텀 전투에서 북군이 막대한 피해를 입고 에이브러햄 링컨이 전방과 후방 모두에서 대담하고 공격적인 행동을 나설 수밖에 없게 된 바로 그날과도 같았다. 폴슨은 버냉키와의 통화에서 "전시와 같은 상황"이며 "시장은 붕괴할 준비가 되어 있다"라고 말했다.

미국인들은 오랫동안 은행과 은행가들에 대한 불신을 품어 왔으며, 이는 버냉키가 직면하게 될 반발을 이해하는 데에 도움이 된다. 예를 들면 독립 선언서의 저자이자 3대 대통령인 토머스 제퍼슨조차 빚에 허덕이던 버지니아의 농장주였고, 은행을 군대보다 더 위험한 존재로 보았다. 앤드류 잭슨 대통령은 은행가를 독사, 도둑이라고 불렀다. 헨리 포드는 "국민들이 우리의 은행과 화폐 시스템을 이해하지 못하는 것은 그것대로 나쁘지 않다. 만약 이해한다면 내일 아침이 되기 전에 혁명이 일어날 것이기 때문이다"라고 말했다. 하지만 금융은 시장 경제가 작동하기 위해서는 없어서는 안 될 요소이기도 했다. 무엇보다 화폐는 인간이 비효율적인 물물교환에서 벗어날 수 있는 수단이었다. 은행은 좋은 아이디어를 떠올린 사람들이 그 아이디어를 실행에 옮기고, 발명품을 개발하고, 새로운 산업을 구축할 수 있는 자원을 제공했다. 또한 저축을 통해 미래를 대비하는 수단이기도 했다. 대출에 대한 이자라는 단순한 개념 속에는 오늘 투입된 돈과 아이디어가 제대로 활용되면 미래에 더 큰 가치를 발휘할 수 있다는 희망적인 생각이 담겨 있었다.

한마디로 금융은 일부에게는 추악할지 몰라도, 모두에게 필수적인 것이었다.

버냉키는 금융의 수레바퀴가 멈추면 소득과 일자리를 창출하여 가정을 지탱하는 상업의 수레바퀴도 멈출 것이라는 사실을 잘 알고 있었다. 리먼 파산 이후 버냉키는 자신의 최악의 우려가 현실이 되었다는 것을 깨달았다. 패닉이 확산되고 본격적인 금융 붕괴가 그의 손에 달려 있었다.

19세기 영국 작가 월터 배젓의 이론이 버냉키의 길잡이가 되어주었다. 배젓은 〈롬바드 스트리트: 화폐 시장에 대한 설명Lombard Street: A Description of the Money Market〉에서 공황 상황에서 중앙은행이 해야 할 일은 공격적인 대출이라고 주장했다. "공황은 한마디로 신경통의 일종이며, 과학의 법칙에 따르면 신경통이 있다고 해서 굶기면 안 된다."

"중앙은행은 담보만 좋다면 상인, 소규모 은행, '이 사람 저 사람' 모두에게 대출을 해주어야 한다. 불안의 시기에는 하나의 실패가 수많은 실패로 이어지기 때문에, 파생적인 실패를 막는 가장 좋은 방법은 실패의 원인이 되는 최초의 실패를 막는 것이다."

버냉키는 배젓의 금융 전쟁 규칙을 실행에 옮겼다. 모든 대포를 총동원한 것이다. 나빠질 여론 따위는 신경도 쓰지 않았다. 이 상황에 전혀 어울리지 않는 이 온화한 장군이 인류 역사상 가장 대담한 금융가가 되었다.

버냉키와 폴슨은 리먼 파산으로 인한 여파가 다른 금융 기관들과 시장으로 퍼져나가기 시작한지 하루 만에 AIG를 구제하기로 합의했다. 이후 버냉키는 은행과 그 밖의 금융 기관들—머니마켓펀드, 기업어음 대출업체 등—이 소용돌이에 휘말리지 않도록 전례가 없는 새로운 대출 프로그램들을 만들었다. 이 대출 프로그램들이 없었다면 GE와 자동차 제조업체들을 비롯한 미국의 대기업들이 취약해졌을 것이다.

버냉키와 폴슨은 부시의 허가를 받아 의회로 향했다. 은행 시스템을 지원하고 재앙을 피하기 위해 7,000억 달러가 필요하다고 말했다. 대선을 불과 두 달 남겨놓은 시점이었다. 백악관에서 부시 대통령 및 의원들과 힘겨운 회의를 마친 날, 폴슨은 야당인 민주당 소속 하원의장 낸시 펠로시 앞에 한쪽 무릎을 꿇고 "이걸 날리지 말아 달라"고 간청했다.

펠로시는 이 지원책에 반대하고 있는 쪽은 폴슨이 속한 공화당이라는 것을 지적하면서 "이걸 날리려고 하는 건 우리가 아니다"라고 쏘아붙였다.

결과적으로 이 대출 프로그램에 따라 배분된 자금의 대부분은 회수되었다. 연방 정부의 최종 비용은 310억 달러로 추정된다.

다른 이들이 갈팡질팡하고, 의심을 품고, 반대의 목소리를 낼 때, 옐런은 충성스러운 야전 사령관처럼 매번 버냉키의 결정을 지지하고 대담한 행보를 계속할 것을 촉구했다. 10월, 옐런은 "정책 도구에 관해서 모두가 한 사람도 빠짐없이 힘을 합쳐야 할 때"라고 말했다. 다음 달, 연준은 주택담보대출 시장을 진정시키고 대출에 활기를 불어넣기 위해 패니메이와 프레디맥이 발행한 수천억 달러 규모의 대출 채권을 매입하겠다고 발표했다. 그로부터 몇 주 후, 연준은 주요 대출 금리를 제로에 가깝게 인하하며 금융 시스템의 재가동을 위해 더 많은 윤활유를 부어넣었다.

옐런은 그해 연준의 마지막 정책 회의에서 회계 농담으로 프리젠테이션을 시작했다. 은행의 자산을 기록하는 대차대조표의 왼쪽^{left}에는 제대로 된 ^{right} 것이 하나도 없고, 부채와 자본을 기록하는 오른쪽^{right}에는 남아있는^{left} 것이 하나도 없다고.

Yellen Yellen Yellen Yellen
Yellen Yellen Yellen Yellen
Yellen Yellen

JANET L. YELLEN
Chair

Yellen Yellen Yellen Yellen
Yellen Yellen Yellen Yellen
Yellen Yellen Yellen Yellen
Yellen Yellen Yellen Yellen
Yellen Yellen Yellen Yellen
Yellen Yellen Yellen Yellen
Yellen Yellen Yellen Yellen
Yellen Yellen Yellen Yellen

Chapter 17

"XX, 사람들이라고 사람!"

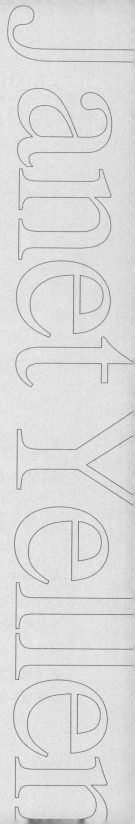

중앙은행의
새로운 지평의 한복판에서

2009~2010

2009년 말, 메리 댈리는 옐런 그리고 샌프란시스코 연준 소속의 다른 경제학자들과 함께 또다시 회의를 준비하고 있었다. 연준에 입성하기까지 댈리는 특이한 길을 걸어왔다. 미주리 주에서 우체부와 전업주부의 딸로 태어난 그녀는 부모가 이혼하자 열다섯 살에 고등학교를 중퇴하고 도넛 배달과 타겟 매장에서 속옷 판매로 생활비를 벌었다.

친구의 조언을 따라 고등학교 검정고시를 준비해서 합격한 댈리는 미주리 대학교에 입학했다. 처음에는 심리학 쪽으로 진로를 고려했지만, 사람들과 교류하기에는 그녀의 성격이 너무 직설적인 것 같다는 한 교수의 말을 듣고 경제학자가 되기로 결심했다.

시라큐스 대학교에서 박사 학위를 취득한 후 댈리는 한때 자기자신도 속했었던 "경제의 경계"에 사는 사람들의 삶을 이해하기 시작했다. 2009년, 댈리는 샌프란시스코 연준에서 10년 넘게 일했지만 여전히 잘 알려지지 않은 경제학자였다. 장애인, 흑인 남성, 노인들을 포함하는 노동 시장의 경계 구간 탐구가 그녀의 전문 연구 분야였다. 또한 자살의 경제적, 사회적 기반을 조사하는 논문을 작성하기도 했다.

그 무렵 금융 위기는 어느 정도 가라앉았지만, 경제적 여진은 가시지 않았다. 2008년 연이은 구제금융 이후 연준과 버락 오바마 신임 대통령은 2009년 여름부터 경제 회복이 시작될 것으로 예상했었다. 실제로 경기는 회복되었지만 활력이 없었다. 실업률은 계속 상승했다. 그해 10월 실업률은 10%까지 치솟았다. 1,500만 명의 실업자 중 600만 명 이상이 6개월 이상 장기 실직 상태였다.

옐런의 참모들은 실업률이 수년에 걸쳐 서서히 하락할 것임을 보여주는 예상치를 제시했다. 옐런은 마음에 들지 않았다. 통계를 한 꺼풀 들어올리면 삶이 있다는 것이 옐런의 입버릇이었다. 경기 회복은 충분하지 않았다. 연준은 더 많은 일을 해야 했고, 옐런은 그녀의 팀에게 자신의 메시지를 확실하게 전달했다.

"이 숫자들은 XX, 사람들이라고 사람!"

그날 샌프란시스코 연준 회의에서 옐런은 테이블을 주먹으로 내리치며 고함쳤다. 그녀는 높은 실업률의 이면에서 무슨 일이 벌어지고 있는지 더 자세히 알고 싶어했다. 연준이 더 많은 일을 해야 한다는 주장을 펼치려면 문제의 범위와 문제가 어디까지 도달했는지 파악해야 했다. 더 깊이 파고들어야 했다. 옐런에게는 이 정도면 됐다고 만족할 만한 인내심이 전혀 없었다.

메리 댈리의 업무가 그 어느 때보다 중요해졌다. 고등학교 중퇴자로 여기까지 온 그녀는 "나의 경력을 결정한 순간이었다"라고 당시를 회상했다. "나의 자리가 생겼다는 부름이었다. 그날 나는 깨달음을 얻었다. 이것이 바로 내가 여생을 바치고 싶은 일이었다."

금융 위기를 겪으며 옐런의 성격도 살짝 바뀌었다. 옐런은 이미 체계적이고, 정확하고, 차분하고, 친근하고, 마감과 준비에 대해 약간 강박이 있고, 출장 때는 자기 베개를 직접 가지고 다니는 것으로 알려져 있었다. 또 웃음을 터뜨리는 밝은 면, 아픈 가족이나 심지어 반려동물을 돌보는 동료들에게 신경을 쓰는 자상한 면도 있었다. 2008년 금융 위기 이후, 그녀에게는 절박함과 열의가 더해졌고, 이는 주변 사람들을 놀라게 했다. 제임스 토빈의 도덕적 열정이 그 어느 때보다 더 옐런을 채찍질했다. 옐런은 동료들 역시 그러한 절박함을 가지기를 기대했다.

옐런과 애컬로프는 둘 다 실업자들이 겪는 고통에 대한 이야기를 들으며 경제학에 이끌렸다. 소녀 시절, 옐런은 동네 의사였던 아버지와 저녁 식탁에 앉아 일자리와 일자리가 주는 존엄을 함께 잃은 후 우울증, 알코올 중독, 이혼의 소용돌이에 빠진 환자들의 이야기를 들었다. 옐런이 애컬로프에게 매력을 느낀 데에는 애컬로프가 그녀와 같은 문제에 천착하고 있다는 이유도 있었다. 둘은 함께 이 문제를 연구하고 해결 방법을 찾기 시작했다. 두 사람은 똑같은 도덕적 나침반을 가지고 있었다. 케인스가 해답을 제시했기 때문에 그들은 그에게 매료되었고, 그 해답의 핵심은 경제 위기 시에는 정부가 개입해야 한다는 것이었다.

옐런은 인생에서 자신의 지식을 발휘해야 하는 순간이 있다면 바로 지금이라고 믿었다. 그리고 이 시기는 그녀를 정의하는 시간이 되었다.

금융 위기 이후 문제는 연준이 평상시에 사용할 수 있는 포탄을 이미 전부 쏘았다는 것이었다. 2008년 12월 버냉키는 이미 연준의 기준금리를 제로에 가깝게 인하하여 가계와 기업의 부채 부담을 덜어주고, 신규 대출을 통해 죽어버린 소비와 투자를 되살려야 한다고 동료들을 설득했었다. 연준이 경제 활동을 촉진시키려면 새로운 방법을 찾아야 했다.

이론적으로 연준은 마이너스 금리를 설계하여, 시중에 대출을 해주지 않는 은행에게는 거꾸로 돈을 청구할 수 있었다. 하지만 연준은 마이너스 금리를 도입해 본 경험이 없었고, 미국 금융의 상당 부분이 은행이 아닌 다른 기관들을 통해서 실행되는 상황에서는 실현이 어려워 보였다. 연준은 시도조차 주저했지만, 나중에 유럽과 일본의 중앙은행들은 이 전술을 도입하게 된다.

연준이 취할 수 있는 다른 조치는 두 가지가 있었다. 하나는 투자자와 은행에게 금리가 오랫동안 제로에 가깝게 유지될 것이라고 약속하는 것이었다. 이렇게 하면 3개월이나 6개월 같은 단기 대출뿐만 아니라 2년, 3년 또는 그 이상의 대출에 대해서도 차입 비용을 낮출 수 있었다. 장기간에 걸쳐 대출 비용을 낮춤으로써 연준은 즉시 더 많은 경제 활동이 일어나도록 장려하고, 이자 비용이 많이 드는 오래된 대출을 저렴한 신규 대출로 갈아타도록 유인할 수도 있었다. .

장기 금리를 낮추는 또 다른 방법은 수 년 이내에 만기가 돌아오지 않는 채권을 매입하는 것이었다. 버냉키는 이를 "장기 증권 자산 매입long-term securities asset purchase"이라고 부르기를 좋아했지만, 월스트리트는 뭐든 두 단어로 단순화하는 것을 선호하는 경향이 있다. 그래서 맨해튼에서는 이것을 양적 완화quantitative easing 또는 QE라고 불렀다. 일본도 오랜 경제 침체와 싸우기 위해 이와 비슷한 시도를 한 적이 있었다. 하지만 버냉키는 일본 은행이 결국 이 방법을 실패했다고 생각했고, 자신이라고 더 잘 할 수 있을지도 자신이 없었다.

이후 수 년 동안 옐런은 두 가지 정책에서 모두 앞장서서 버냉키를 지지했다. 논란의 여지가 없지 않은 정책들을 추진하는 데 있어 단순히 한 표를 확실하게 보태는 것에 그치지 않고, 다른 이들도 동참하도록 적극 촉구했다.

마이너스 금리를 포함한 가장 과격한 조치들은 일단 피했지만, 연준은 여전히 새로운 미지의 세계로 발을 들여놓고 있었다. 만약 연준이 금리를 낮게 유지하겠다고 했다가 번복하는 일이 생긴다면 어떻게 될까? 애초에 투자자들이 연준의 약속을 믿기나 할까? 연준에게 신뢰도란 금과옥조인데, 이번 조치들로 스스로의 신뢰도를 박살 낼 수도 있었다. 연준이 정확히 얼마나 오랫동안 저금리 기조를 유지할지 투자자들이 추측하게 둠으로써 오히려 더 큰 불확실성을 초래하는 것은 아닐까? 양적 완화로 말할 것 같으면 엄청난 위험과 불확실성을 동반했다. 연준은 투자자들과 은행들이 보유한 장기 채권을 빨아들이면서 수조 달러를 금융 시스템에 투하하고 있었다. 이것이 새로운 인플레이션의 불을 지피지는 않을까? 새로운 금융 버블을 일으키지는 않을까? 연준이 지구를 집어삼키면서 공급 과잉으로 달러가 전세계에서 넘쳐나고, 글로벌 시장에서 달러 가치가 폭락하지 않을까? 돈을 안전하게 보관하기 위해 저축했다가 투자 수익을 거의 기대할 수 없게 된 사람들에게 의도하지 않은 징벌이 되는 것은 아닐까? 이런 모든 일들을, 투표로 선출되지 않은 공무원이 임의로 결정해도 되는 것일까?

금융 위기 동안 연준은 이러한 정책의 길을 걷기 시작했다. 2008년 기준금리를 제로에 가까운 수준으로 끌어내린 연준은 2009년 초, 기준금리를 장기간 제로에 가깝게 유지할 것이라고 발표했다. 연준이 2008년부터 매입하기 시작한 주택담보대출 채권은 1조 달러 이상으로 늘어났고 이러한 정책은 장기 국채로까지 확대되었다.

옐런은 버냉키가 모든 조치를 두 배로 취하기를 원했다. 연준이 지금까지 해온 일만으로는 충분하지 않았다. 버냉키는 옐런의 견해에 공감했지만, 연방공개시장위원회는 반으로 갈라져 있었다. 옐런은 2009년 12월 워싱턴에서 열린 연방공개시장위원회 회의에서 캘리포니아에서 일어나고 있는 일들을 이야기하며 자신의 주장을 펼쳤다.

"우리가 알아본 기업들은 의미 있는 규모의 고용보다는 지속적인 해고를 고려하고 있는 것으로 보입니다. 기업들은 최근의 사태로 인해 충격을 받고 트라우마에 시달리고 있습니다. 몇몇은 향후 3~6개월 전망을 바탕으로 경영 계획을 세우고 있다고 강조하는데, 6개월 이후를 예측할 자신이 없기 때문이랍니다. 이들은 여전히 생존에 집중하고 있으며 필수 설비 교체 외에는 고용이나 투자를 주저하고 있습니다."

샌프란시스코 연준 이사회는 경제가 너무 약해서 사람들이 기술과 근로 의욕을 발휘할 기회를 상실한 끝에 점점 위축되어 "잃어버린 세대"가 될 것을 걱정하고 있었다. 당장 옐런의 아들인 로비조차, 대다수의 미국인보다 훨씬 유리한 조건임에도 불구하고, 얼어붙은 취업 시장의 영향을 피부로 느끼고 있었다. 로비는 하버드에서 박사 과정을 마쳤지만 학계 채용 시장은 혹독하기 그지없었다. 대학들은 교수진을 채용하려 하지 않았다. 여기에 허리 디스크 때문에 연구가 뒤쳐지는 바람에 문제가 더 복잡해졌다. 로비는 시장이 조금 나아질 때까지 기다리기로 했다. 2년간 더 연구를 계속한 뒤 다시 취업 시장에 도전하기로 결정했다.

옐런이 공직에서 위로 올라가고 있는 동안, 애컬로프는 옐런에게 방해가 되지 않으려고 조심했다. 한편 옐런 역시 남편에게 방해가 되지 않으려고 노력했다. 2009년 2월, 애컬로프와 로버트 실러는 〈야성적 충동Animal Spirits〉을 출간했다. 경제 활동을 측정할 때 인간의 감정을 고려해야 한다는 케인스의 주장에서 따온 제목이었다. 지금까지 경제학은 수학적 공식에서 철저하게 감정을 배제해 왔지만, 애컬로프와 실러는 금융 위기와 그 여파를 이해하고 대응하기 위해서는 다시 감정이라는 변수로 돌아가야 한다고 생각했다.

금융 공황의 원인이 무엇이었는가? 바로 공포였다.

어떻게 해결했나? 그것도 간단했다. 연준이 나섰던 것이다.

이 책의 표지에는 경제 차트의 예측 불가능한 그래프를 오르내리는 털이 많은 생물들이 가득했고, 그들의 얼굴에는 행복감, 자신감, 두려움, 혼란 등 다양한 감정이 나타나 있었다. 이 표지 그림을 그려준 사람은 다름 아닌 과거에 애컬로프가 경제를 다른 각도에서 생각하도록 영감을 준 뉴요커 지의 카툰 작가, 에드 코렌이었다.

이 책에는 옐런의 학문적 성과에 대한 언급은 몇 차례 등장하지만, 애컬로프는 자신이 행동할 것을 촉구하고 있는 바로 그 기관에서 아내 옐런이 고위직으로 일하고 있다는 사실은 언급하지 않으려고 애썼다. 감사의 말에서 그는 코렌, 캐나다 고등연구소, 미국 국립과학재단이 준 영감과 지원에 대해 언급하고 감사를 표했지만 옐런의 이름은 등장하지 않는다. 애컬로프는 종종 급진적인 아이디어에 대한 자신의 애정이 아내에게 문제를 일으키는 것을 원치 않았고, 옐런 역시 자신의 공직 생활이 남편이 쓰고 싶은 글을 쓰는 데 방해가 되는 것을 원치 않았다.

그는 이론가였고 그녀는 실천가였다. 그는 아이디어와 기술 연구의 세계를 마음대로 휘젓고 다녔다. 그녀는 아이디어를 실행에 옮기는 세계를 누볐다. 두 사람은 각자의 방식으로 두 가지를 모두 추구하려고 노력했다. 저녁 식탁에서 그는 아이디어들을 실험 발사해 보았고, 그녀는 종종 그 아이디어들을 격추시켰다. 하지만 두 사람이 공유하는 세계관을 각자의 분야에서 어떻게 추진하고 있는지는 깊이 파고들지 않아도 알 수 있었다.

옐런과 애컬로프는 모두 지금과 같은 시기에 정부가 해야 할 역할이 있다고 믿었다. 연준 관계자들은 지쳐 있었고, 쓸 수 있는 수단은 제한되어 있었지만, 상황이 저절로 개선될 때까지 관중석에서 손 놓고 지켜보고만 있을 수는 없다고 두 사람 모두 생각했다.

〈야성적 충동〉은 위기 상황에서 정부가 해야 할 일을 닥터 수스[34]의 동화책 〈모자 쓴 고양이 돌아오다The Cat in the Hat Comes Back〉의 주인공 고양이의 역할에 비유했다. 책 속에서 고양이는 핑크색 케이크로 더러워진 욕조 문제를 해결하려 노력한다.

"그는 플랜 A를 시도하고, 플랜 B를 시도하고, 플랜 C를 시도하고, 심지어 플랜 D까지 시도했다."

---

34. 본명은 Theodore Seuss Geisel. 1904~1991. 미국의 동화 작가, 만화가. 개성 있는 등장 인물과 영어 특유의 말장난, 음율이 특징인 작품을 60편 이상 집필하였으며, 현재까지도 미국인들의 사랑을 받고 있다. 〈모자 쓴 고양이 The Cat in the Hat〉는 그의 대표작이며, 여기서 등장하는 그 속편 〈모자 쓴 고양이 돌아오다 The Cat in the Hat Comes Back〉의 주제는 "끝까지 포기하지 마라"이다.

만약 다양한 계획이 전부 효과가 없다는 것을 알게 되면 연준은 플랜 E로 넘어가야 한다는 것이 애컬로프와 실러의 주장이었다. 이는 버냉키의 "필요하다면 무엇이든" 사고방식을 그들 나름의 버전으로 풀어낸 것이기도 했고, 수십 년 전 젊은 연구자 시절 옐런과 애컬로프가 함께 맞서 싸웠던 시카고 학파의 가르침과 상반되는 철학이기도 했다.

시카고 학파 경제학자들이 지적했듯이, 애컬로프가 선택한 은유는 다소 아이러니했다. 〈모자 쓴 고양이 돌아오다〉에서 욕조에서 케이크를 먹다가 더럽힌 것은 고양이 자신이었다. 그리고 이것이 바로 금융 위기의 여파 속에서 촉발된 반발의 배경이었다. 연준에 반대하는 많은 사람들의 눈에 정부는 문제였지 해결책이 아니었다.

버냉키는 이러한 반발을 정면으로 맞아야만 했다. 월스트리트 저널의 사설은 하루가 멀다고 그를 비판했다. 금융 위기 발발 전에 버냉키가 그린스펀에게 저금리를 유지하도록 부추겨 재앙과도 같은 집값 거품을 부추겼다는 것이었다. 이제 연준은 똑같은 실수를 반복하고 있으며, 이는 또 다른 거품, 달러 가치의 붕괴, 인플레이션 급등 등 여러 가지 나쁜 결과를 초래할 것이라고 경고했다.

릭 페리 텍사스 주지사가 버냉키를 국가 반역자라고 비난하고 그가 텍사스에 나타나면 "꽤나 험한 꼴"을 당하게 될 것이라고 큰소리 치자 월스트리트 저널은 환호성을 질렀다. 월스트리트 저널 사설은 페리가 단어 선택을 별로 잘하지는 않았다는 점—특히 "반역죄" 운운한 점—은 인정했지만 버냉키에 대한 광범위한 공격의 요점은 공공 서비스라고 지적했다.

의회 역시 버냉키를 공격했다. 2009년 타임 지가 버냉키를 올해의 인물로 선정하며 그의 대담함을 인정하자, 공화당 상원의원 짐 버닝은 아돌프 히틀러, 이오시프 스탈린, 리처드 닉슨도 두 번이나 선정된 적이 있다고 반박했다. 상원 은행 위원회 소속인 앨라배마 공화당 의원 리처드 셸비는 구제금융을 맹비난했다. 청문회에서 그는 버냉키에게 "수년 동안 저는 연방준비제도를 매우 높이 평가했습니다. 그러나 지금 와서 보니 연준에 대한 우리의 신뢰와 자신감이 잘못되었던 것 같습니다."

민주당 의원들도 비난을 쏟아냈다. 버몬트 주 상원의원이자 민주당내 진보주의자들과 파벌을 형성하고 있는 사회주의자 버니 샌더스는 텍사스 주 공화당 의원 론 폴의 주장에 동조하며 의회가 연례 감사에서 연준의 금리 결정을 면밀하게 조사해야 한다고 요구했다. 버냉키는 이를 연준의 독립성에 대한 공격이자 1970년대 재앙과도 같은 인플레이션을 초래했던 정치적 간섭의 서곡이라고 여겼다.

버냉키는 감정 표현을 잘 하지 않는 사람이었지만 동시에 자존심도 강했다. 사방의 비난은 그를 갉아먹었다. 버냉키의 임기는 2010년 만료 예정이었고, 오바마는 대통령 수석 경제 고문 중 한 명인 로런스 서머스가 버냉키의 뒤를 잇게 하는 것을 고려하고 있었다. 하버드대 교수였던 서머스를 백악관으로 데려오기 위해 오바마는 그에게 많은 것을 약속한 바 있었다. 한편 버냉키는 스스로 연임하고 싶어하는지도 잘 알 수 없었다.

그는 나중에 회고록에서 "비판을 감수하는 것도 연준 의장의 직무 중 일부라는 것을 이해는 했지만, 여전히 신경이 쓰였다. 우울한 날에는 내가 이 일에 적합한 사람인지, 그리고 연준 의장 직을 계속하는 것이 국가와 연준을 위해 옳은지 고민하곤 했다."라고 회상했다.

그럼에도 불구하고 버냉키는 일을 마무리해야겠다고 결심했고, 오바마 대통령에게 그러한 의지를 알렸다. 오바마는 버냉키를 지명했고, 상원의 반발을 뚫고 결국 연임이 확정되었다. 버냉키에게 4년의 임기를 더 주면서 오바마는 비록 서머스와의 약속을 어겨야 했지만 시대가 요구하는 일을 한 것이라고 믿었다.

버냉키를 괴롭혔던 역풍은 옐런의 샌프란시스코 연준에도 불어 닥쳤다. 연준은 2000년대 들어 자체적인 건설 붐을 겪었다. 2007년, 샌프란시스코 연준은 2년간의 공사 지연 끝에 샌프란시스코 금융 지구에 18층 높이의 스테인리스 스틸 타워를 열었다. 샌프란시스코 크로니클지는 "위압적이고 눈부시다"라고 묘사했고, 부동산 개발업자 출신인 도널드 트럼프 대통령은 훗날 행정 명령에서 이 건물을 샌프란시스코에서 가장 보기 흉한 건축물 중 하나라고 불렀다.

금융 위기 이후 "월스트리트를 점령하라Occupy Wall Street" 운동가들이 새 샌프란시스코 연준 빌딩 밖에 텐트와 플래카드를 설치하고 붙박이로 자리를 잡았다. 텐트가 설치되기 전까지 이들은 연준 소속 경제학자들이나 이 빌딩에서 일하는 다른 직원들을 출근길이나 마트 계산대에서 괴롭히고 말싸움을 걸곤 했다. 론 폴의 새 책 〈연준을 끝내라End the Fed〉가 우파들 사이에서 인기를 끌면서 정치적 스펙트럼 전반에 걸쳐 연준에 대한 반발이 거세졌다.

옐런은 항상 사람들이 자신의 직업과 직장에서 자부심과 소속감을 가져야 한다고 믿었다. 이것은 상식이었으며, 그녀가 애컬로프와 함께 수행한 연구에서도 확인되었다. 대부분의 사람들에게 직장은 단순한 월급 이상의 의미를 가진다. 사람들은 한 직장의 문화에 소속되어 있으며, 그 문화가 강하면 만족도와 생산성이 올라간다. 금융 위기 이후 옐런은 연준 빌딩 내에서 타운홀 방식의 미팅을 종종 가졌고 "재닛과의 커피Java with Janet"라는 티타임 미팅도 정기적으로 열어서 지역 연준 직원들에게 연준이 하는 일과 그 일들이 중요한 이유를 설명했다.

금융 위기 이전에도 연준은 분명히 많은 오류를 범했다. 버냉키, 그린스펀, 그밖의 사람들도 위기 이전에 연준의 규제가 느슨했음을 인정했다. 하지만 위기 이후 연준에 쏟아진 수많은 비판은 위기 이후 수년에 걸쳐 잘못된 것으로 드러났다. 많은 이들이 연준의 정책이 인플레이션을 촉발할 것이라고 경고했으나 실제로 소비자 물가는 후퇴했다. 이는 2년이 넘는 경기 침체와 금융 혼란 이후 경제가 지속적으로 약화되고 있다는 신호였다. 2009년 소비자 물가는 1950년대 한국전쟁이 끝난 이후 처음으로 지속적인 하락세를 보였다. 그 후 10년 동안 연간 물가 변동률은 연준의 목표치인 2%를 거의 따라잡지 못했다.

달러화 폭락에 대한 경고 역시 현실화되지 않았다. 달러는 오히려 다른 통화들 대비 강세를 보였는데, 그 이유는 전 세계의 상황이 미국보다 훨씬 더 나빴기 때문이다. 특히 유럽은 그리스, 포르투갈, 이탈리아, 스페인의 위기가 악화일로에 있었고, 이들 국가들은 모두 막대한 부채와 은행 부실에 시달리고 있었다. 연준을 비판하는 이들은 대개 중앙은행의 금리 인상, 긴축적인 조세와 지출 정책, 은행 구제금융 거부를 외쳤다. 유럽은 바로 이러한 정책들을 시도하면 어떠한 일이 벌어지는지를 보여주는 좋은 사례였다. 유럽은 곧바로 다시 경기 침체에 빠졌고, 재앙을 경험하고 나서야 가장 긴축적인 정책들을 포기했다.

눈에 띄는 금융 버블도 나타나지 않았다. 연준이 예금자들에게 징벌적인 정책을 밀어붙였는지 여부에 대해 버냉키와 옐런은 만약 그렇게 하지 않았다면 저축자들에게 더 나쁜 영향을 미쳤을 것이라고 주장했다. 연준이 공격적으로 나서지 않았다면 미국은 다시 경기 침체에 빠졌을 것이고, 이로 인해 예금자들은 더 큰 불이익을 받았을 것이었다. 이것 또한 유럽이 증명했다. 유럽 경제는 결국 마이너스 금리와 높은 실업률로 이어졌다.

옐런은 2009년 말 연방공개시장위원회 회의에서 "추가적인 정책 완화가 필요하다는 설득력 있는 사례들을 계속 보고 있다"고 말했다. 그녀는 최소한 연준이 조기에 금리 인상을 시작하려는 유혹을 물리쳐야 하며, 조기 인상은 지금도 약한 경기 확장세를 더욱 위축시킬 수 있다고 말했다. 이는 바로 1930년대에 연준이 저지른 실수이며, 대공황이 장기간 계속된 이유이기도 했다. 연준의 채권 매입 프로그램이 2010년에 만료될 예정이었으므로, 옐런은 채권 매입 재개를 고려해야 한다고 말했다. 뉴욕 연준의 강력한 시장 데스크를 운영했던 브라이언 색은 "옐런은 항상 다른 사람들보다 조금 앞서 있다고 느꼈다"고 말했다.

2010년 중반 연준은 채권 매입 재개를 결정했다. 실업률은 9% 위쪽에서 고착화되는 듯했다. 연준은 2% 내외의 예측 가능한 인플레이션을 추구했지만 공식 수치는 계속 여기에 미치지 못했다. 이 상태가 계속된다면 미국은 인플레이션을 걱정할 것이 아니라, 일본을 거의 20년 동안 괴롭혔던 거꾸로 뒤집힌 세계, 즉 경제가 너무 약해서 물가가 일상적으로 광범위하게 하락하는, 디플레이션이라고 불리는 상황에 빠질 위험이 있었다.

평상시에 텔레비전이나 여성복 같은 일부 개별 부문에서 가격이 하락하는 것은 관리 가능하고 심지어 건강한 현상이지만, 이러한 현상이 경제 전반에 걸쳐 광범위하게 발생하면 병적인 빈혈이 시장을 잠식하고 있다는 신호일 수 있다. 이 빈혈은 치료가 점점 더 어려워지는 증상을 유발한다. 예를 들어, 물가가 전반적으로 하락하면 가계와 기업의 부채 상환이 어려워진다. 소비자 물가의 전반적인 하락 추세에 따라 가계 및 기업의 소득이 감소하여 고정 금리 대출의 이자 비용을 낼 돈이 부족해지게 된다.

2010년 중반 버냉키는 6개월 전 옐런이 촉구한 대로 채권 매입 프로그램을 다시 시작해야 할지도 모른다는 사실을 깨달았다. 이 조치는 일반 대중뿐 아니라 연준 내부에서도 큰 반발을 불러일으킬 수밖에 없었다. 연준은 이 미지의 세계를 더 깊이 파고들어, 그 결과가 어디로 이어질지 아무도 모르는 추상적인 주제에 대해 지금껏 검증된 바 없는 이론을 실험하고 있었다. "통화 부양책을 더 확대하거나 현재 수준의 통화 부양책을 유지하는 것이 장기적으로 어떤 영향을 미칠까요?"

캔자스시티 연준의 토마스 호닉 총재는 긴장감으로 팽팽했던 8월 FOMC 회의에서 이렇게 물었다. "금리를 제로로 유지해서 실제로 경제를 더 빠르게 개선할 수 있을까요? 아니면 중장기적으로 지속 가능하지 않은 조치를 취함으로써 불확실성을 더하고 있는 것일까요? 사실 우리는 지난번 저금리 실험이 그랬을지도 모르는 것처럼, 실제로는 장기적인 경제에 피해를 주고 있는 것은 아닐까요?"

이러한 논쟁이 한창인 동안 옐런과 애컬로프는 또 다시 이사를 준비했다. 연준의 베테랑이자 금융 위기 당시 버냉키의 최측근이었던 도널드 콘이 부의장직에서 물러날 예정이었고, 오바마는 옐런에게 그 자리를 맡아달라고 요청했다. 오바마의 재무장관이 된 가이트너는 옐런을 당연한 선택이라고 여긴 반면, 오바마는 베어스턴스 붕괴 직후 옐런과 전화로 대화를 나눴을 때 깊은 인상을 받은 것 외에는 그녀에 대해 잘 알지 못했다.

10년도 더 전인 1999년, 워싱턴을 떠날 당시 옐런과 애컬로프가 돌아올 계획이 없었다. 그들이 돌아올 워싱턴은 1990년대의 낙관주의와는 거리가 먼, 아주 다른 도시였다. 당파 싸움이 훨씬 더 심하고 격렬해졌으며, 난해한 문제들로 끓어오르고 있었다.

옐런은 버냉키의 2인자가 될 것이었다. 옐런은 최악의 시기에 현명하고 침착하게 대처하고, 모퉁이 뒤에 숨어 있을지 모르는 다음 문제에 대해 눈을 크게 뜨고, 언제나 완벽하게 준비되어 있음으로써 그 자리를 얻었다. 그녀는 또한 지금은 소심해질 때가 아니라는 믿음으로 그 자리를 얻었다.

옐런이 샌프란시스코 연준을 떠난 후 그녀의 리서치 디렉터였던 존 윌리엄스가 새 총재가 되었다. 몇 년 후 다시 그가 뉴욕 연준을 이끌기 위해 떠나자 샌프란시스코 연준은 새로운 리더를 맞이한다. 그녀의 이름은 메리 댈리였다.

Chapter 18

2인자 옐런

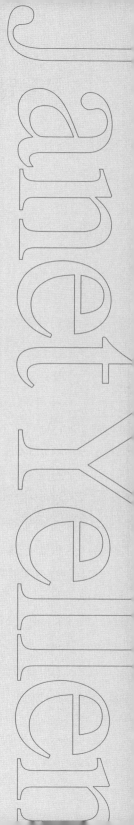

궁중 암투

2010~2014

모든 조직에는 설립 스토리, 역사, 리더의 스타일 등에 따라 형성된 그들만의 고유한 문화가 있다. 연준의 문화는 조용하고 격식을 따지며 위풍당당하다.

절대 군주처럼, 연준의 관심과 격식의 중심은 의장이다. 2층에 있는 의장실은 넓고 높은 천장에는 우아한 샹들리에가 드리워져 있으며, 긴 창문과 짙은 색 목재 책장이 벽을 에워싸고 있다. 버냉키 의장은 19세기 앤티크 목제 책상에서 일했고, 벽난로 옆에 있는 갈색 가죽 소파에서 방문객들을 맞이했다. 그 양옆으로는 성조기와 연준의 상징인 독수리 문양이 그려진 깃발이 서 있었다. 금융 위기 최악의 날들에 버냉키는 그 소파에서 며칠 밤을 보냈다.

방의 넓이는 스쿼시 코트보다 조금 더 큰 정도이다. 옆에는 목재 패널로 벽을 두른 작은 서재가 있고, 대규모 회의를 위한 작은 대기 공간도 있었다. 궁정을 방문한 손님들은 두 개의 커다란 소파, 커피 테이블, 안내 직원이 있는 편안한 응접실에서 기다린 뒤, 긴 복도 끝에 있는 의장실로 안내받았다.

이 곳 사람들은 낮은 목소리로 말을 했다.

이사들의 넓은 사무실이 의장실 주위의 복도를 따라 나란히 늘어서 있었지만, 연준 빌딩 내의 활동은 이사들이 아닌 의장을 중심으로 돌아갔다. 하버드 시절 옐런은 자기 연구실에서 죽어도 사람들이 며칠 동안 눈치채지 못할 것이라고 농담하곤 했었는데, 1990년대 연준 이사 시절에도 같은 농담을 하게 되었다. 부의장인 그녀의 사무실은 복도 끝, 건물 구석에 있었다.

한 층 위에서는 연구원들이 조용히 분석 작업에 몰두하고 있었다. 연준은 미국에서 경제학자를 가장 많이 고용하는 기관이다. 매년 새로 학위를 딴 박사들이 시장에 쏟아져 나올 때, 가장 적극적이고 신뢰할 수 있는 고용주 중 하나이다. 우수한 인재들은 보통 MIT, 하버드, 시카고 또는 기타 명문 대학의 조교수로 가지만, 연준도 많은 이들이 선호하는 대안이다.

워싱턴에서는 모든 정보가 연준 의장에게 흘러 들어갔고, 이러한 구조는 수십 년 동안 이사들을 괴롭혀왔다. 1990년대 연준의 다양한 연구 부서 책임자들은 중앙은행의 남작이라고 불렸으며, 의장에게 봉사하는 것이 그들의 임무였다. 1998년 카렌 존슨이 연준의 국제금융부 책임자로 임명되자, 당시 금리 정책을 수립하는 통화정책부 책임자였던 도널드 콘은 장난으로 내부 성역으로 진입한 것을 기념하는 옥새를 만들어 그녀에게 선물했다.

일부 경제학자들은 연방공개시장위원회나 매주 열리는 이사회 회의에서 발표할 기회를 얻기도 했다. 그린스펀이 의장이었던 시절 옐런과 당시 부의장이었던 앨런 블라인더는 연구원들에게 직접 연락하여 연준의 오랜 권력 구조를 뒤흔들었다. 그린스펀의 뒤를 이은 버냉키도 연준의 경직된 조직 문화를 완화하려고 노력했다. 버냉키는 연방공개시장위원회 회의에서 이사들과 지역 연준 은행 총재에게 먼저 발언할 기회를 준 후 그들의 의견을 요약하고 갈무리해서 자신의 공식에 반영하여 결론을 내렸다. 다른 의사 결정권자들은 이러한 행보를 버냉키가 그들에게 권한을 더 많이 부여하려는 시도로 보았다.

동시에 버냉키는 공식 회의 전에 홀로 많은 양의 업무를 떠안곤 했는데, 이러한 성향은 금융 위기의 심각성과 버냉키의 내성적인 성격으로 인해 더욱 심해졌다. 연준 고위직들은 위기 기간 동안 버냉키를 위해 충성스럽게 온힘을 다해 일하면서 지칠 때까지 아이디어와 분석을 제공했다. 금리 정책을 설계한 통화 담당 책임자 브라이언 매디건은 창백하고 초췌해지기 시작했다. 그의 뒤를 이은 윌리엄 잉글리쉬는 극심한 허리 통증에 시달렸고 24시간 동안 눈 한번 붙이지 못하고 일하다가 나중에는 종종 누워서 일하기까지 했다. 2미터가 넘는 장신에 조용하고 신중하며 연준의 다른 사람들과 마찬가지로 일벌레였던 그는 요추에 가해지는 압력을 완화하기 위해 커다란 쿠션을 들고 회의에 등장하곤 했다.

부의장이 된 옐런은 거의 모든 이사회 회의에 가장 먼저 도착했다. 가이트너가 재무장관이 되면서 그 후임으로 뉴욕 연준 총재가 된 윌리엄 더들리와 함께 옐런은 버냉키의 최측근이었다. 버냉키, 옐런, 더들리는 연준 내부에서 "트로이카"라고 불렸으며, 다른 이사들과 지역 연준 은행 총재들에게 제시할 계획을 수립했다. 이들의 논의와 승인을 얻어내는 과정을 주도하면서 버냉키는 다른 사람들이 자신의 의견을 따르도록 설득하는 것이 늘 걱정거리였다. 옐런과 더들리는 안팎의 저항에도 불구하고 버냉키가 파격적인 정책을 고수할 수 있도록 밀어주었다. 반대로 버냉키의 아이디어를 도저히 실행에 옮길 수 없다고 판단될 때에는 브레이크를 걸었다.

어떤 조직이든 2인자의 자리는 쉽지 않다. 권력 가까이에 있지만 직접 권력을 쥐고 있는 것은 아니다. 어디까지나 리더에게 충성해야 하고, 그러므로 발언이 너무 공격적이지 않도록 주의해야 한다. 언젠가 리더가 될 수도 있지만, 그렇게 되리라는 보장은 없다. 2인자의 임무는 리더를 돕는 것이다. 그것이 비록 애초에 2인자의 위치까지 올 수 있게 한 바로 그 재능과 의지를 죽이는 것을 의미하더라도 말이다. 옐런이 연준 부의장이 되었을 때, 부의장 출신으로 연준의 최고 자리에 오른 선례가 없었다. 2년 후 두 번째 임기가 끝나면 버냉키가 물러날 가능성이 높다는 것을 알고 있었기 때문에 그녀가 의장으로 올라갈 가능성이 없지는 않았지만, 옐런은 왕좌를 욕심내지는 않았다.

워싱턴에 새로 부임한 옐런은 불 같은 열정으로 그녀의 새로운 동료들을 놀라게 했다. 정책 회의나 공공 연설에서 꼼꼼하게 프리젠테이션을 하거나 공식 만찬에서 다른 사람들과 편안하게 어울릴 때는 잘 눈에 띄지 않았지만, 그녀는 일종의 사명감을 지니고 있었다.

부의장직을 수행한다는 것은 사령관의 오른팔로 음지에서 충성스럽게 일하는 것과 반드시 해내야 한다고 믿는 일들을 향해 공격적으로 나아가는 것 사이에서 균형을 잡는 것을 의미했다. 옐런과 버냉키는 경제를 살리기 위해 최선을 다한다는 같은 목표를 가지고 있었지만, 서로 다른 위치에서 서로 다른 스타일로 그 업무를 수행했다. 버냉키는 한 발짝 거리를 두고, 합의를 이끌어내는 역할을 하려 했다. 옐런은 온화하면서도 자신이 옳다고 생각하는 정책을 추진하기 위해 격렬한 반대에 맞서는 데에 주저함이 없었다.

두 사람은 서로를 친근하게 대했지만, 친밀한 사이는 아니었다. 버냉키가 옐런을 워싱턴 내셔널스 야구 경기에 초대한 적이 있었다. 버냉키는 내셔널스의 열성 팬이었다. 옐런은 1957년 다저스가 브루클린을 떠나기로 결정한 이후 야구에 흥미를 잃었다. 비로 인해 경기가 지연되는 동안 그녀는 이제 자리를 떠야 할 시간이라고 생각했지만, 그는 경기가 곧 재개될 것이라고 생각했다. 결국 그들은 경기가 재개될 때까지 경기장에 남았고, 자신들을 알아보지 못하는 관중 속에서 맥주를 마셨다. 내셔널스가 승리하자 버냉키는 열광했지만 옐런은 덤덤했다.

옐런과 애컬로프는 워싱턴의 정계와 언론계 거물들이 대거 거주하는 아늑한 주택가 조지타운에 집을 임대했다. 그들의 친구인 로버트 실러는 집값이 더 떨어질 수 있다고 보고 집을 사지 말라고 경고했다. 두 사람은 대형 체인인 IKEA와 크레이트앤배럴의 가구로 집을 채웠다. 젊은 시절 옐런은 표현주의 추상화, 특히 로버트 마더웰의 작품에 관심을 가졌다. 하지만 그녀는 수준 높은 작품을 살 시간이 없었고, 조지는 예술에 큰 관심이 없었다. 로비가 벽에 걸어놓으라고 버클리의 풍경을 담은 포스터 액자 몇 개를 보내주었다. 2010년 워싱턴에 돌아온 그들의 차는 옐런의 1992년형 혼다 아큐라 레전드와 조지의 1998년형 볼보였다. 두 대 모두 워싱턴 DC 번호판을 신청했을 때 검사에서 불합격했다.

애컬로프는 제자 레이첼 크랜튼과 함께 사회적 분열이 경제 생활에 어떤 영향을 미치는지 탐구한 다음 저서 〈아이덴티티 경제학Identity Economics〉을 집필 중이었다. 또한 아침에 조지타운에서 걸어서 출근할 수 있는 국제통화기금에 연구원 자리를 얻었다. 로비는 2009년의 실망스러운 경험을 딛고 다시 취업 시장에 뛰어들 준비를 하고 있었다.

"양적 완화"로도 알려진 채권 매입을 더 계속해야 하는지에 대한 논쟁은 2010년 가을 옐런이 부임하면서 막을 내렸다. 조지 W. 부시 대통령이 지명한 버지니아 출신의 예의바른 은행가 엘리자베스 듀크는 연준에서 옐런의 친구 중 한 명이었다. 듀크와 옐런, 그리고 또 다른 연준 이사 새라 블룸 래스킨은 종종 연준에서 혹은 근처에서 함께 점심을 먹곤 했다. 옐런은 본인 자신의 경험으로 워싱턴에서 연준 이사들이 느끼는 고립감과 좌절감을 누구보다 잘 이해했다. 그럼에도 불구하고 이사의 한 표는 의장에게 매우 중요했기 때문에 옐런은 듀크에 대한 작업에 착수했다.

듀크는 지방 소도시 감수성의 소유자였고, 연준의 이례적인 채권 매입 프로그램에 대해 회의적이었다. 옐런은 듀크의 지지를 얻어내고 싶었다. 2010년 가을 어느 날 밤, 옐런과 듀크는 연준 의장실 건너편에 있는 마틴 빌딩에서 함께 저녁을 먹었다. 두 사람은 저녁 식사 후 옐런의 고물 아큐라가 주차되어 있는 연준 지하 주차장으로 걸어가면서 채권 프로그램에 대해 이야기를 나누기 시작했다. 듀크는 옐런의 강렬한 어조에 꽤나 놀랐다. 옐런은 듀크에게 자신과 버냉키가 평생 이런 상황들을 연구해 왔고, 항상 이런 상황에 대비해 왔다고 말했다. 옐런은 연준이 더 많은 일을 해야 하고 듀크의 지지를 필요로 한다고 확신했다. 듀크는 어느 순간 옐런의 눈에 눈물이 고이는 것을 본 것 같았다.

마지못해 채권 매입 연장에 찬성표를 던진 듀크는 "옐런은 이 프로그램에 대해 믿을 수 없을 정도로 열정적이고 감정적이었다"라고 말했다. 듀크는 훗날 "무언가에 신념이 꽂히면 그녀는 뭐랄까… 약간 뼈다귀를 발견한 개처럼 절대 놓지 않았다"라고 회상했다.

2010년 10월, 연준은 장기적으로 저금리를 유지하기 위해 6,000억 달러 규모의 국채를 추가로 매입하는 이른바 QE2를 시작했다.

금융 위기 이후 연준은 지쳐 있었다. 버냉키는 밴티지 리더십이라는 회사를 운영하는 경영 컨설턴트 칼 로빈슨을 고용하여 연준을 더 잘 운영할 수 있는 방법을 고민했다. 옐런은 로빈슨의 주요 연락 창구 중 한 명이 되었다.

옐런은 버냉키와 그의 최고 참모들이 너무 많은 일을 직접 처리하는 것을 걱정했고, 잉글리쉬에게 더 많은 일을 위임하라고 촉구했다. 그녀는 이미 과로 상태인 몇몇 소수에게 너무 많이 의존하지 않도록 통화 정책 부서의 아이디어를 공식화하기 위한 보다 질서정연한 프로세스를 구축하기를 원했다. 그녀는 잉글리쉬의 스태프 중 한 명인 세스 카펜터가 두 명의 젊은 동료를 지나치게 엄격하게 다룬다는 이유로 질책했지만, 그녀 자신 역시 때에 따라 부하 직원들에게 엄격해질 수 있었다. 다른 부서의 한 주니어 직원은 은행 규제와 관련하여 옐런과 열띤 토론을 벌인 후 눈물을 흘리며 퇴근했던 날을 여전히 기억하고 있다. 칼 로빈슨은 "재닛은 인생을 웃어넘길 줄 알았다. 그녀는 또 쉽지 않은 사람일 수 있었다. 그건 의심의 여지가 없었다."

샌프란시스코에서 지역 은행 총재로서 옐런은 전 직원을 혼자서 이끌었다. 연준 이사회에는 아무도 없었다. 이러한 환경에 불만을 느낀 그녀는 연준 수석 이코노미스트인 앤드류 레빈에게 자신의 특별 고문을 맡아달라고 요청했다. 레빈은 스탠퍼드 출신의 똑똑한 통화 전략가였다. 그는 공격적이었고, 연준의 폐쇄적인 리서치 및 통화 정책 부서의 다른 직원들에게는 본인의 표현 그대로 거침없는 대포와도 같았다.

일부 직원들은 옐런의 의외로 강렬한 스타일과, 양극단을 오가는 그녀의 조수에 대해 불평했다. 옐런은 조직 문화에 대해 신중을 기했고, 연준의 문화를 누구보다 잘 이해했지만, 일각에서는 옐런이 연준의 수장이 되면 연준이 어떤 모습으로 변할지 걱정했다. 위험 부담은 컸고 일은 쉽지도 재미있지도 않았다. 레빈은 "2010년 재닛이 부임했을 때 일부 사람들은 모든 것이 어느 정도 안정될 거라고 희망했다. 하지만 그렇지 않았다. 우리는 매우 길고 느린 경기 회복 과정을 거쳐야 했다"고 회상했다.

그 와중에 버냉키와 옐런은 현대의 중앙은행 시스템을 뜯어고치고 있었다. 수십 년 동안 연준은 장막 뒤에서 경제, 목표, 정책에 대한 그들의 생각을 감추고 종종 시장의 트레이더와 은행가들이 알아서 판단하도록 내버려두었다. 이러한 비밀주의는 연준에게 권력을 실어주고 결정을 내릴 때 일종의 여유를 허락했다. 하지만 버냉키를 비롯한 학자들은 비밀주의가 비생산적이라는 결론에 도달했다. 목표를 명확히 밝히고 생각을 설명하는 것이 시장으로 하여금 연준이 다음에 어떻게 나올 것인지 계속 추측하게 두는 것보다 낫다는 믿음이었다. 의도적으로 불확실성을 만들어서 얻을 수 있는 이점은 무엇이겠는가? 다른 나라 중앙은행들은 이미 바깥 세상을 향해 문을 열고 있었다.

버냉키는 연준을 어떻게 더 개방적인 기관으로 바꿀 것인지 새로운 아이디어를 찾기 위해 옐런에게 커뮤니케이션 위원회를 맡기고 레빈이 그녀를 보좌하도록 했다. 옐런과 레빈은 낮은 실업률과 함께 규칙적이고 예측 가능한 2% 인플레이션을 달성하고자 하는 연준의 열망을 명확히 담은 사명 선언문을 작성했다. 인플레이션 목표는 1970년대처럼 가계 소득의 구매력이 녹아내리는 것을 방치하지 않겠다는 연준의 약속이었다. 왜 제로 인플레이션이 아닌 2% 인플레이션이었을까? 제로 인플레이션은 디플레이션에 가까웠고, 일본에서 증명되었듯이 건강하지 않은 경제 상황이었기 때문이다. 가계 소득이 증가하는 한, 예측 가능한 비율로 약간의 인플레이션이 발생하면 사람들은 더 나은 삶을 살 수 있다. 옐런은 1996년에도 그린스펀에게 이같은 주장을 펼친 바 있었다. 그리고 10년이 지나 마침내 그 목표를 공식화했다. 옐런은 사명 선언문에 일자리에 대해서도 언급하도록 밀어붙였다. 연준은 자신들의 정책이 실업률에 미치는 영향을 고려하지 않고 인플레이션에 집중할 수는 없다. 처음 연준을 설립한 법에도 같은 취지가 명시되어 있다. 인플레이션은 낮고 실업률은 높은 상황에서 옐런과 버냉키는 그럴 수 있는 수단만 있다면 고용을 촉진하기 위해 경제를 더 빠른 성장으로 이끌어야 할 분명한 의무가 있다고 믿었다.

옐런의 위원회는 버냉키가 정기적으로 기자 회견을 열어 공공의 감시를 받는 동시에 자신의 정책을 설명할 수 있는 포럼을 열도록 길을 닦아주었다. 다른 중앙은행들도 이러한 방향으로 나아가고 있었다. 연준은 기자 회견과 연계하여, 금리의 방향성에 대한 예측도 발표하기 시작했다. 연준의 "닷 플롯"(dot plot. 여기서는 연준이 연방공개시장위원회에서 향후 금리의 예상 범위와 상하한선을 보여주기 위해 발표하는 점도표를 의미)은 연준 내부의 생각을 들여다볼 수 있는 새로운 창이 될 것이었다.

이러한 행보들은 모두 겉으로는 기술적으로 보였지만, 그보다 더 큰 목적이 있었다. 날이 갈수록 연준에 대한 분노가 커지고 회의적인 국민들을 향해 비밀스러운 중앙은행을 음지에서 끌어내어 더 넓은 시각으로 바라보게 하려는 것이었다. 또 다른 목적도 있었다. 버냉키는 경기 회복을 뒷받침하기 위해 저금리 기조를 유지할 것임을 설득하고자 했고, 그러기 위해서는 연준이 더 크고 분명한 목소리를 내야 했다.

이 전략은 몇 차례 혼란스러운 순간을 불러왔다. 2011년 8월 연방공개시장위원회 회의에서 버냉키는 아무런 예고 없이 연준이 앞으로 2년 동안 금리를 인상하지 않을 것임을 공개적으로 천명하고 싶다는 아이디어를 냈다.

이 깜짝 제안으로 불이 붙은 논쟁이 너무 오래 계속된 나머지 버냉키의 참모들은 예정된 시간인 오후 2시에 성명을 발표하지 못할까 봐 발을 동동 굴렸다. 만약 그랬다면 시장은 궁중 내부의 음모에 대한 소문으로 난리가 났을 것이다.

버냉키의 수석 보좌관인 미셸 스미스는 버냉키에게 논의를 마무리하자고 재촉했다. 버냉키는 "1시 30분까지 끝내야 한다"라며 저금리를 유지하겠다는 약속과 관련된 문구를 놓고 오락가락하는 동료들에게 경고했다. "가능한 한 빨리 끝내야 한다고 미셸이 말하고 있어요." 시간이 흐르는 가운데 세 명의 지역 연준 은행 총재가 버냉키의 제안을 따를 수 없다고 말했다. 버냉키는 다른 총재들의 지지를 얻었지만, 세 명이나 반대하면서 투자자들에게 연준이 이 정책에 진심이라는 확신을 주기는 어려워졌다.

2012년 버냉키는 3차 채권 매입 프로그램 관련 언론 기사로 인해 또 한 차례 곤욕을 치러야 했다. 월스트리트 저널이 채권 매입 프로그램에 대한 내부 심의 세부 사항과 함께 막후에서 있었던 논의와, 연준 스태프들이 수행한 리서치, 고려한 옵션들에 대한 기밀들을 세세하게 폭로한 것이다. 버냉키는 연준 이사들과 지역 연준 은행 총재들에게 보낸 서한에서 "기사에 등장한 일부 항목은 우리의 지침을 명백히 위반한 것으로 보인다"라며 불만을 토로했다. 근본적인 메시지는 내부에서 오간 이야기들에 대해 기자들에게 말할 때 신중을 기하라는 것이었다.

며칠 후, 마켓 리서치 회사인 메들리 글로벌 어드바이저 사가 연준의 내부 고민에 대한 추가 세부 정보가 담긴 보고서를 발표했다. 저자인 레지나 슐라이거는 경험이 풍부한 언론인이었지만, 메들리의 독자층은 월스트리트 저널처럼 일반 대중이 아닌, 주로 금리의 움직임에 따라 거래하는 헤지펀드들이었다. 헤지펀드 입장에서는 종종 이러한 거래에 수십억 달러가 걸려 있기 때문에, 이들은 시장에서 한발 앞설 수 있다고 약속하는 민간 자문사의 정보에 거액을 지불했다.

연준은 외부인들과 대화할 때 균형을 맞추기 위해 노력해온 길고 불편한 역사를 가지고 있었다. 연준 사람들은 자신들의 결정이 시장에 어떤 영향을 미칠 수 있는지 이해하기 위해 금융계의 의견을 듣고 싶어했다. 시장의 기대를 잘못 읽으면 연준의 금리 결정이 역효과를 낼 수 있기 때문이었다. 1994년 연준이 금리 인상에 대한 시장의 예측을 잘못 읽은 나머지 오렌지 카운티가 파산한 적이 있었다. 수년 동안 연준은 월스트리트 애널리스트들을 잭슨홀에 초청해 함께 하이킹을 하면서 대화를 나누곤 했다. 하지만 바로 그 사람들에게 연준의 견해는 잠재적으로 큰 가치가 있었다. 그들이 누구와 대화했는지, 연준 관계자들이 무엇을 말하거나 물어보았는지에 대해 어디까지 선을 그어야 할까?

금융 위기 이후 조사가 강화되었다. 옐런은 메들리 보고서가 나오기 몇 달 전에 슐라이거와 대화를 나눈 적이 있었다. 다른 이들도 분명히 그랬을 것이고, 그 중 누군가가 필요 이상으로 말을 많이 한 것으로 보였다. 연준에 비판적인 이들은 부적절한 정보 유출을 비난했다.

이 사건은 이후 수년 동안 연준을 괴롭혔다. 2011년 옐런의 커뮤니케이션 위원회가 작성한 연준의 정책에 따르면 부적절한 정보 공개는 연준의 최고 법무 책임자와 연방공개시장위원회 간사(당시에는 빌 잉글리쉬)에게 보고하고, 필요한 경우 독립 감찰관에게까지 보고하도록 되어 있었다. 버냉키는 이 사건을 최고 법무 책임자인 스콧 알바레즈와 잉글리쉬에게 넘겼다. 이들이 사건을 조사하는 동안 연준의 감찰관도 익명의 제보를 받고 감찰에 착수했다. 2014년 감찰실의 한 내부 보고서에서는 각종 지연으로 감찰이 지장을 받고 있다고 했지만, 감찰관은 장기간 조사를 계속하고 있었다.

의회의 공화당 의원들은 이 사건을 연준이 금융 시장 관계자들과 너무 밀착되어 있다는 증거로 보았다. 공화당이 장악하고 있는 하원 금융서비스 위원회에서 조사에 들어갔고, 의원들은 연준이 정보 유출을 은폐했다고 비난했다. 법무부, 증권거래위원회, 상품선물거래위원회도 조사에 나섰다. 수

사가 시작된 지 몇 년 후 리치몬드 연준 총재였던 제프리 래커가 슐라이거와 비공개로 통화한 사실을 인정하고 사임하기는 했지만, 그 누구도 최종적으로 기소되지는 않았다.

옐런은 자신이 정보 유출자가 아니라고 주장했다. 슐라이거와 대화를 나눈 것은 사실이지만, 6월에 한 이야기가 9월 회의에 대한 슐라이거의 10월 기사에 중요한 내용이 될 수는 없다고 하원 조사관들에게 말했다. "분명히 말씀드리지만 저는 어떤 기밀 정보도 전달하지 않았습니다."

대중이 연준을 불신하는 와중에 공개적으로 망신을 당한 난감한 상황이었지만, 버냉키와 옐런은 사실 그 시기에 더 큰 고민을 하고 있었다. 그들이 가장 우려한 것은 미국 정부의 세금 및 지출 계획이었다.

케인스의 사상은 수십 년 동안 유행을 탔다가 역사 속으로 사라지기를 반복했지만, 이제는 미국 경제의 방향성에서 핵심적인 아이디어였다. 민간 부문이 침체된 상황에서 경제 활동을 촉진하기 위한 그의 위기 극복 처방은 감세와 지출 확대였다. 초기에 공화당과 민주당은 감세와 지출 확대 중 어느 쪽이 경제 성장을 촉진하는 데에 더 효과적인지에 대해 다소 이견을 보였다. 공화당은 감세가 더 큰 영향을 미친다고 주장했고, 민주당은 지출 확대가 더 유용하다고 믿었다. 그러나 위기 상황에서 재정 적자가 경기 부양의 발목을 잡아서는 안 된다는 데에는 대체로 의견이 일치했다.

2010년 오바마가 대선에서 승리하고 공화당이 의회를 장악하자 쟁점이 바뀌었다. 이제 논쟁은 정부가 어떤 조치를 취하는 것이 맞는가가 되었다.

공화당은 특정한 패턴을 보인다. 1990년대 초 조지 H. W. 부시는 예산 적자를 성공적으로 줄였지만, 그 후 공화당은 자신들이 백악관의 주인일 때는 적자에 대해 크게 걱정하지 않았다 리처드 체니 부통령은 감세와 지출 확대로 적자 폭이 커지던 2000년대 조지 W. 부시 대통령 재임 시절 "적자는 중요하지 않다"는 유명한 말을 남겼다. 클린턴의 대통령 재임 마지막 해인 2000년 미국은 860억 달러의 예산 흑자를 기록했지만, 부시 대통령 재임 기간에는 매년 적자를 쌓았으며, 2008년에는 당시 사상 최대인 6,410억 달러의 적자를 기록했다. 부시의 두 번째 임기 동안 연간 정부 지출은 1조 달러 이상 증가했다.

그러다가 정권이 바뀌면 공화당은 재정 적자에 대한 우려를 다시 들고 나와 케인스주의적 정부 지출 프로그램을 공격한다. 애국주의를 표방하는 우파 포퓰리즘 파벌 "티 파티"의 일부인 소위 "적자 매파Deficit hawks"가 2010년 워싱턴을 휩쓸며 금융 위기 기간과 그 직후의 정부 부채 급증에 경고음을 울렸다. 당시 연간 적자는 1조 3천억 달러였다. 불과 2년 만에 케인스는 부활했다가 다시 패배한 듯했다.

버냉키의 연준 의장 임기 말년은 정부 예산을 둘러싼 싸움으로 점철되었다. 연준은 이러한 논쟁의 한복판에 휘말렸고 반대파들은 연준에 대해 새로운 공격 노선을 취했다. 그들은 연준의 저금리 정책으로 정부 차입 비용을 낮게 유지함으로써 대규모 정부 재정 적자를 초래하고 있다고 주장했다. 정부는 세수보다 더 많은 돈을 쓸 때(거의 항상 그렇듯이), 국채를 발행하여 부족분을 메꾼다. 이 빚에 대한 이자는 가계와 기업이 지불하는 이자와 마찬가지로 연준 정책의 영향을 받는다.

버냉키와 옐런은 새로운 비판에 동의하지 않았다. 그들은 장기적으로 재정 적자를 줄이기를 원했지만 지금은 그럴 때가 아니었다. 정부 지출 삭감은 이미 빈사 상태인 경제의 성장을 짓누르고, 그러면 연준은 미국이 또 다시 경기 침체에 빠지지 않도록 전보다 더 많은 조치를 취해야 한다. 그렇게 해서 경제가 겨우 굴러가면, 연준이 경제 성장을 유지하기 위해 추진한 정책은 더 많은 반발을 불러일으킨다. 짜증나는 역설이었다. 정부의 다른 부문들에서 긴축 기조가 강화됨에 따라 버냉키와 옐런은 어쩔 수 없이 일부 정책들을 시행할 수밖에 없었고, 이제 연준은 바로 그 정책들로 인해 비난을 받고 있었다.

공화당은 종종 부채 한도debt ceiling라는 이름으로 정부가 빌릴 수 있는 돈의 액수에 임의의 상한선을 씌우는 법을 시행하겠다고 위협했다. 괴이한 법이었다. 정부 지출의 대부분은 이미 정해진 써야 할 곳—사회보장 및 메디케어(노년층 의료 지원), 군사 계약, 부채 이자 등등—에 다 묶여 있기 때문이었다. 이들은 모두 국가의 장기 채무이다. 임의적인 한도에 맞춰 정부의 자금 조달이 예고 없이 중단되면, 국가는 채무불이행을 선언하거나 노인들에게 약속된 지원금 지급을 건너뛰거나 계획된 군사 지출을 줄여야 한다.

갑작스러운 대혼돈의 위험 외에도, 이 법은 애초에 의도한 예산 지출의 "기강 확립"에 전혀 효과가 없었다. 이 법은 수십 년 동안 다양한 형태로 존재했음에도 정부 부채는 해마다 계속 증가했으며, 최근의 유일한 예외는 1990년대 후반 딱 한 번 예산 흑자를 기록했을 때뿐이었다. 부채가 증가하면 의회는 단순히 부채 한도를 높여주었다. 부채 한도의 실질적 기능이라고 해봐야 시장에 불확실성을 초래하여 투자자들이 채무불이행 리스크에 대한 헤지 수단으로 더 높은 이자 지급을 요구하게 되어 결과적으로 부채 조달 비용이 더 많이 드는 게 전부였다.

이러한 예산 싸움의 최종 결과 의회는 디폴트(채무불이행) 직전까지 갔다가 마지막 순간에 한 발 물러나면서 금융 시장에 혼란을 야기했다. 재정 적자는 줄어들었지만 일시적이었다. 오바마와 의회의 공화당은 장기적으로 재정 적자를 관리할 계획에 합의하지 못했다. 한시적인 지출 삭감은 경기 회복을 더디게 했으며, 실업률 감소에도 악영향을 미쳤다. 2014년 초에도 실업률은 여전히 6.5%를 넘어 금융위기 이전 10여 년 중 그 어느 시점보다 높았다.

버냉키와 옐런은 경기 확장을 지속시키는 데 도움이 될 것으로 생각되는 파격적인 정책을 끊임없이 시도했고, 끊임없이 안팎의 저항에 직면했다.

2012년 3차 채권 매입을 개시하면서 옐런은 연준 이사들과 대립했다. 옐런은 양적 완화를 계속 추진하고자 했지만, 몇몇 이사들은 중단을 원했다. 엘리자베스 듀크도 그중 한 명이었고, 금융 위기 당시 서머스와 가이트너에게 자문을 제공했던 하버드대 금융학 교수 제레미 스타인도 마찬가지였다. 스타인은 연준의 채권 매입 프로그램이 투자자들에게 주식이나 채권 가격 상승에 대한 지나친 인센티브를 제공하고, 또 다른 호황과 불황의 금융 사이클을 촉발시켜 연준을 괴롭힐 것이라고 우려했다. 그는 버냉키에게 채권 매입 중단을 촉구했다.

"그럼 어떻게 할까요? 그냥 손 놓고 아무것도 하지 말아요?" 어느 날 사무실에서 팽팽한 논쟁 끝에 격분한 옐런이 스타인에게 물었다.

채권 매입에 주저하는 세 번째 이사는 제롬 파월이었다. 나서지 않는 성격의 점잖은 공화당원으로 오바마가 다른 이사 후보자들의 상원 인준을 위해 공화당의 지지를 얻으려고 끼워 넣은 일종의 타협안이었다. 2013년 초까지 연준은 경기 부양을 위해 금리를 낮춘다는 명목으로 금융 위기 이전 8천억 달러 미만이었던 채권 및 기타 자산 보유 규모를 4조 달러 가까이 늘렸다. 파월은 연준이 어디까지 갈 준비가 되어 있는지 물었다. 2013년 3월 연방공개시장위원회 회의에서 그는 "5조 달러를 향하고 있다"며 소름이 돋는다고 말했다. "우리는 (자산 보유 규모를) 다시 통제해야 합니다."

파월의 사무실은 옐런의 옆방이었고 두 사람은 가까워졌다. 원래 변호사 출신인 그는 종종 옐런의 방에 들러 경제에 대한 그녀의 생각들에 대해 질문을 던졌다. 옐런은 민주당원이었고 파월은 공화당원이었지만 그는 그녀의 신념이 정치에 의해 형성되었다고 생각하지 않았다. 그는 그녀가 옳은 답을 끌어내고 싶어 하는 것일 뿐이라고 생각했고, 책벌레 같은 외양과는 달리 소탈한 이웃의 모습을 발견했다. 팩트가 그녀의 주장을 뒷받침한다면 그는 마음을 바꿀 용의가 있었다.

버냉키의 수석 보좌관인 미셸 스미스는 이 세 명의 반체제주의자들을 "세 친구Three Amigos"라고 불렀다. 옐런은 그들이 틀린 문제에 초점을 맞추고 있다고 생각했다. 진짜 문제는 실업률이 너무 높다는 것이었고, 채권 매입 프로그램을 고수하는 데 따르는 위험은 그다지 크지 않다고 그녀는 주장했다.

연준은 과거에 실업률이 더 떨어질 때까지 채권 매입 프로그램을 계속 유지하기로 약속한 바 있었고, 옐런은 그 약속을 지키고 싶었다. 2013년 3월 연방공개시장위원회 회의에서 그녀는 "우리가 한 약속을 어겨서 우리 스스로의 신뢰도를 떨어뜨리지 않는 것이 중요하다"고 말했다.

연준은 채권 매입 프로그램을 수 개월간 계속 진행하다가 속도를 늦추었고, 결국 4조 5,000억 달러에서 중단했다. 이 어마어마한 금액을 쉽게 설명하면 캐나다, 독일, 멕시코 증시의 모든 상장 기업 가치를 전부 합친 것보다 큰 액수이다. 하지만 연준의 무모한 행동이 초래할 끔찍한 결과에 대한 경고는 틀린 것으로 판명되었다. 인플레이션은 낮았고, 달러는 여전히 글로벌 금융의 중심이었으며, 눈에 띄는 새로운 버블은 나타나지 않았고, 경기는 계속 답답했다.

스타인은 훗날 옐런과의 논쟁에서 자신이 옳았던 부분도 몇 가지 있기는 하지만, 큰 그림으로 보면 옐런과 버냉키가 옳았다고 회상했다. 당시 그가 우려했던 금융 안정성 리스크는 현실이 되지 않았다. "그들은 그 시점에 연준을 이끌 적임자였다." 파월 역시 자신의 걱정이 지나쳤다는 것을 인정했다. 2015년 그는 "데이터가 말하게 놔두자"라며 "지금까지 나타난 증거로 보아 이러한 정책의 혜택이 상당했으며 위험이 현실화되지 않았다는 것은 명백하다"라고 말했다.

연준 의장으로서 8년간의 임기가 끝나갈 무렵, 버냉키는 좌절감에 휩싸인 채 무대 중앙에서 퇴장할 준비를 하고 있었다. 그는 회고록에서 가장 큰 좌절감을 느낀 부분은 정부가 정치적으로 제대로 기능하지 못한 점이었다고 회고했다.

"미국을 건국한 조상들은 시스템이 모든 면에서 신중하게 고려할 수 있도록 설계했으나, 그 의도대로 작동하기는커녕 마비 상태에 빠졌다. 시스템이 과시, 맹목적인 이데올로기, 악의를 조장하는 경우가 너무 많다. 모든 잘못된 방법을 먼저 시도하기 전에는 아무것도 할 수 없다."

오바마는 버냉키를 대체할 인물을 찾아야 했다. 그에게는 두 가지 선택지가 있었다. 하나는 그의 친구이자 전 백악관 경제자문 래리 서머스였다. 오바마는 몇 년 전에 서머스에게 연준 의장 자리를 약속했다가 지키지 못한 적이 있었다. 서머스는 워싱턴을 떠나 있었지만, 이 자리를 제안한다면 기꺼이 돌아올 것이었다. 또 다른 한 명은 재닛 옐런이었다.

Yellen Yellen Yellen Yellen
Yellen Yellen Yellen Yellen
Yellen Yellen

Yellen Yellen Yellen Yellen
Yellen Yellen Yellen Yellen
Yellen Yellen Yellen Yellen
Yellen Yellen Yellen Yellen
Yellen Yellen Yellen Yellen
Yellen Yellen Yellen Yellen

Chapter 19

옐런, 리더가 되다

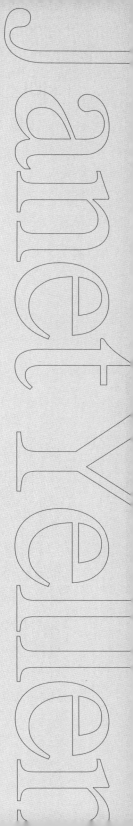

서머스의 여름

2013~2014

로런스 서머스는 지난 반세기 동안 거의 모든 주요 경제학 논의에서 중요한 역할을 했다. 젊은 시절에는 변호사가 될까 하는 생각도 했지만, 어린 시절부터 그가 실력을 갈고 닦은 분야는 경제학이었고, 결국 자신의 타고난 토론 본능을 경제학에서 발휘하기로 마음먹었다. 자신감 넘치고, 전투적이고, 야심만만하고, 경제학 명문가 출신에, 지능적이고, 숫자에 능통한 그의 성격은 때로는 그를 성공으로 이끌었지만 때로는 문제를 일으킬 수밖에 없었다.

서머스의 부모인 밥과 아니타 서머스는 펜실베이니아 대학교와 스와스모어 대학교의 경제학 교수로, 필라델피아 교외에서 세 아들을 키웠다. 어릴 때부터 서머스는 숫자와 확률로 사고하고, 자신의 선택으로 인해 발생할 수 있는 다양한 결과를 고려하면서 스스로 정당화할 수 있는 합리적 결정을 내리도록 교육받았다. 밥 서머스는 세 살 난 래리를 데리고 기차를 타러 갔을 때 역의 선로 번호를 사용하여 아들에게 홀수와 짝수의 차이를 가르쳤다. 나중에 밥은 아이들이 텔레비전 시청 시간을 분배할 수 있는 입찰 시스템을

316

개발했는데, 아이들이 그가 의도한 시간보다 더 많은 금액을 제시하자 시스템을 없애 버렸다. 래리는 고등학교 시절 스와스모어에서 경제학을 가르치는 아니타의 수업에도 따라갔다.

서머스의 친척 중에는 경제학의 거물이 둘이나 있었다. 한 명은 아니타의 오빠, 즉 서머스의 외삼촌인 케네스 애로우였다. 애로우는 명석하고 친절했다. 그는 경제학에 당시로는 획기적인 두 가지 중요한 공헌을 한 결과 1972년 노벨상을 수상했다. 하나는 최초의 후생경제학 정리로, 고급 수학을 사용하여 애덤 스미스가 원칙적으로 옳았음을 보여주었다. 알려진 인간 행동의 모든 마찰과 변칙을 제쳐두면 (물론 수많은 변칙이 존재하지만) 시장은 실제로 인간이 만들어내는 모든 재화와 서비스를 극대화하고 효율적으로 분배하도록 작동했다. 즉, 시장의 보이지 않는 손은 인간의 기본적인 필요와 욕구를 충족시키는 가장 좋은 방법이라는 것이었다. 몇 가지 증명의 경우 애로우는 버클리에서 애컬로프의 동료였던 제라르 드브뢰와 공동 연구를 하기도 했다.

애로우의 또 다른 정리는 민주주의와 관련된 것으로, 미국 사회에 대해 어두운 결론을 이끌어냈다. '불가능 정리impossibility theorem'로 알려진 이 정리는 고급 수학을 사용하여 독재를 제외하면 집단 의사 결정을 위한 효과적인 시스템을 설계하는 것이 불가능하다는 것을 보여주었다. 즉, 시장은 작동하지만, 민주주의는 근본적으로 결함이 있고 엉망이 될 수밖에 없다는 것이었다.

애로우는 정말로 머리가 좋았다. 모르는 게 없는 것 같았다. 조교수들이 돌고래의 의사소통 방식에 대해 이야기해보자고 도전한 적이 있었는데, 그는 관련된 최신 문헌들을 전부 숙지하고 있었다. 애로우는 독립선언서를 처음부터 끝까지 암송할 수 있었고, 시인 에밀리 디킨슨의 전기들에 대해 상세하게 토론할 수 있었다. 교수로서 그의 결점이라고 한다면 다른 사람들이 자신의 말을 왜 거의 알아듣지 못하는지 때때로 이해하지 못한다는 점이었다. 하지만 무엇보다도 "케네스 삼촌"은 서머스에게 인내심을 갖고 친절하게 대해

주었다. 서머스 가족이 방문하면 애로우는 어린 래리를 자신의 빨간색 컨버터블에 태우고 다녔다. 애로우는 조카가 토론을 좋아하는 것에 놀랐다.

월스트리트 저널과의 인터뷰에서 애로우는 조카에 대해 이렇게 회상했다. "그는 논쟁에서 자기 주장을 하는 것을 좋아했고, 매우 박식했다."

다른 한 사람은 로버트 서머스의 형인 폴 새뮤얼슨이었다(로버트는 젊었을 때 성을 새뮤얼슨에서 서머스로 바꾸었다). 새뮤얼슨은 조숙한 조카에게 평생 관심을 갖고 꾸짖고, 도발하고, 자극을 주고, 포용했다. 새뮤얼슨과 서머스의 관계는 서머스의 성격을 들여다볼 수 있는 창이자, 까다롭고 사교적이며 때때로 불친절했던 새뮤얼슨의 성격을 들여다볼 수 있는 창이기도 했다.

폴 삼촌은 조카가 어렸을 때부터 얼마나 똑똑한 아이인지 알고 있었다. 래리가 열 살쯤 되었을 때 서머스 가족이 케임브리지를 방문한 적이 있었다. 새뮤얼슨은 온도계에서 화씨와 섭씨 눈금이 일치하는 지점을 계산해보라고 했다. 아직 대수학을 몰랐던 래리는 가족의 차 뒷좌석에서 시행착오를 거듭하며 문제를 풀었고, 결국 영하 40도라는 답을 낼 수 있었다.

6학년이 되었을 때 래리는 미국 독립기념일(7월 4일)까지의 성적을 바탕으로 각 팀이 10월에 플레이오프에 진출할 확률을 계산하는 시스템을 만들었다. 1965년 필라델피아 불레틴 지는 서머스를 야구계에서 가장 뛰어난 11살짜리 확률 계산가라고 소개했다. 열여섯 살에 그는 폴 삼촌이 교수로 있는 MIT 학부에 입학했다. 훗날 대학원 원서에 그는 "많은 아이들이 신을 믿도록 배웁니다. 저는 시스템 분석의 힘을 믿게 되었습니다"라고 썼다.

MIT에서 그는 물리학을 공부했는데, 물리학에서와는 달리 자신이 경제학에 대한 타고난 본능, 즉 문제의 핵심을 단번에 파악하는 감각이 있다는 것을 금방 알아차렸다. 법학 공부도 마찬가지로 문제가 있었다. 무대 중앙에서 사건을 변론하는 자리에 오르려면 로펌에 들어가서 수년을 구르고 버텨야 했다. 그래서 서머스는 MIT에서 적성과 소질이 있는 경제학으로 진로를 바꿨다. 또 그는 MIT 토론 팀을 전국 최고 수준으로 이끌었다. 그가 가장 좋아하는 토론 전술 중 하나는 상대방의 제안이 초래할 수 있는 불확실성을 근거로 반박하는 것이었다. 토론을 통해 서머스는 논쟁의 양쪽 측면을 모두 살펴보는 법, 양쪽의 허점을 파고드는 법, 질문을 받았을 때 어느 한 쪽을 옹호하는 법 등등 훗날 학계와 정치계에서 경력을 쌓을 때 유용하게 써먹을 도구들을 장착하게 된다.

서머스는 (1975년 그가 옐런을 처음 만난 곳이기도 한) 하버드에서 박사 학위를 받은 후 조교수로 MIT로 돌아왔다. MIT에서는 학생과 교수진이 매년 재미로 짧은 풍자 코미디 쇼를 열었는데, 동료들은 이 쇼에서 서머스를 개인적인 성공을 위해 키워진 순종 경주마에 비유했다. 서머스는 혈통만으로 평가받는 것을 달가워하지 않았고, 자신만의 지성으로 평가받을 수 있다고 생각했다. 한 번은 서머스가 새뮤얼슨 및 다른 교수진과 함께 점심을 먹는 자리에서 토론이 벌어졌다. 새뮤얼슨은 서머스의 주장이 잘못되었다는 이유로 모두가 보는 앞에서 그를 박살내 버렸다. "래리, 나는 방금 아트 오쿤[35]을 위한 추도사를 쓴 참이다. 추도사에서 나는 아트 오쿤을 알았던 모든 세월 동안 그가 멍청한 말을 하는 것을 들어본 적이 없다고 했다. 하지만 래리 너에 대해서는 그렇게 말할 수 없을 것 같구나." 저명한 삼촌에게 무신경한 공개 질책을 당한 서머스는 기가 한풀 꺾였다.

서머스는 새뮤얼슨에 대해 "폴은 쉽지 않은 사람이었다. 게다가 그는 안주하는 사람을 괴롭히는 오래된 요령들을 알고 있었고, 실제로 그렇게 했다"라고 말했다. "그 누구도 폴보다 가식이나 허세를 더 단호하게, 더 잘 꿰뚫어본 사람은 없었다."

서머스 역시 이 기술에 꽤 능숙해졌다.

그는 하버드로 돌아갔다. 새뮤얼슨이 하버드를 떠난 이래 계속 그 위상이

---

35. Arthur Melvin "Art" Okun. 1928~1980. 미국의 경제학자. 실업은 경제성장과 역의 상관 관계를 가진다는 "오쿤의 법칙(Okun's Law)"의 창시자로 유명하다.

하락해온 하버드 경제학과의 부흥에 앞장섰다. 하버드에서 서머스는 1980년대 가장 중요한 경제학 논쟁의 중심에 서면서 종종 미묘하고 파격적인 견해를 제시하여 학계를 새로운 방향으로 이끌었다.

서머스와 옐런의 길이 다시 한번 마주쳤다. 옐런과 애컬로프가 비효율적인 노동 시장에 대한 이론을 발전시키는 동안, 서머스는 옐런과 애컬로프의 이론을 보완하는 병행 이론을 발전시켰다. 시카고 학파 교수들이 효율적인 금융 시장이라는 개념을 지지할 때, 서머스는 그들의 아이디어에 구멍을 내며 효율성의 개념에 도전하는 행동경제학 이론에 족적을 남겼다. 두 사람이 함께 참석한 세미나에서 서머스는 애컬로프와 함께 경제학계를 뒤흔들 아이디어들에 대해 토론하는 것을 좋아했다.

서머스는 회오리바람 같은 타입이었다. 세금, 소비자 행동, 추상적인 아이디어를 뒷받침하기 위해 실제 데이터를 사용하는 것의 중요성 등등 어떤 주제든 서머스는 그 자리에 있었다. 학생들은 이전 시대의 솔로우에게 그랬던 것처럼 그와 함께 시간을 보내기 위해 그의 연구실 밖에 줄을 서기 시작했고, 서머스는 열정적으로 학생들과 소통했다. 그 중 한 명은 사회보장 프로그램과 정부 세금 및 지출 정책의 경제적 효과에 관한 논문을 작성하기 위해 고군분투하던 1980년대 MIT 대학원생 데이비드 윌콕스였다.

"엉망진창이었다. 당시 나는 좌초해 있었다." 윌콕스는 회상했다. MIT의 지도교수 한 사람이 하버드에 가서 서머스를 만나보라고 제안했다. 서머스는 아무렇지도 않게 빠른 속도로 페이지를 넘기더니 30분 만에 문제의 핵심을 파악하고 논문을 바로잡아 주었다. 윌콕스는 "나는 방향 감각과 희망을 안고 그의 방을 나왔다"라고 말했다. "나는 문자 그대로 래리에게 내 경력을 빚진 셈이다." 윌콕스는 이후 연준의 최고 경제학자 중 한 명이자 리서치 및 통계 부서의 책임자가 되어 금리 결정의 중심에 서게 된다.

나중에 억만장자가 되어 페이스북(現 메타)의 최고 운영 책임자가 된 셰릴 샌드버그, 재무부 장관이 된 티머시 가이트너, 전미경제연구소 회장이 된 제임스 포터바 등 서머스의 제자 명단은 점점 늘어났다.

서머스는 1983년 스물여덟 살의 나이에 하버드 역사상 최연소 종신 교수 중 한 명이 되었다. 그는 자신이 진행하던 많은 프로젝트를 위해 연구 조교 팀을 고용했다. 또 로널드 레이건 대통령의 경제자문위원회에서 스승인 온건파 공화당원 마틴 펠드스타인의 보좌관으로 일하기도 했다.

그리고 서머스의 인생을 바꾼 사건이 찾아왔다. 여기에 대해 묻는 질문에 그는 "(그때까지) 나는 내가 세상을 정복하고 있다고 생각했다"라고 대답했다. 1984년, 스물아홉 살의 나이에 호지킨 림프종 4기 진단을 받은 것이다. 그는 병을 이겨냈고 더 큰 추진력으로 다시 일어섰다. 그는 인생에서 무언가를 하려면 할 수 있는 지금 당장 바로 해야 한다고 생각하게 되었다.

서른여덟 살이던 1993년, 서머스는 전미경제학회가 최고의 젊은 경제학자에게 수여하는 클라크 메달을 수상했다. 그의 삼촌인 새뮤얼슨과 애로우도 노벨상을 받기 전에 클라크 메달을 수상한 바 있었다. 프리드먼과 토빈도 마찬가지였다. 애컬로프와 옐런은 받지 못했다.

하지만 서머스에게는 논문을 쓰고 추상적인 아이디어에 대해 토론하는 것만으로는 성에 차지 않았다. 그는 정치와 정책 결정의 장에서 아이디어를 시험하고, 공식화하고, 이를 위해 싸우고 싶었다. 그는 아이디어가 행동이 되는 곳에서 다른 사람들과 싸워서 이기고 싶었다. 1988년 그는 매사추세츠 주 상원의원으로 민주당 대선 후보였던 마이클 듀카키스의 캠페인에 자문역으로 공식 참여했다. 이 곳에서 그는 로버트 루빈과 진 스펄링을 만난다. 듀카키스가 패배한 후, 세계은행이 서머스를 수석 이코노미스트로 영입하자 그의 경쟁자였던 조지 H. W. 부시 행정부의 수많은 인사들이 호평을 아끼지 않았다. 공화당이 그를 고용했다는 사실은 그의 재능과 아이디어가 어떤 이데올로기로도 쉽게 분류되지 않는다는 사실을 다시 한번 입증했다.

서머스의 공적 생활은 순조롭지 않았다. 1991년 그는 부하 직원이 작성한 세계은행 메모에 서명했는데, 이 메모는 부유한 국가가 가난한 국가에 환경 오염을 떠넘기는 것이 경제적으로 효율적인 비용 분담 방법이라고 의도적으로 자극적인 어조로 주장했다. 서머스는 이 메모를 직접 작성하지 않았고, 작성자인 랜트 프리쳇은 나중에 다른 사람이 이 메모를 조작했다고 말했지만, 어쨌든 비난을 받은 것은 서머스였다. 이 사건은 그 자체로 유명해져 〈이코노미스트〉 지에 실렸고, 분노한 앨 고어는 1년 후 클린턴이 당선되자 서머스가 백악관 경제자문위원이 되는 것을 반대했다.

서머스는 "나는 실수를 하면 진짜 큰 사고를 친다"라고 말했다. 대신 클린턴은 서머스를 외부의 주목은 덜 받지만 영향력이 있는 미국 재무부 직책에 앉혔다. 옐런은 나중에 대통령 경제자문위원회를 맡았고, 두 사람은 기후 위기 정책에 관한 백악관 토론에서 같은 편에서 일하면서 다시 한번 조우했다. 두 사람 모두 기후 위기를 해결하되 시장 지향적인 방법을 사용하고자 했다.

시간이 흐르면서 서머스는 재무부 장관이라는 더 큰 자리로 눈을 돌렸다. 그는 클린턴의 첫 재무부 장관인 로이드 벤슨의 곁을 충성스럽게 지켰고, 뒤이어 4년 동안 로버트 루빈 밑에서 일하면서 그의 신임을 얻었다. 서머스는 지적으로 잠시도 가만히 있지 못하고 행동거지는 칠칠치 못했지만, 월스트리트 베테랑인 루빈은 보수적이었고 말 한마디 한마디에 신중을 기했다. 하지만 두 사람은 비슷한 세계관—시장에 대한 확고한 신념, 그리고 정부가 자신의 한계에 대한 감각과 절제력을 가지고 시장을 관리해야 할 역할이 있다는 믿음—을 지니고 있었다.

루빈은 서머스의 능력을 극찬했다. 클린턴의 두 번째 임기가 시작될 무렵, 두 사람 모두 행정부를 떠날 생각을 하고 있었다. 서머스가 나가면 자신도 남을 생각이 없었던 루빈은, 자신이 물러나면 서머스가 그 자리를 물려받는다는 조건으로 몇 년 더 남아 재무부를 이끌기로 클린턴과 타협했다. 1999년, 마흔 네 살의 나이에 서머스는 당시 30세였던 알렉산더 해밀턴 이후 최연소 미국 재무부 장관이 되었다.

당시 솔로우는 서머스에 대해 "그는 결코 대기만성형은 아니다. 태어났을 때부터 완성된 그릇이었다."라고 말했다. 그러나 그의 거침없고 공격적인 스타일은 많은 사람들에게 두고두고 깊은 인상을 남겼으며, 일부는 크게 마음이 상했다. 1990년대 중반 패니 메이와 프레디맥의 운명에 대해 한바탕 논쟁을 벌인 후, 한 관계자는 "성인이 된 이후 래리만큼 나를 괴롭힌 사람은 없었다"고 회상했다. 서머스는 선견지명을 가지고 패니와 프레디가 파산하기 오래 전부터 공개적으로 비판해왔었다. 그 과정에서 새뮤얼슨은 멀리서 조카를 응원했다. 그는 2001년에 서머스에게 보낸 편지에서 이렇게 말했다. "재무부에서 일할 때 네가 얼마나 대단하다고 생각했는지 한 번도 말해준 적이 없다. 그래서 지금 말해주는데, 해밀턴, 갤러틴에 맞먹는 완벽한 재무부 장관이었다." 여기서 그가 언급한 갤러틴은 해밀턴 이후 토머스 제퍼슨과 제임스 매디슨 정부에서 재무부를 이끌었던 앨버트 갤러틴을 뜻한다.

클린턴의 두 번째 임기가 끝난 후 서머스는 하버드 총장에 취임했고, 거만하고 고압적인 스타일로 일부 교수진의 심기를 불편하게 했다. 예를 들어, 테뉴어 심사에서 그는 때때로 다른 교수들의 연구에 이의를 제기하거나 비하했고, 그 과정에서 동료 교수들과 멀어졌다. 아프리칸 아메리카학(미국 내 흑인들의 역사적 유산 및 관련 사회 현상 등을 연구하는 학문) 교수인 코넬 웨스트와의 갈등이 대표적인 사례였다. 웨스트는 회고록에서 2001년 서머스와의 만남을 회상하며, 신임 총장이 자신의 업무 습관, 채점 스타일, 힙합 음악에 대한 취향을 비판했다고 폭로했다. 서머스는 웨스트와 정기적인 미팅을 갖기를 원했고, 웨스트는 "내가 2주마다 얌전히 여기 와서 문제를 일으킨 대학원생처럼 관리 대상이 될 거라고 생각했다면, 형제여, 그대는 상대를 잘못 골랐네"라고 대답했다. 웨스트는 프린스턴으로 떠났다. 서머스는 나중에 웨스트와 여러 가지로 잘 맞지 않았다고 말했다.

과학계에 여성이 많지 않은 이유에 대한 그의 현명하지 못한 발언—다른 이유들도 있겠지만 여성의 뇌가 남성과 다르게 연결되어 있기 때문일 수 있다는——은 결국 수많은 동료 교수들의 인내심의 한계를 넘어섰다. 서머스는 아군을 잃었다는 사실을 깨닫고 2006년 초에 총장직에서 물러났다. 새뮤얼 슨은 조카에게 편지를 보내 "너와 함께 마음이 아프다"고 썼다. 그는 "군중 심리는 다른 곳과 마찬가지로 대학 캠퍼스에서도 똑같이 나타날 수 있다"라 며 너무 괴로워하지 말라고 조언했다. 서머스는 "앙심과 분노에 사로잡혀 성급하게 행동할 경우의 부정적인 측면을 명심하고 있다"라고 회신했다.

새뮤얼슨은 하버드를 운영하는 이사회 중 하나인 하버드 코퍼레이션의 이사였던 루빈에 대해서도 마음이 상했다. 그는 루빈이 자신의 조카를 제대 로 변호해주지 않았다고 생각했다. 사석에서 새뮤얼슨은 서머스에 대한 가 십도 떠들곤 했다. 새뮤얼슨은 전 MIT 교수 스탠리 피셔에게 보낸 편지에서 "루빈이 래리에게 사회 생활의 요령을 가르치기는 했지만 그 누구도 래리가 제대로 처신하도록 휘어잡지 못했다"라고 썼다.

서머스는 총장직을 사임한 후에도 교수로 하버드에 계속 남았지만, 재무 부 장관이나 연준 의장으로 워싱턴으로 돌아오기를 갈망했다. 그는 2008년 대선 캠페인 기간 동안 오바마를 위해 일하며 깊은 인상을 남겼다. 오바마 는 회고록에서 "래리는 당신의 논지를 듣고, 당신보다 더 좋은 논리로 풀어 내고, 그런 다음 왜 당신이 틀렸는지를 보여줄 수 있는 사람이었다"라고 언 급한 뒤, 다소 직설적인 평가를 덧붙였다.

"래리를 알아가면서 그가 다른 사람들과 잘 지내는 데 어려움을 겪는 것 은 악의보다는 무신경과 상대방에 대한 배려의 결여가 더 큰 이유라고 생각 하게 되었다. 래리에게 사회 생활에서의 요령이나 자제력과 같은 자질은 그 저 불필요하고 거추장스러울 뿐이었다. 래리 자신은 상처받은 감정이나 일 상적인 불안감에 전혀 영향을 받지 않는 것처럼 보였다."

2009년, 오바마는 가이트너를 재무부 장관으로 낙점했다. 뉴욕 연준 총 재로서 버냉키와 함께 위기를 극복한 경험이 있는 가이트너가 안정적인 버 팀목이 될 수 있을 것으로 보았기 때문이다. 오바마는 또 산적해 있는 복잡한 과제들을 해결하기 위해 서머스의 지성을 원했다. 오바마는 그에게 백악관 자리를 제안하고 2010년 버냉키의 첫 임기가 끝나면 연준 의장을 시켜주겠다고 약속했다. 이 제안은 오바마의 비서실장이었던 람 에머뉴엘의 아이디어였다.

오바마는 "나도 그를 필요로 했고, 조국도 그를 필요로 했다"라고 말했다. 그러나 오바마는 마음을 바꾸어 버냉키를 유임시키기로 결정했다. 오바마가 이 소식을 전하자 서머스는 가족과 휴가 중인 에머뉴엘에게 전화를 걸어 불만을 터뜨렸다. 에머뉴엘의 아내 에이미 룰은 남편에게 휴가를 자기와 함께 보낼지 서머스와 함께 보낼지 결정하라고 경고했다. 오바마의 첫 임기 2년 차에, 서머스는 하버드로 돌아와 대중 지식인으로서 새로운 삶을 살기 시작했다. 그는 다른 사람들을 불쾌하게 하든 말든 개의치 않고 경제에 대해 자기가 하고 싶은 말을 하는 데 주저함이 없었다.

서머스와 옐런은 수 차례 서로의 길을 교차했다. 그는 1970년대 하버드에서 옐런의 제자였다. 두 사람은 1980년대 노동 시장 연구에서 비슷한 길을 걸었다. 1980년대에 서머스와 함께 논문을 쓴 안드레이 슐레이퍼가 1990년대에 옐런과 애컬로프에게—결과적로는 영 안좋게 끝난—러시아 연구를 위해 도움을 요청하는 등 두 사람 사이에는 공통 지인도 많았다. 옐런과 서머스는 1990년대 클린턴 백악관에서 기후 위기 관련 논쟁이 벌어졌을 때 같은 편에 섰다. 2000년대 들어 로비 애컬로프가 박사 과정을 밟기 위해 하버드에 갔을 때 총장이었던 서머스는 옐런의 아들을 환영해주었다. 슐레이퍼는 로비의 논문 지도교수 중 한 명이 되었다.

옐런과 서머스는 서로를 존중했다. 옐런은 누군가가 "래리가 래리했다"라고 말하면 그 의미를 누구보다 잘 이해했다. 두 사람은 라이벌이 아니었다. 오히려 길고 복잡한 관계로 얽혀 있는 남매에 가까웠다.

옐런과 서머스 두 사람은, 시장은 필요하지만 불완전하며, 경기 사이클과 그 밖의 경제 문제들을 관리하기 위해 정부가 해야 할 역할이 있다는 견해를 둘러싼 1980년대 프리드먼, 새뮤얼슨, 토빈의 논쟁에서 떠오른 세대였다. 정부는 그 역할을 신중하게 수행해야 했다. 옐런과 서머스는 아이디어는 데이터와 분석으로 뒷받침되어야 한다고 믿었다. 그들은 중앙은행이 경제에서 필수적인 역할을 한다고 생각했고, 1970년대부터 중앙은행이 저지를 수 있는 최악의 실수 중 하나는 지속적인 인플레이션의 상승을 방지할 수 있는 권한과 수단을 보유하고 있음에도 불구하고 이를 용인했던 것이라고 비판했으며, 경제가 침몰할 때 중앙은행이 해야 할 역할이 있다고 믿었다.

하지만 두 사람의 기질은 많이 달랐다. 한 가지 예가 연설을 하는 스타일이었다. 옐런은 철저하게 준비하고 수많은 각주를 달았으며 원고에서 벗어나는 경우가 거의 없었다. 반면 서머스는 즉흥적인 연설을 좋아했고 그 때문에 가끔 곤경에 처하기도 했다. 두 사람은 공항 이동이라는 일상적인 문제에 대해서도 완전히 성향을 보여주었다. 서머스는 공항을 짜증나는 곳이라고 생각했고 공항에 있는 시간을 최소화하려고 노력했다. 그는 종종 늦게 도착해서 게이트로 달려가곤 했다. "비행기를 한 번도 놓친 적이 없다면 공항에서 너무 많은 시간을 보내는 것"이라는 게 서머스의 지론이었다.

옐런의 공항 이론은 위기 관리라는 개념이 핵심이었다. 그녀는 비행기를 놓치는 상황 같은 큰 혼란의 가능성을 최소화하고자 했다. 그녀는 공항에서 보내는 시간을 개의치 않았고, 언제나 읽을 거리를 가지고 다녔다. 어차피 어딘가에서 읽을 거라면 공항에서 기다리면서 읽으면 되는 일이었다. 공항에 일찍 도착하면 라운지에서 독서를 하기에 가장 좋은 자리를 차지할 수 있었고, 일찍 탑승할 수 있었으며, 기내에서는 가장 좋은 짐칸을 선택할 수 있었다. 옐런과 함께 여행을 해본 사람들 중에는 그녀가 단순히 뭐든 "첫 번째"가 되는 것을 좋아하는 게 아닌가 생각하는 이들도 있었다.

공항으로 이동하는 방법에 대해 자신만의 오랜 이론을 가지고 있다는 사실은 그들의 지성에 대해 무언가를 암시한다. 또한 경제학에서 훨씬 더 큰 문제에 대해 이들이 어떤 관점을 가지고 있는지를 보여준다. 경제학자들은 효용을 극대화하는 것이 개인의 목표라고 믿는다. 공항 이동과 관련하여 옐런과 서머스는 무엇을 극대화하고자 하는지에 대해 완전히 다른 견해를 가지고 있었고, 이는 다른 행동과 그 행동에 대한 다른 설명으로 이어졌다. 두 사람의 상반된 공항 이론은 인간이 복잡하고 서로 다른 열망과 성향을 지녔다는 것을 증명했다. 이것이야말로 애컬로프가 거의 반세기 동안 주장해 온 내용이기도 했다. 애컬로프는 시장을 이해하려면 경제학자들이 인간의 다양한 충동을 이해하기 위해 더 깊이 파고들어야 한다고 믿었다.

2013년 여름, 오바마는 결단을 내려야만 했다. 버냉키는 퇴임을 준비하고 있었다. 오바마는 다시 서머스에게 기울었지만, 이 무렵 서머스는 자기가 연준 의장이 될 거라고 믿지도 않았고, 4년 전처럼 그 자리에 대한 갈망도 크지 않았다. 가이트너는 자신의 회고록에서 옐런이 부의장이 되자 서머스는 그녀가 차기 의장이 될 것이 확실하다고 말했다고 언급했다. 옐런은 건너뛰기에는 너무 매력적인 선택지였다.

그해 여름 워싱턴은 누가 연준 의장이 될지에 대한 소문과 수다로 시끌시끌했다. 오바마는 백악관 국가경제위원회 위원장을 맡고 있던 진 스펄링과 잭 루 신임 재무장관으로부터, 서머스가 위기 관리에 있어서는 1990년대 아시아 금융위기까지 거슬러 올라갈 만큼 경험이 더 많지만, 두 후보 모두 강력한 선택이라는 메모를 받았다. 특히 옐런은 구석구석에 숨어 있는 경제 문제를 지능적으로 예측하는 것으로 명성과 기록을 쌓아왔다. 월스트리트 저널이 최근 몇 년간 모든 연준 관계자의 예측 기록을 조사한 결과, 옐런의 예측은 대부분 현실이 된 것으로 밝혀졌다. 그러나 동시에 부의장 시절 연준 직원들과의 관계가 종종 쉽지 않았다는 소문도 백악관 고문들과 기자들의 귀에 들어갔다.

여름이 지나가는 동안 옐런과 서머스는 정작 본인들은 공개적으로 발언할 수 없는 공개적인 토론의 도마 위에 올라가 있는 데다, 익명으로 떠드는 사람들의 판단과 비판까지 받아야 하는 난처한 입장이었다. 오바마는 8월까지 결정을 질질 끌었고, 백악관으로부터 아무 연락이 없자 옐런은 자신은 아닌 것 같다고 주변 사람들에게 말하기 시작했다.

결과적으로 오바마의 선택은 의외로 쉬웠다. 서머스가 상원 민주당의 진보파들 사이에서 지지를 받지 못한다는 단순한 사실 때문이었다. 할말을 참지 않는 서머스의 거침없는 스타일에 더해, 1990년대에 자유무역과 금융 부문 규제 완화를 지지하는 입장을 취한 과거가 진보 진영으로부터 경멸의 대상이 되었던 것이다. 서머스는 당대의 가장 영향력 있는, 그리고 가장 천재적인 경제학자 중 한 명이었지만, 한때 그가 탐냈던 자리는 신중하고 체계적인 재닛 옐런에게로 돌아갔다.

옐런은 개인적인 야망이나 정치적 성향보다 신념과 목적을 가지고 위기의 시기에 우뚝 섰다. 위기가 끝난 후에도 그녀는 버냉키의 곁을 계속 지키며 다른 사람들이 의심하고 비난하는 인기 없는 정책을 계속 추진하도록 힘을 실어주었다. 단순히 그것이 옳은 일이라는 확신 때문이었다.

버냉키가 무대에서 내려갈 때, 옐런은 그에게 "지난 8년간 당신의 업적 중 가장 주목할 만한 것은 당신의 용기였다고 생각한다"라며 그에게 쏟아진 비난과 다른 사람들의 의심에도 불구하고 "이 나라를 위한 최선의 일들을 하려는 당신의 노력은 내내 단호하고 개방적이며 창의적이었다"라고 말했다.

버냉키 본인은 연준 의장으로서 8년간의 경험에 대해 마치 자동차 사고를 당한 것과 같았다고 회고했다.

"다리 난간 너머로 떨어지지 않으려고 애쓰다가… 끝내 '오, 마이갓!'이라고 외친 거죠."

Chapter 20

정체성 위기

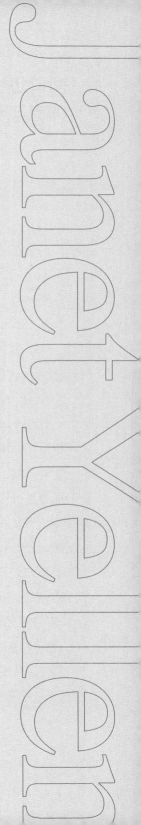

빨강과 초록에 대한
애컬로프의 새 이론

2014

2014년, 연방준비제도이사회 의장이 되었을 때 재닛 옐런은 미국의 통상적인 정년[36]을 2년 넘긴 예순 일곱이었다.

2000년 미국을 비추던 낙관론은 사라지고 14년간 위기가 이어졌다. 인터넷 주식 거품은 꺼졌다. 맨해튼의 상징과도 같은 쌍둥이 빌딩을 무너뜨린 테러 공격은 그 누구도 미국을 공격할 수 없다고 믿어왔던 국민들의 자신감에 깊은 상처를 냈다. 거대 은행의 눈앞에서 부풀어 올랐다가 붕괴한 주택 버블. 금융 시스템 전체를 무너뜨릴 뻔한 모기지 붕괴. 모두가 혐오한 구제금융. 값싼 공산품으로 미국의 지방 도시들을 휩쓸고 일자리들을 파괴한 중국 제조업 공룡들. 새로운 격동의 시대 속에서 경제가 아물어가는 동안 버틸 돈도, 노동의 존엄성도 없이 마냥 기다려야만 했던 수백만 가계에게는 너무나 길었던 경기 회복.

옐런은 훌륭한 경제학자로 새천년을 시작했지만, 결코 역사에 남을 경제

---

36. 역주: 미국은 법적 정년 연령이 없으나, 노령 연금, 노년층 의료지원 등 사회보장법이 제공하는 지원은 65세부터 전액 수령이 가능하다.

학자는 아니었다. 옐런의 경력은 그녀만한 능력을 가진 사람치고 크게 두드러지는 것이 아니었다. 그러나 위기가 닥치자 그녀는 변화하는 문제를 파악하고 이에 적응하면서 자신의 목소리와 비전, 신념을 더욱 선명하게 드러내며 우뚝 섰다. 그녀는 미국 경제사상 가장 강력한 여성이 되려고 이 길에 발을 들여놓지 않았다. 시대의 필요가 그녀를 그렇게 만든 것이었다.

14년간의 위기는 옐런을 단순히 변화시킨 것이 아니라, 미국의 사회 구조에 큰 타격을 입히며 국가 지도자 중 하나로서 그녀의 시대를 정의했다. 그리고 이전에도 여러 번 그랬던 것처럼, 옐런의 남편은 다른 많은 이들보다 한발 앞서 격변하는 경제의 파도 아래에서 일어나는 일을 설명하는 데 도움이 되는 이론들을 발전시켰다.

크게 변화하는 사회 환경을 이해하려면 워싱턴의 돈과 권력에서 잠시 눈을 돌려 애팔래치아 산맥 근처, 노스캐롤라이나 주 서부의 지도를 볼 필요가 있다. 이 지도를 가로지르는 노스캐롤라이나 321번 고속도로는 옛 아메리카 원주민의 무역로를 따라 애팔래치아 산맥 기슭의 구불구불한 삼림지대를 통과한다. 321번 도로가 지나가는 수많은 교차로 중 하나에, 2000년대 중국과의 경쟁에서 뒤처져 쇠퇴한 가구 제조업 중심지 히코리가 면해 있다. 남동쪽으로 약 83km 떨어진 다른 교차로에는 노스캐롤라이나에서 가장 큰 도시이자 성장하는 금융 중심지인 샬럿으로 향하는 진입로가 있다.

지도 위 이 두 개의 점, 히코리와 샬럿 사이에 애컬로프의 새로운 사회 불화 이론과 옐런의 다음 위기를 설명하는 이야기가 있다.

히코리는 1990년대 후반에 번영을 누렸다. 북쪽의 버지니아와 웨스트버지니아 산지에서 떠돌이 광부와 철강 노동자들이 일자리를 찾아 이 도시로 몰려들었다. 호황기 히코리의 실업률은 2% 미만으로, 전국에서 가장 실업률이 낮은 도시 중 하나였다. 히코리 주민들은 지역 경제가 다각화되어 있다고 생각했고, 실제로 가구 외에도 광섬유 케이블과 방직 등 다양한 산업의 공장들이 있었다.

샬럿도 번창했다. 휴 맥콜이라는 대담한 은행가가 가져온 변화 덕분이었다. 해병대 출신인 맥콜은 1990년대에 마치 지역 정복에 나선 장군처럼 노스캐롤라이나의 소규모 은행들을 차례로 집어삼켰다. 맥콜이 소유한 노스캐롤라이나 내셔널 은행은 네이션스뱅크가 되었고, 다시 1998년에는 샌프란시스코의 거대 은행인 뱅크오브아메리카를 인수했다. 맥콜은 합병 은행의 이름은 뱅크오브아메리카로 바꿨지만 본사는 그대로 샬럿에 두었고, 그 결과 샬럿은 전국적인 금융 중심지로서 입지를 탄탄히 다졌다. 맥콜의 책상 위에는 해병대 시절을 추억하기 위해 크리스탈로 만든 수류탄 장식품이 놓여있었는데, 성과가 가장 좋은 직원들에게는 똑같은 크리스탈 수류탄을 나눠주었다. 1999년에 샬럿의 실업률은 3% 아래로 떨어졌다.

2001년 히코리가 있는 카토바 카운티의 제조업 일자리는 4만 개로, 샬럿이 있는 머클렌버그 카운티의 금융업 일자리 3만 4천 개보다 여전히 더 많았다.

그리고, 그들의 운명은 다른 방향으로 나아갔다.

이후 10년 동안 중국산 가구 수입 붐이 쓰나미처럼 히코리를 덮쳤다. 가구 제조는 대표적인 노동집약적 산업이다. 자르고, 스테이플러로 고정하고, 사포질을 하고, 풀로 붙이는 이 일은 히코리에서 시간당 12달러를 받는 노동자 대신 중국에서 시간당 50센트를 받는 노동자도 얼마든지 할 수 있었다. 노스캐롤라이나의 가구 회사 경영진은 저가형 제품의 생산을 해외로 옮겼고, 머지않아 중국 생산업체들은 월마트나 홈디포 같은 미국의 대형 소매업체에 직접 테이블과 옷장을 납품, 판매하며 이들과 경쟁을 시작했다.

히코리에게는 재앙이었다. 2000년부터 2014년까지 히코리 도심에서만 거의 4만 개의 일자리가 사라졌다. 히코리가 위치한 카토바 카운티에서 공식 빈곤 인구의 비율은 9%에서 16%로 증가했다. 저소득층을 위한 식료품 구입 지원금과 연방 장애 연금을 수령하는 사람들의 숫자도 늘어났다. 2021년 히코리 시 행정담당관인 워렌 우드는 "우리는 이 시기가 지나면 (일자리들이) 다시 돌아올 것이라고 계속 생각했다"라고 말했다. 그러나 그런 일은 일어나지 않았다.

정부는 노동자들이 무역 경쟁으로 인해 사라진 일자리에서 다른 일자리로 전환할 수 있도록 지원하는 프로그램을 마련했다. 노동자들은 정부의 자금 지원을 받아 학교로 돌아가서 재교육을 받을 수 있었다. 하지만 애초에 교육을 거의 받지 못한 수천 명의 중년 남녀에게 이 프로그램은 큰 도움이 되지 못했다. 이 프로그램을 거친 많은 사람들은 결국 지역 병원에서 시간당 몇 달러를 받고 환자의 팔에서 혈액을 채취하거나 환자용 변기를 비우는 저임금 의료 서비스 직종에 종사하게 되었다.

우드는 "그놈의 무역 정책들이 정말로 많은 가정을 파괴했다"라고 말했다.

무역과 노동 시장을 연구하는 MIT의 경제학자 데이비드 오터는 중국 경제를 가리켜 "벼랑 끝에 놓인 500톤짜리 바위"라고 불렀다. 이 바위는 언젠가는 떨어질 것이고, 벼랑 아래 있던 것들을 산산조각 낼 것이다. "그 언제가 정확하게 언제일지 몰랐을 뿐"이라고 오터는 말했다.

그 바위가 덮친 히코리는 2014년 무렵 이미 산산조각이 나 있었다. 경제학자들은 오랫동안 자유무역이 승자와 패자를 낳기는 하지만, 그 결과는 국가 전체에 이익이 될 것이라고 주장해 왔다. 미국인들은 값싼 중국산 수입품 덕분에 저가의 식탁과 발코니용 가구를 사서 이득을 얻었다. 값싼 수입품 덕분에 인플레이션과 이자율이 낮게 유지될 수 있었고, 그 결과 수백만 명의 미국인이 주택담보대출을 받아 더 넓은 집을 살 수 있었다. 그러나 오터의 연구에 따르면 중국발 충격은 이전의 수입 붐과는 달랐으며, 히코리처럼 해외의 저임금 제조업과의 경쟁에 특히 취약한 지역 사회에 더 큰 타격을 입혔다. 중국과의 경쟁으로 인해 1999년부터 2011년까지 미국 내에서 240만 개의 일자리가 사라졌다고 오터는 설명했다.

많은 경제학자들이 무역 이론에 동의하지만, 중국처럼 규모가 크고 가난한 상대국이 급속도로 발전할 때 무역이 미국에 어떤 영향을 미칠지에 대해 잘못 판단했던 것이다. 오터의 연구가 출간될 무렵, 폴 크루그먼은 젊은 연구자 시절 내놓은 원원 무역 이론으로 노벨 경제학상을 수상했다. 2009년에는 뉴욕 타임즈에 기고한 오피니언 칼럼으로 퓰리처상 최종 후보에 올랐다. 크루그먼의 칼럼은 무역의 함정에는 크게 초점을 맞추지 않았다. 대부분 공화당과 보수주의자들에 대한 공격이었고, 이로 인해 진보주의자들에게는 인기를 얻었지만 우파에게는 조롱의 대상이 되었다.

시간이 흐르면서 크루그먼은 자신이 무역 자유화의 고통스러운 이면을 잘못 판단한 경제적 합의에 동조했던 일원이라는 사실을 깨달았다. 그는 "25년 전 이러한 문제를 미처 고려하지 못한 우리들을 위해 부분적이나마 변명을 하자면, 당시에는 1990년대에 시작된 초세계화나 10년 후의 무역적자 급증에 대해 알아낼 방법이 없었다"라며 "이러한 경향들이 결합되지 않았다면 차이나 쇼크는 훨씬 더 작았을 것이다. 하지만 우리는 스토리의 중요한 부분을 놓쳤다"라고 인정했다.

히코리가 고통받고 있는 동안 샬럿은 승승장구하여 25만 개 이상의 새로운 일자리를 쏟아냈다. 기술 및 금융 중심으로 나아가는 국가 경제는 샬럿처럼 인구 밀도가 높은 도시들에서 서비스 부문 일자리를 창출하고 있었다. 히코리의 제조업은 위축되었지만, 샬럿의 금융 업계에는 경영 컨설턴트 및 기타 사무직 전문가들이 몰려들었다. 샬럿은 대학을 졸업한 젊은이들이 일하고, 살고, 즐기고 싶은 곳이 되었다.

2008년 미국의 금융 산업은 거의 파탄 직전까지 갔지만, 컨트리와이드와 메릴린치를 인수한 샬럿의 뱅크오브아메리카는 연방 정부로부터 450억 달러의 투자를 받아 튼튼하고 안정적이었으며, 원한다면 그 돈을 갚을 수 있는 충분한 시간도 확보했다. 반면 히코리는 연방 정부의 지원을 거의 받지 못했다.

히코리 사람들은 왜 일자리가 풍부한 샬럿으로 이주하지 않았을까? 문제는 그렇게 간단하지 않았다. 히코리와 샬럿의 일자리는 서로 다른 기술을 요구했고, 사람들은 서로 다른 관심사와 인간 관계를 가지고 있었다. 청년들은 꽤 많이 샬럿으로 이주했지만, 나이든 제조업 노동자들은 평생 일하고 살아온 사회가 무너지자 뒤에 남아 고통을 감내할 수밖에 없었다.

히코리와 샬럿 사이의 격차는 순수하게 경제적인 것만이 아니었다. 2000년부터 2014년까지 샬럿은 더 인종적으로 다양해지고, 교육 수준이 높아지고, 부유해지고, 인구 밀도가 높아지고, 정치적으로 진보적이 되었다. 이에 비해 히코리는 교육 수준과 다양성은 떨어졌고, 이동성이 떨어지는 고령 인구가 많아졌으며 정치적으로는 더 보수적이 되었다. 두 지역은 83킬로밖에 떨어져 있지 않았지만, 마치 다른 세계만큼 떨어져 있었다.

2000년에 히코리가 있는 카토바 카운티 주민의 93%는 미국에서 태어났으며, 14년이 지난 후에도 92%로 거의 변하지 않았다. 같은 기간 동안 샬럿이 있는 머클렌버그 카운티의 토박이 인구는 89%에서 84%로 감소했다. 머클렌버그의 경우 집에서 영어만을 사용하는 인구 비율이 87%에서 81%로 떨어졌지만, 카토바에서는 88%가 넘었다. 다른 주에서 머클렌버그로 이주한 인구는 증가한 반면, 카토바 주로 이주한 인구는 거의 변화가 없었다.

두 카운티의 정치적 성향도 빠르게 변화했다. 2000년에는 두 카운티 모두 민주당 앨 고어보다 공화당 조지 W. 부시 편을 들었다. 하지만 2012년 머클렌버그 카운티에서는 버락 오바마 민주당 후보가 60%의 득표를 기록한 반면 카토바 카운티는 64%의 주민이 미트 롬니 공화당 후보에게 투표했다. 심지어 카토바는 롬니보다 더 오른쪽으로 이동하고 있었다. 2014년까지 이 지역에서는 국가 지도자들에 반대하는 티파티Tea Party 운동이 활발하게 일어났고, 지역 신문은 카토바 카운티를 가리켜 "분노의 소굴lion's den"이라고 부르기까지 했다. 히코리 주민들은 샬럿의 은행들이 구제금융을 받은 것에 대해 분노했고, 중국과의 무역을 개방한 연방 정부를 증오했다.

우드는 말했다. "우리는 아무것도 얻지 못했다. 엘리트와 노동자 사이에 단절이 생겼을 뿐이다."

옐런이 연준 의장으로 미국 경제에서 최고의 자리에 오를 무렵, 애컬로프는 히코리와 샬럿, 그리고 전국에서 비슷한 방식으로 일어나고 있는 사회적 분열을 설명할 수 있는 이론을 거의 20년째 연구하고 있었다. 그 분열은 경제 데이터나 선거 결과가 설명할 수 있는 것보다 더 깊고 광범위하게 퍼져 있었다. 애컬로프가 보기에 사회적 분열은 인간 본성에 내재되어 있으며 개인이 상호작용하는 방식에 프로그래밍되어 있었다. 이러한 프로그래밍은 시장과 역사를 통해 분명하게 드러났다.

현대 경제학자들은 언제나 개인의 동기와 행동으로 경제학 공식을 압축해왔다. 인간은 자신의 이익을 위해 합리적으로 행동하며, 개인의 선택은 시장에서 군중이라는 집단적 지혜로 모아질 수 있다고 믿었다. 애컬로프는 다르게 생각했다. 그는 인간은 집단 동물이라고 믿었다. 사람들은 성별, 인종, 종교, 정치, 직업 선택, 기타 다양한 이슈들, 심지어 응원하는 스포츠 팀에 대한 충성심 등 모든 측면에서 자신이 집단에 어떻게 소속되는지에 대해 아주 많이 신경을 썼다. 사람들은 큰 집단에 대한 충성심과 소속감을 중심으로 자신을 정의하는 경향이 있었다. 그 결과 집단 정체성은 수많은 의사결정에 영향을 미쳤다.

무엇보다도 집단 정체성은 갈등의 공식이었다. 애컬로프의 친구 아마르티아 센은 독립 후 인도에서 가장 폭력적인 방식으로—한 무슬림 남성이 일자리를 찾아 힌두교 지역으로 흘러들어왔다가 칼에 찔려 피를 흘리며 그의 집 대문으로 뛰어 들어왔을 때—이러한 대립 문화를 경험한 바 있다.

사회학자들은 오랫동안 인간의 본성에서 집단 갈등의 경향을 발견해 왔다. 오클라호마 대학의 터키계 미국인 사회심리학자 무자퍼 셰리프는 1954년 실험에서 오클라호마 시티에서 150마일 떨어진 로버스 케이브 주립공원으로 11~12세 소년 20여 명을 데리고 갔다. 두 개의 그룹으로 나뉘어 서로 떨어져 지내게 된 소년들은 그룹 속에서 유대감을 형성했다. 한 그룹은 살무사를 죽인 뒤 스스로를 래틀러스(방울뱀)라고 불렀다. 다른 그룹은 스스로에게 이글스(독수리)라는 이름을 붙였다. 나흘간의 경쟁을 위해 두 그룹이 처음 만났을 때, 상대방에 대한 집단적 감정과 반감은 이미 하늘을 찌르고 있었다. 래틀러들은 서로에 대한 충성심과 상대에 대한 반감에 불타올랐고, 이글스 역시 마찬가지였다. 이들은 공식적인 경쟁을 넘어 서로의 오두막을 습격하는가 하면 이글스는 래틀러스의 깃발을 불태우기까지 했다. 어른 감독관이 나서 두 그룹을 물리적으로 떨어뜨려 놓을 때까지 이들은 상대를 조롱하고 욕설을 퍼부었다.

영국 브리스톨 대학교의 사회학 교수인 앙리 타지펠은 1960년대 후반에 이 연구를 확장했다. 그는 10대 청소년들에게 추상화가 파울 클레와 바실리 칸딘스키의 그림을 자세히 보게 한 다음, 추상미술에 대한 선호도에 따라 두 그룹으로 나누겠다고 말한 뒤 실제로는 무작위로 분류했다. 타지펠은 두 그룹에 속한 사람들 사이에 추상미술에 대한 선호도 등의 차이가 전혀 없음에도 불구하고 클레 지지자들이 칸딘스키 지지자들의 라이벌이 되었다는 사실을 발견했다. 그는 1971년 논문에서 사람들을 한 그룹의 일원으로 분류하는 단순한 행위만으로도 사람들을 서로 대립하게 만들 수 있다고 설명했다. 이러한 종류의 "분류"는 금융 위기 이후 미국에서 극심해졌고, 애컬로프는 이미 20년째 그 원리를 이해하기 위해 노력 중이었다.

1995년, 애컬로프의 제자 레이첼 크랜턴이 그를 찾아왔다. 그녀는 경제학자들이 집단 정체성이 개인의 행동을 어떻게 형성하는지를 간과함으로써 중요한 것을 놓치고 있다고 생각했다. 크랜턴은 1980년대에 이집트에서 공부한 적이 있었는데, 길거리 시장에서 토마토 거래가 때때로 어떻게 작동하는지를 목격하고 충격을 받았다. 토마토 공급이 부족할 때 상인들은 고전 경제 이론이 말하는 것처럼 토마토 가격을 올리지 않았다. 대신 그들은 단골 고객이나 이웃 주민들을 위해 토마토를 따로 비축해 두었다가 원래 가격에 팔았다. 상인들은 경제적 인센티브만으로 움직이는 것이 아니라 지역 사회 내의 집단과의 강한 유대감에 따라 움직였다. 이러한 유대감으로 인해 이들은 기존의 경제학 이론에 반하는 행동을 했다.

1990년대에 애컬로프와 크랜턴은 백악관에서 북쪽으로 몇 블록 떨어진 브루킹스 연구소 근처의 가로수 길을 거닐며 그녀의 아이디어에 대해 논의를 시작했다. 두 사람은 경제학을 포함해 거의 모든 분야에서 집단 정체성이 존재한다는 사실에 충격을 받았다.

한 가지 명백한 사례는 노동 시장에서 남성과 여성이 스스로를 카테고리로 구분하는 방식이었다. 남성과 여성의 생물학적 차이가 그 일에 가장 적합한 사람이 누구인지 반드시 정의할 수 있는 것은 아님에도, 어떤 직업은 "남성의 일"로, 어떤 직업은 "여성의 일"로 여겨졌다. 변호사가 된 여성들은 종종 남성처럼 공격적으로 행동해야만 좋은 변호사가 될 수 있다고 느낀다. 남성이 간호사로 일하면, 어떤 사람들은 간호사는 "여성의 일"이라고 간주하고 그들을 비하한다. 어떤 여성들은 아이와 함께 집에 있지 않고 밖에서 일을 한다는 사실 자체로 비난 당하고, 어떤 남성들은 정확하게 그 반대의 이유로 무시당한다.

애컬로프는 1980년대 버클리에서 아들 로비를 초등학교에 데리러 가면서 일과 성별에 대한 이러한 규범을 직접 겪었다. 다른 엄마들은 왜 애컬로프가 직장에 있지 않은지 이해하지 못하고 어리둥절해 했다. 어떤 이들은 그가 분명히 실업자일 거라고 생각했다. 사회적 관습은 종종 경제적으로 효율적이지 않다. 유능한 사람이 성별 때문에 자신이 잘할 수 있는 직업을 갖지 못하는 경우가 많다. 그러나 집단 정체성은 사람들의 선택과 그들이 스스로를 정의하는 방식에 영향을 미친다. 그리고 가장 중요한 시장인 노동 시장을 형성한다.

애컬로프와 크랜턴이 시도하고 있는 프로젝트에는 무언가 급진적인 면이 있었다. 경제학에서 개인의 우위는 계몽주의 시대 사상가 제레미 벤담Jeremy Bentham으로 거슬러 올라가는데, 그는 경제학과 공공 정책은 궁극적으로 개인의 행복감, 즉 효용을 극대화하는 것이라는 이론을 내세웠다. 애컬로프는 개인의 효용에 대한 개념 자체를 재정의해야 한다고 생각했다. 개인이 내리는 결정, 심지어 어떤 직업을 가질 것인가와 같은 결정을 할 때에도 항상 경제적 이익이 결정의 기준이 되는 것은 아니었다. 효용과 결정은 종종 개인의 사회적 정체성과 집단에 대한 충성심에 좌우된다.

애컬로프와 크랜턴은 〈경제학과 정체성Economics and Identity〉이라는 논문을 발표하기 전에 시카고 대학교에서 이 주제에 대해 강연을 했다. 이 강연은 대부분의 경제학자들에게 무시당했다. 애컬로프가 발언하는 동안 시카고 대학의 셔윈 로젠 교수가 끼어들어 "뭐, 우리 모두 형편없는 세미나를 들어 본 게 이번이 처음은 아니잖아"라고 말하기까지 했다. 그러나 결혼과 같은 사회 이슈나 이타주의와 같은 감정을 연구하는 데에 경제 분석을 이용한 공로로 노벨 경제학상을 수상한 시카고 대학 교수 게리 베커는 애컬로프를 지지했다.

베커는 애컬로프의 강연이 끝난 후 함께 대학 교수 클럽으로 걸어가는 길에 "자네가 여기서 뭔가 찾아낸 것 같다"라고 말했다. 애컬로프와 크랜턴은 "빨강"과 "초록"이라는 두 개의 가상 집단으로 사람들을 분류하는 수학적 공식을 만든 다음, 집단 역학과 편견을 모델링하여 행동을 설명하고 예측할 수 있는 방법을 보여주었다. 이들은 이 집단 정체성 모델을 사용하여 고용 시장에서의 차별을 분석했다. 이 모델은 정치 분야에도 적용되었는데, 애컬로프와 크랜턴은 정치가 때로는 좋게 때로는 나쁘게 집단 역학을 증폭시킨다고 주장했다. 확고한 신념을 가진 집단에 자신을 동기화시키고, 그 집단에 반대하는 집단을 공격하는 개인의 경향을 이용하고 강화하는 데에 능숙한 사람들이 바로 정치인들이다.

"파시즘과 포퓰리즘 지도자들은 인종과 민족의 분열을 조장하는 수사로 악명이 높으며, 이는 비극적인 결과를 초래한다. 상징적인 행동과 변모한 정체성은 혁명을 촉발한다. 자유의 종은 식민지 주민들에게서 미국인으로서의 정체성을 깨웠다. 간디의 소금 행진은 인도의 국가 정체성을 불러일으켰다. 프랑스 혁명은 피지배자를 '시민'으로, 러시아 혁명은 '동지'로 변화시켰다."

애컬로프와 크랜턴은 계속 파고들었다. 그들은 2010년에 〈아이덴티티 경제학identity Economics〉이라는 책을 출간했다. 최초의 논문에서는 빨강과 초록 집단이 서로 대립하며 상호작용한다는 가설을 세웠으나, 2014년이 되자 현실 세계는 레드 대 블루로 분열되어 있었다.[37]

애컬로프와 크랜턴의 아이디어를 반영하듯 히코리와 샬럿 사이에 박힌 쐐기는 점점 커지고 있었고, 히코리 시 행정관은 이를 노동자 대 엘리트로 요약했다. 일자리가 한 곳으로만 집중되고 다른 곳으로 분산되지 않았다. 그 이면에서는 격렬한 집단 역학 관계가 두 지역의 분열을 심화시키고 있었다. 이러한 분열에서 특히 취약한 지점은 정치 시장이었다. 히코리 같은 곳에서는 티파티 추종자들이 18세기 프랑스에서 스스로를 "시민"이라고 불렀던 사람들처럼 스스로를 "애국자"라고 불렀다. 또한 격동의 계몽주의 시대 프랑스 시민들처럼 일부 티파티 추종자들은 툭하면 혁명을 입에 담았다.

경제적 이해관계와 사회적 정체성이 전국 곳곳에서 충돌하고 있었다. 지방 대 도시, 보수 대 진보, 제조업 대 서비스업, 전통적 가족 대 현대적 가족 등 내부 집단과 외부 집단은 점점 더 서로를 대립적으로 규정했다. 미국은 래틀러와 이글의 국가가 되어가고 있었다.

애컬로프와 크랜턴의 연구는 경제학자들 사이에서 인정받는 데 어려움을 겪었지만, 런던의 한 젊은 교수가 그들의 이론에 주목했다.

그 교수의 이름은 로버트 애컬로프였다.

수년 전, 아버지의 낡은 토요타 자동차 뒷좌석에 앉아 등하교하던 십대 시절, 로비는 레이첼 크랜턴과 조지 애컬로프의 토론을 경청하고 참여하기

---

37. 미국에서 레드는 공화당의 색으로 일반적으로 보수, 제조업 블루칼라 노동자, 남부와 중서부 주민들을 가리킨다. 반대로 블루는 민주당 지지자를 의미하며 리버럴, 화이트칼라 노동자, 태평양과 대서양 연안 주의 고소득 고학력 엘리트들을 가리킨다.

도 했다. 그리고 그들의 연구를 자신의 것으로 만들었다.

2010년 로비가 다시 일자리를 찾기 시작했을 때 미국 유수 대학의 경제학과 가운데 이 주제에 관심을 보인 곳은 거의 없었다. 예일 학부, 하버드 박사, MIT에서 박사 후 과정을 마친 로버트 애컬로프는 런던의 워릭 대학교에 둥지를 틀었다. 그는 1980년대 초에 옐런과 조지가 정착할까 생각했던 곳에서 몇 블록 떨어진 곳에 집을 구했다. 로비는 어머니와 마찬가지로 질서정연하고 요리하기를 좋아했으며, 아버지처럼 자신의 분야에 새로운 사고 방식을 도입하고자 했다.

2014년 당시에는 많은 경제학자들이 주목하지 않았지만, 조지 애컬로프와 그의 아들이 묘사했던 거대한 힘은 곧 연준 의장 재닛 옐런의 운명과 더 나아가 미국의 운명도 바꿀 것이었다.

Yellen Yellen Yellen Yellen
Yellen Yellen Yellen Yellen

Yellen Yellen Yellen Yellen
Yellen Yellen Yellen Yellen
Yellen Yellen Yellen Yellen
Yellen Yellen Yellen Yellen
Yellen Yellen Yellen Yellen
Yellen Yellen Yellen Yellen
Yellen Yellen Yellen Yellen

Chapter 21

옐런, 연준을 이끌다

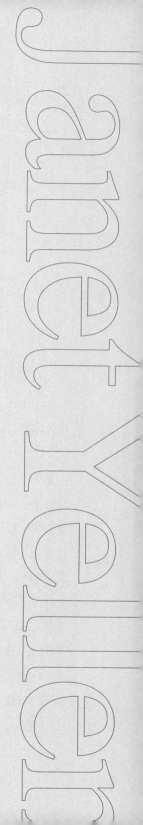

계기판 없는 비행기 조종하기

2014~2015

2014년 옐런이 연준의 리더가 되었을 때, 몇몇 동료들은 그녀가 변했음을 느꼈다. 4년 동안의 부의장 임기 동안 연준을 좀먹었던 그 모든 스트레스와 대립과 위기들을 뒤로 하고, 가장 높은 자리에 오른 옐런은 한결 여유로워 보였던 것이다.

경기가 느리게, 그러나 꾸준히 회복되면서 실업률도 마침내 7% 아래로 떨어졌다. 너무 오랜 시간이 걸리긴 했지만, 각종 특별한 정책들이 더이상 필요하지 않게 되는 날이 올 거라는 희망이 보이기 시작했다. 이로써 버냉키를 짓누르던 부담감과 옐런을 몰아붙이던 절실함도 어느 정도 해소되었다. 상황이 변화했으니 옐런의 임무도 버냉키의 그것과는 다를 것이었다. 옐런의 임무는 연준을 일종의 "정상"으로 되돌리는 것이었고, 그 일을 해낼 시간도 충분히 있다고 그녀는 생각했다.

옐런은 자신의 스타일을 다른 사람들에게 맞추었다. 부의장 시절 그녀는 극심한 압박을 받고 있는 분열된 기관에서 불편한 정책을 밀어붙이는 입장을 자처했다. 그 역할 때문에 옐런은 때때로 의견이 다른 사람들과 충돌했다. 이제 의장이 된 그녀는 통합이 자신의 임무라고 결정했다. 즉, 다른 사람들이 자신의 견해를 받아들이도록 밀어붙이는 것이 아니라 사람들을 하나로 모으는 데에 더 많은 시간을 할애해야 했다.

리더십에 대한 옐런의 관점을 일부 형성한 것은 조지와 로비의 정체성 연구였다. 옐런의 남편과 아들은 일이란 단순히 월급만 받는 것이 아니라고 믿었다. 사람들이 직장에서 목적의식과 소속감을 느끼기를 원한다는 사실은 상식이었으며 그들의 연구에서도 확인되었다. 연준은 어려운 시기를 겪어왔고, 옐런은 연준 사람들이 보람을 느낄 수 있는 환경을 조성하는 것이 자신에게 달려 있다고 결론 내렸다. 연준에는 변화가 필요했다. 버냉키는 연준의 군주적 전통을 없애고, 그린스펀이 장기 집권하던 시절에 비해 정책 입안자들이 더 합의 지향적인 자세를 갖도록 압박했다. 옐런도 그 길로 더 나아가야 한다고 생각했다. 이는 연준 사람들의 의사 결정을 지배하지 않으면서 조직을 운영하는 것을 의미했다.

연준은 여전히 고립된 성격의 조직이었다. 버냉키는 혼자서 일할 때가 많았고 때때로 다른 이들과의 협업을 불편해하는 것이 눈에 보였다. 옐런은 좀 더 사교적인 사람이었다. 그녀는 행사에 참석하여 사람들과 어울리는 것을 편안하게 느꼈고 동료들과 많은 미팅 일정을 잡았다. 옐런은 아이디어를 발표하는 사람들의 범위를 넓히고 싶어 했다.

당시 옐런은 이렇게 말했다. "사람들이 발언권이 있다고 느끼는 것이 중요합니다. 저는 사람들과 대화하는 것을 매우 중요하게 생각합니다."

옐런은 그녀 이전의 그 누구보다도 이 일을 할 준비가 되어 있었다. 그녀는 1970년대에는 연구직, 1990년대에는 이사, 2000년대에는 지역 은행 총재, 그리고 부의장까지 거의 모든 직급에서 근무한 경험이 있었다. 옐런보다 연준을 속속들이 잘 아는 사람은 없었다. 전과목 A학점에 수석 졸업생이었던 그녀는 조용한 경쟁심의 소유자였다. 재닛 옐런은 눈에 띄지 않게 1등을 하는 것을 좋아하는 듯했다.

심지어 그녀의 외모도 달라졌다. 오바마 대통령이 신임 연준 의장 지명 발표를 했을 때와 상원 인준 청문회 때 옐런이 같은 검은색 옷을 입은 사실이 워싱턴의 입방아에 올랐고, 곧 소셜 미디어로 퍼져나갔다. 그리고 옐런의 패션에 주목하는 것이 성차별인지에 대한 논쟁으로 번졌다. 앨런 그린스펀의 검은색 정장에는 아무도 주목하지 않았는데, 옐런은 왜 이런 어이없는 외모 평가의 대상이 되어야 하는가?

사실 옐런 자신도 패션에 대해 고민하고 있었다. 그녀가 좋아했던 니트 브랜드 세인트존이 샌프란시스코 연준 총재 시절을 즈음하여 보다 젊은 고객을 타깃으로 선회한 이후로 다른 선택지가 많지 않았다. 그녀는 노드스트롬 그룹의 사장이자 샌프란시스코 연준 이사회 이사였던 블레이크 노드스트롬에게 세인트존 경영진이 좀더 나이든 전문직 여성을 위한 옷을 계속 디자인하도록 설득해 달라고 들들 볶다시피 했지만 효과가 없자 더이상 세인트존 옷을 사지 않았다. 그 후로 수 년 동안 그녀는 새 옷을 거의 사지 않았다.

같은 검은색 정장을 두 번 입었다는 이유로 온라인 가십거리가 되어버리자 옐런은 패션 업그레이드를 위해 체비 체이스에 있는 블루밍데일스 백화점으로 향했는데, 가는 도중에 평소 좋아하던 디자이너 니나 맥러모어의 옷을 판매하는 작은 가게를 발견했다. 맥러모어는 재킷에 짧은 팝업 칼라가 달린 컬러풀한 수트를 제작했다. 이 칼라는 자신감과 리더십에 약간의 스타일을 더해 전달할 수 있는 장치였다. 옐런은 맥러모어의 재킷을 몇 벌 샀고, 이 옷들은 곧 그녀의 새로운 패션 시그니처가 되었다. 가끔 더 화려하게 보이고 싶을 때는 커다란 비즈 목걸이를 곁들였다. 이제 옐런은 외관상 더 대담해 보였고 예전보다 더 스타일이 좋아졌다.

2013년 가을, 연준 의장 후보자로서 옐런이 취한 첫 번째 행동은 스탠리 피셔가 연준의 새 부의장이 되도록 백악관과 피셔 양쪽 모두를 설득하는 일이었다. 피셔는 현대 중앙은행 운영의 중심 인물이 되어 있었으며, 매년 열리는 잭슨홀 미팅에서는 맨 앞줄에 앉아 제자들의 인사를 받는 그의 모습을 볼 수 있었다. 그는 1970년대와 1980년대에 MIT에서 경제학을 가르쳤고, 그의 제자들 중에는 버냉키와 연준의 고위직들도 다수 포함되어 있었다. 피셔는 1990년대 국제통화기금의 부총재를 거쳐 2000년대에는 이스라엘 중앙은행Bank of Israel을 이끈 경력이 있었다.

버냉키는 옐런의 선택을 또 다른 자신감의 표현으로 보았다. 어떤 리더는 자신의 권위에 대한 도전과 위협을 피하기 위해 존재감이 약한 부하 직원들로 주위를 에워싼다. 피셔를 연준으로 데려오면서 옐런은 그 누구에게도 주눅들지 않고 최고로 똑똑하고 유능한 사람들로 주변을 채우겠다는 의지를 보여주었다. 또한 그녀는 기존 스태프들의 과거 스승들을 영입하여 소통의 다리를 놓고자 했다.

2014년 3월, 취임 후 첫 연방공개시장위원회 회의를 2주 앞두고 옐런은 연준의 이사회 회의실 건너편에 있는 도서실로 연준 이사들과 몇몇 스태프들을 불러모았다. 지역 연방준비은행 총재들과 화상 회의를 하기 위해 3시간을 비워놓았던 것이다. 옐런은 연준의 금리 관련 커뮤니케이션에 대해 미리 계획을 세우고 싶었고, 모든 지역 은행 총재들이 의견을 내기를 원했다. 옐런은 지역 은행 총재들의 토론을 조용히 경청하고 맨 마지막에 그들의 의견을 취합한 다음, 워싱턴 연준이 그들의 다양한 견해를 반영한 공식화 작업에 착수할 것이라고 말했다.

옐런은 질서정연한 절차와 구성원 사이의 많은 상호작용을 원했다. 그녀의 일정표에 따르면, 연준 의장으로 취임한 첫 6개월 동안 옐런은 연준 이사들 및 12개 지역 연방준비은행 총재들과의 전화 통화 및 비공개 회의에 총 55시간 이상을 보냈다. 특히 연방공개시장위원회와 같은 정책 회의 전에는 지역 연준 총재들과 오랜 시간 동안 일대일 통화를 했다. 회의를 앞두고 스태프들의 협업도 더욱 활발해졌다.

당시 댈러스 연방준비은행의 총재였던 리처드 피셔는 "재닛이 내 말을 경청한다는 느낌을 받는다"라고 말하기도 했다.

피셔는 워싱턴 연준의 정책이 역효과를 불러일으켜 인플레이션을 유발할 것을 우려하여 반대하는 입장이었지만, 옐런은 좋아했다. 그는 옐런이 공식 석상에서는 거의 드러내지 않는 장난기를 발견했다. 휴스턴에서 열린 한 강연에서 그는 옐런을 1940년 영화 〈마이 리틀 치카디My Little Chickadee〉에서 "일반적으로 나는 거부할 수 없는 유혹은 피한다"라고 말한 대공황 시대의 매혹적인 영화배우 메이 웨스트에 비유했다. 옐런이 인플레이션의 유혹에 굴복할 리스크가 얼마나 될까 물음을 던지면서 피셔는 옐런은 메이 웨스트가 아니라서 절대 굴복하지 않을 것이라고 단호하게 말해 휴스턴의 청중들을 안심시켰다. 괴상한 비유였지만 옐런은 이 미끼를 물었다. 피셔의 은퇴 파티에서 옐런은 메이 웨스트의 성대 모사를 하며 가르릉거리는 목소리로 피셔에게 "언제 한 번 나를 보러 오지 않겠나?"라고 말했다(웨스트의 또 다른 영화인 〈다이아몬드 릴 She Done Him Wrong〉에 나오는 유명한 대사).

옐런은 초반의 시행착오들을 딛고 반등했다. 3월 연방공개시장위원회 회의 직전 그녀는 외국 금융 당국자들과의 회의에 참석하기 위해 호주로 떠났다. 수많은 사람들과 악수를 하고 비행기에 처박혀 지낸 며칠 후, 그녀는 체온이 40도까지 치솟는 혹독한 감기에 걸려 워싱턴으로 돌아왔다. 미팅 전날인 일요일, 그녀는 수석 비서관 미셸 스미스에게 미팅에 결석할 경우에 대비한 준비가 필요하다고 말했다. 만약 정말로 결석했다면, 시장을 불안하게 만드는 난처한 출발이었을 것이다.

열이 내린 덕분에 옐런은 회의에는 예정대로 참석했지만, 회의가 끝난 뒤 열린 그녀의 취임 후 첫 언론 브리핑이라는 큰 무대에서는 더듬거렸다. 언론 브리핑은 주요 케이블 TV 채널에서 중계되었고 월스트리트에서는 특히 주의 깊게 시청했다. 연준 리더들의 발언에 따라 시장이 폭락 혹은 폭등하는 경향이 있었다. 기자들은 옐런에게 연준의 금리 인상 시점에 대해 물었고, 옐런은 수개월 내에 금리를 인상할 수도 있다고 대답했다. 이것은 그녀가 의도했던 것보다 더 구체적이었고, 긴장한 투자자들에게는 쇼크였다. 기자 회견이 채 끝나기도 전에 주가는 폭락했다. 투자자들도, 경제도 아직 연준이 금리 인상을 언급할 만큼 준비가 되어 있지 않았던 것이다.

기자회견 다음 날, 옐런은 예전에 한 번 토론에서 붙은 적이 있는 연준 이사 제레미 스타인의 사무실 문을 두드리고 고개를 빼꼼히 들이밀었다.

"미안해요." 그녀는 수줍게 말했다. "내가 완전히 개판을 쳤죠."

하지만 그녀는 실수에 연연하지 않고 계속 나아갔다.

당시의 문제는 경제가 어떻게 움직이는지에 대한 연준의 오래된 모델 중 많은 부분이 다시 또다시 기능하지 않고 있다는 것이었다. 이 때문에 금리를 언제, 얼마나 올려야 할지 가늠하기가 어려웠다. 오쿤의 법칙으로 알려진 오래된 경험 법칙은 경제 생산량의 증가와 실업률의 상관 관계를 보여준다. 과거 경제학자 폴 새뮤얼슨이 MIT에서 조카 래리 서머스를 혼낼 때 인용한 아트 오쿤의 이름을 딴 이 법칙은 실업률을 끌어내리기 위해서는 빠른 경제 성장이 필요하다고 주장했다. 1980년대와 1990년대의 경제 확장기에는 인플레이션 조정 연간 경제 생산량이 4%에 가까운 성장률을 보였으나, 2000년대에는 3%, 금융 위기 이후에는 2%에 못미치는 훨씬 더 느린 속도로 성장했다. 오쿤의 법칙에 따르면 경제가 실업률을 떨어뜨릴 만큼 빠르게 성장하지 못했음에도, 실제로 실업률이 떨어졌다. 이는 오쿤의 법칙이 깨졌다는 것을 의미했다.

인플레이션과 실업률의 상관 관계를 설명한 필립스 곡선도 작동하지 않았다. 일반적으로 높은 실업률은 그 경제의 자원이 제대로 활용되지 않고 있다는 신호이므로 인플레이션은 하락해야 한다는 이론이다. 반대로 낮은 실업률은 그 경제의 자원이 부족하다는 것을 의미하므로 인플레이션이 가속화되어야 한다. 그러나 경기 확장 초기의 높은 실업률은 인플레이션 하락으로 이어지지 않았고, 실업률이 더 낮은 수준으로 떨어져도 인플레이션은 회복되지 않았다. 그 대신 실업률이 오르락내리락하는 동안 인플레이션은 수년 동안 연준의 목표치인 2% 아래에서 꼼짝도 하지 않았다. 따라서, 필립스 곡선도 깨졌다고 볼 수 있었다. 마치 비행기가 지상에 가까운 저고도 비행을 하다가 계기판이 꺼진 것과 같았다. 옐런은 바람을 측정하고, 지형을 파악하고, 계속해서 상황에 맞춰 조종을 해야 했다.

다수의 공화당 의원들은 오바마와 연준의 손쉬운 지출 정책이 경제 성장을 더디게 하는 주범이라고 생각했다. 그러나 대서양 건너편의 많은 유럽 국가들은 더 긴축적인 정책을 채택했음에도 그 결과는 더 나빴다. 유럽 연합은 2012년 다시 경기 침체에 빠졌고, 2014년이 되어서야 겨우 경기 침체에서 벗어나기 시작했다. 2013년 유럽 연합의 실업률은 미국 경기 침체기 중 그 어느 때보다 더 높았다.

하버드로 돌아온 서머스는 고유한 이론을 구축했다. 그는 대공황 시대 경제학자 앨빈 핸슨을 인용하여 미국이 "구조적 장기 침체secular stagnation"라고 부르는 새로운 시대에 진입했다고 생각했다. 서머스는 지나치게 단순화한 당대의 정치로는 쉽게 요약할 수 없는 여러 요인을 들어 미국이 이 새로운 종류의 빈사 상태에 빠진 이유를 설명했다. 금융 위기 이후 은행 시스템이 취약해졌고, 전 세계 인구가 고령화하면서 소비를 줄였으며, 태블릿과 스마트폰을 클릭하는 것이 상점에서 구입한 실물 상품보다 더 중요한 의미를 갖는 새로운 정보화 시대에, 세계는 더이상 거대한 제조 공장이 예전처럼 많이 필요하지 않게 되었다. 또한 세계화와 신기술로 인해 공장이 미국에 있지 않아도 되고, 공장에서 기계를 돌리는 데에도 많은 근로자가 필요하지 않았다.

서머스는 저성장 시대에 경제가 높은 금리를 견딜 수 없을 것이라고 예상했다. 연준이 금리를 올리려 들면 경제는 다시 침체에 빠질 것이었다. 또한 그는 민간 부문이 스스로 메우지 못하는 구멍을 메우기 위해 오바마 정권이 훨씬 더 광범위한 공공 지출 프로젝트를 추진했어야 한다고 주장했다.

옐런은 서머스의 견해에 공감했다. 옐런은 연준에서 금융 위기가 끝난 후에도 금리와 인플레이션이 왜 그렇게 오랫동안 낮은 수준에 머물러 있었는지 의아해했었다. 회사채 시장, 해외 시장, 다양한 미국 국채 시장 등 연준이 직접 통제하지 않는 금리조차도 비정상적으로 낮았다. 10년 또는 20년 전으로 돌아갈 조짐은 전혀 보이지 않았다. 한동안 옐런은 이것이 금융 위기 이후에도 계속 남아있는 역풍 때문이 아닐까 생각했다. 즉 개인, 기업, 은행 등이 어떤 행위를 할 때 너무 공격적인 움직임이 아닐까 스스로 지나치게 몸을 사린다는 것이었다.

이때 서머스의 이론이 경기 회복이 왜 그렇게 오래 걸리는지 설명하는 데 도움을 주었다. 그는 구조적 장기 침체가 수년 동안 지속되어 왔으며 아마도 금융 위기 이전부터 시작되었을 것이라고 생각했다. 이 가정이 사실이라면 버냉키의 첫 번째 임기 초기에 연준이 금리를 너무 많이 올렸을 수도 있으며, 이는 안젤로 모질로가 당시 연준을 비난했던 논리와 정확히 일치한다. 물론 금융 위기가 심각했던 이유가 이것 하나만은 아니겠지만, 적어도 옐런은 이 같은 실수가 반복될 리스크는 전혀 원하지 않았다.

옐런은 대응 방법에 대해 자신만의 이론이 있었다. 인플레이션이 회복되지 않는 한 서둘러 금리를 올릴 필요가 없다는 것이었다. 실업률이 떨어질 때까지 더 기다릴 수 있었다. 실업률이 얼마나 떨어질지 알지는 못했지만, 알아내기 위해 조사할 수는 있었다. 그녀는 노동자가 부족해지면 기업들이 임금을 인상하고, 복리후생을 개선하고, 직무 교육을 추가할 것이라고 생각했다. 그러면 더 많은 사람들이 노동 시장으로 돌아올 수 있다. 악순환이 마침내 선순환으로 바뀔 수 있으리라 생각했고, 그녀는 이러한 흐름에 방해가 되지 않도록 한발 물러서 기회를 주고 싶었다.

수년간 고위험을 감수하는 정책을 지지해 왔지만, 이제 연준 의장이 된 이 체계적인 마인드의 소유자는 가장 지루한 정책을 선택했다. 사실상 거의 아무것도 하지 않는 것이었다. 2014년이 되면 연준의 채권 매입 프로그램은 종료될 예정이었다. 연준 관계자들은 슬슬 보유 자산을 줄이기를 원했지만 옐런은 서두르지 않았다. 금리 인상 역시 마찬가지였다. 대신 옐런은 끈기 있게 기다리면서 연준이 움직여야 할, 정확히 언제가 될지 알 수 없는 그 날을 준비했다.

연준은 기술적 문제에 대비한 계획 수립에 착수했다. 금융 시장을 혼란에 빠뜨리거나 새로운 위기를 초래하지 않으면서 모기지 채권과 국채를 처분할 수 있는 전략을 개발해야 했다. 채권을 단기간에 매각해야 할까, 아니면 만기가 도래한 후 천천히 정리해도 될까? 연준은 금리에 영향을 미치는 문제들도 해결해야 했다. 은행이 실제로 대출을 내줄 금액보다 더 많은 돈이 넘쳐나자, 금리를 통제하는 연준의 기존 기법은 더 이상 쓸모가 없어졌으므로 재조정이 필요했다. 스태프들이 이러한 문제들을 해결하기 위해 연준의 "욕조 배관"을 뜯어고치는 동안 연준 수뇌부는 고민하고 또 토론했지만, 설계상으로 실질적인 변화는 거의 없었다.

시장과 뉴스 사이클은 행동과 변화를 위해 만들어졌지만, 결국 "지루한 정책"이 효과를 거뒀다. 실업률은 계속 떨어졌다. 옐런이 예측한 대로 임금 인상률은 상승했다. 또한 그녀의 예상대로 구직 활동을 중단했던 사람들이 다시 일자리를 찾기 시작했다. 그 동안 인플레이션은 그녀의 예상대로 안정적으로 유지되었다.

하지만 갈등을 지향하는 공공의 전투장에서는 지루함마저 반대파의 열정을 자극했다. 2014년 10월, 옐런은 보스턴 연방준비은행이 주최하는 연례 컨퍼런스에서 연설할 예정이었다. 그해의 주제는 불평등이었다. 연준 지도자들은 이전에도 보스턴 연준 컨퍼런스에서 연설을 해왔고, 옐런 역시 이를 수락했다. 언제나 그렇듯이 그녀는 컨퍼런스가 열리기 몇 달 전부터 연설문 작성을 시작했다.

옐런의 연설은 대체로 건조한 팩트 나열이었다. 상위 5% 가구의 평균 인플레이션 조정 소득은 1989년부터 2013년까지 38% 증가한 반면, 그 외 모든 가구의 소득은 10% 미만으로 증가했다. 2013년 미국 가구의 하위 절반이 보유한 자산은 1989년에는 3%였지만 2013년에는 1%에 불과했다.

다른 자본주의 국가와 마찬가지로 미국에도 언제나 빈부 격차가 존재해 왔지만, 이 수치는 두 가지 문제를 보여주었다. 첫 번째는 그 격차가 점점 더 커지고 있다는 것이었다. 새로운 첨단 기술의 글로벌 시대에는 자본주의의 전리품이 점점 더 소수에게 집중되는 현상이 있었다. 이로 인해 점점 더 많은 사람들이 좌절하고 분노할 수밖에 없었다. 두 번째 문제는 미국인들의 계층 이동성이 떨어졌다는 점이었다. 소득과 재산 수준이 낮은 가정에서 태어난 아이들은 그 이전 세대에 비해 부자가 될 기회가 더 작아졌다. 계층 이동성 측면에서 미국은 호주, 노르웨이, 캐나다, 심지어 프랑스까지, 수많은 국가들에게 뒤처져 있었다. 이는 두뇌와 근성, 진취적인 정신을 갖춘 미국인이라면 누구나 성공할 수 있다는 "아메리칸 드림"이 무너졌다는 것을 시사했다.

옐런은 보스턴에서 "이러한 추세가 우리 나라의 역사에 뿌리를 둔 가치와 양립할 수 있는지 물어야 한다고 생각합니다"라고 말했다. 몇 달 후 옐런이 의회를 방문하자 공화당원들은 그녀에게 비난을 퍼부었다. 그들은 옐런이 민주당이 밀고 있는 선거 캠페인 이슈에 편승하여 여론이 불평등에 주목하게 함으로서 민주당에 힘을 실어주려 한다고 주장했다. 사우스 캐롤라이나 공화당 의원 믹 멀베이니는 "당신이 있어야 할 곳에나 코를 들이밀라"고 말하기까지 했다.

옐런은 전임 연준 의장들이 광범위한 경제 문제에 대해 발언했다고 지적하며 "나도 똑같이 할 자격이 있다"라고 엄중하게 되받아쳤다. 옐런을 공격한 것은 공화당원들만이 아니었다. 진보적 소비자 운동가인 랠프 네이더는 옐런의 저금리 유지 정책이 저축 계좌에 자금을 넣어두는 미국인들에게 피해를 주고 있다고 믿었다. 저축 계좌의 이자는 수많은 미국 가정의 유일한 수입원이라는 것이었다. 네이더는 옐런에게 보낸 공개 서한에서 "노벨경제학상 수상자이자 소비자 권익에 민감한 경제학자로 알려진 남편 조지 애컬로프와 함께 앉아서, 더 많은 이자 소득을 생필품 구입에 지출함으로써 경제를 활성화할 수 있는 수천만 명의 미국인을 위해 무엇을 해야 할지 고민해 보라"고 썼다. 무던한 성격의 애컬로프조차 이 서한에 분개했다. 제아무리 노벨 경제학상 수상자라고 해도 금리 정책에 대해서는 아내가 자신보다 지식과 경험이 훨씬 풍부하다는 사실을 알고 있었기 때문이다.

옐런은 네이더에게 직접 답장을 썼다.

"몇 가지 기본적인 팩트를 검토하는 것이 이해를 도울 수 있을 것 같습니다." 그녀의 회신은 경기 침체로 인한 피해를 열거하며 시작한다.

"연준이 지금까지 해온 것처럼 강력하게 대응하지 않고 저축자에게 지급하는 금리를 포함해 단기 금리를 더 높은 수준으로 유지했다면 그들에게 더 나은 상황이 왔을까요? 저는 그렇게 생각하지 않습니다. 실업률은 더 높은 수준으로 상승했을 것이고, 주택 가격은 더 폭락했을 것이며, 더 많은 기업과 개인이 파산과 차압에 직면했을 것이고, 주식 시장은 회복되지 않았을 것입니다. 저축자들이 연방예금보험공사가 안전을 보장하는 예금에서 더 높은 수익을 얻을 수 있었을 것이라는 말은 맞습니다. 하지만 이러한 수익이 주택과 퇴직연금의 가치 하락을 상쇄하기는 어려웠을 것입니다. 이러한 저축을 한 사람들 중 상당수는 의심할 여지없이 일자리나 연금을 잃을 수밖에 없었을 것입니다(혹은 실직한 자녀와 손주들을 부양해야 하는 부담이 커졌겠지요)."

스포트라이트를 받는 유명인사가 된다는 것은 그밖에도 여러 가지 이상한 변화를 가져왔다. 옐런은 외부인의 출입이 제한된 주택 단지에서 살았는데, 한번은 그녀의 경호 문제로 소소한 소란이 벌어지기도 했다. 부의장 시절에는 옐런이 워싱턴에서 살 집을 구하는 것이 연방공개시장위원회 회의에서 단골 농담 소재였다. 그녀가 집을 구입하는지 아니면 세들어 사는지를 보면 주택 시장의 건전성을 파악할 수 있는 단서가 될 것이므로 동료들은 그녀의 결정을 면밀히 주시하고 있다는 것이었다. 그들은 또 그녀가 매일 출퇴근을 위해 몰고 다니는 20년 된 낡은 혼다 아큐라를 두고도 놀려댔었다. 결국 옐런과 애컬로프는 과거 석유 재벌 상속녀의 소유지였던 부지에 267채의 주택을 건설한, 힐렌데일이라는 단지의 조용한 골목 끝 집을 선택했다. 로버트 뮬러 FBI 국장과 조지프 리버만 상원의원 등 워싱턴의 엘리트들이 이웃이었다. 이 단지에는 수영장과 오래된 관리동 건물이 있어 이웃들이 모임을 갖고 때로는 서로의 일에 대해 발표를 하기도 했다. 옐런은 경제에 대해 이야기하기 위해 손으로 쓴 메모를 들고 참가한 적도 있었다. 옐런과 애컬로프는 주말에 인근의 세이프웨이 수퍼마켓에서 함께 쇼핑을 했는데, 오랫동안 그래왔던 것처럼 각자 자기 카트를 밀고 다른 방향으로 향했다. 애컬로프의 직장인 IMF에 주차 공간이 부족했으므로 아침에는 남편을 내려주고 출근하기도 했다.

옐런이 연준 의장이 되고 연준 소속 경호원이 그녀의 동선에 동행하게 되면서, 애컬로프는 아침 출근길에 자신을 태워줄 차를 알아볼 수밖에 없었다. 하지만 보안 요원들이 그들의 집 건너편에 있는 주택을 빌려 옥상에 카메라를 설치하자 일부 이웃들 사이에서 불만이 터져나왔다. 이웃 주민들은 이 보안 초소를 "무장 캠프"라고 부르며, 퀘이커교도 등 다양한 종교적 신념을 가진 주민들에게 경찰의 존재가 불편하다는 주장을 담은 불만 신고서를 제출했다. 또한 보안 차량이 길거리에 액체를 흘려 지역 조례를 위반하고 있다고 불평했다.

익명의 한 이웃은 월스트리트 저널에 뮬러(당시 FBI 국장)의 보안요원들이 지나치게 사무적이고 주민들에게 친절하지 않다고 불평했다.

"우리 동네에, 커다란 덩치에, 가장 우스꽝스러운 파란색 모자를 쓰고 가장 우스꽝스러운 파란색 유니폼을 입은 이 무리들이 돌아다니고 있는데, 이제는 대놓고 총까지 가지고 있어요."

옐런과 애컬로프는 이런 소동에 당황했다. 그들은 보안 요원들이 친절하고 예의바르다고 생각했기 때문이다. 이웃 주민들이 와인을 건네며 어색한 상황을 가라앉히면서 비로소 마음을 놓았다.

옐런이 스포트라이트에 굴복했던 것은 딱 한 번, 2015년 9월 저녁 매사추세츠 주 애머스트에서 열린 연설 때뿐이었다. 옐런은 혈압약을 복용 중이었고, 그날은 하루 종일 회의의 연속이었다. 그녀는 뜨거운 조명 아래에서 탈수 증세를 보였고, 연설 도중 말을 더듬기 시작했다. 눈앞에 있는 종이의 큰 글자들이 흐릿해졌다. 말을 멈춘 그녀는 청중이 지켜보는 가운데 무대에서 쓰러지지 않으려고 안간힘을 썼다. 그녀는 연설을 중단하고 워싱턴으로 돌아갔고, 의사는 단순한 실신이었다고 진단했다. 어떻게 그것이 가능했는지는 몰라도, 옐런은 잠시 기절하는 와중에도 쓰러지지 않았던 것이었다.

3개월 후 연준은 2008년 기준금리를 제로에 가깝게 인하한 이후 처음으로 기준금리를 인상했다. 옐런은 여전히 신중했다. 단 0.25% 포인트를 올렸을 뿐이었다. 7년이라는 시간이 걸렸지만 경제는 마침내 회복세로 돌아선 것 같았다. 그 해 실업률은 5%로 7년 만에 최저치를 기록했다.

좋은 소식이었지만, 대부분의 미국인들은 너무 많은 것을 겪어야 했다. 여기까지 오는 데에 너무 오래 걸렸다. 많은 사람들이 변화를 원했고, 그들은 변화를 약속하는 이를 찾았다.

Chapter 22

옐런, 실직하다

너무 짧았던 시간

2016~2018

도널드 트럼프가 노스캐롤라이나 주 히코리를 방문한 2016년 3월, 사람들은 그의 연설을 듣기 위해 몇 시간 전부터 행사장인 르누아르-라인 대학교에 줄을 섰다. 수천 명이 모여들었고, 일부는 제일 처음 들어가기 위해 밤새 야영을 하기까지 했다. 마치 스포츠에 열광하는 주에서 대학 농구 리그의 중요한 경기를 보러 온 학생들과 비슷했다.

"여러분은 20년 전에 이렇게 좋은 일자리를 가졌었죠." 트럼프는 무대에 올라 히코리의 가구 공장에서 제작한 의자에 앉아서 말했다. "여러분에게는 더 이상 그런 일자리가 없습니다. 왜 그럴까요? 그 일자리들은 이제 다른 나라에 있기 때문입니다." 그는 일자리를 되찾겠다고 약속한 후, 일자리가 사라진 데에 책임이 있는 국가 엘리트들을 손가락질하기 시작했다.

그는 계속했다. "나는 '오, 아니요. 우리는 분노하지 않아요. 우리는 훌륭한 사람들이고, 국가가 운영되는 방식에 매우 만족합니다'라고 말해야 합니다. 하지만 나는 진실을 말할 것입니다. 네, 나는 분노합니다. 나 트럼프를 지지하는 수백만 명의 사람들과, 그들을 지지하는 나, 우리 모두 분노합니

362

다. 우리는 무능하게 운영되는 정부에 지쳤습니다. 무능한 사람들이 우리나라를 운영하고 있습니다."

트럼프는 그들 모두의 버튼을 한꺼번에 눌렀다. 기독교인들은 목소리를 잃고 있었다. 총기 소유자들은 압수 위협을 받고 있었다. 퇴역 군인들은 충분한 돌봄을 받지 못하고 있었다. 학교에서는 트럼프의 추종자들이 싫어하는 가치를 가르치고 있었다. 이민자들은 국경을 넘어 마약과 범죄를 가져오고 있었다. 트럼프는 이 모든 것을 싫어하는 사람들의 목소리를 대변했다.

하루 종일 대단한 광경이 펼쳐졌다. 시위대가 몰려왔다. 그들은 행사장 밖에서 피켓을 들고 트럼프 지지자들과 언쟁을 벌이며 이민자들에 대한 트럼프의 언어 공격을 비난했다. 몸싸움이 벌어졌고 경찰이 출동했다. 일부 시위대는 몰래 안으로 들어가 트럼프를 끌어내리려 했다. 그러나 그들은 패배했다. 시위대가 소리를 지르자 트럼프의 지지자들은 시위대를 끌어내리라고 외쳤고, 트럼프는 오히려 시위대를 자극했다. 트럼프의 집회에서 폭력 사태가 일어났다는 보도가 쏟아졌지만 트럼프는 사실이 아니라고 말했다. 그의 지지자들은 평화롭고 온화한 사람들이라고 그는 말했다. 문제가 있는 쪽은 반대편이었다.

"여기는 샬럿도 아니고 필라델피아도 아닙니다. 여기에도 약간의 폭력이 있긴 하지만 이 학교에서는 그런 일이 일어나지 않아요." 트럼프 지지자인 애나 분은 지역 텔레비전 기자에게 이렇게 말했다.

트럼프는 노스캐롤라이나 예비선거에서 승리한 후 선거 당일에는 카토바 카운티에서 67%를 득표했다. 힐러리 클린턴은 29%에 그쳤지만 샬럿이 위치한 머클렌버그 카운티에서 62%의 득표율로 33%의 트럼프를 앞섰다. 한 시간도 채 떨어지지 않은 히코리와 샬럿은 이번 선거를 좌우한 새로운 레드-블루 분열의 축소판과도 같았다.

런던에 있는 로버트 애컬로프의 새로운 친구들은 트럼프가 과연 승리할 수 있을 것인지 의심스러워했다. 하지만 로비는 트럼프가 이길 수 있다고 말했다. 사회 분열에 대한 그의 연구는 트럼프의 호소력이 미국의 대부분 지역에서 강력하다는 현실을 가리키고 있었다.

선거 당일 밤 옐런의 첫 번째 직감은 잭 루 재무장관에게 전화를 걸어 다음 날의 시장 혼란에 대비하는 것이었다. 그날 저녁 주식 선물은 하락했다. 옐런은 트럼프의 뻔뻔하고 예측 불가능한 성격이 시장을 불안하게 만드는 것 같다고 생각했다.

워싱턴 정가와 전국구 언론사의 많은 사람들이 트럼프의 당선 가능성을 과소평가했다. 번영하는 미국의 대도시들 바깥에서 트럼프의 메시지가 얼마나 큰 힘을 발휘하는지 제대로 판단하지 못했다. 또한 시장이 어떻게 반응할지도 잘못 판단했다. 트럼프가 당선되면 워싱턴의 공고한 권력 구조가 불안해질 것이라는 우려는 사실이었다. 하지만 투자자들은 이에 대해 걱정하지 않았다. 그들은 법인세 인하와 정부 규제 완화 전망을 환영했다.

주가는 폭등했다.

트럼프의 대통령 당선은 옐런과 그녀가 이끌고 있던 연준에 무엇을 의미했을까? 당선인 기간 동안 트럼프와 옐런은 한 번도 만나거나 대화를 나눈 적이 없지만, 트럼프는 그녀와도 이미 그 변덕스러운 관계를 시작한 듯했다. 선거 운동 기간 동안 그는 어떤 때는 그녀를 존경한다고 말하다가 다른 때는 그녀와 연준의 경제 관리 방식을 공격했다.

선거일 두 달 전 CNBC와의 인터뷰에서 트럼프는 "그녀는 매우 정치적이다. 나는 어느 정도는 그녀가 부끄러워해야 한다고 생각한다"라고 말했다. 트럼프는 옐런이 상대 후보인 힐러리 클린턴과 오바마 대통령을 지원하기 위해 금리를 낮게 유지하고 있다고 주장했다. 그는 클린턴과의 첫 공개 토론에서 "우리는 크고 뚱뚱하고 추악한 거품 속에 있다"라고 말했다. 그는 그 원인으로 연준을 비난했다.

선거 막바지에 나온 트럼프의 광고는 급기야 "선거에 수조 달러가 걸려 있는 실패하고 부패한 워싱턴 기득권들"을 맹비난하며 그들의 사진을 실었는데, 그 중에는 옐런도 포함되어 있었다. 일각에서는 이를 옐런에 대한 공격 그 이상으로 보았다. 반명예훼손연맹Anti-Defamation League. 미국 최대의 유대인 단체은 이 광고가 옐런, 골드만삭스 CEO 로이드 블랭크페인, 헤지펀드 투자자 조지 소로스 등 저명한 유대인을 다수 언급하고 이들을 파괴적인 돈벌이꾼으로 묘사했다며 반유대주의적이라고 비판했다.

옐런은 이 광고를 브라운 대학 시절 친구인 캐롤 그린월드에게 보냈다. 그린월드는 유대인이자 트럼프 지지자였다. 그녀는 트럼프를 이스라엘의 강력한 동맹으로 여겼고 "유대인은 트럼프를 선택한다Jews Choose Trump"라는 단체까지 만들었다. 그녀는 논란이 된 광고에 아무 문제가 없다고 생각했고, 트럼프와 유대인과의 관계에 대해 비판자들과는 완전히 다른 견해를 가지고 있었다.

트럼프는 가족과 친구들을 분열시키는 방법을 아주 잘 알았다. 옐런은 그린월드와 인연을 끊었다. 수년 후 많은 것을 성취한 오랜 대학 친구에 대해 이야기해 달라고 연락했을 때 그린월드는 "나는 재닛 옐런에 대해 할 말이 없다"라고 말했다.

옐런의 임기에 시작되어 그녀의 후임인 제롬 파월의 시대에 극심해진 연준과 백악관 사이의 기묘한 댄스는 이렇게 막을 올렸다.

경제학자들은 닉슨 시대에 연준이 1970년대에 두 자릿수 인플레이션을 초래했던 정책 실수를 되풀이하지 않기 위해 중앙은행이 정치에 얽히는 것을 피해야 한다는 교훈을 얻었다. 트럼프는 많은 결정을 개인적으로, 거래와도 같은 성격으로 내리는 경향이 있었다. 그의 머릿속에서는 이미 연준이 오바마와 클린턴의 이익을 위해 오바마 행정부와 정치적으로 얽혀 있다는 생각이 확고했다. 트럼프는 최소한 자신의 임기 동안 동등한 대우—경제 성장과 주가 부양에 도움이 되는 저금리—를 받고 싶어했다. 옐런은 정책이란 어느 대통령이 무엇을 받았는지가 아니라, 실제로 경제에서 일어나는 일에 대응해야 한다고 여겼다.

그녀는 대선 전 기자회견에서 그녀와 연준에 대한 트럼프의 비판에 관한 질문에 이렇게 대답했다. "매우 현명하게도 의회는 연방준비제도를 독립 기관으로 설립함으로써 단기적인 정치적 압력으로부터 통화 정책을 격리했습니다. 당파적 정치는 적절한 통화 정책 스탠스에 대한 우리의 결정에 그 어떤 역할도 하지 않는다고 단호하게 말할 수 있습니다."

옐런의 연준 의장 임기는 2018년 초에 만료될 예정이었다. 트럼프는 취임 첫해에 옐런의 교체 여부를 결정할 예정이었다. 옐런은 쫓겨나듯이 떠나는 것도, 자신이 신성하게 여기는 연준의 독립성을 깨뜨릴 수 있는 인물로 대체되는 것도 원치 않았다.

기존의 경제 모델은 실업률 하락에 따라 경제가 어떻게 움직일지 예측하지 못했지만, 옐런은 금리가 이렇게 낮은 상태로 계속 가면 결국 인플레이션이나 금융 거품의 위험이 커질 것이라고 의심했다. 공격적으로 움직일 필요는 없었지만 위험을 완전히 무시할 수도 없었다. 경제가 점점 더 견고해지면 금리를 더 올려야 했다.

2016년 12월 실업률은 4.7%로 그녀가 취임했을 때보다 2% 포인트 낮아졌다. 연준은 두 번째로 금리를 인상했고 추가 인상 계획을 세우고 있었다. 옐런과 그녀의 동료들은 경제가 회복함에 따라 연준이 보유한 거대한 채권 포트폴리오의 축소에 착수하고자 했다.

트럼프는 그 어느 것도 좋아하지 않을 것이 분명했다. 그는 연준의 행보를 개인적인 관점으로 보고 있었지만, 그녀는 경제 지표에 대한 대응으로 바라보고 있었기 때문이었다. 따라서 그녀가 선택한 길은 신임 대통령의 분노를 불러일으킬 위험이 있었고, 연준의 귀중한 독립성은 물론 그녀 자신의 자리도 위태롭게 할 위험이 있었다.

트럼프의 경제 고문들은 옐런과 폭탄 발언을 일삼는 새 대통령 사이에서 완충 지대를 구축했다. 게리 콘은 골드만 삭스의 2인자 자리를 버리고 백악관 국가경제위원회 위원장이 되어 대통령과 최고위 경제 정책 입안자들 사이의 중개자 역할을 맡았다. 트럼프는 콘의 자신감을 존경했으며, 그를 "나의 천재" 중 한 명이라고 불렀다.

콘은 연준의 결정에 정치가 개입하면 투자자들이 겁을 먹고 주가가 하락하거나 금리가 상승할 수 있다는 사실을 잘 알고 있었다. 그는 새 대통령이 트위터에서 옐런이나 연준에 대한 공격을 퍼붓지 못하도록 막는 것이 자신의 임무 중 하나라고 말하기까지 했다.

콘은 옐런과 정기적으로 만나기 시작했고, 취임 몇 주 후 옐런을 트럼프에게 소개하는 자리를 마련했다. 옐런과 트럼프는 뉴욕시의 이웃 구인 브루클린과 퀸즈에서 불과 두 달 차이로 태어났다. 하지만 두 사람의 비슷한 점은 이게 전부였다.

옐런은 작은 체구에 튀는 것을 좋아하지 않았고 사적인 이익보다 더 중요하다고 여기는 사명감에 따라 행동했다. 머리는 단순한 모양으로 자르고 자연스러운 회색을 유지했으며, 길고 복잡한 문장으로 말했다. 그녀는 실수를 피하기 위해 최선을 다했지만, 스스로의 실수를 인정하며 웃을 줄 알았다. 때때로 한잔하는 것도 즐겼다. 트럼프는 덩치가 컸고, 염색한 머리는 신경써서 빗어 넘겼다. 횡설수설하고 자랑을 늘어놓았으며 다른 모든 것보다 우선하는 자신의 사적인 이익에 따라 행동했다. 술을 마시지 않았고, 성급하고 거침없는 스타일 때문에 언제나 실수를 했지만, 절대로 그 실수를 인정하는 법이 없었다.

처음에는 옐런과 트럼프의 이해관계가 일치하는 듯했다. 트럼프는 경제가 빠르게 성장하기를 원했고, 옐런의 오랜 기록은 그녀도 마찬가지라는 것을 시사했다. 인플레이션이 낮은 상황에서 옐런은 금리를 천천히 올릴 수 있다고 믿었다.

콘이 주최한 미팅에서 트럼프는 오벌 오피스의 대통령 책상에 앉아 옐런과 마주했다. 옐런은 트럼프 앞에 쿠션 의자에, 콘은 그 옆에 앉았다. 미팅 내내 가장 많이 떠든 사람은 트럼프였다. 그는 옐런을 자신과 같은 "저금리

주의자"로 생각한다고 말했다. 하지만 금리에 대한 옐런의 견해는 그보다 더 미묘했다. 사실 그녀는 이미 금리를 인상하기 시작했다. 하지만 트럼프와 논쟁을 벌일 필요가 없다고 생각했기 때문에 그가 말하도록 내버려두고 듣고만 있었다.

공개석상에서 콘은 그의 전임자들이 그랬던 것처럼, 옐런의 직무에 대해 중립적인 어조를 취하려고 노력했다. 폭스 뉴스와의 인터뷰에서 그는 "연준은 필요한 일을 할 것이며 우리는 연준의 권한을 존중한다"라고 말했다.

옐런의 또 다른 접촉 창구는 역시 골드만삭스 베테랑인 스티븐 므누신이었다. 므누신은 파산한 서부의 저축은행 인디맥을 인수한 뒤 담보대출 연체자에 대해 엄격한 차압 정책을 실시하여 흑자 전환에 성공함으로써 엄청난 부를 쌓았다. 2009년 사명을 원웨스트뱅크로 변경한 뒤 CEO에 취임했고, 맨해튼 파크 애비뉴에 있는 아파트에서 로스앤젤레스에 있는 2천 평방미터가 넘는 대저택으로 가족과 함께 이사했다.

므누신은 트럼프의 선거 운동 기간 동안 선거 자금 모금 책임자이기도 했다. 트럼프는 그를 재무장관으로 임명했고, 옐런은 워싱턴의 오랜 전통대로 므누신과 정기적으로 만나기 시작했다. 연준과 재무부는 은행 규제에 있어 항상 협력해 왔지만, 옐런과 므누신은 의견이 일치하지 않았다. 므누신은 경제 성장의 발목을 잡는 오바마 시대의 은행 규제를 완화하기를 원했지만, 옐런은 이러한 규제들이 또다른 금융 위기를 막는 데 필수적이라고 생각했다. 두 사람의 관계는 깍듯하고 온화하며 전문적이었다. 월스트리트 뱅커 출신인 므누신은 연준의 독립성이 투자자들에게 중요하다는 것을 잘 알고 있었으며, 연준의 독립성이 변하고 있다는 인상을 주고 싶지 않았다.

두 사람은 규제를 놓고 갈등을 빚었다. 두 사람 모두 오바마가 설립한 금융안정감독위원회라는 기구에 소속되어 있었다. 이 위원회의 임무 중 하나는 미국의 최대 금융 기관들, 즉 너무 크거나 서로 얽혀 있어 실패 시 전체 시스템을 불안정하게 만들 수 있는 기관들에 대한 정부 감독을 조율하는 것이었다. 므누신은 이들 기관들을 규제하려는 연방 정부의 압력을 완화하기를 원했다. 옐런은 주저했다.

트럼프의 취임 첫해 여름, 차기 연준 의장 인선에 불이 붙었다. 옐런이 저금리를 선호한다고 확신한 트럼프는 옐런의 유임이라는 선택지에도 퍽 끌렸다. 옐런도 연임을 원했다. 대통령들은 자기 일을 잘 하고 있는 연준 리더를 해고하지 않는 경향이 있었다. 민주당 대통령이었던 클린턴은 공화당원인 그린스펀을 유임시켰다. 역시 민주당 대통령이었던 오바마도 공화당원인 버냉키를 유임시켰다. 옐런은 자신도 같은 대우를 받을 자격이 있다고 생각했다. 또한 그녀는 대통령에 대한 충성심에 얽매이지 않는 인물이 연준에 있어야 한다고 생각했다. 번스와 닉슨의 관계는 그녀가 다시 보고 싶지 않은 재앙이었다.

후보자 인선을 주도한 것은 콘이었다.

2017년 5월 옐런은 노동력에서 여성의 역할에 대해 연설하기 위해 브라운 대학교를 방문했다. 브라운이 여성 입학 125주년을 기념하여 옐런에게 기조 연설을 해달라고 요청했던 것이다.

옐런은 연방준비제도이사회를 이끈 최초의 여성이었다. 1960년대 예일대 박사 과정의 유일한 여성, 1970년대 하버드대 교수진의 외톨이 조교수, 1980년대 버클리대 워킹맘, 1990년대 에너지와 테스토스테론으로 가득 찬 클린턴 백악관의 최고 고문 등 커리어의 거의 모든 단계마다 남자들이 지배하는 분야에서 정상에 올랐다. 그러나 그녀는 자신이 뛰어넘어야 했던 장벽들이나, 경제계에서 떠오르는 여성으로서 자신의 이야기를 내세우는 것을 좋아하지 않았다. 백발에 팝칼라 재킷 스타일로 무장한 선구자로 자리잡고 있었지만, 그녀는 자신을 과시하거나 자신이 부숴온 장애물들을 대의명분으로 삼고 싶어하지는 않았다. 그녀는 자신을 롤모델로 삼는 젊은 여성들을 지지하고자 했지만, 한편으로는 유명 인사로서의 지위가 자신의 일과 업적으로 얻은 것이기를 원했다.

브라운에서 옐런은 자신의 경험에 대해 거의 이야기하지 않았다. 대신 경제학에 집중했다. 여성은 많은 진전을 이루어냈지만, 여전히 남성에 비해 적은 임금을 받고 있고, 일부 직종에서 여전히 과소 대표되고 있으며, 일과 가정 사이의 균형을 맞추기 위해 여전히 고군분투하고 있다고 말했다. 이로 인해 일부 여성은 경제활동을 포기하고, 이는 경제 성장의 발목을 잡는다. 그녀는 이러한 문제들을 해결하기 위한 정책이 모두의 번영을 증진시킬 수 있다고 말했다.

이 강연은 트럼프 행정부에서 강력한 영향력을 소유한 한 여성의 관심을 끌었다. 다름아닌 대통령의 딸 이방카 트럼프였다. 대통령 고문이라는 새로운 직업을 가지게 된 이방카는 직장에서 겪는 여성들의 어려움을 해결하고 싶어했다. 이방카는 트위터에 옐런의 연설에 대해 언급했고, 만남을 요청했다. 두 사람은 연준에서 아침 식사를 함께 하며 자녀, 경제, 직장 문제에 대해 정중한 대화를 나눴다.

트럼프의 결정은 이상한 쇼가 되었다. 트럼프는 옐런을 좋아했지만, 측근들은 그의 규제 완화 의제에 더 동조하는 공화당원을 지명해야 한다고 생각했다. 트럼프는 옐런의 외모에 대해서도 마음이 오락가락하는 듯했다. 그는 7월 월스트리트 저널과의 인터뷰에서는 "나는 옐런을 좋아한다. 그녀의 품행이 마음에 든다"라고 말했지만, 속으로는 그녀가 연준 의장에 어울리는 풍채인지 물음표를 던지고 있었다. 트럼프와 함께 일했던 사람들에 따르면 트럼프는 외모를 매우 중요시했다. 그는 텔레비전에 나가서 자신의 정책에 대해 설득력 있는 주장을 펼칠 수 있는 경제 전문가들을 원했다.

"재닛 옐런이 연준 의장을 할 만큼 키가 큰가?" 트럼프는 이런 말을 큰 소리로 입밖에 내서 보좌관들을 어이없게 했다. 그는 나중에 그런 말은 물론 그런 생각도 한 적 없다고 부인했다. 몇 년 후 인터뷰에서 그는 "나는 그녀가 키가 큰지 작은지도 모른다. 정말로 모른다. 눈치 채지 못했다. 전부 가짜 뉴스다"라고 말했다. "그녀는 정신도, 마음도, 거인이다."

옐런 자신도 연임을 위한 점수를 날려먹었다. 8월, 그해의 잭슨홀 미팅에서 옐런은 금융 위기 이후 금융기관에 대한 연준의 강력한 규제를 지지하는 연설을 했는데, "위기 이후 개혁으로 금융 시스템이 훨씬 더 안전해졌다"라고 주장하며, 개혁 이전으로 되돌리려는 트럼프에게 대놓고 반박했다. 트럼프 정권의 관리들은 은행 규제가 성장의 발목을 잡고 있다고 주장했지만, 옐런은 이러한 주장에 설득력 있는 증거가 없으며 공격적인 규제 철회를 뒷받침할 증거도 없다고 말했다.

옐런 의장의 연임 가능성을 묻는 질문에 앨런 블라인더는 "재닛 옐런은 지조가 너무 센 사람"이라고 대답했다. "옐런은 도널드 트럼프에게 충성 서약을 하지 않을 것입니다."

트럼프는 그해 여름 콘을 고려하고 있다고 말했다. 그 해 8월, 버지니아 주 샬러츠빌에서 백인 민족주의자와 신나치주의자들이 집회를 열었다. 한 자칭 신나치주의자가 집회에 항의하던 젊은 여성을 자동차로 치어 숨지게 한 사건이 발생했다. 트럼프는 신나치주의자와 다른 우익 극단주의자들을 공식적으로 비난하기 전에 "양쪽 모두에 책임이 있다"라고 말했다. 또다시 반유대주의자로 보이는 언행을 한 것이다. 콘은 동료들에게 트럼프의 대응에 역겨움을 느낀다고 말했고, 파이낸셜 타임즈와의 인터뷰에서는 백악관은 "증오 단체를 더 제대로 비난할 수 있고, 그래야 합니다."라고 말했다. "평등과 자유를 옹호하는 시민은 백인 우월주의자, 신나치주의자, KKK단과 결코 동일시될 수 없습니다."

트럼프는 콘의 행위를 배신으로 간주하고 그를 명단에서 제외했다. 사람들에게 콘이 그 일을 할 자격이 부족하다고 생각한다고 말하고 다녔고, 므누신이 더 유력한 후보로 부상했다.

옐런과 므누신은 금융안정감독위원회를 놓고 전투를 시작한 참이었다. 므누신은 금융 위기 당시 연방 정부가 인수한 대형 보험사 AIG에 대한 강도 높은 감독을 철회하기를 원했다. 옐런은 이 과정을 늦추기는 했지만 결국은 므누신의 뜻을 따랐고, 당내 진보주의자들은 실망했다. 므누신은 옐런을 규제 완화 의제에 걸림돌이 되는 존재로 여겼다.

그 몇 주 전부터 트럼프의 인선 과정은 이상한 리얼리티 TV 스페셜처럼 보이기 시작했다. 공화당 상원의원들과의 회의에서 그는 선호하는 연준 의장 후보에 대한 설문조사를 실시했다. 그런 다음에는 폭스 비즈니스 네트워크의 루 돕스Lou Dobbs와의 인터뷰에서 누가 임명되기를 바라는지 물었다. 전국 방송에서 질문을 받고 당황한 돕스는 옐런은 연임할 자격이 있어 보인다고 대답했다. 트럼프는 생각해 보겠다고 대꾸했지만, 곧 자신도 연준에 본인의 흔적을 남기고 싶다며 말을 뒤집었다.

백악관 고문 중 한 명은 월스트리트 저널에 "트럼프는 항상 새로운 사람을 생각하고 있으며 주변의 모든 사람들에게 더 많은 이름을 설문 조사하고 있다"라고 말했다.

결국 케빈 워쉬 전 연준 이사, 존 테일러 스탠퍼드 교수, 당시 연준 이사였던 제롬 파월, 옐런 등 4명이 최종 후보로 좁혀졌다. 워쉬는 조지 W. 부시 대통령 시절 백악관에서 일했고, 금융 위기 초기에 연준에서 버냉키와 가까운 사이가 되었다. 또한 공화당의 주요 후원자들과도 인연이 있었다. 에스티 로더 화장품 제국의 일원인 제인 로더와 결혼했으며, 그의 장인인 로널드 로더는 트럼프와도 우호적인 관계였다. 테일러는 공화당원에 학계에서의 업적도 탄탄했다. 테일러는 중앙은행의 이자율을 인상 또는 인하해야 하는 시점을 설명하는 "테일러 규칙"의 창시자였는데, 옐런은 이 규칙이 고루하고 유연성이 떨어지는 공식이라고 생각했다. 파월은 옐런과 기질적으로 가장 가까웠고 그녀의 친구이기도 했다. 2010년 연준에 합류한 파월은 공화당원으로, 중앙은행의 파격적인 새 프로그램에 회의적이었지만, 이러한 프로그램이 필요하며 일각에서 비난하는 것만큼 해롭지는 않다는 옐런의 견해에 동의하게 되었다. 스타인과 듀크 등 다른 이사들이 물러난 후에도 파월은 연준에 남아 조직 관리 업무를 더 많이 맡았다. 옐런은 연준 운영을 지원한 그의 노력과 소탈한 스타일을 높이 평가했다. 파월은 그녀의 지성을 존경했다. 파월은 그해 초 백악관 경제 자문 앤드류 올멈을 만났을 때 "이 팀을 플레이오프에 진출시켜본 사람은 단 한명 뿐이다"라며 옐런이 연임해야 한다고 주장했다.

옐런은 네 명 중 마지막으로 대통령과 공식 면담을 가졌다. 트럼프는 옐런에게 미국 경제가 중국이나 인도 경제만큼 빠르게 성장하지 못하는 이유를 물었다. 옐런 의장은 개발도상국은 경제 잠재력이 더 크기 때문에 더 빠르게 성장하는 경향이 있다고 설명했다. 이미 선진국인 미국은 개발도상국의 성장 속도를 따라잡기 어렵다. 옐런의 지적은 미국이 훨씬 더 빨리 성장해야 한다는 트럼프의 주장에 도움이 되지 않았지만 어쨌든 그는 다음으로 넘어갔다.

트럼프는 옐런에게 자신이 고려하고 있는 다른 후보들에 대해 어떻게 생각하는지 물었다. 옐런은 훌륭한 연준 리더가 되기 위해 무엇이 필요한지에 대해 이야기하면서, 즐겨 사용하는 페인트에 대한 비유를 들었다. 옐런은 의장의 임무 중 하나는 나쁜 아이디어를 폐기하기 위해 외교적 수완을 발휘하는 것이라고 설명했다. 열 아홉 명의 사람들이 테이블에 둘러앉아 벽에 칠할 페인트 색을 선택해야 한다고 가정해 보자. 당신은 심플한 오프화이트 컬러를 원하고, 다른 사람들이 당신에게 동의하게 해야 한다. 의장으로서 그녀는 형광 연두색이나 핫핑크를 원하는 사람들에게 자신의 아이디어를 말할 기회를 주어야 한다. 그러면 나머지 사람들이 경악하여 이러한 제안을 묻어버리고, 의장은 손을 대지 않고 최악의 아이디어를 폐기할 수 있는 것이다.

옐런이 이 비유를 고안하는 데에는 수년간의 경험이 도움을 주었다. 연준 부의장이었을 때와 샌프란시스코 연준 총재였을 때, 옐런은 직접 동료들의 나쁜 아이디어를 격추하는 역할을 맡기도 했다. 그녀는 그들의 입장을 세심히 살피고, 때로는 그녀가 반대하는 위치에 서서 공세를 취해 자신의 직원들이 어떻게 반응하고 어떤 반론을 제기하는지를 확인했다. 그런 다음 정책 회의에서 그녀는 반대 의견의 잘못된 점을 남김없이 조목조목 따졌다.

의장으로서 그녀는 모든 사람에게 아이디어를 이야기하고 검토할 기회를 주어야 한다는 것을 깨닫게 되었고, 위원회는 타당하지 않은 아이디어를 폐기하는 역할을 일부 수행했다. 옐런의 리더십 방식은 논쟁과 토론을 수반했고, 준비와 인내가 필요했지만, 옐런은 이러한 방식이 연준으로 하여금 좋은 결정을 내리고 그룹을 하나로 묶을 수 있었다고 믿었다.

옐런은 이 모든 이야기를 페인트의 비유로 요약하여 대통령에게 들려주었다.

옐런은 연준의 리더 역할은 또다른 페인트 비유를 사용하여 설명했다. 금융 위기 이후 경제는 취약했다. 연준이 완화적인 통화 정책을 철회하는 것은 페인트가 마르는 것을 지켜보는 것처럼 느리게 진행될 것이라고 옐런은 말했다. 사람들은 정책 철회가 실제로 일어나고 있다는 사실을 거의 알아차리지 못할 것이었다. 옐런은 상대방이 쉽게 이해할 수 있도록 설명하는 자신만의 방식이 있었다.

트럼프는 옐런을 마음에 들어했지만, 므누신은 옐런이 은행 규제에 대해 자신과 대통령에게 골칫거리가 될 것이라고 확신했다.

트럼프는 직접 게시한 인스타그램 동영상에서 "사람들은 차기 연준 의장이 누가 될 것인지에 대한 나의 결정을 애타게 기다리고 있다"라고 놀려대듯 말했다. "나는 매우 구체적인 누군가를 염두에 두고 있다. 모두가 매우 감탄할 것이다."

트럼프는 므누신의 권유로 파월을 지명했으며, 지명 발표 행사에 옐런을 초대하지 않았다. 트럼프의 비서실장 존 켈리는 자신은 단 한 번도 옐런에게 가망이 있을 것으로 기대하지 않았다고 말했다. 옐런은 트럼프에게 충성할 사람으로 보이지도 않았고, 오바마 사람이라는 인상이 강했던 것이다. "(트럼프에게는) 개인적인 충성심이 모든 것을 우선한다"라고 켈리는 말했다.

트럼프는 훗날 인터뷰에서 "옐런의 연임을 진지하게 고려했다"라고 말했다. "나는 그녀가 훌륭한 사람이며, 자신이 해야 할 일이 무엇인지 알고 있다고 생각한다." 결과적으로 그는 변화를 원했고, 공화당원을 원했기 때문에 파월을 선택했다고 말했다. "옐런 개인과는 아무 상관이 없다. 그녀가 우리나라를 사랑한다는 사실은 명백했다."

옐런은 연임을 원했지만, 한편으로는 안심했다. 자신을 제외한 최종 후보자 중 파월이 연준의 독립성을 옹호하고 금리에 있어 올바른 결정을 내릴 가능성이 가장 높은 사람이라고 생각했기 때문이다. 의장직에서 내려와도 연준 이사로 남을 수 있었고, 이 모든 과정을 거치는 동안 실제로 그렇게 할까 고려도 했었지만, 파월이 지명되자 연준을 떠나는 것이 최선이라고 결정했다.

연준에서 열린 옐런의 송별 파티에서 파월은 이사 시절 옐런과 미팅이 있을 때면 얼마나 열심히 준비했는지를 회상했다. 변호사인 파월은 옐런이 부의장이었을 때 정기적으로 옐런을 찾아 경제에 대한 견해를 묻곤 했다. 옐런은 언제나 파월의 주장에서 그가 미처 생각하지 못한 구멍을 찾아냈다. 파월이 이 이야기를 하는 동안 청중석에 앉아 있던 애컬로프는 어떤 기분인지 안다는 듯이 고개를 끄덕였다. 노벨경제학상 수상자인 그조차 옐런과 이야기할 때면 똑같았기 때문이다. 파월은 연준은 두 번 다시 옐런만큼 준비된, 그리고 그녀만큼 자격을 갖춘 의장을 갖지 못할 것이라고 말했다. "그렇게 많은 지식을 지닌 이는 다시 없을 것입니다."

옐런은 짧지만 찬란한 기록을 남기고 무대를 떠났다. 그녀의 4년 임기 동안 실업률은 6.7%에서 4.1%로 떨어졌고 600만 명 이상이 노동 시장에 진입했다. 흑인 실업률은 11.8%에서 6.8%로 떨어졌다. 미국 가구의 연간 소득 중간값은 인플레이션 조정 후 기준 7,000달러가 증가하여 65,000달러로 올라감으로서 15년간의 정체를 마침내 뒤집었다. 구직 포기자 수는 74만 명에서 35만 5천 명으로 감소했다. 일자리가 있다고 답한 장애인 수는

470만 명에서 560만 명으로 증가했다. 미시건 대학교가 발표하는 가계의 경제 신뢰도 지수는 10년 만에 처음으로 금융위기 이전 수준으로 상승했다. 다우존스 산업평균지수는 53% 상승했다. 저소득층 식료품 지원(푸드 스탬프) 대상자 수는 5백만 명 이상 감소했다. 공식 빈곤 기준선 아래에 있는 인구가 600만 명 감소했다. 그리고 이 기간 내내 인플레이션은 안정적으로 유지되었다.

수백만 명의 미국인에게는 일자리를 얻기까지 너무 긴 시간이었고, 모든 진전이 그녀의 감독 하에 이루어진 것은 아니었지만, 길고 고통스러운 10년이 지나고 미국 경제는 마침내 다시 일어섰다.

퇴임을 몇 달 앞두고, 옐런은 전 영란은행 총재 머빈 킹 경과 공개 인터뷰를 가졌다. 킹 경은 옐런과 애컬로프를 부부가 모두 윔블던 개인전에서 우승한 유일한 조합인 안드레 애거시와 스테피 그라프에 비유했다.

킹 경은 옐런에게 그녀가 배운 교훈이 무엇인지를 물었다. 옐런은 교조적이지 않아야 한다는 것을 배웠다고 대답했다.

"나는 경제가 작동하는 방식과 데이터를 해석하는 방법에 대해 꽤 확고한 견해를 가지고 있었습니다. 하지만 연준 의장으로서 배운 가장 중요한 것 중 하나, 그리고 좋은 정책을 만드는 데 중요하다고 믿는 것은 열린 마음을 가지고 단순히 역사가 반복되고 있다고 가정하지 않는 것입니다. 항상 새로운 것들이 나오고, 항상 모든 것이 변합니다. 내맘대로 지금 이런 일이 일어나고 있다고 생각하는 것이 아니라, 정말로 무슨 일이 일어나고 있는지를 알아내기 위해 객관적으로 관찰하고 분석해야 하는 퍼즐들이 항상 있습니다."

킹 경은 또 남성이 지배하는 분야에서 성공하는 것이 얼마나 어려웠는지에 대해서도 물었다. 옐런은 자신이 성공할 수 있었던 두 가지 비결로 공부 습관과 남편을 꼽았다.

"나는 열심히 공부하고 완벽하게 준비함으로서 경제학 분야에서 매우 좋은 경력을 쌓아왔습니다. 이 두 가지가 나의 트레이드마크이자 포트해밀턴 고등학교 시절부터 이어져 온 성격적 특성 같아요. 그 덕분에 잘해올 수 있었죠."

그녀는 돌이켜보면 많은 여성들이 멘토의 부족으로 인해 좌절했다고 지적했다. 그런 점에서 그녀는 운이 좋았다. 제일 먼저 토빈을 만났고, 그 뒤 1980년대에 함께 연구를 진행하며 획기적인 성과를 이끌어낸 애컬로프를 만났다. "남편은 여러 면에서 나의 멘토였어요."

하지만 그보다 더 중요한 것은 애컬로프가 가정에서 아내의 진로 선택을 최우선으로 고려한 확고한 지지자였다는 점이었다.

"남편은 언제나 나를 격려했어요. 예를 들어 워싱턴에서 일자리를 제안받았을 때 그의 반응은 '당신 그 일 하고 싶어요? 당연하지요. 우리는 당신이 그 일을 잘 해낼 수 있게 할 거에요'였어요."

트럼프가 그녀를 해고한 후, 옐런은 애컬로프가 더이상 그런 말을 할 일이 없을 것이라고 생각했다.

Yellen Yellen Yellen Yellen
Yellen Yellen Yellen Yellen
Ye en
Ye en
Ye en
Ye en
Ye en
Ye en

Yellen Yellen Yellen Yellen
Yellen Yellen Yellen Yellen
Yellen Yellen Yellen Yellen
Yellen Yellen Yellen Yellen
Yellen Yellen Yellen Yellen
Yellen Yellen Yellen Yellen
Yellen Yellen Yellen Yellen
Yellen Yellen Yellen Yellen

Chapter 23

경제학자 로버트 애컬로프

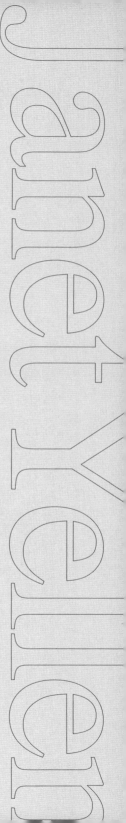

레드 아메리카와 블루 아메리카

2018~2020

2018년 옐런이 연준을 떠난 후, 옐런-애컬로프 가족은 옐런의 오빠 존 부부와 함께 프로방스로 여행을 떠났다. 존은 국립과학재단의 고고학 프로그램 디렉터이자 스미소니언 국립 자연사 박물관의 연구원으로 일하고 있었다.

여동생 못지않은 책벌레인 존조차 재닛이 휴가를 보내는 방식에 놀라지 않을 수 없었다. 매일 아침 옐런, 조지, 로비는 각자 자기 방에 파묻혀서 공부하고, 읽고, 글을 썼다. 옐런은 18개월 후 전미경제학회에서 예정되어 있는 금융 규제에 대한 연설문을 준비했다. 오전 일정을 마친 세 사람은 느긋하게 점심을 먹거나 시내로 나가 고급 음식과 와인을 즐겼다. 옐런과 조지는 괴짜 중의 괴짜들이었고, 그들 자신도 이 사실을 잘 알고 있었다. 그리고 그들의 아들 로비도 괴짜가 되었다.

그 모든 세월 동안 로비는 조지와 함께 버클리 공원에서 하이킹을 하고, 아버지를 따라 레스토랑에 가서 로버트 실러와 같은 지식인들과 식사를 했고, 자동차 뒷좌석에서 아버지와 레이첼 크랜턴의 대화를 들었다. 그 모든 세월 동안 로비는 어머니에게 안젤로 모질로의 패션 센스에 대해 물어보고,

부엌에서 어머니와 함께 당근을 썰고, 어머니가 수백만 미국인의 삶을 뒤흔든 위기를 헤쳐나가는 과정을 지켜보았다. 그 모든 세월 동안 어려운 수학과 그 수학을 활용하는 방법을 배웠고, 그 모든 것이 그의 일부가 되었다. 연준을 떠나기 전 머빈 킹과의 인터뷰에서 옐런은 이렇게 말했다. "내 아들은 경제학자가 될 수밖에 없는 운명이었어요."

전세계에서 가장 강력한 경제 정책 입안자인 어머니와, 한발 물러서서 아내를 외조하면서도 노벨상을 수상한 아버지를 둔 로버트 애컬로프가 자신을 차별화할 수 있는 방법은 무엇이었을까?

서머스가 그랬던 것처럼 경제학은 로비가 가장 뛰어난 능력을 발휘한 분야였다. 로비가 보기에 경제학은 여전히 개척할 영역이 많았고, 그래서 그는 그 길을 따라갔다. 조지는 경제학 속에 다시 인간을 넣는 일이 자신의 일생의 사명이라 말한 적이 있었다. 전통적인 경제학 모델은 시장에서 인간이 어떻게 행동하는지에 대한 엄격한 가정을 바탕으로 구축되었지만, 조지는 이러한 가정이 현실과 맞지 않는다고 믿었다. 로버트는 아버지의 세계관을 받아들여 조지가 닦아놓은 터전 위에 기둥을 세우기 시작했다.

로버트와 조지는 옐런과는 다른 세계에서 살았다. 옐런이 시장에서 아이디어를 테스트하는 정책 입안자였다면, 로버트와 조지는 추상과 이론 속에서 사는 교수들이었다. 옐런이 워싱턴에서 정책을 만드는 동안 그들은 최고의 학자들만이 이해할 수 있는 연구 논문과 책을 썼다. 이들의 연구의 중심에는 현대 경제학의 핵심 전제—즉 사람들이 자기 자신의 이득을 위해 합리적이고 이기적으로 행동한다는 개념—가 불완전하고 불충분하다는 그야말로 반동적인 아이디어가 자리잡고 있었다.

조지와 로비가 보기에 행동경제학은 아직 갈 길이 멀었다. 행동경제학은 경제학의 한 가지 문제인 개인의 비합리성에만 초점을 맞추고 있었다. 조지와 로비는 그 너머에 집단 역학이 움직이는 세계가 있다고 믿었다.

이들의 사고방식을 이해하려면 과학의 다른 영역을 살펴보는 것도 도움이 된다. 물리학에서 원자가 모든 것을 움직이는 유일한 입자라면, 경제학에서 개인은 모든 것을 움직이는 유일한 입자이다. 로버트와 조지는 화학자들이 그랬듯 이 비유에 새로운 차원을 더했다. 화학에서 원자는 결합 구조를 형성하여 자연에 생명을 불어넣는 풍부한 분자의 세계를 창조한다. 마찬가지로 개인들을 집단으로 연결하는 유대감은 사람들의 행동 방식, 즉 경제적, 사회적, 정치적인 생활 양태를 형성한다.

로버트는 인간 유대의 본질을 더 깊이 추적하고 이러한 유대가 비즈니스, 가정 생활, 정치 및 경제 활동의 광범위한 영역에 어떤 영향을 미치는지 연구하고 싶어했다. 좀 더 괴짜스럽게 표현하자면, 그는 개별 원자의 작용을 연구하여 생명체가 어떻게 성장하는지를 알아내는 화학자처럼 경제학과 사회학을 통합하고자 했다. 로버트의 연구는 2018년 들어 특히 중요해졌는데, 당시 미국 전역에서 만개한 분열주의를 설명하는 데 도움이 되었기 때문이다. 이 스토리에서 집단 심리는 중요한 부분을 차지했고, 로버트의 논문은 마치 디딤돌처럼, 미국이 앞으로 나아가게 될 길에 대해 매우 불편한 결론을 이끌어냈다.

경제학은 항상 '나'의 관점에서 인간 행동에 초점을 맞춰왔으며, 개인이 자신의 소득, 부, 소비를 극대화하고자 한다고 가정했다. 반면에 로버트는 '우리'라는 관점에서 인간의 행동을 바라보았고, 인간의 동기는 한 개인의 소비를 훨씬 뛰어넘는다고 가정했다. "우리 사고we thinking란 한 개인이 집단의 목표를 자신의 목표로 삼는 사고방식으로 정의할 수 있다"고 그는 설명했다. 이러한 사고방식이 어디에나 존재했다. 분명히 군인들은 소비 이상의 것을 추구하고, 더 큰 대의와 신념에 자신을 동일시한다. 많은 회사들은 노동자들로 하여금 자신들이 급여 이상의 동기를 부여하는 의미 있는 기업의 일부라고 인식하도록 장려하는 기업 문화를 구축하려고 노력한다.

뉴욕이나 보스턴 시민들에게 자신이 사는 도시에 대한 자부심은 물질적 이득을 넘어서는 것이며, 스포츠 팀에 대한 충성심은 경제적 이익만으로는 설명할 수 없는 방식으로 사람들을 하나로 묶어준다.

개인들을 집단으로 묶는 행동, 이성, 감정의 역학 관계는 무엇일까? 집단 동일시는 경제적 결정은 물론 그 밖의 의사 결정에서도 개인에게 어떤 영향을 미칠까? 여성만이 육아를 담당해야 한다는 일부 사회의 믿음이나, 일부 기업이 노동자와 고객의 애국심에 호소하는 것처럼, 사람들이 특정 집단 규범을 따르기로 선택한 이유는 무엇일까? 이러한 규범은 어디에서 유래했을까? 이러한 집단에서 리더십은 어떻게 형성되며, 리더들은 어떻게 자신들의 권위를 유지할까? 무엇이 집단을 하나로 묶어주고, 무엇이 각 집단들로 하여금 서로 대립하게 만들까?

로버트는 "우리"의 역학을 이해하면 집단의 작동 방식 등을 설명하는 데 도움이 된다고 말한다. "우리"의 역학은 노동 운동, 가족, 계급 투쟁, 종교 단체, 심지어 국민성까지도 설명할 수 있다. 그는 "우리" 사고의 본질을 이해하지 않고는 경제학을 이해할 수 없다고 주장했다. 하지만 대부분의 경제학자들은 로버트의 주장을 완전히 무시했다.

아주 단순한 집단을 예로 들어 보자. 바로 가족이다. 많은 가족이 그들이 대표하는 규범과 내러티브에 의해 형성된다. 전통적인 가족은 남성이 경제적 부양을, 여성이 돌봄과 양육을 책임지는 것으로 여긴다. 비전통적인 현대 가족은 남성과 여성이 가정과 직장에서 수행하는 역할에 대해 더 넓은 관점을 가질 수 있으며, 심지어 가족을 한 남성과 한 여성으로 정의해야 하는지 여부도 결정할 수 있다. 이러한 가족 규범은 사람들이 일하는 방식, 자녀를 양육하는 방식, 교육을 바라보는 관점, 거주지를 선택하는 방식에 영향을 미친다.

로버트는 여러 나라에서 가족 생활이 어떻게 변화하고 있는지 살펴본 결과, 가족 규범의 변화가 경제적으로도 상당한 영향을 미친다는 사실을 발견했다.

직장에서 여성의 역할이 확대된 국가가 국민 소득도 더 높은 경향이 있었다. 이러한 국가들은 서비스업 비중이 높고 제조업에 상대적으로 덜 의존했다. 이러한 변화는 사회적으로 분열을 야기했다. 일부 가족은 자신들의 모델에서 벗어나는 것을 자신들이 중요하게 여기는 신념과 가치에 대한 위협으로 여겼다. 어떤 이들은 전통적인 가족 가치관에서 벗어나는 것이 사회 붕괴의 원인이라고 믿었다. 전통 가족들이 이러한 위험을 느끼자, 현대 가족은 그들의 저항을 자신들의 가치에 대한 위협으로 간주했다. 정치인들은 한 쪽의 불만에 대한 다른 쪽의 불만을 조장하며 이러한 긴장을 자신들의 정치적 이익을 위해 이용했다.

가족의 예는 로버스 동굴 실험이 증명했듯, 한 집단이 때때로 어떻게 자신들을 다른 사람들과 별개의 집단 혹은 심지어 반대 집단으로 정의하는지를 보여준다. 로버트와 다른 연구자들이 '반대 정체성'이라 부른 이러한 특성은, 특히 상실감을 느끼는 사람들에게 강력한 힘이 될 수 있다. 소외된 사람들은 스스로를 지배 집단과 동일시하기보다는, 기득권을 쥔 것으로 인식되는 집단에 반대하는 것으로—때로는 그러한 반대가 자신의 경제적 발전에 해가 되는 것을 무릅쓰고—자신들을 정의하기도 했다.

1960년대, 1970년대, 1980년대 미국의 도시들에서 이러한 예를 발견할 수 있다. 하버드대 사회학 교수인 윌리엄 줄리어스 윌슨은 자신의 책 〈일자리가 사라지면: 신도시 빈민의 세계When Work Disappears: The World of the New Urban Poor〉에서 공장들이 도시에서 빠져나가고 중산층 가구들은 교외로 탈출했다고 언급한다. 일부 지역, 특히 흑인 빈민가의 주민들은 고립되었고 지배적인 주류문화에 대한 반항으로 스스로를 정의하게 되었다. 그 때문에 이들 지역에서는 가뜩이나 부족한 일자리를 찾기가 더욱 어려워졌다. 애컬로프는 자신의 모델이, 시간이 지남에 따라 다양한 집단에서 관찰된 이러한 현상을 설명하는 데에 광범위한 맥락에서 도움이 된다고 말했다.

정체성 경제학의 좋은 사례는, 1990년대 일부 흑인들이 자녀에게 눈에 띄는 이름을 지어준 현상이다. "드숀"이나 "섀니스"와 같은 누가 보아도 "흑인"의 이름들은 "코너", "몰리" 같은 이름을 가진 백인 아이들과 쉽게 구별되었다. 이러한 이름 패턴은 인종적으로 고립된 지역에 거주하는 흑인들 사이에서 특히 널리 퍼졌으며, 2000년대 들어 수많은 경제학 연구 논문에 등장한다. 경제학 연구에 따르면 독특한 "흑인 이름"을 가진 이들은 직장에서 차별에 직면했다. 취업할 때에, 학력이나 경력 등 다른 기준들에서 동등하다 해도, 이러한 "흑인 이름"을 가진 이들은 누가 보아도 "백인 이름"을 가진 사람들과 비교했을 때 이력서가 채택되어 면접까지 갈 확률이 훨씬 낮았다. 흑인 부모들은 이러한 경제적 유불리함을 알면서도 자녀에게 그런 이름을 지어주었다. 집단 식별의 힘은 이러한 이해충돌이 왜 일어나는지를 설명해 준다.

화학에서 원자는 전자의 움직임에 의해 결합된다. 정체성 경제학에서 유대감bond은 한편으로는 집단적 관계에서 파생되는 가치와 그 가치에 대한 감각에 의해 형성되며, 로버트는 이것을 존중감esteem이라고 불렀다. 또다른 한편으로는 집단 내에서 다른 이들과 그들이 가진 공통된 사고 규범을 공유함으로써 개인의 존중감을 가지게 된다. 복잡한 분자구조로 인해 원자가 존재할 수 있는 것처럼 이러한 집단 존중감은 사람들을 하나로 묶고, 다양한 행동과 신념으로 연결해 주었다.

2018년, 레드와 블루로 나뉜 미국 전역에서 새로운 패턴의 반대 정체성이 등장했다. 트럼프는 많은 사람들이 위압적이고 부패했으며 비기득권층을 소외시킨다고 여기는 대중 문화를 공격함으로써, 자신의 추종자들이 소위 엘리트 지배계급에 반기를 들도록 자극했다. 사람들은 트럭에서 거대한 성조기(우파에게는 애국심의 상징)를 흔들거나, 자동차 범퍼에 무지개 스티커(좌파에게는 관용의 상징)를 붙이고, 한쪽에서는 총기 소지 권리를 옹호하고 다른 한쪽에서는 기후 위기 해결을 위한 행동을 촉구함으로써 집단적 충성심을 표시했다.

블루 아메리카는 서비스업 중심의, 번성하고 밀집된 도시 지역에 집중되어 있는 반면, 레드 아메리카는 주로 제조업에 종사하고 인구 밀도가 낮은 농촌 지역에 집중되어 있었다. 로버트는 이러한 변화의 흐름 때문에 분열이 더욱 심해지고 있다고 생각했다. 인구 밀도가 낮은 지역에서는 제조업 일자리뿐만 아니라 전통적인 가족 규범도 사라지고 있었다. 직장에서 남성과 여성의 역할에 대한 규범이 변화하고 있는 것 역시 당시 많은 남성 노동자들에게 긴장 요소가 되었다.

이는 더 이상 몇몇 흥미로운 학자들의 추상적인 개념이 아니었다. 실제로 정체성 경제학은 이미 큰 사업이 되어 있었다. 레이첼 크랜턴은 미국 전역에서 굴뚝 달린 공장이 문을 닫는 동안 시청자의 신념 체계에 부합하는 프로그램을 제작하고, 광고를 판매하며, 인기 있는 앵커에게 짭짤한 계약을 안겨주고, 그들이 책을 쓰면 프로모션을 해주는 케이블 뉴스 방송국이라는 정체성 공장이 세워져 시청자를 확보하고 성장해 나가고 있다는 사실을 보았다. 정치인들은 케이블 뉴스 방송국에 출연해 지명도를 높이고 후원금을 모았다. 높은 수익성을 자랑하는 이러한 시스템은 시청자 집단의 신념 체계를 확고히 하는 것이 목적이었다. 심지어 대학 캠퍼스도—북동부의 진보적인 아이비리그든, 버지니아의 리버티 대학교와 같은 보수적인 학교든—"정체성 기계"의 일부가 되었다. 이러한 정체성 공장을 운영하는 정체성 사업가들은 불화를 조장하고 소속 집단의 동맹, 연대감, 불만을 공고히 함으로써 이익을 얻었다.

도널드 트럼프는 최고의 정체성 사업가였다. 히코리 시에서 그는 미국의 엘리트들에 대해 분노할 것을 부르짖었다. 로버트는 정체성 비즈니스의 경제학에서 분노가 강력한 도구가 되는 것을 지적했다. 리더는 사람들이 집단에 계속 충성하고, 외부인 또는 외부집단에 대한 반감을 고양시키도록 하기 위해 분노를 동원한다. 역사를 통해 분노의 힘은—경찰이 도시에서 범죄를 예방하는 데 직면한 어려움을 포함하여—다양한 행동을 설명한다. 사람들이 경찰에게 분노하고 경찰의 업무를 부당한 것으로 여기면, 치안 당국보다 갱단에게 협조할 가능성이 더 높아진다. 갱단이 자신들의 지역사회를 보호하지 않는다고 사람들이 분노할 때에만 갱단은 통제력을 잃는다.

로버트의 연구는 또 정당성에 대한 개념으로 눈을 돌렸다. 집단은 자신들의 가치와 리더의 정당성에 대한 공통된 믿음으로 결속되어 있는데, 로버트는 이러한 정당성이 어떻게 형성되는지, 언제 균열이 생기는지 탐구했다. 한 가지 예는 회사간 합병이다. 두 회사가 합병할 경우 양쪽의 신념 체계가 충돌하는 경우가 많다. 합병된 회사의 리더들은 이러한 충돌 과정에서 권위가 취약해지고 직원들의 충성심을 잃기도 한다. 상대 회사의 판이하게 다른 조직 문화에 노골적으로 반대하는 직원들은 리더의 정당성에 의문을 제기하는 경향이 강했다.

이러한 아이디어들은 자연스럽게 미국에 대한 불편한 질문으로 이어졌다. 미국의 정체성 전쟁은 미국을 하나의 국가로 결합시키는 지도자들과 기관들에 대한 미국인들의 믿음에 어떤 영향을 미쳤을까? 로버트의 연구에 따르면 집단 행동의 강력한 힘은 합병된 회사나 시 경찰과 같은 기관들에 대한 신뢰를 손상시킬 수 있으며, 리더들은 자신의 목적을 위해 군중의 분노를 동원할 수 있다. 그리고 이런 일은 이미 대규모로 일어나고 있었다. 정체성 전쟁이 계속되면서 미국인들은 언론, 법원, 연방 정부, 선거 시스템, 대통령제, 은행, 대기업들과 같은 국가를 이끌어 나가는 기관들에 대해 신뢰를 잃어가고 있었다.

갤럽 등 여론조사 기관들이 실시한 설문조사에 따르면 이러한 미국인의 신뢰 하락은 수십 년 동안 지속되어 왔으며 그 추세는 더욱 심화되었다. 옐런이 연준을 떠난 지 1년이 흘렀다. 경제는 여전히 개선되지 않고 있었다, 미국 내부의 분노는 점점 더 커지고 있었다.

Yellen Yellen Yellen Yellen
Yellen Yellen Yellen Yellen
Yellen Yellen Yellen Yellen
Yellen Yellen Yellen Yellen
Yellen Yellen Yellen Yellen
Yellen Yellen Yellen Yellen
Yellen Yellen Yellen Yellen
Yellen Yellen Yellen Yellen
Yellen Yellen Yellen Yellen
Yellen Yellen Yellen Yellen
Yellen Yellen Yellen Yellen
Yellen Yellen Yellen Yellen
Yellen Yellen Yellen Yellen
Yellen Yellen Yellen Yellen
Yellen Yellen Yellen Yellen
Yellen Yellen Yellen Yellen

Chapter 24

옐런, 역사를 쓰다

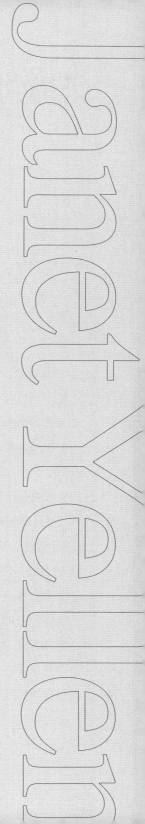

다시 한번 쓰레기 치우기

2020

2020년 3월 중순, 로버트 애컬로프는 홀로 런던에서 유럽 전역을 휩쓸고 있는 팬데믹 위기가 악화되는 것을 지켜보고 있었다. 그는 런던이 완전히 봉쇄되기 전에 워싱턴으로 돌아가 부모와 함께 있기로 결심했다. 히스로 공항은 아수라장이었다. 체비 체이스에 있는 조지와 재닛의 집에 도착한 그는 2주 동안 지하실에서 격리에 들어갔다. 그의 어머니는 끼니마다 지하실 문 앞에 아들을 위해 준비한 식사를 놓아두었다.

재닛 옐런과 조지 애컬로프는 조용하지만 활동적인 나날을 보내고 있었다. 옐런은 자신이 회장으로 이끌고 있는 전미경제학회 연설을 준비 중이었다. 연설까지 1년 넘게 남았음에도 불구하고 그녀는 매일 오전을 오롯이 연설 준비에 쏟았다. 또한 옐런은 한 경제학 구직 웹사이트가 저속하고 여성혐오적인 표현을 사용한 것이 드러난 후 경제학계에서 여성을 대하는 방식에 대한 비난의 소용돌이에 휩쓸려 있었다. 이러한 소용돌이는 하버드가 저명한 교수인 롤랜드 프라이어를 정직 처분하면서 더욱 격심해졌다. 조교들이 프라이어의 연구실이 성적인 농담과 괴롭힘 등 여성에게 적대적인 근무

환경이었다는 조교들의 고발이 있었지만, 프라이어는 이를 부인했다.

케인스부터 프리드먼, 새뮤얼슨, 서머스 등등 경제학계에는 언제나 전투적인 캐릭터가 넘쳐났고, 이들은 곧잘 세미나장을 지적인 격투기 클럽으로 만들어놓곤 했다. 이러한 분위기는 일부 여성들을 위축시켰다. 하지만 더 큰 문제가 있었다. 연구 결과에 따르면 여성은 같은 양의 논문을 쓴 남성보다 승진할 확률이 낮았다. 또한 여성 학자의 논문은 남성 학자의 논문보다 더 가혹한 동료 리뷰를 받았다. 옐런은 이러한 문화를 용납할 수 없다고 천명하고, 변화를 위해 새로운 협회 규정을 마련했다. 또한 경제학계에서 위로 올라가면서 겪었던 어려움에 대해 더 솔직하게 이야기하기 시작했다. 그녀는 학계에서 자신의 위치를 성별에 따라 정의하고 싶지 않았지만, 자신의 커리어를 되돌아보니 성별이 미친 족적을 뚜렷하게 확인할 수 있었다.

1970년대 하버드에서 여성 학자로 사는 것은 쉬운 일이 아니었다. 친구도, 연구 파트너도 찾기 어려웠고, 이는 옐런의 논문 실적이 저조한 이유이기도 했다. 경력 초기에 그녀는 경제 개발이나 사업 가격 책정 전략과 같이 자신의 연구 주제가 아닌 분야들에 끌렸는데, 이러한 분야들에서 그나마 함께 연구할 파트너를 찾을 수 있었기 때문이었다. 하버드를 떠나 워싱턴으로 간 데에는 친구를 찾을 기회가 워싱턴에 더 많을 것이라고 생각한 이유도 있었다. 공개적으로 말하지는 않았지만 1990년대 후반 백악관의 라커룸 분위기도 불편했었다. 클린턴은 여성의 고위직 진출을 장려했고, 옐런은 그 수혜자였지만, 클린턴 행정부의 백악관에서 일한다는 것은 때때로 불쾌한 경험이었다.

연준을 떠난 후 옐런은 기후 위기 문제에도 복귀했다. 그녀는 기후 리더십 위원회Climate Leadership Council라는 초당파적 단체에 가입했다. 기업인, 비영리 단체 리더, 학자, 공화당원, 민주당원 등이 고루 활동하는 이 단체에서 옐런은 "탄소세는 필요한 규모와 속도로 탄소 배출을 줄일 수 있는 가장 비용 효율적인 수단을 제공합니다"를 첫 문장으로 시작하는 청원서 작성에 참여한다. 탄소세 제안은 기후 변화를 문제로 인식하고 이를 해결하는 방법으로서 정부 규제는 상대적으로 번거롭고 비효율적인 방법이라고 보았다. 세금으로 조성된 재원은 각 가정에 환급금으로 돌아갈 수 있었다. 요점은 자금을 모으는 것이 아니라, 개인과 기업이 환경을 파괴하는 탄소 연료를 기피하도록 인센티브를 설계하는 것이었다. "탄소세는 모두가 알고 있는 시장 실패를 바로잡음으로써 시장의 보이지 않는 손을 활용하여 경제 주체들을 저탄소 미래로 이끄는 강력한 가격 신호를 보낼 것입니다"라고 성명서는 말했다. 경제학자들에게는 완벽하게 이해되는 너무나 당연한 내용이었으며 3천 명 이상의 경제학자들이 서명했지만, 정치인들은 약속이나 한듯이 하나같이 시큰둥했다.

아들 로비의 눈에 재닛은 그 어느 때보다 여유로워 보였다. 연준을 이끌고 경제 위기를 관리해야 하는 무거운 짐이 사라졌기 때문이었을 것이다.

난생 처음으로 큰 돈을 벌어들인 것도 옐런의 여유에 한몫 했을 것이다. 옐런은 연준을 떠난 후 골드만삭스, 씨티그룹, 시타델 헤지펀드 그룹, 그 밖의 수많은 금융회사에서 강연 및 컨설팅으로 700만 달러가 넘는 수입을 올렸다. 그린스펀과 버냉키도 연준을 떠난 후 월스트리트 강연을 통해 큰 수익을 올린 바가 있었다. 옐런은 발언할 때 무릎 위에 올려놓은 종이를 계속 쳐다볼 필요가 없도록 사전에 질문을 요청하고 답변을 작성한 뒤 암기하곤 했다.

그때까지 옐런의 공직자 재산 공시에서 이렇다 할만한 자산이라곤 버클리 대학교 퇴직금과, 대략 15,000달러에서 50,000달러 사이의 가치로 추정되는, 어머니로부터 물려받은 우표 수집품이 전부였다. 옐런과 애컬로프 가족은 언제나 낡은 차를 몰았다. 이제 옐런은 새 아우디를 구입했고, 체비 체이스의 주택을 2백만 달러에 구매했다.

2020년 초까지 미국 경제는 호황을 누리고 있었다. 2009년 중반부터 수년간 천천히 진행되어온 경기 확장은 이제 미국 역사상 최장 기간의 경제 성장을 기록하며, 1990년대의 10년 성장기를 앞질렀다. 느린 성장은 인플레이션의 급등과 새로운 금융 버블의 붕괴를 막기는 했지만, 그 대신 수백만 가정에 오랫동안 고통을 안겨주었다. 하지만 실업률이 감소하면서 마침내 기업들이 중산층과 저소득층 근로자의 임금을 인상하기 시작했다. 중산층 가구의 인플레이션 조정 소득은 수십 년 만에 가장 높은 증가율을 기록했다.

트럼프는 이러한 경제적 이익을 축하하는 재선 캠페인을 계획하고 있었고, 그의 승리는 확실해 보였다. 그러나 2년 후 트럼프는 "우리는 너무 잘하고 있었고 사람들은 하나가 되고 있었다"라며 아쉬워하게 된다.

오바마 정권 임기 첫 6년 동안 경제는 연평균 2.1% 성장했다. 트럼프 임기 첫 3년 동안은 2.5%의 성장률을 기록했다. 그러나 트럼프가 내세운 감세, 규제 완화, 강경한 무역 정책들은 그가 장담한 대로 경제에 활기를 불어넣지 못했다. 트럼프의 임기 첫 3년 동안 기업 투자는 실제로 둔화되었고, 무역은 성장의 발목을 잡았다. 트럼프의 관세 정책에 다른 국가들은 보복으로 맞섰고 수출 증가율은 둔화되었다.

그 과정에서 트럼프는 옐런 대신 연준 의장으로 임명한 파월을 향해 금리 인상을 거듭 비난하고, 파월을 선택하도록 설득한 므누신 재무장관을 사적으로 공격했다. 파월의 금리 인상은 연준이 수년 동안 꾸준히 대외에 전달해온 정책의 연장선이었음에도 불구하고 트럼프에게는 더 빠른 경제 성장에 대한 방해이자 멍청한 짓으로밖에 보이지 않았다. 경제학자이자 TV 진행자로 일하다가 백악관 고문이 된 로런스 커들로우는 훗날 "트럼프는 므누신을 결코 용서하지 않았다"라고 말했다.

트럼프 임기 동안 경제에서 가장 빠르게 성장한 부분 중 하나는 연방 지출로, 취임 첫 3년 동안 인플레이션 조정 기준 연평균 3%의 성장률을 기록했다. 반면, 오바마 정권은 임기 후반 6년 동안 연방 지출이 인플레이션 조정 기준 연간 1%로 비율로 감소했는데, 이는 사사건건 지출 억제를 들먹이는 공화당과의 예산 싸움의 결과였다. 물론 공화당은 자신들이 백악관을 장악하는 순간 지출 억제에 대한 신념 따위 내다버렸다. 공화당은 더 많은 군사 지출을, 민주당은 더 많은 복지 지출을 요구했고, 둘 다 원하는 것을 얻었지만 동시에 세수 증가는 둔화되었다. 트럼프는 재정 적자를 줄이고 부채를 없애겠다고 말했지만, 오히려 적자 규모는 취임 전 5,850억 달러에서 2019년 9,840억 달러로 확대되었고, 부채는 3조 달러나 급증했다.

경제를 위한 최고의 처방은 단순하다는 것이 진실이다. 경기 침체에 빠지지 않게 하는 것이다. 그 전 20년 동안 경기 침체는 미국 경제에 큰 피해를 입혔고 회복에도 오랜 시간이 걸렸기 때문에 가장 좋은 정책은 애초에 경기 침체에 빠지지 않도록 하는 것이었다. 불황을 피하고 실업률이 떨어지면 가장 큰 혜택을 받는 사람들은 소수 인종, 대학 중퇴자, 장애인 등 경제의 주변부에 있는 이들이다. 경기 침체가 닥치면 이들이 재기하는 데는 수년이 걸리는 경우가 많다.

서로를 경멸하는 오랜 라이벌이었던 오바마와 트럼프의 재임 기간은 미국 역사상 가장 긴 경기 확장 국면이었고, 2020년 초만 해도 무엇이 이 국면을 무너뜨릴지 예측하기 어려웠다. 그리고 로버트 애컬로프가 부모님 집의 지하실에 앉아 있을 때 미국은 여지껏 경험해본 적 없는 경기 침체에 빠졌다.

2020년 초 중국 우한에서 코로나19 바이러스가 출현하자 전세계가 속수무책이었다. 지난 반세기 동안 전세계 사람들이 일자리와 사회적 관계를 찾아 도시로 이동해 왔다. 1960년에서 2018년 사이에 전세계 인구 중 도시 거주 인구 비율은 34%에서 55% 이상으로 증가했다. 밀집된 거주 환경으로 인해 바이러스 전파가 쉬워졌다. 또한 세계화로 해외 여행이 증가하면서 질병의 확산을 촉진했다. 전국의 노천 시장에서 육류를 진열 판매하는 중국은 오랫동안 각종 바이러스의 온상이었다. 그러다가 2001년 중국이 세계무역기구에 가입하면서 외부 세계와의 연결이 크게 증가했다. 미국과 중국을 오가는 승객 수는 2003년 70만 명에서 2018년 850만 명 이상으로 급증했다.

팬데믹 연구의 오래된 경험 법칙은 세계적인 전염병이 한 세기에 세 번 정도 발생한다는 것이었다. 하지만 2020년 이전 20년 동안 전 세계는 이미 2002년과 2003년에 중증 급성 호흡기 증후군SARS, 2009년과 2010년에 신종 인플루엔자(H1N1이라고도 함), 2012년과 2013년에 중동호흡기증후군MERS, 2015년과 2016년에 지카 바이러스, 2016년에는 뎅기열이 발생했다. 그리고 2020년 3월과 4월에 코로나19가 터졌다.

2020년 초 코로나19로 인한 사업장 폐쇄는 세계 경제를 황폐화시켰다. 하지만 코로나19의 충격은 보건과 경제의 영역을 훨씬 초월했다. 코로나19는 사회적, 정치적 재앙이기도 했다. 2020년까지 미국의 도시들은 경제의 중심지이자 빠르게 성장하는 기술 및 기타 서비스 부문 일자리의 중심지였다. 도시의 경계는 레드 아메리카와 블루 아메리카를 구분하는 경계선이었다. 이 선의 안쪽은 젊고 인종적으로 다양하고 진보적이었다. 선의 바깥쪽은 나이가 많고 백인이 많았으며 성장 속도가 느리고 보수적이었다. 히코리와 샬럿이 좋은 예였다.

코로나는 도시의 일상을 뒤흔들었다. 팬데믹으로 인해 학교가 문을 닫고 경찰력이 고갈되면서 폭력 범죄가 증가하기 시작했다. 사람들은 인구 밀도가 낮은 지역으로 피신했다. 그리고 2020년 5월 미니애폴리스에서 경찰이 흑인 남성 조지 플로이드를 살해한 사건이 전국적으로 시위를 촉발하면서 여름 내내 도시 지역이 끓어올랐다.

2020년 대선은 더이상 트럼프의 장기 경제 확장 정책에 대한 국민투표가 아니었다. 이미 분열된 국민들이 고통과 혼란에 빠진 거리, 텅 빈 식당, 날지 않는 비행기들, 치안, 사망자가 넘쳐나는 병동 등을 바라보고 판단하는 거울이었다. 이제 레드와 블루의 분열은 미국인의 삶과 눈앞에 다가온 선거의 거의 모든 요소를 규정하고 있었다.

옐런은 선거에 거의 관여하지 않았다.

경제학자들은 종종 정치권에 조언을 제공하지만, 옐런은 1992년 클린턴의 대선 캠페인에 참여하지 않았다. 1997년 백악관에 합류했을 때도 다른 사람들에 비해 아웃사이더였다.

2008년 오스턴 굴스비가 오바마 후보에게 연준의 베어스턴스 구제금융에 대해 설명해 달라고 주선한 30분간의 전화 통화 외에는 오바마의 당선을 위해 협력한 적도 없었다. 옐런은 민주당원이자 진보적인 세계관의 소유자였고, 정책에 관심이 많았지만 정치적 책략은 좋아하지 않았고, 경제 정책의 수도원과도 같은 (그래서 그녀가 편안함을 느끼는) 연준을 제외하면 임명직을 노리지도 않았다.

2020년 대선도 크게 다르지 않았다.

조 바이든의 최고 경제 고문은 바이든이 부통령으로 재직하던 시절 보좌관이었던 재러드 번스타인과 진보 성향의 싱크탱크 "워싱턴 공정 성장 센터"의 대표 헤더 부셰이였다. 이들은 민주당의 래리 서머스 캠프보다 더 진보적인 경제학 브랜드를 주창했다.

옐런은 8월에 바이든과의 화상회의에 참가해 팬데믹 위기에 대처하기 위한 광범위한 정부 조치를 지원할 것을 촉구하기는 했다. 옐런은 2009년 경기 침체 이후 긴축 정책이 초기의 지출 폭발 이후 성장 둔화를 초래했다고 말했다. 옐런은 바이든에게 금리가 매우 낮은 상황에서 정부가 저비용으로 자금을 조달할 수 있으며, 이전의 경기 침체들에서 정부가 보여준 실수의 반복을 피할 수 있다고 말했다. 그 달 말 옐런과 번스타인은 뉴욕타임즈에 비슷한 논조의 외부 기고를 실었다.

바이든이 대선에서 승리한다 해도 옐런은 바이든 정권에서 일할 생각이 없었고, 그랬기 때문에 선거 전 몇 주 동안 다양한 문제에 대해 공개적으로 계속 목소리를 냈던 것이기도 했다. 보통 새 정권에서 한 자리를 원하는 사람들은 괜한 문제에 휘말리는 것을 피하기 위해 캠페인 메시지와는 거리를 두고 납작 엎드려 있다. 월스트리트 저널과의 10월 인터뷰에서 옐런은 트럼프의 첫 3년 동안 낮은 실업률로 인해 저소득 근로자들이 혜택을 보았다고 인정했는데, 이것은 바이든 정권에서 자리를 얻고 싶어하는 사람이 할 수 있는 종류의 코멘트는 아니었다.

당선 직후 바이든은 민주당의 진보파와 온건파 모두에게 어필할 만한 사람을 원했다. 경제가 혼란에 빠진 상황에서, 대중과 금융 시장이 신뢰할 수 있다고 여기는 누군가가 필요했다. 진보파들은 공격적인 정부 지출 프로그램과 은행에 대한 강력한 규제를 추진하는 매사추세츠 상원의원 엘리자베스 워런을 원했다. 바이든은 워런에게 누구를 선호하는지 물었고, 워런은 옐런에게 그 일을 맡아달라고 요청하라고 말했다.

바이든의 고문 제프리 젠츠가 연락해왔을 때, 옐런은 그러한 제안이 올 것이라고 전혀 예상하지 않고 있었다. 옐런은 거절했다. 그녀는 조용한 삶을 즐기고 있었고, 저녁 8시 반에 자러 가는 것이 좋았다. 옐런은 74세였다.

며칠 후 바이든의 또다른 고문인 마크 기텐스턴이 옐런의 오빠에게 연락해 이야기를 좀 나눌 수 있는지 물었다. 존은 여동생에게 전화를 걸었고, 재닛은 부엌에서 조지와 로비와 이 문제를 놓고 의논했다. 대통령이 요청하면 그 임무를 맡을 사명이 있다는 것이 그들의 결론이었다. 선거가 끝나고 2주가 조금 지났을 때 바이든과 옐런은 화상회의를 가졌다. 그는 제안했고 그녀는 수락했다.

옐런은 미국 역사상 유일하게 연방준비제도이사회 의장, 재무부 장관, 백악관 경제자문위원회 의장을 역임하게 될 것이었다. 그녀는 그린스펀 이후 그 어느 누구보다도, 버냉키보다도, 서머스보다도, 더 오랜 기간 동안 최고의 정책 역할을 수행한, 그녀 세대에서 가장 오래 근무한 고위 경제 정책가가 될 것이었다. 그녀는 정치를 싫어했지만, 워싱턴에서 가장 신뢰받는 경제인이 되었다. 여기까지 오는 동안 그녀는 자신의 분야에서 여성이 마주해야 했던 모든 장벽을 무너뜨렸다.

Chapter 25

재무부 장관 옐런

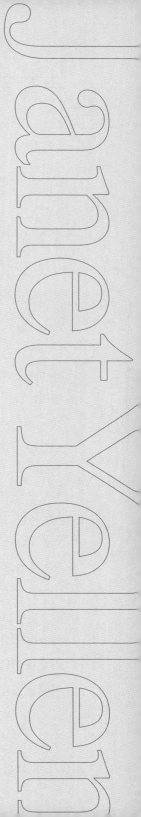

수조 달러

2021

조 바이든의 취임식 날, 재닛 옐런은 어두운 색의 후드 달린 파카를 입고 무릎에는 두꺼운 담요를 덮었다. 추운 겨울날이었다. 2주 전 바로 이 곳, 미합중국 국회의사당 계단에는 트럼프를 지지하는 수천 명의 폭도들이 의회의 바이든 당선 인준을 막기 위해 밀려들었었다.

하얀 마스크를 쓴 채 일찍 도착해서 홀로 앉아 기다리고 있는 옐런은 브루클린의 공원 벤치에서 흔히 볼 수 있는 평범한 할머니였다. 조지는 집에 머물렀다. 또 한 번의 코로나 19 확산이 아직 잡히지 않고 있었기 때문이다. 가뜩이나 추운 1월에 두 사람 모두의 건강에 위험을 감수할 이유는 없었다.

오도카니 앉아있는 옐런의 모습만 보아서는 그녀가 손끝 하나로 얼마나 엄청난 액수의 돈이 좌지우지할 수 있는 인물인지 상상이 가지 않았다. 재무부는 22조 달러에 달하는 연방 정부 부채를 관리했다. 이 부채는 정부가 재정적자를 감수해가면서, 들어오는 세수와 나가는 세수 사이의 부족분을 메우기 위해 자금을 조달해야 할 때 추가로 발생한 것이다. 트럼프 임기 마지막 해에 부채가 4조 달러 이상 증가한 것은 팬데믹 봉쇄 기간 동안 가계와 기업이 버틸 수 있도록 정부가 돈을 빌려 쏟아 부었기 때문이었다. 하지만 이만한 거액을 쓰고도 바이러스가 여전히 맹위를 떨치고 있는 상황에서 워싱턴 정가는 돈을 얼마나 더 풀어야 할 것인가를 놓고 의견의 일치를 보지 못한 채 깊은 염증에 빠져 있었다. 바로 전날, 옐런은 자택에서 상원재무위원회의 인사청문회에 원격으로 출석했다. 여기에서 그녀는 자신의 취임 첫해를 정의하는 두 단어를 입 밖에 냈다. 여러 면에서 신임 대통령의 첫 해와 그가 이끄는 당의 사고방식을 정의하는 두 단어였다.

"우리가 할 수 있는 최선은 담대하게 행동하는 것입니다."

담대하게 행동하라^Act Big. 이 두 단어에는 수년간의 경제적 사고와 정치전략의 변화가 압축되어 있었다. 2008년 금융위기 이후 처음에 지원이 쏟아진 후에 그랬던 것처럼 위기 뒤에는 정부 예산을 억제하고 관리해야 할까? 또는 정부가 실업률을 빠르게 낮추려고 강하게 압박해야 할까? 담대하게 행동하라, 이 두 단어는 옐런이 어디에서 왔는지, 그리고 워싱턴이 어디로 가고 있는지를 요약하고 있었다. 전임 대통령이 이미 수조 달러를 빌리고 지출했지만, 며칠 전 바이든은 그보다 더 많은 금액인 1조 9천억 달러의 구제 법안이 신속하게 통과되기를 바란다고 발표했다. 〈미국 구조 계획 American Rescue Plan〉이라는 이름의 이 법안에는 정부가 성인 시민 대다수에게 직접 지급하는 1,400달러짜리 수표가 포함되어 있었고, 이들은 이 돈을 필요한 대로 쓰거나 저축할 것이었다.

바이든 팀이 이 프로그램을 내놓은 것은 극도의 혼돈에 휩싸인 정권 인수인계 기간이었다. 트럼프가 지지자들을 부추긴 국회의사당 폭동으로 인해 의회는 탄핵을 벼르고 있었고, 상원 과반수는 조지아 주 보궐선거 결선 투표에 따라 유동적이었으며, 코로나19 확산으로 인해 바이든은 참모들과 얼굴을 보고 마주 앉기가 어려웠다. 옐런은 정권 인수 기간의 대부분을 집에서 책과 사진으로 깔끔하게 정리된 책장을 배경으로 컴퓨터 화상회의에 참여하며 보냈다.

클린턴 백악관에서 그랬던 것처럼, 옐런은 다시 한 번 자신이 아웃사이더라는 사실을 깨달았다. 바이든의 팀에는 그가 부통령이었던 오바마 정권 때부터 그를 위해 일했던 참모들이 포함되어 있었다. 일부는 바이든이 상원의원이었던 수십 년에 걸친 인연을 자랑했다. 바이든의 비서실장이 된 론 클라인은 바이든이 출마했었던 1988년 대선 캠페인 시절부터 함께 일해왔다.

옐런은 1조 9천억 달러 규모의 프로그램의 경제적 영향이 충분히 검토되지 않았다고 생각했지만, 모든 상황이 너무 빨리 진행되어 속도를 늦추거나 프로그램의 세부 내용을 조정하기가 어려웠다. 바이든과 그의 최측근들이 취임식 직전인 1월 중순에 1조 9,000억 달러 규모의 계획을 확정했을 때 옐런은 그 자리에 없었다. 일단 확정된 뒤에는 지지하는 것 외에 선택의 여지가 없었다. "담대하게 행동하라"는 그녀의 암묵적이고 불가피한 지지의 의사 표시였다.

프로그램의 규모와 범위는 경제적인 구상이 아닌, 부분적으로 정치적 선택이었다. 의회는 전년도 12월에 이미 모든 가계에 600달러를 지급하는 것을 승인했지만, 트럼프는 그 금액이 너무 적다며 2,000달러로 올릴 것을 주장했다. 1월 5일 조지아주 상원 결선 투표를 앞두고 바이든은 민주당이 상원을 장악할 경우 의회에서 추가로 1,400달러 지원을 통과시키겠다고 말했다. 하원과 상원의 진보파 의원들은 트럼프의 숫자에 맞추기를 원했고, 이로 인해 마지막 순간에 계획의 규모가 커졌다. 워싱턴에서 선택이란 종종 무엇이 최선인지, 혹은 무엇이 옳은지가 아닌 무엇이 가능한지를 의미한다. 바이든이 대통령이 되었고, 민주당이 하원과 상원을 장악했으니, 1,400달러의 추가 지원이 가능했다. 그들은 그렇게 하겠다고 약속했고, 이제 그 약속을 지켰다. 이렇게 단순하게 결정된 것이었다.

"우리는 할 수 있는 최대한 공격적으로 움직여야 합니다." 민주당이 상원을 장악하자마자 버몬트 주의 진보파 상원의원 버니 샌더스가 한 말이다. "우리는 이 문제에 대해 몇 달 동안 논쟁할 시간이 없습니다."

"우리는 미국인들에게 2,000달러의 생존 수표를 전달해야 합니다. 한푼도 깎아서는 안 됩니다." 하원 진보파의 좌장인 프라밀라 자야팔 역시 트위터에 이렇게 썼다.

2021년 3월 11일, 바이든은 이 법안에 서명했다. 대통령에 취임한 후 첫 번째 큰 행보였다. 그리고 이 법안의 집행을 진두지휘하기 위해 클린턴과 오바마 정부에서 경제 정책 베테랑이었던, 그리고 때때로 옐런을 좌절시키곤 했던 진 스펄링을 데려왔다.

한 가지 문제는 이 프로그램의 범위가 너무 넓어, 돈이 필요하지 않은 사람들도 똑같이 돈을 받을 수 있다는 것이었다. 옐런은 경제 위기 이후 배운 교훈 때문에 부분적으로 이 법안에 찬성했다. 2008년 금융 위기 때 치솟은 실업률이 5% 미만으로 떨어지기까지 거의 10년이 걸렸다. 이 기나긴 기간에 일자리를 잃은 수백만 명의 사람들의 숫자를 곱하면, 4억 개월 이상의 집단 실업과 그에 따른 모든 이탈이 발생한 셈이었다.

금융 위기가 지나간 후 진정한 악당은 시간이었고, 옐런은 언제나 시간에 맞서 싸웠다. 경기 회복에 너무 오랜 시간이 걸렸다. 시간은 연준이 운영하는 신용의 세계에서도 숨은 요소였다. 옐런이 연준에서 지지했던 채권 매입 프로그램과 장기 저금리에 대한 약속은, 결국 개인과 기업이 기다리지 않고 지금 당장 돈을 빌려서 사용하도록, 더 빨리 움직이도록 설득하는 노력으로 요약된다.

경제학자들은 신용에 대해 이야기할 때 "화폐의 시간 가치"라는 표현을 사용한다. 옐런의 경력에서 가장 중요한 시기는 본질적으로 장기 실업으로 인한 막대한 비용을 극복하기 위해 사람과 상황이 움직이는 속도를 높이려는 노력이었다. 그녀는 바이든 정권이 실수를 해야 한다면, 너무 적게 하는 실수보다 너무 많이 하는 실수 쪽이 낫다고 대통령에게 말했다. 옐런은 더 작은 규모의 부양책이 더 적절하다고 생각했지만, 자신의 주장을 굳이 밀어붙이지는 않았다.

연준에서 그녀의 후임자도 같은 교훈을 얻었다. 2010년대 초 연준 이사 시절, 제롬 파월은 연준의 채권 보유량을 5조 달러로 늘리겠다는 안에 몸서리를 쳤었다. 이제 연준 의장이 된 그는 연준의 보유 자산을 거의 9조 달러로 늘리는 방향으로 정책을 추진했다. 그는 트럼프의 분노에도 꿋꿋하게 인상했던 금리를 다시 제로로 떨어뜨렸다. 파월은 새로운 위기에 직면하여 과거에 효과가 있었던 정책을 다시 끄집어낼 때가 왔다고 믿었다.

옐런과 파월이 과감한 조치를 취한 데에는 또 다른 이유가 있었다. 이전 경기 확장기 동안 정책 입안자들을 억눌렀던 많은 우려는 실제로 현실화된 적이 없었다. 버냉키와 옐런의 비판자들—의회와 월스트리트, 케이블 뉴스 채널들, 심지어 연준 내부에서도—은 인플레이션은 피할 수 없다고 말했다. 하지만 실제로 지난 10년간 인플레이션은 연준의 목표치인 2%에 못미치는 경우가 허다했고, 연준은 미국이 일본식 디플레이션으로 향하고 있는 것이 아닌가 우려하지 않을 수 없었다.

비판자들은 또한 미국 달러가 붕괴할 것이라고 주장했다. 하지만 그런 일은 일어나지 않았다. 오히려 달러는 종종 강세를 보였다. 비판자들은 다른 금융 거품이 월스트리트를 무너뜨릴 것이라고 경고했지만 그런 일 역시 일어나지 않았다. 대신 금융 위기 이후 길고 암울한 경기 확장기 동안 부채와 적자에 대한 월스트리트의 계산은 뒤집혔다.

1990년대에 투자자들은 거대한 연방 재정 적자에 우려를 표시했다. 재무부가 이러한 적자를 메꾸기 위해 발행하는 국채를 누가 다 사줄 것인가? 그당시 투자자들은 이러한 리스크에 대한 보상으로 정부에 높은 이자 지급을 요구했다. 워싱턴은 정부 채권을 거래하는 월스트리트 사람들을 "채권 자경단"이라고 불렀다. 정부가 적자를 줄이는 데 성공하면 시장은 낮은 이자율로 보상했고, 이는 경제를 촉진하는 데 도움이 되었다.

2000년대가 되자 모든 것이 바뀌었다. 재정 적자에 대한 월스트리트의 우려는 사라졌다. 정부의 부채는 계속 증가했지만, 금리는 낮게 유지되었다. 이것은 케인스가 대공황 때처럼 경제 엔진이 멈춰섰을 때 일어나는 일이라고 말했던 현상이다. 중국이 경제 대국으로 부상한 것도 인플레이션과 금리 추세에 변화를 가져왔다. 수억 명의 중국인 노동자들이 글로벌 노동력에 유입되면서 전세계적으로 인플레이션과 임금이 억제되었다. 중국은 또한 수출을 통해 수조 달러를 빨아들이고, 다시 그 돈으로 미국 국채를 사들임으로써 미국 정부의 차입 비용을 낮게 유지해주었다.

파월과 옐런은 아직 "대담하게 행동할" 여지가 있다고 판단했다. 금리는 낮았고, 인플레이션도 낮았으며, 그 반대를 예고했던 비판자들은 틀렸음이 증명되었다. 의회의 민주당 의원들로 말할 것 같으면, 그들은 절대 물러설 마음이 없었다. 하원, 상원, 백악관을 장악했으니, 사회적 지출의 우선순위를 높일 수 있는 절호의 기회였다. 게다가 그들은 분노하고 있었다. 오바마 정권 때 공화당은 재정 적자 축소를 요구하며 경기 회복을 늦추고서는 자신들이 정권을 잡자 감세와 군사 지출로 적자를 늘려 놓았다. 일부 민주당 의원들에게 1조 9천억 달러 규모의 지출 패키지는 그동안 악의적으로 행동한 공화당에 대한 합당한 보복이었다.

수많은 워싱턴 사람들이 지난 10년 동안 축적된 분석과 감정을 바탕으로 로드맵을 그리고 있었다. 하지만 그 로드맵이 지금 상황에 적합한 것일까? 한발짝 떨어져서 이 모든 것을 지켜보던 로런스 서머스는 재앙의 조건이 모두 갖춰졌다고 생각했다.

수년 동안 서머스는 민주당이 코로나 이후 경제를 되살리기 위한 노력을 정당화하기 위해 내세워온 주장들을 지지해온 대표적인 경제학자였다. 경제 성장이 둔화되는 새로운 시대에 인플레이션과 금리는 낮은 수준을 유지할 수밖에 없었고, 정부는 투자 프로그램을 시작할 수 있는 여력이 있었다. 중국은 호황기에 도로와 다리를 건설했다. 미국도 그렇게 할 수 있다고 그는 주장해왔다. 그러나 서머스는 이 모든 것이 너무 많고 너무 빠르다고 보았다. 트럼프는 코로나19 위기 초기에 이미 수조 달러를 경제에 쏟아 부었고, 봉쇄가 풀리면서 경제는 이미 회복을 시작하고 있었다. 서머스는 정부가 더 천천히, 더 신중하게 움직여야 하며, 바이든이 지금 막 서명한 1,400달러짜리 수표를 전국의 가정에 보내는 것이 능사가 아니라고 생각했다.

서머스는 코로나 기간의 가계 소득이 정상적으로 작동하는 경제에서 창출할 수 있는 소득 대비 한 달에 약 250억 달러에서 300억 달러가 부족하다고 추정했다. 그러나 워싱턴은 한 달에 약 2,000억 달러를 그 구멍에 쏟아 붓고 있었다. 결국 무언가가 흘러넘칠 수밖에 없었다.

"불쏘시개였던 것에 이제 불이 붙었다"라고 서머스는 말했다. 수년 동안 그는 인플레이션 가능성이 낮다고 주장해왔지만, 이제는 인플레이션을 피할 수 없다고 말하고 있었다.

서머스는 논쟁의 양면을 보는 재능이 있었고, 이제 반대편에 섰다.

바이든 정권의 가계 지원책을 두고 서머스는 "지난 40년 동안 우리가 시행했던 재정 거시경제 정책 중 가장 무책임한 정책"이라고 비판했다. "나는 근본적으로 민주당 좌파의 비타협성, 그리고 공화당 전체의 비타협성과 완전히 불합리한 행태가 이러한 정책을 주도했다고 생각한다. 이것이 우리를 지금 우리가 보고 있는 정치적 거래로 이끌었다."

서머스를 폄하하는 수많은 사람들이 보기에, 이것은 권력에서 밀려난 사람이 자신이 원했던 자리에 앉은 사람들을 향해 총질을 하는 것처럼 보였다. 하지만 옐런은 다르게 생각했다. 그녀는 서머스를 거의 50년 동안 알고 지냈고, 그의 주장을 진지하게 받아들였다. 서머스가 거칠고 싸움꾼이기는 해도, 그는 종종 좋은 지적을 했고, 옐런은 지금 그가 합리적인 주장을 하고 있다고 생각했다.

겉으로 보기에는 이들은 격렬한 라이벌이었을 수도 있다. 하지만 실제로는 옐런이 재무장관으로 취임한 첫 해에 두 사람은 정기적으로 대화를 나눴다. 재무부 장관 자리를 옐런에게 빼앗긴 후에도, 가계 지원책에 대해 공개적으로 비판한 뒤에도, 서머스는 무대 뒤에서 그녀의 든든한 조력자가 되어

주었다. 그들은 운영자금이 고갈되어 조세 징수 업무를 제대로 집행할 수 없게 된 국세청의 쇄신 방안을 의논했다. 국세청으로 들어오는 우편물을 개봉하는 데에만 1년이 걸리고 있는 형편이었다. 국세청은 고장이 났고, 수리가 필요했다.

그들은 법인세 개혁에 대해서도 의견을 나누었다. 옐런은 전세계 모든 국가가 법인세율 최저 한도를 똑같이 15%로 설정하자는 협약을 준비하기 시작한 참이었다. 이를 통해 국가들이 경쟁적으로 법인세를 낮춤으로서 결국은 모든 나라의 세수가 줄어드는, 이른바 '이웃나라를 거지로 만드는 정책 beggar thy neighbor policy. 경제학에서는 근린궁핍화정책이라고 부름'이 종식되기를 바랐다. 전임 므누신 장관 역시 트럼프 감세 정책의 일환으로 미국 법인세 최저세율을 도입했지만 옐런은 더 포괄적인 방안을 원했다. 새로운 국제 법인세는 바이든의 지출 정책에 필요한 자금을 조달하는 데에도 도움이 될 것이었다. 옐런은 여전히 장기적으로 재정 적자를 줄여야 한다고 믿었다.

재무부 직원들은 옐런을 위해 주말마다 세법 브리핑을 준비해주었다. 월요일이 되면 옐런은 300페이지에 달하는 자료를 전부 읽고 질문을 적어왔다. 연준 의장 시절 그녀는 금리에 대한 다양한 견해를 가진 전국 각지의 정책 입안자 19명을 한자리에 모아야 했다. 이제 국제 조세 협상에서 그녀는 다양한 이해 관계를 가진 100개 이상의 국가를 하나로 모으는 데 앞장서야 했다.

그녀는 돌파구의 열쇠로 영국과 아일랜드에 집중했다. 영국이 동참하면 아일랜드를 포함한 다른 국가들도 뒤따를 가능성이 높았기 때문이었다. 아일랜드는 세계 최저 수준인 12.5%의 법인세율로 외국 기업 CEO들을 끌어들이고 있었다. 옐런은 독자 노선을 걷는 대신 글로벌 합의의 일부가 되어 세율을 올리는 것이 그들의 이익에 부합한다고 아일랜드 정부를 설득해야 했다. 재무부 고문 데이비드 립튼은 이 협상에 대해 "여러 개의 잠긴 문에 각각 맞는 열쇠를 찾는 것과 같았다"라고 말했다. "모든 문이 전부 달랐다.

모든 자물쇠도 전부 달랐다." 옐런의 전략은 세부 사항까지 완벽하게 숙지하고, 상대방의 의견을 듣고, 방법을 찾는 것이었다. 트럼프의 나홀로 허세와는 완전히 다른 전략이었다.

136개국과 합의를 이끌어낸 후 옐런은 의회로 눈을 돌렸다. 이제 미국이 협상안을 지키도록 할 때였다. 그러나 그해 중반이 되자 의회뿐만 아니라 경제 전반에 걸쳐 문제가 발생하고 있었다.

수요 진작을 위해 총력을 기울인 정부의 정책은 서머스가 예상한 대로 인플레이션을 밀어올리기 시작했다. 또다른 문제는 코로나 사태로 경제가 멈추면서 쌓인 공급 병목 현상이었다. 상거래의 엔진을 재가동하는 것은 모두가 생각했던 것보다 훨씬 더 어렵고 복잡했다. 기업들은 다시 문을 연 식당에 공급할 양상추나 자동차 공장에서 필요한 컴퓨터 칩을 구하기 위해 동분서주했고, 업자들은 공급이 부족한 물자의 가격을 마구 올렸다.

노동력도 부족했다. 코로나 이전에도 이미 많은 베이비붐 세대가 은퇴를 앞두고 있었다. 코로나 위기는 이러한 인구 변화에 박차를 가했다. 직장에 복귀한 사람들은 생활비 상승을 따라잡기 위해 임금 인상을 원했고, 그 어느 때보다 임금 협상에서 유리한 위치에 있었다.

미국은 1970년대 이후 이런 상황을 마주한 적이 없었다. 정부가 소비자와 기업의 수요를 자극했고, 코로나로 인한 경제 충격은 상품과 서비스의 공급이 제한하였다. 수요 증가와 공급 감소는 교과서에 나오는 물가 상승의 필요 조건이었고, 실제로 그런 일이 일어난 것이다.

파월은 치솟는 인플레이션을 막는 것이 대체로 자신의 책임이라는 것을 자각했다. 노동부의 소비자 물가 지수는 2021년 6월까지 5%의 인플레이션을 기록했고, 수십 년간 최고치인 9%를 향해 빠르게 상승하고 있었다. 파월은 그동안 쏟아부었던 돈을 예정보다 빨리 회수해야 한다는 사실을 서서히 깨달았다. 옐런과 바이든은 정치적 역풍에 직면했다. 국가의 기술적, 물리적 인프라를 재건하기 위한 바이든의 두 번째 지출 프로그램은 시기도 지연되고 규모도 축소되어 간신히 통과되었다. 기후 및 사회 프로그램을 위한 세번째 지출 법안은 무기한 연기되었다. 옐런의 국제 법인세 계획도 이 법안에 포함되었지만 이 역시 무기한 연기되었다.

바이든의 취임 첫해는 대규모 단기 경기 부양책이라는 도박과 연방 정부가 더 밀어부칠 여력이 있는지에 대한 논쟁으로 정의되었다. 바이든은 대담한 조치를 선택했지만 역효과가 나고 있었다. 옐런이 희망했던 대로 실업률은 팬데믹 이전 수준으로 빠르게 하락했고, 2008년 금융 위기를 정의했던 느린 회복을 피했다는 것은 분명 희소식이었다. 그러나 일자리 회복은 인플레이션의 불길을 지폈고, 이제 이 불을 꺼야만 했다. 미시건 대학의 소비자 신뢰 지수는 경제가 회복되고 있음에도 가계의 신뢰가 떨어지고 있다는 것을 보여주었다.

바이든의 백악관 참모들은 새 대통령의 실수를 비난하는 공화당에 어떠한 빌미를 주는 것도 원하지 않았기 때문에 〈미국 구조 계획〉이 인플레이션과 상관이 있다는 사실을 인정하려 들지 않았다. 현실은 미묘하게 달랐다. 연방준비제도 이사회와 트럼프가 제공한 경기 부양책이 경제에 광범위하고 비정상적인 수요와 공급의 불균형을 가져온 것은 연이은 경기부양책의 "마지막 부분"이었지만, 그 경기부양책은 바이든뿐만 아니라 연준과 트럼프도 함께 제공한 것이었다. 백악관 관료들은 옐런이 뉘앙스에 세심한 주의를 기울이고, 정치적 점수를 얻기 위해 말을 돌리는 것을 좋아하지 않는 경제 대변인이라는 사실을 알게 되었다. 그들은 바이든 정부의 경제 정책을 대외적으로 설명하는 백악관 브리핑룸에 옐런을 거의 내보내지 않았다.

그해 여름, 문제는 더욱 복잡해졌다. 2021년 가을 공화당과의 새로운 부채 한도 전쟁이 예정되어 있었다. 민주당과 공화당이 부채 한도 증액에 합의하지 않으면 정부는 약속된 사회보장 수당, 만기가 도래하는 군 계약업체들의 청구서, 부채에 대한 이자 등을 지급하지 못할 수도 있었다. 오바마 전 대통령을 괴롭혔던 것과 똑같은 문제였다.

옐런은 재정적 재앙을 피하기 위한 준비에 몰두했다. 그녀는 직원들에게 정부의 현금 보유 상태에 대해 정기적으로 업데이트를 요구하며 매일 들어오고 나가는 돈을 분석했다. 그런 다음 그녀는 백악관과 의회 양당 지도자들에게 그들이 또 다른 재앙을 가지고 장난질을 치고 있다고 경고했다.

재무부와 백악관은 이 문제를 어떻게 다룰지에 대해 사고방식이 서로 달랐다. 바이든과 가까운 백악관 참모들은 문제를 일으킨 공화당에게 책임을 전가하기를 원했고, 옐런의 재무부 팀은 문제가 해결되지 않으면 발생할 고통에 대해 모든 사람에게 경고하기를 원했다. 바이든은 10월에 또 다른 재앙을 피하기 위해 협력이 필요한 야당을 향해 "그들의 방해와 무책임은 한계를 모른다"라고 말했다.

옐런은 자신이 원해서 이 나이에 이런 스트레스를 받는 자리에 온 것은 아니었지만, 한편으로는 지난 세월 동안 자신을 너무 대단한 사람으로 생각하지 않는 법도 배웠다. 경제 정책 결정의 영역에는 항상 해결해야 할 새로운 문제가 있었다. 역사는 언제나 새로운 결정적인 순간을 향해 나아갔고, 그 순간을 지나면 또 바로 다음 순간으로 이어졌다.

2021년 여름, 버클리의 자택으로 휴가를 떠난 옐런은 자신이 연방 정부 채무불이행을 경험하고 심장마비로 사망하는 최초의 미합중국 재무부 장관이 될 지도 모른다는 농담을 던졌다. 그리고 다시 일을 하기 위해 워싱턴으로 돌아갔다.

Yellen Yellen Yellen Yellen
Yellen Yellen Yellen Yellen
Yellen Yellen Yellen Yellen
Yellen Yellen Yellen Yellen
Yellen Yellen Yellen Yellen
Yellen Yellen Yellen Yellen
Yellen Yellen Yellen Yellen
Yellen Yellen Yellen Yellen
Yellen Yellen Yellen Yellen
Yellen Yellen Yellen Yellen
Yellen Yellen Yellen Yellen
Yellen Yellen Yellen Yellen
Yellen Yellen Yellen Yellen
Yellen Yellen Yellen Yellen
Yellen Yellen Yellen Yellen

Chapter 26

전쟁터의 옐런

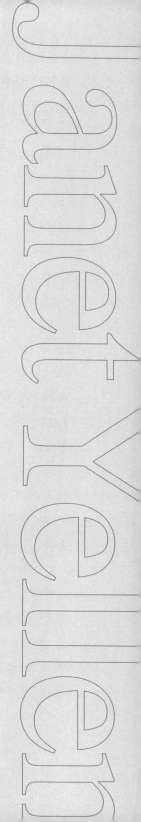

상트페테르부르크 거리에
뱅크런 일으키기

2021~2022

2021년 추수감사절 직전, 옐런은 백악관 웨스트윙 바로 아래에 위치한 지하 벙커로 향했다. 이 곳의 상황실에는 2011년 미군이 오사마 빈 라덴과 2019년 ISIS 지도자 아부 바크르 알 바그다디를 추적할 당시 실시간으로 지켜볼 수 있었던 첨단 컴퓨터 시스템과 모니터가 갖춰져 있었다.

바이든의 국가 안보 보좌관인 제이크 설리번은 행정부의 국가 안보 및 정보 관련 부서의 최고위 관료들을 소집하여 러시아가 병력을 결집시키고 있는 우크라이나 국경 상황을 논의했다. 설리번의 팀은 블라디미르 푸틴이 이웃나라 침공을 준비하고 있다고 믿었다.

우크라이나는 북대서양조약기구NATO, 나토 회원국이 아니었기 때문에 미국이 개입할 의무는 없었다. 지난 20년간 아프가니스탄과 이라크에서의 전쟁으로 지친 미국 국민은 우크라이나에서 또 다른 전쟁에 뛰어들 생각이 거의 없었다. 게다가 우크라이나에 대한 군사 개입은, 푸틴이라는 인물—예측 불가능하고 구 소련 시절 강대국의 파워를 되찾으려는 야망을 품은—이 지배하는 핵무장 국가와 직접 충돌하는 것을 의미했다.

그럼에도 불구하고 미국은 러시아의 우크라이나 침공을 그냥 두고 볼 수 없었다. 인구가 4천만 명이 넘는 우크라이나는 민주적으로 선출된 대통령이 이끄는 정부가 통치하고 있었으며, 폴란드, 헝가리, 루마니아, 슬로바키아 등 미국이 방어해야 할 의무가 있는 4개 나토 회원국과 국경을 맞대고 있었다. 푸틴은 이미 우크라이나 남부에 있는 크렘 반도를 점령한 상태였다. 이를 넘어서는 뻔뻔한 침략 행위를 묵과할 수는 없었다.

미국은 우크라이나에 무기를 보내고 군사 정보를 공유함으로서 우크라이나 국민들이 스스로를 방어할 수 있도록 지원할 것이었다. 하지만 푸틴에게 제대로 벌을 주려면 세계 경제가 그로부터 등을 돌리게 만들어야 한다는 것이 미 고위 관료들의 생각이었다. 이것이 옐런이 이 회의에 참석한 이유였다. 미국의 경제 제재 프로그램을 담당하는 주무 부서는 재무부였다. 옐런은 이제 그 노력의 중심이 될 것이었다.

1991년 베를린 장벽이 무너지고 미국이 사담 후세인의 쿠웨이트 침공을 역전시킨 후 조지 H. W. 부시 대통령은 평화를 사랑하는 국가들 간의 경제 통합과 협력으로 정의되는 인류 역사의 새로운 장, 즉 '신세계 질서new world order'를 구상했다. 푸틴은 미국의 세계 질서 지배를 거부한 지 오래였지만, 그가 이끄는 러시아는 그 세계 질서에 밀접하게 엮여 있었다.

중국이 세계 경제에서 제조업 강국으로 부상하는 동안 러시아는 전 세계의 주요 원자재 공급국 중 하나가 되었다. 파이프라인과 배를 통해 러시아의 석유와 천연가스가 유럽으로 흘러들어갔다. 독일은 110억 달러 규모의 파이프라인 프로젝트를 마무리하고 있던 참이었다. 노르드 스트림 2라는 이름의 이 파이프라인은 시베리아로부터 2차 세계대전 당시 러시아의 적국이었던 독일로 직접 가스를 공급한다. 또한 러시아는 전 세계 밀 생산량의 18%를 차지하는 세계 최대 밀 생산국이자, 자동차 생산에 필수적인 촉매 변환기(차량 배기가스 제어장치의 일종)에 사용되는 팔라듐의 주요 공급지였다.

전체적으로 보았을 때 수출은 러시아 연간 경제 생산의 25% 이상을 차지

한다. 따라서 수출이 경제 생산의 10%를 차지하는 미국보다 해외 의존도가 높다. 러시아의 올리가르히들(구 소련 국가들이 국유기업의 민영화 등 자본주의를 도입하는 과정에서 형성된 신흥 재벌 집단)은 러시아의 수출 산업을 지배하는 기업들을 손아귀에 넣고 있었다. 이들은 토지를 수탈하고 그 토지의 생산물로 부자가 되었다. 러시아의 금융가들은 그들의 사업에 돈줄을 대서 부자가 되었다. 이들은 개인 제트기와 초대형 요트를 타고 전세계를 여행하곤 했다.

미국은 푸틴과 그의 정권 하에서 부를 쌓은 이들에게 경제적 압박을 가함으로써 푸틴을 처벌할 수 있었다. 사실 푸틴 자신이 가장 큰 특혜와 부를 누린 장본인이었다. 크렘린은 푸틴이 14만 달러의 연봉을 받고 74 제곱미터의 아파트에 살고 있다고 주장했지만, 〈포춘〉지는 올리가르히들로부터 받은 뇌물로 벌어들인 그의 재산이 2천억 달러에 달할 것으로 추정했다.

문제는 제재가 오랫동안 엇갈린 결과를 가져왔다는 사실이었다. 남북전쟁 당시 북군이 남부를 봉쇄하자 면화 수출이 중단되고 총알에 쓰이는 납과 화약을 만드는 질산염 같은 수입품의 가격이 폭등했다. 남부연합으로서는 뼈아픈 조치였지만 그럼에도 유혈 사태를 막지는 못했다. 제1차 세계대전 후 국제연맹은 평화를 강제하기 위해 봉쇄를 시도했지만, 결국은 미봉책에 불과했다. 베니토 무솔리니의 이탈리아가 1935년 에티오피아를 침공했을 때, 이도 저도 아닌 제재는 오히려 무솔리니를 아돌프 히틀러와의 동맹으로 몰아갔다.

1980년대 남아프리카 공화국의 경우에는 제재가 아파르트헤이트를 종식시키는 데에 도움이 되었다. 그러나 북한의 핵무기 개발은 막지 못했고 베네수엘라의 독재자를 권좌에서 끌어내리지도 못했다. 제재는 이란의 지도자들이 서방과 핵 억제 협상 테이블에 앉도록 유도했지만, 트럼프는 제재가 이끌어낸 바로 그 이란 핵 합의를 포기하고 대신 제재를 재개했다.

경제 전쟁은 때때로 이쪽 편에 부수적인 피해를 입히기도 한다. 2018년 미국 재무부는 러시아 알루미늄 생산업체 유나이티드 컴퍼니 루살과 억만장자 올레그 데리파스카의 금융 거래를 차단하려 했다. 재무부는 데리파스카가 자금 세탁, 불법 도청, 갈취, 공갈, 뇌물 수수에 연루되어 있으며 러시아 조직 범죄와도 연계되어 있다고 주장했다. 스티븐 므누신 재무장관이 주도한 제재 조치의 결과 알루미늄 가격이 급등하여 미국 제조업체들이 타격을 입었다. 데리파스카가 한발짝 물러나 루살의 대주주 지분을 매각한 후 제재는 철회되었으나, 그는 미국 재무부가 부당하게 자신의 명예를 훼손하고 적법 절차를 지키지 않았다고 비난했다.

하지만 미국에게는 달리 대안이 없었다. 러시아의 우크라이나 침략을 응징할 필요가 있었고, 직접적인 무력 개입을 통해 더 큰 전쟁, 심지어 핵 대결의 위험 없이 응징할 수 있는 최선의 방법은 제재뿐이었다.

역사는 제재가 지속되기 위해서는 각국이 협력해야 한다는 교훈을 주었다. 이러한 협력이 없다면 제재 대상 국가는 봉쇄를 우회할 방법을 얼마든지 찾을 수 있었다. 무솔리니는 프랑스, 미국, 영국을 이용해 국제연맹을 무력화시켰다. 북한은 중국의 도움으로 살아남았다. 이란은 미국-유럽간 경제적 이해관계의 분열을 이용했다.

옐런은 제재 전문가는 아니었지만 국제적인 연합 전선을 구축해야 하는 임무에는 잘 준비되어 있었다. 그녀는 연준에서 10년 이상 근무했고, 그 중 4년은 의장으로서 분열된 정책 결정 위원회들 속에서 합의를 이끌어냈다. 그녀는 반대 의견을 경청하고, 정책의 세부 사항을 숙지하고, 이러한 지식들을 활용하여 공감대를 찾는 요령을 터득했다. 또한 수년간 국제 금융 회의에 참석하여 경제 관련 정보를 비교하고 다른 나라 관계자들과 정책을 조율하기도 했었다.

정기적인 회의 장소 중 하나는 스위스 바젤로, 전세계의 중앙은행이 두 달에 한 번씩 이 곳에 있는 국제결제은행BIS에 모인다. 겉으로 보기에는 마치 체스판의 룩(성채) 말 같은 이 거대한 원통형 건물 안에서는 은행 규제 관련 토론과 세계 금융계의 거물들을 위한 성대한 연회가 열리곤 했다. 옐런은 흰 벽과 검은 천장, 그리고 창밖으로는 라인 강의 탁 트인 전망에 둘러싸인, 난초 향기 은은한 18층 연회장에서 중앙은행 리더들과 회의를 했다.

매년 4월 벚꽃이 필 무렵이면 각국 재무장관들이 국제통화기금 연례 회의를 위해 워싱턴에 모인다. 같은 장관들이 가을에는 마라케시, 발리, 리마, 이스탄불, 두바이 등에서 돌아가며 회의를 연다. 트럼프는 이 장관들 중 다수를 백안시했고, 바이든이 당선되자 이들은 옐런의 존재를 환영했다. 옐런이 2021년 글로벌 법인세 계획을 수립하기 위해 손을 내밀었을 때 이들은 기꺼이 협력하고자 했고, 수십 년 동안 그들을 분열시켰던 문제에 대해 머리를 맞댈 수 있다는 사실에 놀랐다.

2021년 11월, 백악관 상황실에서 옐런은 장군들과 안보 담당자들에게 다가오는 임박한 러시아의 침략에 대항하여 잘 조율된 경제적 대응책을 준비할 것을 촉구하기 위해 유럽과 다른 지역의 책임자들과 접촉을 시작할 것이라고 말했다. 이들은 위협의 심각성을 보여주는 정보를 공유하겠다고 약속했다.

추수감사절 주말이 끝나자마자 옐런은 전화를 걸기 시작했다. 눈코 뜰 새 없이 바빴지만, 그래도 그 해가 가기 전에 짬을 내서 자신의 취임 첫해에 열심히 일해준 재무부의 여러 팀에 개인적인 감사 편지를 썼다. 이 무렵 부채 한도 위기에 대한 우려는 사그라들고 있었다. 공화당 상원 소수당 원내대표인 미치 맥코넬은 과거의 싸움을 반복하는 데 관심이 없었고, 민주당과 극단적인 상황을 피하기 위한 법안에 합의했다. 그 대신 2022년에는 진짜 전쟁이 일어날 수 있다는 더 큰 위협이 코앞에 닥쳐 있었다.

11월 백악관에서 열린 회의는 세계 최대 경제 중 하나인 러시아를 겨냥한 서방의 전례 없는 금융 제재 프로그램의 시작을 알렸고, 미국과 유럽의 동맹국들은 이례적으로 손발이 척척 맞는 모습을 보여주었다. 2022년 2월 말 어느 격동의 주말, 이 드라마는 절정에 다다랐다. 서방의 경제 관료들이 이

번 경제 제재의 가장 큰 타겟에 초점을 맞춘 것이다. 다름 아닌 러시아 중앙 은행이었다. 미 재무부, 백악관, 상무부 관계자들은 이미 2014년 러시아의 크렘 반도 점령 이후 수년간 이란, 북한, 베네수엘라를 겨냥한 일련의 제재 조치를 실행하며 러시아를 겨냥한 금융 전술을 갈고 닦아왔다.

재무부 차관 월리 아데예모는 캘리포니아 출신의 냉철한 나이지리아계 미국인으로 재무부에서 매일매일의 제재 관련 업무를 총괄했다. 테러 자금 문제 담당 차관보 엘리자베스 로젠버그는 전직 기자로, 재무부의 한 전직 관리는 그를 정부의 금융 스나이퍼, 즉 표적을 찾아내 제거하는 저격수라고 부르기도 했다. 백악관에서 이들의 연락 중심은 국가안보 부보좌관이자 재무부와 연준에서 오랫동안 일해 익숙한 얼굴인 달립 싱이었다.

러시아 제재에서 어려운 점 중 하나는 제재가 미국과 유럽연합의 27개 개별 국가 경제에 각기 다른 타격을 줄 수 있다는 것이었다. 이들 국가들은 공감대를 구축하고 자국의 이익 대신 공동의 목표를 추구할 부분들을 찾아야만 했다.

옐런과 그녀의 팀은 글로벌 공급업체의 수출을 통제하여 러시아 기업들을 고립시키기를 원했지만 EU 회원국 중 다수가 주저했다. EU는 그 전해에 러시아에 약 1,000억 달러의 상품을 수출한 반면, 미국의 대러시아 직접 수출액은 100억 달러도 되지 않았다. EU 회원국 전원이 동참하지 않는 한, 러시아 기업은 한 국가의 수출 통제 목록에 있는 제품을, 제재에 동참하지 않는 다른 국가로 배송시켜 그곳으로부터 수입할 수 있었다.

과거 미국이 이란과 북한에 제재를 가하고 유럽 기업들이 이를 따르지 않을 경우 불이익을 겪게 될 것이라고 협박했을 때, 미국과 유럽 정부들은 갈등을 빚은 적이 있었다. 이번에는 양측이 합의를 모색하여 함께 제재 대상을 선정하되, 미국은 미국 기업에 대한 수출 통제를 시행하고 EU는 각 회원국 정부와 함께 유럽 기업을 감독하는 데에 동의했다. EU 전문가들이 유럽 각국의 사법 관할권에 대한 미국 수출 코드를 번역하는 데에만 사흘이 걸렸다.

2022년 2월 초, 세 명의 미국 관리—모두 여성이었다—가 유럽 측과 실행 계획을 마무리하기 위해 브뤼셀로 날아갔다. 로젠버그는 상무부의 테아 로즈먼 켄들러, 국무부의 몰리 몽고메리와 동행했다. 이들이 작성한 미국의 수출 규제안은 38페이지에 달했다. EU는 63페이지 분량의 추가 규제 제품 목록을 제시했다. 제재 타겟 중 하나는 항공 및 항공 전자 공학이었다. 당시 보잉과 에어버스가 러시아 항공기 중 최소 80%를 생산하고 있었다. 러시아 국영 항공사인 아에로플로트는 야심찬 확장 계획을 세웠고, 러시아산 항공기에도 서방에서 생산한 장비가 장착되어 있었다. 따라서 수출 통제 조치가 부과되면 러시아 비행기들은 지상에 발에 묶일 수밖에 없었다. 전쟁이 발발하면 "우리가 어떤 명령을 하나하나 내릴 것인지 대략 알고 있었다"라고 아데예모는 말했다.

러시아가 우크라이나를 침공한 지 몇 시간 후인 2월 24일, EU 국가 정상들은 브뤼셀에서 회의를 열고 러시아 은행의 글로벌 영업에 대한 제한 조치와 함께 수출 통제 패키지를 신속하게 승인했다. 그 직후 볼로디미르 젤렌스키 우크라이나 대통령은 화상 연설에서 이것이 자신이 살아있는 모습을 마지막으로 보는 것일지도 모른다고 말했다. 이 발언은 유럽 지도자들을 충격에 빠뜨렸고, 다음 순간 그들은 이제 다음 단계로 무엇을 할 수 있는지에 신경을 모았다. 카야 칼라스 에스토니아 총리는 "회의장을 둘러보니 모두 정말로 쇼크 상태였다."고 말했다.

거의 하룻밤 사이에 유럽인들은 공격적인 행동을 촉구하기 시작했다. 그들은 러시아에서 가장 막강한 권력을 지닌 금융 기관으로 눈을 돌렸다. 러시아 중앙은행은 해외 채권, 금, 전 세계 상업은행 및 중앙은행에 예치한 예금 등 6,300억 달러의 해외 자산을 비축하고 있었다. 다시 말하면 러시아가 경제적으로 어려움을 겪을 때를 대비한 준비금이었다. 러시아 기업들이 해외에서 사업을 수행하거나 부채를 갚기 위해 달러나 다른 국외 통화로 표시된 자산이 필요할 때, 다른 통로들이 막힐 경우 러시아 중앙은행이 보루였다.

2월 24일 브뤼셀 회의 직후, 유럽 각국은 러시아 중앙은행이 이 위험하기 짝이 없는 고양이와 쥐 게임에서 보유 포트폴리오를 서방에서 다른 지역으로 옮기려는 계획을 세우고 있다는 정보를 입수했다. 옐런과 워싱턴의 동료들도 비슷한 소문을 들었다. 신속하게 움직인다면, 미국과 유럽은 일반 은행이 ATM을 폐쇄하는 것과 같은 방식으로 러시아가 자금에 접근하는 것을 거부할 수 있었다. 자금 차단은 러시아를 고립시키고 사업 비용을 높이는 강력한 방법이었으며, 러시아 금융 시스템의 핵심을 공격할 것이었다. 서방은 이란과 북한의 중앙은행을 대상으로 소규모 제재를 한 적은 있었지만 이렇게 큰 규모의 경제를 대상으로 한 적은 없었다.

러시아는 크렘 반도를 침공한 이후 중앙은행 자산을 미국으로부터 빼내고 있었지만, 여전히 노출된 자산들이 많았다. 2021년 6월 기준 러시아 중앙은행은 보유 자산의 16.4%를 미 달러화 자산으로, 32.3%를 유로화 자산으로 보유하고 있었으며, 나머지는 중국, 금, 기타 지역에 보유하고 있었다. 미국과 EU가 협력하면 러시아가 글로벌 자금의 거의 절반에 접근하는 것을 차단할 수 있었다. 푸틴의 침략에 화들짝 놀란 유럽은 빠르게 움직이고 싶어했다.

하지만 장기적으로 고려해야 할 영향도 있었다. 옐런은 이 조치를 취할 경우 달러화 자산에 대한 다른 중앙은행들의 신뢰도가 떨어질 것을 우려했다. 이는 제2차 세계대전 이후 미국 국력의 핵심인, 금융 시스템의 기축 통화로서의 달러의 지위를 약화시킬 수 있었다.

바이든의 백악관 참모들은 또다시 엇박자를 냈다. 러시아의 우크라이나 침공 이틀 뒤인 2월 26일 토요일 아침, 옐런은 백악관에서 바이든과 그의 국가 안보 보좌관들을 만났다. 설리반과 싱이 이끄는 국가 안보팀은 옐런에게 미리 말도 없이 대통령에게 러시아 중앙은행에 대해 조치를 취할 준비가 되어 있다고 보고했다. 그녀는 이 문제를 좀더 검토할 시간이 필요하다고 말했다. 옐런은 재무부로 돌아가 오후에 파월 연준 의장을 비롯한 관계자들과 회의를 열었다. 회의 중간에 마리오 드라기 이탈리아 총리가 휴대전화를 걸어왔다. 경제학자이자 전 이탈리아 중앙은행 총재인 드라기는 옐런과 수년간 함께 일한 경험이 있었다. 그는 옐런에게 행동에 나설 수밖에 없는 상황이라고 말했다. 옐런과 그녀의 팀은 월요일 금융 거래가 재개되기 전에 러시아의 외환보유고 이동을 차단하기로 했다. 러시아가 국제사회의 규범을 따르지 않는다면 글로벌 경제 시스템에 참여하도록 두고 볼 수 없었다. 그리고 이 자산은 러시아의 국가 경제가 돌아가게 할 만큼 큰 규모였다.

미국과 유럽은 유럽 금융 시장 개장을 몇 시간 앞둔 2월 28일 새벽 3시 30분(브뤼셀 시간) 경에 차단 명령 문안에 합의했다. 러시아를 금융 시장에서 고립시키기 위한 또 다른 조치로, 러시아 최대 은행 중 일부를 국제은행간통신협회SWIFT의 글로벌 금융 메시징 시스템에서 차단한다는 계획도 함께 발표되었다.

중앙은행 자산이 동결되면서 러시아 루블화는 하룻밤 사이에 달러 대비 20% 폭락했고, 러시아 증시는 폐쇄되었다. 러시아 중앙은행은 자국민이 외국 계좌로 송금하는 것을 차단하고 해외에서 영업 중인 러시아 기업에 수익의 80%를 중앙은행으로 넘겨 루블화로 바꾸도록 명령했다.

이 경제 전쟁에서 많은 여성들이 핵심적인 역할을 했다. 러시아 중앙은행 총재 엘비라 나비울리나와 옐런은 바젤과 잭슨홀에서 몇번 스치기는 했지만 한 번도 가까워질 기회는 없었다. 이제 나비울리나 총재는 시스템 밖에서 내부를 들여다보고 있었다. "러시아의 금융 시스템과 경제는 완전히 비정상적인 상황에 직면해 있습니다"라고 그녀는 말했다.

비자와 마스터카드는 러시아에서 영업을 중단한다고 발표하여 러시아에 대한 압박 수위를 높였다. 엑손, 마이크로소프트, 오라클 등이 러시아에서 철수하면서 정부 제재로 인한 경제적 고립 효과를 증폭시켰다. 이러한 움직임은 시민들이 동네 은행에서 예금을 인출하기 위해 기나긴 줄을 서야 했던 상트페테르부르크의 거리부터 볼가 강변의 공장들에까지 퍼져나갔다. 며칠 사이에 러시아 최대 자동차 제조업체인 아브토바즈^{AvtoVAZ}는 자동차에 필요한 전자 부품을 구하지 못해 토글리아티와 이제프스크의 공장 생산을 중단했다.

옐런은 3월 10일 워싱턴 포스트와의 인터뷰에서 "러시아군이 민간인을 상대로 저지르고 있는 잔학 행위가 점점 더 심해지고 있는 것 같다"라며 "동맹국들과 협력하여 추가 제재를 고려하는 것이 합당하다"라고 말했다. 하지만 푸틴도 앉아서 당하고 있지만은 않았다. 러시아는 소비에트 제국 붕괴 이후 글로벌 경제와 너무 밀접하게 얽혀 있었기 때문에, 서방 국가들에 대한 부메랑 없이 완전히 단절시키는 것은 불가능했다.

러시아에게 상품 시장—유럽에게 판매하는 천연가스, 이집트 같은 저소득 국가에 판매하는 밀 등—은 해외 소득의 원천이었다. 세계도 러시아에 의존하고 있었다. 푸틴이 이들 시장에서 철수하면 글로벌 공급이 줄어들어 서방의 인플레이션 문제가 악화되고 저소득 국가들이 식량 부족으로 위협받을 수 있었다.

루블화는 반등했다. 우크라이나 땅에서 벌어지고 있는 전쟁처럼, 이 경제 전쟁 역시 곧 소모전으로 바뀔 것이었다.

Yellen Yellen Yellen Yellen
Yellen Yellen Yellen Yellen
Ye   en
Ye   en
Ye   en
Ye   en
Ye   en
Ye   en

Yellen Yellen Yellen Yellen
Yellen Yellen Yellen Yellen
Yellen Yellen Yellen Yellen
Yellen Yellen Yellen Yellen
Yellen Yellen Yellen Yellen
Yellen Yellen Yellen Yellen
Yellen Yellen Yellen Yellen
Yellen Yellen Yellen Yellen

Conclusion

결합들

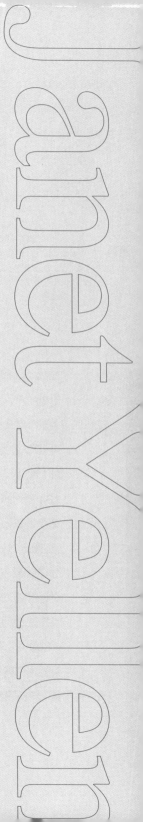

2022년 중반까지 인플레이션 문제는 좀처럼 진정될 기미를 보이지 않았다. 옐런에게는 뼈아픈 한 방이었다. 옐런은 그동안 미래를 정확하게 예측하는 선견지명으로 명성을 쌓아왔지만, 1년 전, 이번 인플레이션이 일시적일 것이라고 잘못 예측했었다. 6월, 워싱턴에서는 아주 보기 드문 일이 일어났다. 옐런이 자신이 틀렸다고 인정한 것이다. 그러나 인플레이션과 우크라이나 전쟁이 아무도 모르는 결말을 향해 치닫는 가운데 격동의 과거가 주는 교훈이 조금씩 분명하게 드러나고 있었다.

재닛 옐런의 이야기에는 두 개의 특별한 결혼 이야기가 있다. 하나는 시장 경제와 민주주의 정부의 결혼이고, 다른 하나는 옐런과 조지 애컬로프의 결혼이다. 이 두 결혼이 옐런을 움직이게 하고 그녀를 정의했다. 또한 이 두 결혼은 옐런이 성장하고 성공한 격변의 시대를 정의하기도 한다.

2000년 화려한 팡파르와 함께 새천년이 밝아왔을 때, 수많은 미국 지도자들은 민주주의와 시장 경제가 승리했다는 확신을 가지고 격동의 20세기를 돌아보았다. 이제 세계는 미국이 개척한 더 나은 길을 따라갈 것이었다.

지난 사반세기는, 민주주의와 시장 경제의 결합이 필연적이지도, 쉽지도 않다는 것을 증명했다.

빌 클린턴이 중국으로 하여금 세계무역기구에 가입하도록 한 이유 중 하나는 세계에서 가장 인구가 많은 중국이 글로벌 무역 클럽에 합류하면 중국이 협력적이고 민주적인 국가로 변모하는 데 도움이 될 것이라고 믿었기 때문이었다. 이는 냉전 시대에 미국이 굴복시킨 소련과 동유럽 국가들에 대해 품었던 희망이기도 했다. 그러나 이제 중국과 러시아가 민주주의 대신 권위주의 통치로 나아가고 있으며, 이들의 시장 중심 글로벌 경제로의 진입은 불완전할 뿐 아니라 미국을 포함한 다른 국가들에게 예상했던 것보다 더 큰 혼란을 가져왔다는 것이 분명해졌다. 앞으로의 25년은 2000년에 그토록 유망해 보였던 글로벌 질서가 해체되거나 재구성되는 시기로 정의될 수도 있을 것이다.

미국이 주도하는 세계 질서에 대한 중국의 저항이 특히 충격적인 이유는, 지금까지 서방과 경제적으로 연결되면서 중국만큼 많은 혜택을 누린 국가가 없었기 때문이다. 1990년 중국 인구의 3분의 2가 세계은행의 공식 빈곤선 이하에서 살고 있었다. 하지만 2016년에는 그 비율이 1% 미만으로 떨어졌고, 8억 명에 가까운 중국 국민이 극빈, 영양실조, 질병에서 벗어났다. 한마디로 중국의 세계 경제 진입은 미국의 지원과 장려, 선의를 기반으로 기획된 인류 역사상 가장 위대한 빈곤 퇴치 프로그램이었다. 하지만 그 과정에서 민주주의나 자유 시장 경제의 완전한 수용은 이루어지지 않았다.

한편 그 동안 미국은 민주주의와 시장의 결혼을 활기차고 건강하게 유지하기 위해 고군분투했다. 재닛 옐런의 일생에 걸친 거대한 경제 정책의 도전과 그만큼 거대한 이론적 논쟁은 거의 언제나 무질서한 시장과 시끄럽고 불완전하고 민주적으로 선출된 정부 사이에서 균형을 찾는 것이었다. 케인스, 하이에크, 프리드먼, 새뮤얼슨, 토빈, 센, 서머스, 버냉키, 애컬로프, 옐런 등 현대의 위대한 경제학자들은 그 균형을 어디에서 찾아야 하는지에 대해 서로 다른 견해를 가지고 있었다. 역사는 이들 중 어느 누구도 이론 면에서나 실행 면에서나 완벽하다고 주장할 수 없음을 분명히 보여준다. 역사가 그 대신 보여준 것은 변화하는 상황에는 적응이 필요하다는 사실이었다. 1970년대 정부의 시장 개입은 재앙이었다. 2008년 리먼 브라더스가 무너졌을 때 정부가 개입하지 않았다면 그 역시 재앙이 되었을 것이다.

경제학자들은 때때로 그들의 이념으로 인해 비난을 받는다. 하지만 현대 경제학자들이 저지른 가장 큰 실수는 이념에 대한 헌신보다는 오만, 편협함, 혹은 상상력의 실패로 인한 것인 경우가 더 많다. 1990년대에 대니 로드릭이 지나친 세계화가 문제가 될 수 있다고 경고했을 때, 경제학계의 대다수가 그의 생각이 당시의 통념과 맞지 않는다는 이유로 무시했다. 2005년 금융 혁신이 너무 멀리 갔다고 경고한 라구람 라잔 역시 비슷한 비난을 받았다. 하지만 회의론자들이 옳았다. 중국 무역 쇼크와 모기지 시장 붕괴는 현대에 가장 큰 충격을 준 두 가지 사건으로 밝혀졌다.

조지 애컬로프도 회의론자 중 하나였다. 그의 천재성은 상상력과 전통적인 사고방식에 끊임없이 도전하려 드는 의지에 있었다. 그는 시장에서 개인과 집단의 변덕스럽고 예측할 수 없는 행동을 추적하는 데에 일생을 바쳤다. 시장의 불완전성에 대한 그의 경고 중 상당수가 옳았던 것으로 판명되었다. 시장은 무질서하고 예측할 수 없으며, 시장에 전적으로 맡겨 둔다고 해서 항상 스스로 교정되는 것이 아니었다.

그렇다고 해서 정부가 더 많이 개입하는 것이 매번 정답일까? 꼭 그렇지만은 않다. 애컬로프의 연구에 대한 최고의 찬사는 아마도 그의 친구이자 시카고 대학의 자유 시장 옹호자인 게리 베커가 한 말일 것이다. 애컬로프가 노벨상을 수상하던 날 언론의 연락을 받은 베커는 한 기자에게 "정부도 비대칭 정보에 직면해 있다"고 말했다. 이 말에는 나름의 선견지명이 담겨 있다. 규제 당국은 2000년대 주택담보대출 붐의 원인과 결과를 잘못 판단했을 때 그들의 안개 속에 갇혀 있었다. 바이든 행정부 역시 혼돈의 순간에 조급하게 행동했고, 2021년에 발표한 1.9조 달러 규모의 경제 구조 계획은 인플레이션에 불을 지폈다.

행동경제학자들은 미래에 대해 판단할 때 최근의 사건을 지나치게 강조하는 인간의 경향을 "최신 편향"이라는 개념으로 발전시켰다. 경제학자들은 그동안 시장이 어떻게 최신 편향에 사로잡혀 실수를 저지르기 쉬운지 보여주었는데, 막상 정부와 경제학자들도 다를 게 없다는 것이 밝혀졌다. 1990년대 미국 정부는 미국이 일본과 멕시코로부터 밀려들어 오는 수입의 급습을 통제한 경험이 있었기 때문에 중국으로부터의 수입 급습 역시 관리할 수 있다고 믿었다. 그린스펀은 2001년 엔론 파산 후 파생상품의 이점을 보았지만, 주택 시장이 달아오르며 파생상품의 리스크가 커지는 것을 보지 못했다. 옐런과 파월, 그리고 많은 사람들 역시 20년 동안 저인플레이션을 겪으며 살았기 때문에 인플레이션이 다시 고개를 들 위험을 과소평가한 것일 수도 있다.

민주주의 정부와 자유 시장은 자유 시민들을 통치하는 데에 가장 좋은 시스템일 수 있지만, 한편으로는 불완전하고 유동적이다. 그 핵심에 인간이 있기 때문이다. 이러한 시스템들이 제대로 작동하기 위해서는 노력과 주의, 그리고 약간의 상상력이 필요하다.

지난 10년 동안 조지와 로버트 애컬로프의 연구가 특히 중요해진 것도 바로 이 때문이다. 미국의 사회 분열이 심각해지면서, 애컬로프 부자의 이론은 이러한 분열이 더 극단으로 치달을 경우 미국 민주주의 자체의 작동을 침식시킬 수 있다고 말했다.

미국 건국의 선조들은, 시장을 주도하는 동시에 정부를 극단과 오판으로 이끄는 무질서한 행동을 공정하고 효과적으로 관리할 수 있는 제도를 만드는 것이, 그들의 가장 중요한 과업이라는 것을 잘 알고 있었다. 이러한 제도들—헌법, 법치주의, 국민의 신뢰를 받는 사법부, 공정하고 신용할 수 있는 국가 상업 시스템, 자유롭고 편향되지 않은 언론, 믿을 수 있는 선거, 효율적인 관료제 등등—이 실패한다면 자유 시장과 자유 시민이라는 대의 역시 실패할 것이었다. 알렉산더 해밀턴은 자신의 첫 번째 〈연방주의자 논문〉에서 "정부의 활력은 자유의 안전에 필수적"이며, "이러한 제도를 구축하려는 노력의 실패는 전제주의로 향하는 길"이라고 말했다. 그의 멘토였던 조지 워싱턴은 고별 연설에서 이제 막 태동하는 국가를 찢어놓을 위험이 있는, 대중 분열의 씨앗을 뿌리는 "설계자들"에 대해 경고했다.

해밀턴부터, 그가 고안한 거대한 경제 기관을 이끈 최초의 여성 옐런에 이르기까지, 하나의 선이 이어져 내려온다. 해밀턴이 첫 연방주의자 논문을 쓴지 두 세기가 넘는 시간이 흐른 뒤, 조지 애컬로프와 그의 아들 로버트의 경력에서 가장 충격적인 발견은 사회 분열에 대한 연구 속에 숨어 있었다. 로버트 애컬로프는 극심한 사회 분열의 순간에 제도를 구성하는 기관들과 그 지도자들의 정당성이 무너질 수 있다는 사실을 발견했다. 조지 애컬로프의 친구인 아마르티야 센은 인도에서 이러한 균열이 아무런 예고 없이 갑자기 일어날 수 있음을 목격하고, 민주주의가 모든 사람을 위해 작동할 수 있는 방법을 연구하는 데에 일생을 바쳤다.

애컬로프 부자의 연구가 주는 교훈 중 하나는 신뢰가 반드시 필요한 접착제라는 것이다. 신뢰는 불완전한 시장과 불완전한 민주주의를 통치하는 제도를 하나로 묶어주고, 이 희망적인 결혼이 계속 작동할 수 있게 한다. 로버트와 조지는 일부 운동가들이 어떻게 분노를 동원하여 신뢰를 깨뜨리고 공동체의 공동 가치를 약화시키고 이를 개인의 권력으로 대체했는지 설명했다.

오늘날 지난 20년간의 경제적, 사회적 격변이 국가적 분노의 불을 지피고 있다. 점점 커지는 불평등, 국가 지도자들이 노동자들을 배신했다고 느끼는

---

38. The Federalist Papers. 알렉산더 해밀턴, 제임스 매디슨, 존 제이 등 미국 건국에 중추적인 역할을 한 제헌 정치인 3명이 1787년 10월부터 1788년 8월까지 뉴욕 시의 여러 신문에 게재한 논문들. 제헌 의회에서 13개 주가 연방헌법을 비준하도록 설득하려는 목적이었으며, 헌법이 제안하고 있는 정부 구조에 대한 철학과 동기를 명확하고 설득력 있는 문장으로 기술하였다. 현재도 미국 헌법 해석의 기본으로 여겨지고 있다. 알렉산더 해밀턴은 미국의 초대 재무부 장관이기도 하다.

많은 사람들, 글로벌 무역이 촉발한 불안감, 연쇄적인 금융 위기, 가족과 문화에 대한 사회적 통념의 변화, 새로운 정보화 시대에 정신을 혼미하게 하는 소셜 미디어의 요란. 이 모든 것들이 미국의 다양한 기관들을 위험에 빠뜨리고 있다.

진정한 애국자라면, 건국의 조상들이 그랬던 것처럼, 이 순간을 직시하고, 조지 워싱턴이 경고했듯이 사람들을 분열시키는 갈등을 이용하기보다는, 국가와 경제를 하나로 묶는 제도를 구축하고 개선하는 일에 더 깊은 관심을 기울일 것이다. 현재 빨간색과 파란색 양쪽 모두 국가를 이렇듯 불안정한 상태로 만든 책임이 상대방에게 있다고 비난하며, 자신의 주장을 증명하기 위해 종종 위험한 과장을 들먹인다. 애국자라면 공통의 정체성의 뿌리에 의지할 것이다. 이것이 아마도 번영으로 향하는 새로운 길을 건설하기 위한 가장 중요한 첫걸음일지도 모른다.

좋은 사회를 만들어나가는 일은 결코 끝나지 않았다. 해밀턴은 이렇게 말했다.

"황금빛 시대에 대한 기만적인 꿈에서 깨어나, 우리뿐만 아니라 지구상의 다른 주민들이 아직 완전한 지혜와 완전한 덕성의 행복한 제국에 이르기까지 갈 길이 멀다는 사실을 우리의 정치적 행동 방향에 대한 실제적인 격언으로 채택해야 할 때가 아니던가?"

이 이야기는 시장 중심 민주주의가 필연적인 것이 아니며 그 시스템 역시 결코 완전하지 않다는 것을 보여준다. 그것은 노력이다.

재닛 옐런은 왜 이런 심판의 시대에 떠올랐을까? 그 많은 유리 천장을 깨뜨린 사람이 왜 그녀일까? 그녀가 부상하면서 드러난 문제들에 대해 그녀는 어떤 비난을 받아야 하고, 그것들을 해결한 것에 대해 어떤 공로를 인정받아야 할까?

옐런은 완벽하지 않았다. 많은 경우 경제에 대한 그녀의 판단은 옳았지만, 그녀도 실수를 했다. 역사는 바이든에게 "대담하게 행동하라"라고 독려

한 것이 그녀의 가장 큰 실수 중 하나였다고 기록할지도 모른다. 그러나 그 것이 그녀를 정의하지는 않는다. 또한 그녀의 부상을 설명하지도 못한다.

옐런이 2008년 금융 붕괴 이후 10년 동안 미국 최고의 경제 정책 책임자 가 될 수 있었던 것은, 다른 많은 이들과는 달리 높은 실업률을 위기로 인식 하고 여기에 대해 무언가를 하려고 노력했기 때문이었다. 코로나19가 경제 를 뒤흔들기 전까지 그녀는 인플레이션과 또 다른 금융 버블, 달러화 붕괴 에 대한 비판자들의 경고가 틀렸다는 사실을 정확히 간파했다. 그녀는 미국 역사상 가장 긴 경제 확장을 주도했으며, 그 과정에서 투지와 목적 의식을 보여주었다. 옐런은 블라디미르 푸틴과 그의 무리에게 도전할 때에도 똑같 은 투지를 발휘했다.

옐런에게 가장 큰 동기 부여는 질문을 완벽하게 검토한 뒤 철저하고 정직 한 분석에 부합하는 해답에 최대한 가까이 다가가고자 하는 강박적인 열망 이었다. 그녀는 상황의 변화에 적응했고, 자신의 신념이 무너질 때에는 진 지하고 정밀한 고민 끝에 새로운 신념을 세웠다.

옐런은 자신의 일에서 해안선을 지키는 등대지기처럼 더 큰 목적에 기여 해야 할 의무를 보았다. 옐런은 성차별의 장벽을 깨거나 고위직에 오르는 것을 목표로 삼지 않았다. 그녀가 논쟁에 나선 것은 누군가를 이기기 위해 서가 아니라 자신의 주장이 옳다고 생각했기 때문이었고, 그녀에게는 그 주 장을 뒷받침할 수 있는 신념과 지식이 있었다.

2022년 초 자택에서 옐런을 만났을 때 그녀는 "나는 그저 내가 하는 일이 무엇이든 최선을 다하려고 노력할 뿐"이라며 "나에게 왜 유리 천장들을 깨 왔냐고 묻는다면, 어떤 일을 하든, '내가 여기서 기여하기 위해 무엇을 할 수 있을까'라는 질문을 스스로에게 던졌기 때문"이라고 말했다.

그녀의 어머니는 그녀에게 숙제를 하고 옳은 답을 내도록 가르쳤다. 토빈 은 도덕적 열의를 가지고 행동하라고 가르쳤다. 아버지는 따뜻한 마음을 가 진 사람이 되라고 가르쳤다. 그녀는 그들이 가르친 대로 살았고, 결국 그 가르침들이 그녀를 정의했다. 옐런은 걸려있는 것들이 가장 클 때, 완벽하게 준비하고 가장 열심히 싸웠지만, 비열한 행동은 하지 않으려 했다. 비열함은 그녀의 천성이 아니었다.

이 책을 읽는 독자 중에는 옐런의 정치적 견해나 경제적 처방에 동의하지 않는 이도 있을 수 있다. 하지만 그녀의 품위와 정직함, 사명감이 그녀를 매번, 그것도 이러한 미덕들을 점점 찾아보기 힘들어지는 워싱턴에서, 한 단계씩 이끌었다는 사실에 감명을 받지 않을 수 없다.

물론 재닛 옐런의 등을 밀어준 다른 요인도 있다. 그녀는 가장 그녀답지 않은 방식으로, 최고의 행운을 가져다준 선택을 했다. 바로 조지 애컬로프가 자기와 평생을 함께하자는 제안을 했을 때 거의 즉흥적으로 "예스"라고 대답한 것이었다.

애컬로프의 연구는 현대 경제학을 재편하는 데 일조했다. 그는 경제학계가 애덤 스미스의 '보이지 않는 손'을 바라보는 방식을 바꾸어 놓았다. 따라서 애컬로프의 일생에서 가장 역사적인 공헌 중 하나가 그가 스스로 선택한 남편, 그리고 아버지로서의 역할이라는 사실은 다소 놀랍다. 전통적인 결혼상이 아직 미국에서 일반적이었던 시절, 애컬로프와 옐런은 독립적으로 자신들만의 결혼상을 계획했고, 옐런이 일에서 성공할 수 있는 기회를 최대한 보장하는 한편, 애컬로프 역시 최대한 가정 생활에 참여할 수 있는 기회를 보장하는 파트너십을 구축했다.

이 파트너십은 성공했다. 그들은 여행 가방 네 개—부부가 각각 하나, 아들 로비가 하나, 그리고 셋이 읽을 책이 가득 담긴 가방 하나—를 들고 함께 여행을 떠나는 새로운 현대 가족상을 만들어냈다.

2021년 8월, 재닛 옐런은 버클리 자택의 부엌에 있는 하얀 식탁에 앉아 자신의 이야기를 되돌아보았다.

부채 한도 위기가 가장 큰 발등의 불이었고, 입법 투쟁이 다가오고 있었으며, 미군의 아프가니스탄 철수는 끔찍하게 엉망진창이었고, 인플레이션은 끊임없이 그녀를 괴롭히고 있었다. 완벽주의자에게는 걱정거리가 많은 법이다. 옐런 역시 걱정이 태산이었다.

그녀 자신의 인생으로 말할 것 같으면, 옐런은 애컬로프를 파트너로 선택한 뒤 "오래오래 행복하게 살아왔다"라고 말했다. 그들은 각자가 할 수 있는 것보다 더 큰일을 해내겠다고 마음먹었고, 둘이서 함께 그 일을 해냈다.

그녀가 말하고 있는 도중에 애컬로프가 부엌으로 들어왔다. 깜짝 놀란 표정이었다. "무슨 일이에요, 스위티?" 옐런이 상냥하게 물었다.

조지는 휴대전화를 어딘가에 두고 찾지를 못하고 있었다.

"내가 전화를 걸어볼게요. 어디에서 울리는지 찾아봐요." 늘 딴생각에 빠지곤 하는 남편과 이런 적이 한두 번이 아니겠지만, 마치 처음이라는 듯이 옐런이 말했다.

애컬로프는 사라졌고, 그녀는 전화 번호를 눌렀다. 잠시 후 그가 부엌으로 전화를 걸어왔다.

"찾았어요."

그가 말했다.

Yellen

1판 1쇄 2024년 10월 25일
ISBN   979-11-92667-65-2 (03320)

저자   존 힐센라스
번역   박누리
편집   김효진
교정   이수정
제작   재영 P&B
디자인 우주상자
펴낸곳 마르코폴로
등록   제2021-000005호
주소   세종시 다솜1로9
이메일 laissez@gmail.com
페이스북 www.facebook.com/marco.polo.livre